Benedikt Weyerer

München zu Fuß

20 Stadtteilrundgänge durch Geschichte und Gegenwart

Mit Beiträgen von
Michael Farin, Frieder Köllmayr, Brigitte Kohl,
Klaus Pemsel und Franz Peter

VSA-Verlag, Hamburg

Die Darstellungen in den Rundgängen zum Thema „Antifaschismus und Arbeiterbewegung“ stützen sich auf folgende Texte von Frieder Köllmayr: „Unser München, Antifaschistischer Stadtführer“, Frankfurt 1983; „DGB-Stadtrundfahrt: Das andere München“, 3. Auflage München 1985

Dr. Michael Farin, geb. 1953; Studium der Germanistik und Philosophie, Dissertation über Otto Flacke; Leiter des Fachbereichs Film, Literatur, Medien im Kulturreferat der Landeshauptstadt München
Frieder Köllmayr, geb. 1944; Studium der Kunstgeschichte, Germanistik, Geschichte, Politologie; Oberstudienrat, Historiker, Kunsthistoriker; Veröffentlichungen: Unser München. Antifaschistischer Stadtführer, Zeitschriftenveröffentlichungen zu Zeitgeschichte und kunstgeschichtliche Fragen; Initiator der Alternativen Stadtrundfahrt des Bildungswerkes des DGB-Kreis München
Brigitte Kohl, geb. 1949; Abitur und Bibliothekarsstudium; bis 1980 Leiterin der Städtischen Musikbibliothek München, seitdem Leiterin des Fachbereichs Musik, Theater, Tanz im Kulturreferat der Landeshauptstadt München
Dr. Klaus Pemsel, geb. 1951; Studium der Anglistik, Germanistik, Theaterwissenschaft in Erlangen, Wien und München; Dissertation in Theaterwissenschaft über Karl Valentin und die Münchner Volkssänger; Lektor und Buchrezensent; Mitglied im Verband Deutscher Schriftsteller
Franz Peter, geb. 1950, Architekt in München, Veröffentlichungen zu „Herbergen in der Lohe“
Benedikt Weyerer, geb. 1951; Studium der Anglistik und Geschichte in München; Historiker

Herzlichen Dank an
Herrn Dr. Fritz Fenzl, Frau Ursula Hummel, Herrn Günter Kiesel, Herrn Lothar Scholz, Frau Irmtraud Stockinger, Frau Christine Wagner (alle von der Monacensia- und Handschriftensammlung der Stadtbibliothek München), Herrn Günther Gerstenberg und Wolfgang Peschel (vom DGB-Bildungswerk, Kreis München), Herrn Ertl vom Städtischen Vermessungsamt München, Herrn Wieser vom Münchner Verkehrs- und Tarifverbund GmbH, Frieder Köllmayr und Carola Komp

Kartengrundlage: Stadtkarte München 1:10.000, herausgegeben vom Städtischen Vermessungsamt München, vervielfältigt mit Genehmigung des Herausgebers. Den Schnellbahnplan des MVV erhielten wir vom Münchner Verkehrs- und Tarifverbund GmbH.

Fotonachweis
Die Fotos in diesem Buch stammen von Heinz Gebhardt (München), Benedikt Weyerer (München), Gerd Siebecke (Hamburg), dpa, Süddeutscher Verlag — Bilderdienst, VSA-Archiv, dem Stadtarchiv München sowie folgenden Büchern: Empor zum Licht, München — Bier — Oktoberfest, Lesebuch zur Geschichte des Münchner Alltages, Die zweite Zerstörung Münchens, Haidhauser Geschichte, München wie es einmal war, München und seine Bauten, Band 1 und 2, u.a.m.

Titelfoto und Foto auf der Rückseite: Gerd Siebecke, Hamburg

Gesamtverzeichnis anfordern!

Satz: satz + repro Kollektiv GmbH, Hamburg
Druck und Buchbindearbeiten: Plambeck & Co., Neuss
ISBN 3-87975-448-9

Inhalt

Themenkästen

Vorwort

»Die großmächtige Kleinstadt München legt Wert darauf, daß jeder Besucher alles, aber auch wirklich alles sieht, was sie besitzt und zu bieten hat; sie ist darauf eingestellt und dafür gebaut, um den Einheimischen und Fremden die Augen aufzureißen«, vermerkt ein Fremdenführer aus den 20er Jahren. Heute möchte die »heimliche Hauptstadt Deutschlands« oft mehr die Sonnenseiten vorzeigen, den Marienplatz mit Glockenspiel und Prachtstraßen, denen wir auf unseren Touren natürlich auch begegnen werden. Sonst aber haben wir andere Wege durch die Stadt gesucht, haben ausgetretene Pfade verlassen. Denn das gibt es auch, das München des »Wieder dahoam« von Konstantin Wecker, dessen Elternhaus im Lehel ebenso angesteuert wird, wie das München von Karl Valentin und Liesl Karlstadt.

»München zu Fuß« ist eine Entdeckungsreise in die eigene Stadt: wir verlassen die Ludwigs- und Leopoldstraße mit den Straßencafés und Geschäften und streifen durch die Stadtteile. Dort finden wir den Steyrer Hans ebenso wie eine Weltmeistertruppe im Seilziehen, Schlittschuhläufer im Schloßpark und einen Pfarrer, der vier Glokken verschwinden ließ, den Ort, wo der Fußball-»Kaiser« seine Karriere begann — kurz all das, was in anderen Führern nicht vorkommt. Es ist aber auch die Suche nach Geschichte und Gegenwart, nach vergessenen Orten und Menschen, nach Spuren, die die Räterepublik, Arbeiterbewegung, jüdisches Leben und NS-Zeit hinterlassen haben.

Wir vergessen nicht, ab und zu eine Rast einzulegen, denn zur Münchner Lebensart — die sich übrigens die »Zuagreisten« sehr schnell und gern zu eigen machen — gehört das »Brotzeitmachen« in Biergärten mit Brez'n und Maß.

Und bei allen kritischen Anmerkungen, zu denen uns auch diese Stadt manchesmal herausgefordert hat: Eine Sympathieerklärung darf dieser Stadtführer schon auch sein.

Die in den einzelnen Rundgängen eingeschlagenen Routen — vorgegeben durch die Reihenfolge der Stationen und Orientierungspunkte — sind Vorschläge, deren Verlauf in den dazugehörigen Karten nicht im einzelnen aufgeführt ist. Genaue Straßen- und (gelegentlich) Hausnummernbezeichnungen in den Randspalten erleichtern die Orientierung. Darüber hinaus sind wichtige Orientierungspunkte durch Ziffern am Rand notiert, die in den Karten wiederauffindbar sind. Jeder/jedem bleibt es indes freigestellt, die Touren anders zusammenzustellen, Stationen auszulassen, andere Ausgangs- oder Endpunkte zu wählen. Die von uns vorgeschlagenen Ausgangs- und Endpunkte, die in der Regel mit öffentlichen Verkehrsmitteln gut zu erreichen sind, haben wir am Beginn der Rundgänge angegeben, ebenso wie die voraussichtliche Dauer. Einzelne Touren erstrecken sich über größere Distanzen. Sie sind daher besser mit dem Fahrrad zu bewältigen.

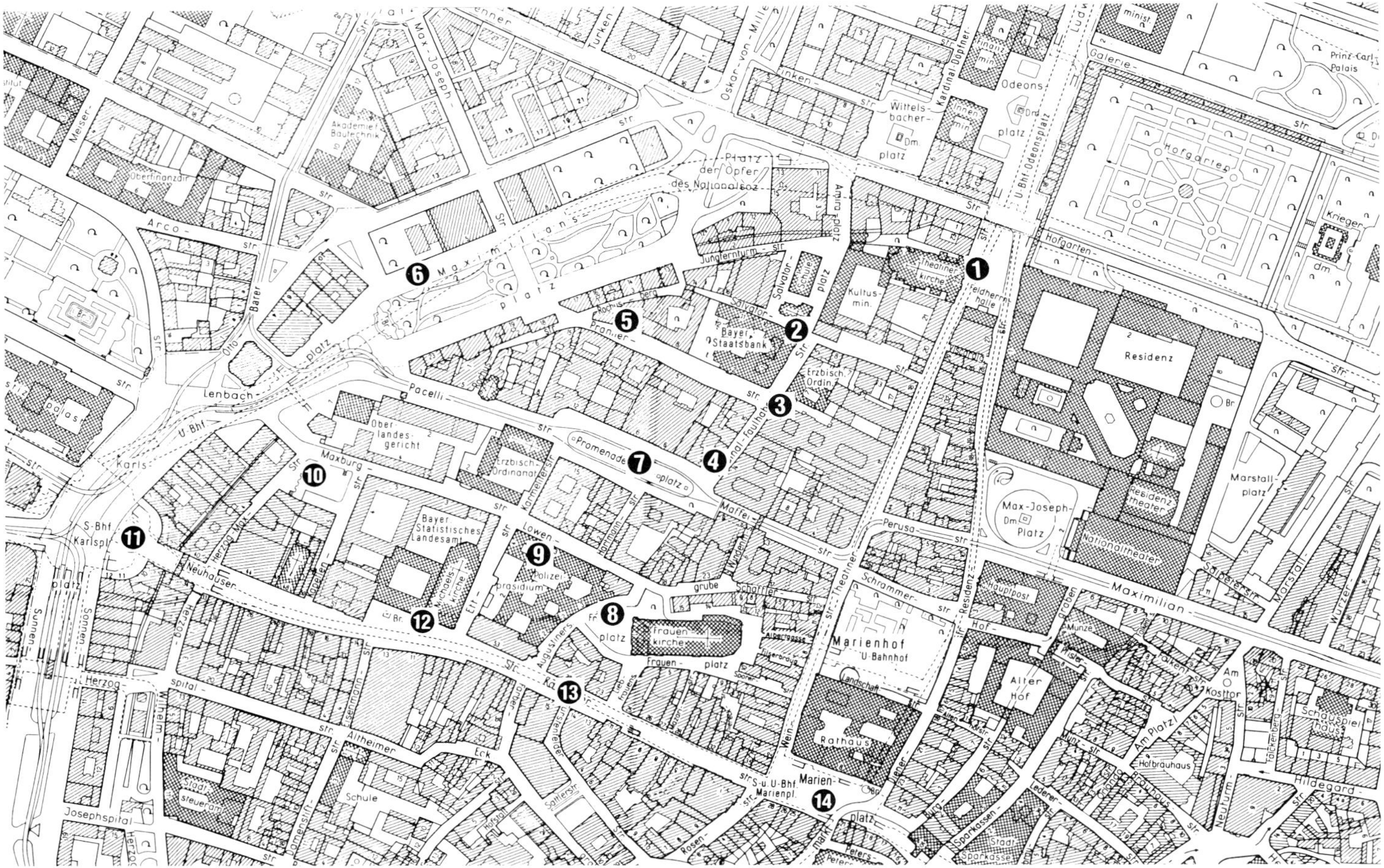

1
2
3
4
5
6
7
8
9
10
11
12
13
14
Residenz
Hofgarten
Residenz-theater
Nationaltheater
Max-Joseph-Platz
Marstall-platz
Maximilian
Hauptpost
Alter Hof
Marienhof
U-Bahnhof
Rathaus
Frauenkirche
Frauenplatz
Polizeipräsidium
Michaelskirche
Bayer. Staatsbank
Kultusmin.
Theatinerkirche
Feldherrnhalle
Odeonsplatz
Wittelsbacherplatz
Amira-platz
Platz der Opfer des Nationalsoz.
Promenadeplatz
Maximiliansplatz
Oberlandesgericht
Bayer. Statistisches Landesamt
Akademie f. Bautechnik
Lenbach
Karlspl.
Neuhauser
Sonnen-
Josephspital
Schule
Stadt. Steueramt
Schauspielhaus
Hofbräuhaus
Münze
Stadt. Sparkasse
Prinz-Carl-Palais
Krieger-dm.

Wo ein rechter Turm neben dem linken steht

Die Innenstadt 1

Ausgangspunkt: Odeonsplatz, U3, 5 und 6
Endpunkt: Marienplatz, S 1-7, U3 und 6
Dauer: 2 Stunden

Münchner Stadtsiegel von 1323 bis 1356

Bevor wir uns in das Getümmel der Innenstadt begeben, hinter Häuserfassaden die Spuren vergessener Geschichte aufspüren, in Fußgängerpassagen schlendern, die touristischen Attraktionen der Stadt kennenlernen, wollen wir einen kleinen Kursus in Geschichte wagen.

»München wurde 1158 von Heinrich dem Löwen gegründet«, heißt es; in Wirklichkeit war es etwa so: Im Jahr 1158 ließ der Welfenherzog von seinen Leuten die Isarbrücke der Salzstraße, die bei Oberföhring auf dem Gebiet der Bischöfe von Freising lag, abreißen und den wirtschaftlich wichtigen Fernhandelsweg auf sein eigenes Territorium legen, dorthin, wo heute das Deutsche Museum steht. Um Zölle einnehmen zu können, stattete Heinrich der Löwe die in der Nähe liegende Siedlung »Zu den Mönchen« mit Stadtrechten aus, u.a. mit dem Recht, eine Stadtmauer zu errichten. Damit war die herzögliche Zollstätte militärisch befestigt.

Die erste Befestigung stammt aus der Zeit nach 1175; ihren Verlauf kann man heute noch deutlich auf dem Stadtplan erkennen: Alter Hof, Sparkassenstraße, Rosental, Färbergraben, Augustinerstraße, Schäfflerstraße, Hofgraben.

Die Entwicklung der Stadt machte bald eine umfangreiche Erweiterung dieser Befestigung notwendig. Sie entstand zwischen 1301 und 1319 während der Regierungszeit des Herzogs und späteren deutschen Kaisers Ludwig des Bayern. Auch ihr Verlauf ist leicht erkennbar: Residenz, Neuturmstraße, Marienstraße, Isartor, Frauen-, Blumenstraße, Sendlinger Tor, Sonnenstraße, Neuhauser Tor (Karlstor), Wittelsbacher Platz, ehemaliges Schwabinger Tor am heutigen Odeonsplatz. Um 1500 lebten innerhalb der Mauern 13.000 Menschen — genau soviele wie 1980.

Seit 1775 wurden die Stadtbefestigungen abgerissen: sie waren mit dem allgemeinen Einsatz von Artillerie militärisch sinnlos geworden und standen dem Ausbau Münchens im Wege. Von ihnen sind fünf Teile übrig geblieben: Die drei Stadttore, ein Rest in der Jungfernturmstraße, und einer im Finanzgarten. Der Straßenverlauf ist weitgehend erhalten; nach den schweren Zerstörungen des zweiten Weltkrieges war die Stadtverwaltung weitsichtig genug, die Altstadtelemente originalgetreu wiederaufzubauen.

Unser Rundgang durch die Altstadt bewegt sich also auf den Straßen des mittelalterlichen München. Wir werden natürlich auch neuere Ereignisse und Begebenheiten ins Auge fassen. Bevor wir losgehen, zwei praktische Tips: wem nicht unbedingt nach Massenkontakt in den Einkaufsstraßen ist, der sollte den Rundgang außerhalb der üblichen Geschäftszeiten machen — und: Richten Sie Ihren Blick gelegentlich — auch wenn es bei unseren Stationen nicht ausdrücklich erwähnt ist — nach oben, zu den Häuserfassaden bis zum Dach. Sie werden einiges Interessantes entdecken.

Theatinerstraße/ Salvatorplatz 2a

❶

Unsere erste Station nach dem Verlassen der U-Bahn-Station Odeonsplatz ist die Theatinerkirche (richtiger Name: St. Kajetan; ihre auffällige Rokokofassade entstand zwischen 1663-1768). Daß sie fast ausschließlich von Zugereisten erbaut wurde, zeigen die Namen der Architekten der Kirche: Agostino Barelli (Schiff), Enrico Zuccalli (Kuppel), Francois Cuvilliés (Fassade). Eine Reihe von Wittelsbachern liegen hier begraben, u.a. Max Emanuel (1662-1726), Max I. Josef (1756-1825), seit 1806 erster König von Bayern; Otto (1815-1875), König von Griechenland; Rupprecht, Kronprinz von Bayern (1869-1955), Oberbefehlshaber der Ostfront im Ersten Weltkrieg.

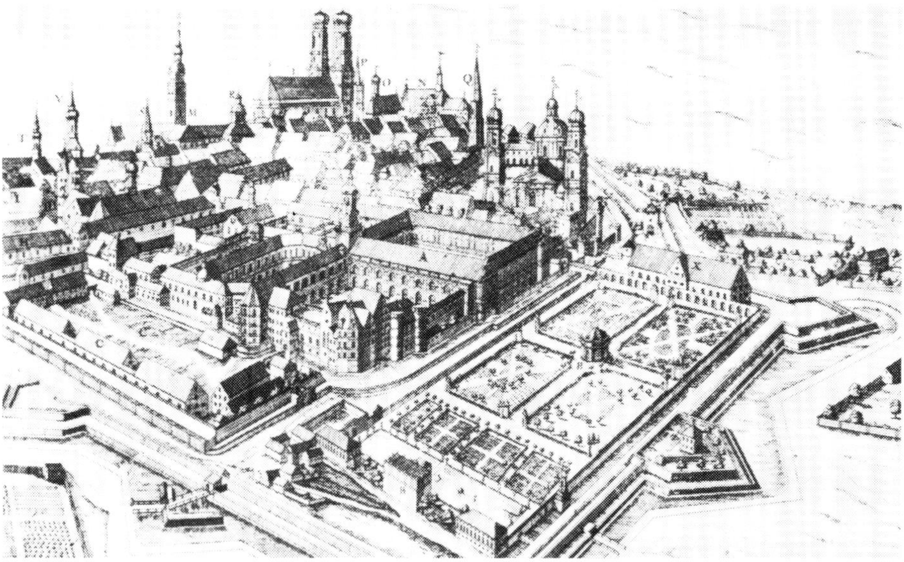

Alte Stadtansicht mit der durch Maximilian vergrößerten Residenz

Die Theatinerstraße wurde 1975 für den Autoverkehr gesperrt und bildet den »erleseneren« Teil der Münchner Fußgängerzone. Viele der vornehm aufgemachten Geschäfte fristen wegen der horrenden Mieten ein ziemlich klägliches Dasein; häufige Geschäftsaufgaben und -neueröffnungen sind die Folge.

Salvatorplatz 2

❷

Am Salvatorplatz steht das Kultusministerium. Die von hier ausgehenden Lehrpläne sind noch der Tradition verpflichtet, sie legen ein Schwergewicht auf die christlich-abendländischen Grundwerte, Schulgebet, Erziehung der Schüler zu loyalen Staatsbürgern, Offenhalten der deutschen Frage (»Einigkeit und Recht und Freiheit«). Bei den Lehrkräften wird auf korrekte Kleidung und Weiterführung des Dienstauftrages auch außerhalb der Schule geachtet.

Die GEW führt eher ein Schattendasein. Der erste Kultusminister des Freistaates Bayern war *Gustav Landauer.* Kurt Eisner machte ihn im November 1918 zum »Volksbeauftragten für Volksaufklärung«. Landauer war Vertreter eines undogmatischen, radikalen Sozialismus und gewaltlosen Anarchismus. Am 2. Mai 1919 wurde er von Freikorpssoldaten im Gefängnis Stadelheim grausam mißhandelt und anschließend ermordet.

Gustav Landauer

Die Salvatorkirche ist eine der ältesten noch bestehenden Kirchen in München. Das 1494 fertiggestellte Gebäude wurde 1829 vom Griechenverehrer Ludwig I. der griechisch-orthodoxen Gemeinde überlassen, die sich heute noch hier versammelt.

Jungfernturmstraße

An der Jungfernturmstraße stehen die letzten Reste der mittelalterlichen Stadtmauer, »integriert« in ein Bürohaus mit Parkgarage, das wegen der Stadtmauer und der benachbarten Salvatorkirche eine Backsteinfassade erhielt.

Kardinal-Faulhaber-Straße 1, 14

Die Bayerische Vereinsbank wurde 1869 von Münchner Privatbankiers und Kaufleuten, u.a.: *Karl Freiherr von Eichthal* (siehe

Die Vereinsbank noch als »Königliche Filialbank mit Zentralstaatskasse« an der Ecke Kardinal Faulhaber-/ Salvatorstraße

Hypo-Bank) gegründet, die »die Zeichen des heraufziehenden industriellen Zeitalters richtig gedeutet hatten: Nur eine große, finanzkräftige Aktienbank war den rasch steigenden Finanzierungsaufgaben gewachsen.« (Jubiläumsschrift von 1969). Ein Jahr später begann der deutsch-französische Krieg, und die seit 1871 einströmenden französischen Reparationszahlungen initiierten im jungen Deutschen Reich die »Gründerzeit«, ein ideales Pflaster für Bankgeschäfte aller Art. Seit 1971 ist die BV mit der Bayerischen Staatsbank verschmolzen (ihr Name steht noch über dem Portal der Hausnummer 1). Damit waren die Voraussetzungen für die weltweiten Geschäften der BV, der zweitgrößten Münchner Bank nach der Hypobank, und auch als Kunstmäzenin aktiv, geschaffen.

München und die Kirche gehören zusammen wie Bier und Maßkrug: Fronleichnamsprozession auf dem Marienplatz mit königlichem Hofstaat

Kardinal-Faulhaber-Straße 7

❸

Gegenüber steht das Erzbischöfliche Palais. Von 1917 bis zu seinem Tod 1952 bestimmte *Kardinal Michael Faulhaber* als einer der angesehensten Kirchenführer Deutschlands den Kurs der Katholischen Kirche mit — ein Symbol für die unantastbare Stellung der Kirche durch alle politischen Wechselfälle hindurch.

Nur einmal bekam die Kirchenführung den Haß Andersdenkender zu spüren: Als im Februar 1919 *Kurt Eisner* nahe dem Palais ermordet worden war, sammelte sich eine tobende Menschenmasse vor dem Portal, schwang rote Fahnen und schrie: »Da stecken die Schwarzen dahinter«. Als sich Faulhaber weigerte, für Eisner Trauerbeflaggung zu hissen, stürmten am nächsten Tag Schwerbewaffnete das Haus und nahmen selber die Trauerbeflaggung vor.

Faulhabers Ablehnung der Weimarer Republik war entschieden. So predigte er 1922 beim Katholikentag auf dem Königsplatz: »Wo die Gesetze eines Staates mit den Geboten Gottes in Widerspruch sind, da gilt der Satz: Gottesrecht bricht Staatsrecht! Die Revolution (1918) war Meineid und Hochverrat und bleibt in der Geschichte erblich belastet und gezeichnet mit dem Kainsmal!« Darüber kam es zum Konflikt mit dem Präsidenten des Katholikentages, dem Kölner Oberbürgermeister Konrad Adenauer.

Am 29. März 1924 schlossen die Regierung Knilling *(BVP) und die päpstliche Nuntiatur ein Konkordat ab — Zeichen für die föderalistischen Bestrebungen Bayerns in der Weimarer Republik. Das Abkommen verankerte staatlichen Schutz für die Kirche, staatliche Finanzleistungen, Sicherung der Bekenntnisschule und des Religionsunterrichts im Rahmen des allgemeinen Schulunterrichts. Bayern hat sich damit als Schrittmacher für eine sogar das »3. Reich« überdauernde kirchenpolitische Entwicklung in Deutschland erwiesen.*

Päpstlicher Nuntius von 1917-1925 in München war Eugenio Pacelli, *der spätere Papst Puis XII. Bayern war bis 1919 der einzige deutsche Staat, der eine Nuntiatur besaß — und das seit 1785. Sie wurde erste 1934 auf Befehl des Reichsaußenministers von Neurath geschlossen.*

Das Reichskonkordat vom 20. Juli 1933, der erste internationale Vertrag mit dem jungen NS-Staat, machte die breite Übereinstimmung zwischen NSDAP und Katholischer Kirche deutlich. Man war sich einig, daß die Arbeiterbewegung bekämpft, der »Bolschewismus« vernichtet werden müsse. Deshalb gab es z.B. niemals einen Protest der Kirche gegen die Konzentrationslager; nicht einmal gegen die Verfolgung und Ermordung der Zigeuner, Zeugen Jehovas, Juden, Homosexuellen und anderer wehrloser Minderheiten gab es klare Stellungnahmen. Der Zweite Weltkrieg und dann erst recht der Angriff auf die Sowjetunion 1941 wurden begeistert begrüßt und mit Waffensegnungen legitimiert (wie bereits im 1. Weltkrieg). Das Attentat vom 20. Juli 1944 auf Hitler verurteilte Faulhaber öffentlich als feigen Mordversuch.

Allerdings gab es auch Spannungen zwischen den Nazis und der katholischen Kirche, aber nur, wenn es um die eigenen Belange ging. In Predigten und anderen Äußerungen protestierte Faulhaber z.B. gegen die Behinderung der Bekenntnisschulen und der kirchlichen Vereine. Deshalb wurden 1938 von der SA einige Fenster des Palais eingeworfen — und schon war 1945 die Legende vom »Widerstand der katholischen Kirche« geboren.

Um so bewunderungswürdiger ist der Widerstand einer ganzen Reihe mutiger Geistlicher, die in ihrem Kampf gegen die Nazis von der Amtskirche meist alleingelassen wurden (Rupert Mayer, Alfred Delp, Hermann Wehrle, etc.).

Michael Faulhaber

Die katholische Kirche ist die größte private Besitzerin von Immobilien in der BRD, durch den Besitz von unzähligen Krankenhäusern, Schulen, Kindergärten usw. kontrolliert sie zahllose Arbeitsplätze. Ihr politischer Einfluß — gerade in Bayern — ist ungebrochen und allgegenwärtig — ein positiver Aspekt dabei: die kirchlichen Feiertage.

Kardinal-Faulhaber-Straße 10

Wie Siemens für die Elektronikbranche, so ist die Hypo-Bank der Ausgangspunkt für das Finanzzentrum München, nach Frankfurt das zweitgrößte der BRD. In der Kardinal-Faulhaber-Straße hat die Bayerische Hypotheken- und Wechselbank (kurz: Hypo) ihre Zentrale: die größte Münchner und viertgrößte bundesdeutsche Bank. Gegründet wurde sie 1835, nachdem 1834 der Deutsche Zollverein entstanden war und damit einer beschleunigten Industrialisierung (Klein-) Deutschlands nichts mehr im Wege stand. Die teuren neuartigen Maschinen bedurften großer Geldmengen, die von Privatpersonen nicht mehr aus eigener Tasche bezahlt werden konnten; nur noch über Bankkredite ließen sich Projekte wie Eisenbahnlinien realisieren.

HYPO BANK

Eine zentrale Rolle bei der Gründung der Hypo spielte Simon Freiherr von Eichthal *(1787-1854). Dieser Bankier stellte dem späteren Ludwig I. Mittel für Kunstkäufe zur Verfügung, übernahm 1832-1837 die Vermittlung der bayerischen Staatsanleihen an Griechenland (dort saß der Wittelsbacher Otto seit 1832 auf dem Königsthron) und organisierte die unter staatlicher Aufsicht stehende neue Kreditbank. Doch Eichthal hatte noch Größeres vor, und deshalb wechselte er 1819 erst einmal vom jüdischen zum in Bayern aktuellen katholischen Glauben über. Jetzt konnten seine sieben Kinder (u.a. der spätere Bankier Karl [1813-1880]) in den bayerischen Adel einheiraten. Eichthal nutzte diese politischen Verbindungen dazu, sein Geld in den Aufbau des bayerischen Eisenbahnnetzes zu investieren: München-Augsburg, München-Salzburg, Augsburg-Nürnberg. Gleichzeitig brachte er große Grundstücke in seine Hand, die als potentieller Baugrund galten.*

Promenadeplatz/ Kardinal-Faulhaber-Straße

❹

10 m vor der Ecke Promenadeplatz/Kardinal-Faulhaber-Straße wurde am 21. Februar 1919 *Kurt Eisner,* der erste Ministerpräsident des Freistaates Bayern, von dem reaktionären Leutnant *Graf Anton Arco-Valley* ermordet.

Eisner (USPD, geb. 1867 in Berlin) hatte im Januar 1918 die Rüstungsstreiks in München organisiert, wofür er bis Oktober 1918 in Stadelheim inhaftiert wurde. Am 7. November 1918 wurde er vom Arbeiter- und Soldatenrat zum Ersten Vorsitzenden gewählt und proklamierte als provisorischer Ministerpräsident das Ende der Dynastie Wittelsbach und rief jenen »Freistaat Bayern« aus, auf den insbesondere die CSU so stolz ist.

Bei den Landtagswahlen am 19. Januar 1919 hatte die USPD eine vernichtende Niederlage erlitten (BVP 35,7%, SPD 31,9%, DDP 13,6%, Bayerischer Bauernbund 9,6%, USPD 5%, DNVP 4,2%; das Pendel schlug bereits um), und Eisner war an jenem 21. Februar mit der Rücktrittsrede in der Tasche auf dem Weg von seinem Amtssitz (dem ehemaligen Außenministerium im Montgelas-Palais an der Ecke Promenadeplatz/Kardinal-Faulhaber-Straße) zum damaligen Landtag in der Prannerstraße.

An der Mordstelle: Ehrenwache für Kurt Eisner

Graf Anton Arco-Valley *(1879-1945), Leutnant im bayerischen Infanterie-Leibregiment und nach der Absetzung der Wittelsbacher arbeitslos, war Halbjude: seine Mutter Freiin Emmy von Oppenheim brachte Anton in ständige Schwierigkeiten bei seinen Gesinnungsfreunden auf der antisemitisch-rechtsradikalen Seite. Das Bedürfnis, diesen »Makel« durch eine spektakuläre, »nationale« Tat zu kompensieren, dürfte bei Arcos Vorhaben ausschlaggebend gewesen sein. Er hatte vor der Tat seine Motive im primitiven Militärstil zu Papier gebracht: »Mein Grund: Ich hasse den Bolschewismus, ich liebe mein Bayernvolk, ich bin ein treuer Monarchist, ein guter Katholik. Über alles achte ich die Ehre Bayerns. (...) Er (Eisner, d. V.) ist Bolschewist. Er ist Jude. Er ist kein Deutscher. Er verrät das Vaterland...«*

In bürgerlichen Kreisen wurde Arco als Held gefeiert. Ein Jahr später wurde er zunächst zum Tode verurteilt, durch den Ministerrat aber sofort zu lebenslanger Festungshaft begnadigt, nach vier Jahren Haft entlassen. Später trat er in den Dienst der Lufthansa und starb nach dem Krieg 1945.

Graf Anton Arco-Valley: »Über alles achte ich die Ehre Bayerns«

Die Empörung über den Mord war groß: etwa 100.000 Menschen nahmen am Beisetzungszug zum Ostfriedhof teil. Heinrich Mann hielt am 19. März 1919 eine Gedenkrede: »Die hundert Tage der Regierung Eisner haben mehr Ideen, mehr Freuden der Vernunft, mehr Belebung der Geister gebracht, als die fünfzig Jahre vorher.«

An der Stelle des Attentats war bis 1933 eine Gedenktafel angebracht. Die Inhaber der Nobel—Geschäfte im Montgelas-Palais haben bis heute die Anbringung einer neuen Gedenktafel verhindert. Die neue Bronzetafel liegt — völlig unscheinbar und den meisten Münchnern unbekannt — direkt neben den Trambahnschienen auf der Grünfläche des Promenadeplatzes.

Prannerstraße 10

❺

Im heutigen Siemensmuseum (Darstellung der Entwicklungsgeschichte von Elektronik und Elektrotechnik, Öffnungszeiten Mo-Fr 9-16 Uhr, Sa und So 10-14 Uhr) befand sich bis 1933 der Bayerische Landtag. Bis 1918 war meist nur die königliche Politik abgesegnet worden. In der Nacht des 7. November 1918 rief *Kurt Eisner* aus: »Die bayerische Revolution hat gesiegt. Sie hat den alten Plunder der Wittelsbacher Könige hinweggefegt. Wir haben die Republik, den freien Volksstaat Bayern ausgerufen.« Mit 800 Soldaten, 20 MGs und mehreren Haubitzen wurde das Landtagsgebäude gegen eventuelle Putschversuche geschützt.

Kurt Eisner: der Gründer des Freistaats Bayern

Eine Stunde nach dem Mord an Kurt Eisner im Februar 1919 drangen revolutionäre Matrosen in den Landtag ein. Der KPD-Arbeiterrat und Metzger *Alois Lindner* trat auf den Innenminister Erhard Auer (SPD) zu, um ihn als vermeintlichen Verantwortlichen zu ermorden, Auer wurde schwer verletzt. Bei der anschließenden wilden Schießerei kamen der BVP-Abgeordnete *Heinrich Osel* und der Major *Paul Ritter von Jahreiß* ums Leben. Lindner konnte in der ihn schützenden Menge untertauchen, wurde später verhaftet und am 15. Dezember 1919 zu 14 Jahren Zuchthaus verurteilt.

Am 9. März 1933 wurden die Länder des Deutschen Reiches »gleichgeschaltet«: Ministerpräsident *Heinrich Held* (BVP) muß seinen Rücktritt zugunsten des neuen NS-Ministerpräsidenten *Ludwig Siebert* erklären, der Landtag gibt seine Rechte am 29.

April 1933 selbst auf, im Herbst 1933 wird er endgültig aufgelöst. In das Gebäude zogen die NS-Gauleitung und die SS ein. Der neue Bayerische Landtag fand 1946 seinen Sitz im Maximilianeum.

Zeppelin über dem Wittelsbacher Brunnen

Maximiliansplatz

❻

Der breite Maximiliansplatz entstand auf dem Areal der Anfang des 19. Jahrhunderts abgetragenen Befestigungsanlagen der Stadt. An seinem westlichen Ende erfreut der Wittelsbacher Brunnen das Auge. Er wurde von der Stadtgemeinde 1895 zur Erinnerung an die Vollendung der Hochquelleitung (d.h. der Versorgung Münchens mit Wasser aus dem bayerischen Oberland) errichtet. Entworfen hat ihn der Bildhauer *Adolf von Hildebrandt.*

Um 1900 entstanden die repräsentativen Gebäude am Lenbachplatz, z.B. das der Firma Bernheimer (Haus Nr. 3) aus den Jahren 1888/1889 nach Plänen von Friedrich von Thiersch und Martin Dülfer. Der Neubau beherbergte das damals größte, teuerste und exklusivste Einrichtungshaus der Welt, die Kundenliste umfaßte das deutsche Kaiserhaus sowie einen Querschnitt in- und ausländischen Blut- und Geldadels.

Lenbachplatz 3

Die Familie Bernheimer war jüdisch. Weitblickend hatte sie deshalb bereits vor 1933 große Geldbeträge ins Ausland transferiert, mit denen nach 1948 das Geschäft weitergeführt werden konnte. Im November 1938 waren die Bernheimers enteignet und ihr Geschäft »arisiert«, d.h. einem privilegierten Mitglied der NSDAP, überschrieben worden, der sich hinter dem eingetragenen Verein »Münchner Kunsthandelsgesellschaft Kameradschaft der Künstler Münchens« verbarg. Den weltberühmten Namen »Bernheimer« behielt man aus Umsatzgründen bei. Da der neue Inhaber über keinerlei Geschäftserfahrung verfügte, sank der Umsatz spürbar. Im November 1938 sah sich der »Völkische Beobachter« veranlaßt, der herrschenden Meinung entgegenzutreten und darauf aufmerksam zu machen, daß die »arisierten« Geschäfte in ihrer Qualität nicht schlechter geworden seien. Der Ermordung durch die Nazis konnte sich die Familie durch rechtzeitige Flucht ins Ausland entziehen. Im Oktober 1948 erhielt die inzwischen zurückgekehrte Familie Bernheimer ihr Eigentum zurück.

Der Ost-West-Konflikt der Geheimdienste und Exilorganisationen fand 1979 auch im Haus Bernheimer statt. Im Dezember 1979 ließ ein »Ukrainisches Kommando 15. Oktober« die hier befindliche Aeroflot-Niederlassung in Flammen aufgehen. Der Name der Organisation bezieht sich auf den 15. Oktober 1959, an dem der ukrainische Exilpolitiker Stefan Bandera von einem KGB-Agenten in München ermodet worden war.

1987 schloß Bernheimer und zog nach London um.

»Ball in Klingsor's Zaubergarten«: Plakat des Hotels Bayerischer Hof um 1930

Promenadeplatz

❼

Der Promenadeplatz ist eine feine Adresse: Deutsche Bank, Dresdner Bank, Bank für Gemeinwirtschaft, Bayerische Vereinsbank etc. geben sich hier die Ehre ebenso wie das Nobelhotel »Bayerischer Hof«. Dessen östlicher Teil, das Montgelas-Palais, diente vom November 1918 bis Februar 1919 als Amtssitz des bayerischen Ministerpräsidenten und Außenministers Kurt Eisner. In der Nacht vom 7./8. November 1918, als die Revolution gerade gesiegt hatte, befand sich der Generalstab der Grenztruppen im Bayerischen Hof. Das Hotel wurde von bewaffneten Revolutionären umstellt. *Felix Fechenbach*, Eisners Sekretär (1933 »auf der Flucht« erschossen) erreichte beim Befehlshaber *Major von Seißer* die »freiwillige« Entwaffnung der Offiziere; damit war auch in diesem Fall ein Blutvergießen verhindert worden. Als Ende April 1919 konterrevolutionäre Truppen auf das von der Außenwelt abgeschnittene München zumarschierten, wurde eine Anzahl einflußreicher Bürger und Generale als Geiseln in das Hotel eingesperrt. Anders als den völki-

Hotel Bayerischer Hof um 1910

Gedenktafel für Kurt Eisner: verschämt versteckt?

schen Geiseln im Luitpold-Gymnasium (vgl. S. 125) geschah ihnen nichts.

Inmitten all der Pracht am Promenadeplatz liegt unauffällig am östlichen Ende der Grünanlage versteckt, eine Gedenktafel an Kurt Eisner. Sehr auffällig dagegen blickt von einem imposanten Denkmal nebenan »Maximilian Emanuel, Churfürst von Bayern« herab. (Inschrift »Belgrads Eroberer« (1688), als hätte er die türkische Festung allein erobert).

Frauenplatz ❽

Die Frauenkirche (korrekt ausgedrückt: »Dom zu Unserer Lieben Frau«) steht etwas erhöht, sichtbar an den Treppen und dem Anstieg der Straße. Diese Erhöhung ermöglichte vor der Gründung der Stadt im Jahr 1158 die erste Besiedlung der Gegend: hier stand eine Marienkapelle inmitten des unwirtlichen Urstromtals der Isar. Die Errichtung des spätgotischen Doms (Grundstein 1468) führte zu einem Zustrom von Tagelöhnern nach Haidhausen, der Au und Giesing, die Ziegel für die Kirche herstellten und an der Kirche selber arbeiteten.

Als Heinrich Heine über jenen »barbarischen Dom, der sich noch immer, in stiefelknechtlicher Gestalt, über die ganze Stadt erhebt und die Schatten und Gespenster des Mittelalters in seinem Schoße birgt« schrieb, hatte er sicherlich auch vor Augen, daß

in der Frauenkirche die Grabmäler etlicher Wittelsbacher/innen stehen: Von Kaiser Ludwig dem Bayern (1282-1347), dessen Grabmal leer ist, da er im Kirchenbann starb und deshalb nicht in »heiliger« Erde bestattet werden durfte, bis hin zum letzten bayerischen König, Ludwig III. (1845-1921, abgesetzt am 7. November 1918). Während der kommunistischen Räterepublik (13. April-30. April 1919) wehte auf dem nördlichen Turm die rote Fahne; Pläne, die Innenwände des Domes rot zu streichen und dort Massenveranstaltungen abzuhalten, wurden nicht realisiert. Am westlichen Ende des Kirchenschiffes befindet sich seit 1927 ein Kriegerdenkmal (Inschrift: »Ihren in den Weltkriegen gefallenen Heldensöhnen in Dank und Treue. Die Dompfarrei Unsere Liebe Frau.«) Neben dem Gedenkstein sind Photos von der zerstörten Kirche aufgehängt, als wäre Kriegszerstörung nicht die Kehrseite von Kriegsverherrlichung. Die heutige Leere und Kahlheit des Innenraums der Kirche sind Folge der schweren Bombenschäden.

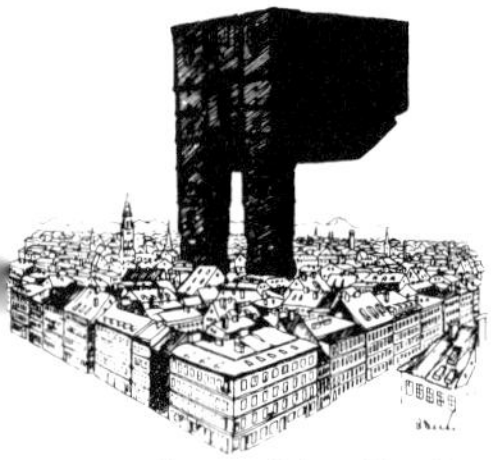

»München auf dem Kopf«: eine hämische Abrechnung mit der Räterepublik von 1919

Die eigentümlichen Kuppeln der beiden Türme sind das Wahrzeichen Münchens. »Der rechte Turm steht neben dem linken«, weiß *Karl Valentin* den Fahrgästen einer »Fremdenrundfahrt« zu berichten. Aber nicht nur dies: der nördlichere Turm ist mit 98,50 auch um 80 cm höher als der südliche.

Liebfrauenstraße 1

Gegenüber dem Domeingang der Laden von *Max Hieber:* unten Noten, oben Musikinstrumente, die das Herz eines jeden Musikfreunds höher schlagen lassen. Im Kundenbuch des Ladens befinden sich die Namen von Puccini, Hindemith, Strawinski, Franz Lehar, Paul Linke und Carl Orff.

Ettstraße/ Löwengrube ❾

Am 4. Juli 1913 wurde das Polizeipräsidium seiner Bestimmung übergeben (Architekt: *Theodor Fischer).*

Während die Machtübernahme der Revolutionäre im November 1918 unblutig stattfand — *Felix Fechenbach* teilte den Sieg der Ar-

Frauenkirche, Synagoge am Lenbach-Platz, daneben Künstlerhaus und Hotel Leinfelder

beiter- und Soldatenräte dem Polizeipräsidenten *von Beckh* mit, dieser mußte seine Loyalität schriftlich garantieren — wehte nach der Niederschlagung der Räterepublik in der »Ettstraße« sofort ein rechtsradikaler Wind. Polizeipräsident *Ernst Pöhner* (1919-1924) und der Leiter der politischen Polizei *Dr. Wilhelm Frick* (Angeklagter im Hitler-Prozeß 1924, Reichsinnenminister 1933-1943 und Reichsprotektor für Böhmen und Mähren 1943-1945, 1946 in Nürnberg zum Tode verurteilt und hingerichtet) schützten von Anbeginn die NSDAP. Ihren frühen Ruf als »Mörderzentrale« verdankt die Polizeidirektion u.a. folgendem Vorfall:

Im Oktober 1920 verriet eine Marie Sandmayr *bei der Polizei ein illegales Waffenlager der NSDAP. Einen Tag später fand man an ihrer erdrosselten Leiche im Forstenrieder Park einen Zettel: »Du Schandweib hast verraten dein Vaterland, dich hat gemordet die Schwarze Hand.« Den einwandfrei identifizierten Mörder versorgte die politische Abteilung des Polizeipräsidiums mit einem illegalen Paß zur Ausreise aus Bayern. So blieb es bis 1933: Hartes Vorgehen gegen links, Protektion für Rechts.*

Noch vor dem erzwungenen Rücktritt der Regierung Held (BVP) fanden am 1. März 1933 die ersten großen Polizeiaktionen gegen Funktionäre und Einrichtungen der KPD statt. Nach dem 9. März 1933 begann dann (SA und SS waren offiziell zu Hilfsorganen der Polizei ernannt worden) die systematische und groß angelegte Verfolgung der gesamten Arbeiterbewegung. Heinrich Himmler *wurde an diesem Tag kommissarischer Münchner Polizeipräsident, SS-Standartenführer* Reinhard Heydrich *Leiter der Politischen Polizei. Das Konzentrationslager Dachau wurde von hier aus organisiert anfangs bewachte normale Münchner Schutzpolizei das KZ. In der Ettstra-*

Dr. Wilhelm Frick: Vom Leiter der Politischen Polizei in München zum Reichsinnenminister unter Hitler *ße wurden Hunderte von politisch Verfolgten von der Gestapo verhört und gefoltert.*

Ettstraße

Auch nach Kriegsende und Gründung der Bundesrepublik wurden in der Münchner Polizeidirektion nicht nur Dienstpläne für Verkehrsstreifen aufgestellt, Verbrechensbekämpfung organisiert und Streifenwagen zu Wirtshausschlägereien beordert. Im Zeichen des Kalten Krieges erlangte die Ettstraße erneut zweifelhaften Ruhm bei der Verfolgung politisch Andersdenkender: Am 10. Mai 1960 wird in einer großangelegten Razzia die gesamte Führung der untergetauchten bayerischen KPD verhaftet, im August/September 1962 setzte man streng geheim eine der Öffentlichkeit nicht mitgeteilte Anzahl von Funktionären fest; ihnen wird vier Wochen lang jeder Kontakt zu ihren Anwälten verwehrt.

Herzog-Max-Straße 7

⑩

Im Jahr 1887 öffnete die Neue Synagoge ihre Pforten. Von außen war sie von christlichen Kirchen der damaligen Zeit nicht zu unterscheiden: eine Hallenkirche im romanischen Stil. Einerseits wollte die Jüdische Gemeinde nicht aus der Reihe tanzen, andererseits zeigte sich in dem Gebäude die selbstverständliche, gutbürgerliche Existenz dieser bayerischen Staatsbürger israelitischer Konfession. Während die Nazis die meisten der 1600 deutschen und auch die kleineren Münchner Synagogen am 9. November 1938, der Reichspogromnacht, in Brand gesteckt hatten, war die große Neue Synagoge bereits fünf Monate vorher abgerissen worden. München als »Hauptstadt der Bewegung« machte seiner Auszeichnung alle Ehre. Hitler höchstpersönlich sowie Gauleiter Adolf Wagner empfanden die Synagoge aus »städtebaulichen und verkehrstechnischen Gründen« als störend, obwohl sie mit dem benachbarten Künstlerhaus eine Einheit bildete. Im Juni 1938 wurde das Gotteshaus innerhalb von zwei Tagen abgerissen; »Der Stürmer« berichtete: »Ein Schandfleck verschwindet. Aus verkehrstechnischen Gründen muß die Synagoge in München abgebrochen werden«. Heute ist das Areal hinter dem Kaufhaus Karstadt eine Grünfläche, auf der nicht gebaut werden darf. Ein Gedenkstein erinnert an das Schicksal der Neuen Synagoge und ihrer Besucher.

Ein Schandfleck verschwindet

Aus verkehrstechnischen Gründen

muß die Synagoge in München abgebrochen werden

Schlagzeile im »Stürmer« vom Juni 1938

Karlsplatz

⑪

Der Stachus ist einer der Hauptverkehrsknotenpunkte der Stadt. Das 1315/1317 erbaute Karlstor gehört zu den drei verbliebenen Stadttoren der mittelalterlichen Befestigungsmauern. Ursprünglich »Neuhauser Tor«, heißt es seit 1791 nach Kurfürst Karl Theodor.

Das Karlstor eröffnet die Fußgängerzone Neuhauser Straße — Kaufinger Straße, auf der man bis zum Marienplatz — je nach Art und Umfang der Geldbörse — Schaufensterbummeln oder sich dem Kaufrausch hingeben kann. Bereits der Wiederaufbauplan von

Fußgängerzone mit Autoverkehr: die Kaufinger- und Neuhauser Straße vor dem Umbau

1946 wies diesen Bereich als Fußgängerbereich aus; die katastrophalen Verkehrsverhältnisse Ende der 60er Jahre machten eine Umgestaltung unumgänglich. Nach Abschluß der Arbeiten am S-Bahn-Tunnel 1972 wurde die Fußgängerzone eröffnet. Wer sich heute durch die Menschenmengen vorankämpft, wird kaum verstehen, daß die Umbaumaßnahmen von heftigen Protesten der betroffenen Geschäftsinhaber begleitet waren, die um ihre Umsätze fürchteten, wenn der PKW-Verkehr wegfiele. Heute ist die Fußgängerzone bis weit nach Mitternacht belebt.

Neuhauser Straße/ Kaufinger Straße

Kurz nach der Eröffnung der Fußgängerzone, während der Olympischen Sommerspiele 1972, bliesen trotz generellem Demonstrationsverbotes die maoistischen KPD und KPD/ML zum »Sturm auf das Karlstor«. Mit Helmen ausgestattete, zu allem entschlossene Revolutionäre lieferten sich mit der Polizei eine Straßenschlacht, wie sie München noch nie gesehen hatte — und das vor Besuchern aus aller Welt!

Bei unserem Rundgang interessieren uns heute weniger die Geschäfte, die Gaukler und Musiker, die — sobald das Wetter es zuläßt — auf der Straße spielen und musizieren. Wir schauen an und hinter die Fassaden der sie flankierenden Häuser.

Neuhauser Straße 44

Das Kaufhaus Oberpollinger (heute Karstadt) wurde 1904/1905 durch die Firma Heilmann und Littmann erbaut, die damals fast alle lukrativen Bau-Aufträge an sich zog. Die dreigegliederte Fassade sollte den Block an das alte Stadtbild anpassen, während die Giebel mit Symbolen des Fernhandels geschmückt wurden.

Neuhauser Straße 48

Rupert Mayer

In der Unterkirche des Bürgersaales befindet sich das Grab des Jesuitenpaters *Rupert Mayer* (1876-1945). Mayer wirkte seit 1906 als Volksmissionar in Deutschland, Schweiz, Österreich und den Niederlanden und kam 1912 als Seelsorger für die Zugewanderten nach München, wo er die Nöte der armen Volksschichten kennenlernte. Im 1. Weltkrieg wurde ihm nach einer Verwundung das linke Bein amputiert. Nach 1933 war er den neuen Herren mit seinen auf aktuelle und politische Ereignisse Bezug nehmenden Predigten ein Dorn im Auge. Im Mai 1936 wurde Mayer von der Gestapo ermahnt, im Mai 1937 erteilten sie ihm Predigtverbot, das er nicht beachtete, 1939/1940 wurde er ins KZ Sachsenhausen eingeliefert. Nach der Entlassung steckte Faulhaber den Unbotmäßigen in »Klosterhaft« ins oberbayerische Kloster Ettal, wo er 1940-45 verbringen mußte. Er wurde zu Untätigkeit und politischer Abstinenz gezwungen, Mayer starb am 1. November 1945 während einer Predigt. Er muß jetzt dafür herhalten, daß die katholische Kirche sich zu Unrecht mit seinen Lorbeeren schmückt: Am 3. Mai 1987 sprach Papst Johannes Paul II. Ruprecht Mayer vor 80.000 Menschen im Olympiastadion selig.

Kaufhaus Oberpollinger

Neuhauser Straße 16, 52, 51

(12)

Eine sehenswerte Gaststätte ist der »Augustiner« mit seiner Innenausstattung und seinem malerischen Hof. Er entstand 1896/97 nach Plänen von Emanuel von Seidl.

Die St. Michaeliskirche wurde 1583/1587 als Jesuitenkriche gebaut, ihr Vorbild war die Kirche Il Gesu in Rom. Als Auftraggeber zeichnete Herzog Wilhelm V., der »Fromme«. Unter seiner Führung entwickelte sich München neben Rom und Madrid zum Zentrum der Gegenreformation. Die Jesuiten als besonders militante Katholiken kamen nach München und erhielten hier die Michaelskirche als Wirkungszentrum. Bereits 1574-1576 war die Alte Akademie als Jesuiten-Gymnasium und nach Erweiterungsbauten als Jesuiten-Kolleg entstanden. Von den zahlreichen Wittelsbachern, die in der Michaelskirche »ruhen«, ragt besonders heraus: Ludwig II. (1845-1886), der Märchenkönig. Ludwig der II. war eine Ausnahme unter den Politikern: Anstatt den Staat durch Militärausgaben zu ruinieren, führte er den Bankrott über den Bau seiner aufwendigen Schlösser herbei.

Während in München die Technische Hochschule, der Schlacht- und Viehhof und das bayerische Eisenbahnnetz entstanden, träumte Ludwig in seinen Schloßbauten Linderhof, Neuschwanstein und Herrenchiemsee den Traum eines absoluten Herrschertums im Geiste Ludwigs XIV, mied das ungeliebte bürgerliche München immer mehr, und die Regierung regierte an ihm vorbei.

Die Legende, der »Kini« sei bei den Münchnern schon immer besonders beliebt gewesen, hält keiner Überprüfung stand; im Gegenteil: insbesondere bei den Münchner Geschäftsleuten war Ludwig verhaßt. Der profane Grund: Weil er sich seit Jahren der Hauptstadt fernhielt, entgingen ihnen die sonst für die Hofhaltung ausgegebenen Summen.

Der Innenhof des Augustiner um 1900

Ludwig heiratete nicht, um der modernen Zeit keinen Thronfolger zu liefern; das trug ihm den »Makel« der Homosexualität ein. Um seinen Tod ranken die Bayern so manche Legende; die Fakten: am 8. Juni 1886 wurde Lud-

wig II. wegen Geisteskrankheit für unmündig erklärt und am 11. Juni zur ärztlichen Untersuchung und Behandlung auf Schloß Berg interniert. Zwei Tage später ertrank der »Kini« zusammen mit dem ihm verordneten Psychiater Dr. Bernhard Gudden im Starnberger See in der Nähe von Berg unter mysteriösen Umständen, über die sich noch heute die Fanatiker die Köpfe heiß spekulieren. Ludwig II. steht weltweit für das, was man sich gerne unter dem rustikalen »Bayern« vorstellt: Kunst, Gemütlichkeit, etwas außerhalb des technischen Zeitalters stehend: Dieser König wird heute so sehr geliebt, daß sogar US-Amerikaner seinen Namen richtig aussprechen können.

Der »Kini«: ein König zum Anfassen — Ludwig II.

Im August/September 1943 fand in der Michaelskirche eine geheime Zusammenkunft von führenden Männern des »Kreisauer Kreises« statt. Es trafen sich *Helmut James Graf von Moltke*, die Jesuitenpater *Augustin Rösch* und *Lothar König*, der ehemalige bayerische Gesandte *Franz Sperr* und der Augsburger Rechtsanwalt *Dr. Franz Reisert*. Thema waren Überlegungen, wie nach der für den Herbst 1943 erwarteten militärischen Niederlage an der Westfront eine grundsätzliche politische Veränderung erreicht werden könnte.

Kaufingerstraße

⓭

Der sich nach Osten an die Neuhauser Straße anschließende Teil der Fußgängerzone heißt Kaufingerstraße. Sie kann als anschauliches Beispiel dafür dienen, wie jüdische Kaufleute und Hausbesitzer 1938 enteignet und später ermordet wurden, und sich »Arier« deutscher oder auch US-amerikanischer Nationalität über dieses Eigentum hermachten und es z.T. heute noch besitzen. Ein Blick auf die Änderungen der Besitzverhältnisse der nördlichen Häuserreihe zwischen 1938 und 1950 bringt Klarheit:

Nr. 22: 1938: Besitzer: Kaufmann Julius Basch, Mieter: Bamberger und Hertz, Herren- und Knabenkleidung. Ab 9. November 1938: Besitzer: J. Basch, Mieter: Hirmer & Co KG, Herren- und Knabenkleidung. 1942 bis heute: Besitzerin: Allianz Versicherung AG, Mieter: Hiermer.

Nr. 23: 1938: Besitzer: Josef Schell, 1942 bis heute: Besitzerin: Stadt München

Nr. 26: 1938: Besitzer: Franz und Kurt Landauer, Mieter: Woolworth AG Berlin, Einheitspreisgeschäft: seit 9. November 1939 bis heute: Besitzer: Woolworth AG Berlin

Nr. 30: 1938: Besitzerin: Gabriele Rosenthal, Mieter: F. Waldbauer, Lederwaren, 1942 bis heute: Besitzer: F. Waldbauer

Nr. 35: 1938: Besitzer: Dr. Fritz Löwenthal, 1942-1945: Deutsches Reich, Reichsfinanzverwaltung, 1948 bis heute: Emma Lauck

Marienplatz

⓮

Der Marienplatz war schon immer der Hauptplatz der Stadt. Seit 1315 der spätere Kaiser *Ludwig der Bayer* die Baulinien festlegte, besteht er in seinem heutigen Grundriß. Er war Korn- und Salzmarkt, das Politische Zentrum der Stadt, Verkehrsknotenpunkt und Ort kultureller Höhepunkte (1978 z.B. wurde hier unter freiem Himmel *Carl Orffs* »Carmina Burana« aufgeführt). Unterhalb zweier alter Handelsstraßen, die sich ebenfalls am Marienplatz kreuzen, verlaufen heute U- und S-Bahn-Linien. Den unterirdischen Bahnhof (26 m tief) benutzen täglich 270.000 Fahrgäste.

Der Marienplatz: Platz auch für Münchner?

Die Mariensäule in der Mitte des Platzes, im Dreißigjährigen Krieg 1630 eingeweiht, erinnert an die Kriegsnöte. Die Putten auf dem Sockel bekämpfen Symbole für Krieg, Hunger, Pest und Tod. Während der Adventszeit findet auf dem Marienplatz der Christkindlmarkt statt. Die weihnachtliche Atmosphäre wird allzuoft durch die drängenden und schiebenden Menschenmassen stark beeinträchtigt.

Ein Stein des Anstoßes ist seit Jahren der gewaltige Christbaum, der von der Tiroler Gemeinde Pertisau gestiftet wird: Darf es sein, daß im Zeitalter des Waldsterbens ein gesunder, ausgewachsener Baum gefällt wird, nur um für wenige Wochen auf dem Marienplatz zu verwelken — im Interesse des Fremdenverkehrs der österreichischen Stifter?

Die Fassade des Kaufhof, entstanden in den Jahren 1969-1972 und angeblich an die alte Bausubstanz angepaßt, gehört zu den städtebaulichen Scheußlichkeiten ersten Ranges.

Donisl um 1907 — noch ohne KO-Tropfen

Weinstraße 1

Das Lokal »Donisl« erlangte traurige Berühmtheit: Im Mai 1984 besetzte die Polizei die Lokalität und nahm den Geschäftsführer und die gesamte Belegschaft fest. Jahrelang hatte man vermögend aussehenden Gästen aus dem In- und Ausland sogenannte KO-Tropfen ins Bier gemischt; die vermeintlich Volltrunkenen wurden aus den Gasträumen geschleppt, ausgeraubt und teilweise nur mit Unterwäsche bekleidet auf der Straße liegengelassen. Inzwischen kann man — sofern die hohen Preise nicht abschrecken — hier wieder unbesorgt essen und trinken.

Blick auf das Neue Rathaus, 1. Bauabschnitt 1867-1874

Marienplatz 8

Der Architekt Georg von Hauberrisser erstellte die Pläne für das Neue Rathaus, das in Etappen zwischen 1867 und 1908 entstand. Um Baugrund zu schaffen, wurde eine ganze Zeile alter Bürgerhäuser abgerissen. Diese Kahlschlagsanierung sorgte für erregte Gemüter: »Ich habe in meiner Jugend noch so viel von der lieben, alten Stadt gesehen, daß ich mich ärgern darf über die Gotik des Rathauses und Niedlichkeit des Glockenspiels und über so vieles andere, was unserem München seine Eigenart genommen hat, um es als Schablonengroßstadt herzurichten.« (Ludwig Thoma)

Es setzt sich täglich um 11 Uhr und während des Sommers auch um 17.00 Uhr in Bewegung — das von Ludwig Thoma so geschmähte und den vielen Touristen herbeigesehnte Glockenspiel. Die Figuren stellen ein Ritterturnier und den Schäfflertanz dar.

Das Turnier war 1586 Höhepunkt der 18 Tage dauernden Feierlichkeiten zur Hochzeit des bayerischen Herzogs Wilhelm V. mit Renata von Lothringen. Dabei siegten die weiß-blauen Bayern über die schwarz-gelben Lothringer. Der Schäfflertanz erinnert an die überstandene Pest von 1515/1517. Als sich niemand aus den finsteren Häusern auf die Straße traute, sollten die Schäffler in ihrer bunten Zunftkleidung mit Tanz und Musizieren die verängstigten Münchner wieder ins Freie und damit »ins Leben« gelockt haben.

Der Münchner Karl Rosipal stiftete 1904 für damalige 32.000 Mark das Glockenspiel; es ist mit 43 Glocken in dreieinhalb Oktaven das größte Deutschlands. Nur wenige wissen, daß täglich um 21.00 Uhr das Münchner Kindl aus einem seitlichen Erker tritt. Ein Schutzengel und ein Nachwächter geleiten es zur Ruhe.

Während bis 1919 nur adlige Erste Bürgermeister (mit einer Ausnahme: Dr. Jakob Bauer während der unruhigen Revolutionszeit

Marienplatz Ecke Weinstraße vor dem Umbau zur Fußgängerzone

von 1848) im Rathaus regierten, wurden nach 1919 ausschließlich Bürgerliche gewählt, deren Parteizugehörigkeit die politische Entwicklung in München widerspiegelt: Eduard Schmid (SPD, 1919-1924), Dr. Karl Scharnagl (BVP, 1925-1933), Karl Fiehler (NSDAP, 1933-1945, nicht gewählt, sondern von seiner Partei eingesetzt).

Am 9. März stürmt SA das Rathaus und zieht unter tosendem Beifall der auf dem Marienplatz versammelten Massen eine Hakenkreuzfahne auf. Die im Stadtrat vertretenen Fraktionen »verschwinden« nach und nach: bereits am 1. März werden die KPD-Stadträte verhaftet, sofern sie nicht rechtzeitig untertauchen können; am 9. Mai prügelten die Nazis die Sozialdemokraten aus dem Sitzungssaal, deren Anwesenheit sie als »unverschämte Provokation für unsere Bewegung« bezeichnen; am 11. Juli schließlich trifft es die letzten Nicht-Nazis: Die NSDAP stellt klar, »daß die Stadtratsfraktion durch die Anwesenheit der Herren von der BVP nicht gestört sein will.«

Hans Jochen Vogel als Münchner Oberbürgermeister

Ab 1948 galt München als »rote Hochburg«: die SPD stellte mit »Ramadama« Thomas Wimmer (1948-1960), Hans-Jochen Vogel (1960-1972) und Georg Kronawitter (1972-1978) den Oberbürgermeister. 1978 konnte die CSU mit Erich Kiesl die Bastion sensationell erobern — allerdings nur bis 1984. Seitdem heißt der Oberbürgermeister wieder Kronawitter. In den Müncher Stadtrat entsandten die CSU 35 Abgeordnete, SPD 33, Grüne 6, FDP 4 sowie die rechte Abspaltung der SPD, Die USD (Unabhängige Sozialdemokraten) 2.

Dr. Vogel neuer OB

Ochsensepp überrundet

München (Eigener Bericht) – Fast zwei Drittel der Münchner Wähler entschieden sich am Sonntag für Dr. Hans Jochen Vogel, 34, von der SPD als neuen Oberbürgermeister der Millionenstadt, als Nachfolger von Thomas Wimmer. Vogel bekam 64,3 Prozent aller abgegebenen Stimmen. Selbst Thomas Wimmer hatte in seinen besten Zeiten nur 60 Prozent erreichen können.

Der aussichtsreichste Gegenkandidat, Dr. Josef Müller, 62, von der CSU, als „Ochsensepp" populär, konnte nur 22,0 Prozent der Stimmen auf sich vereinigen.

Unter „ferner liefen" zählte man Bürgermeister Adolf Hieber von der Bayernpartei mit 10,5 Prozent und Stadtrat Dr. Dr. Dr. Hans Keller von der „Parteifreien Wählerschaft" mit 3,2 Prozent.

Marienhof

Hinter dem Rathaus liegt die einzige größere Freifläche der Innenstadt, der Marienhof, der bis 1944 bebaut war. Eigenartigerweise ist diese Freifläche bisher nicht der Spekulation anheimgefallen, obwohl dazu ständig Anläufe gemacht werden. So meinte z.B. 1973 der Umweltbeauftragte (!) der Stadt, Theo Fischer, der Marienhof sei für eine Grünanlage zu kostbar!

Marienplatz

Der Marienplatz wird östlich abgeschlossen vom Alten Rathaus, das seit 1315 den Aufstieg des Münchner Bürgertums dokumentierte. Das heutige Gebäude entstand 1470/1478, wurde 1942 durch Bomben zerstört und später originalgetreu wiederaufgebaut. Interessant am Alten Rathaus (ein Werk des gotischen Baumeisters Jörg von Halsbach, gen. Ganghofer (1410-1488)) ist neben seiner Architektur das Spielzeugmuseum im Turm, in dem man die Sammlung Ivan Steiger bewundern kann (Öffnungszeiten: Mo-Sa 10-17 Uhr, So und Feiertags 10-18 Uhr). Am 9. November 1938 traten die »Alten Kämpfer« im Rathaussaal zur Erinnerung an den 15. Jahrestag des Hitler-Putsches zusammen. Goebbels hielt eine Rede, in der er zur reichsweiten Verfolgung der Juden aufrief (aktueller Anlaß war der Mord des Juden *Herschel Grynszpan* am deutschen Legationsrat *Ernst von Rath* in Paris). Kurz darauf begannen im ganzen Deutschen Reich »spontane« Überfälle auf jüdische Geschäfte, Synagogen und Menschen: die »Reichskristallnacht«.

Am Buchkaufhaus (dem ersten in der Bundesrepublik) Hugendubel werden Bücherfreunde ihre helle Freude haben — auf 3 Stockwerken wird hier Literatur zu allen Fachgebieten offeriert. Im selben Haus erfand am 22. Februar 1857 der Metzgermeister *Sepp Moser* die Münchner Nationalspeise — die Weißwurst. Sie besteht hauptsächlich aus Kalbsfleisch, was spezielle Regeln des Konsums erforderlich macht: um in den vollen Genuß einer frischen Weißwurst zu gelangen, muß man sie bis zum Mittag gegessen haben — denn: »Eine Weißwurst, die die Mittagsglocke hört, sollte man nicht einmal einem Preußen zur Atzung vorsetzen.« Auch wie man eine Weißwurst verspeist, zeigt den wahren Kenner und Genießer. Die ganz Echten tauchen sie mit ihren Fingern in den — süßen! — Senf und zuzeln sie anschließend geräuschvoll aus. Wem das zu zünftig ist, schneidet sie mit dem Messer in der Mitte längs auf und rollt die beiden Hälften des Inhalts aus der Haut. Als ganz und gar Unkundiger erweist sich, wer die Weißwurst in Scheiben schneidet wie Currywurst. Als Beigabe gehören dazu: eine Brez'n und ein Weizenbier.

Sollten Sie also den Rundgang durch die Innenstadt rechtzeitig vor Schlagen der Mittagsglocke beendet haben, begeben Sie sich in eines der umliegenden Wirtshäuser — die Chance, daß Sie einen Platz bekommen, ist indes nicht sehr groß. Es muß ja nicht gerade das »Aubergine« sein — nach wie vor Münchens Gourmettempel Nr. 1 (Maximiliansplatz 5) — Eckhart Witzigmann schwingt hier den Kochlöffel. Versuchen Sie es im Peterhof (Marienplatz 22), der Geburtsstätte der eben genannten Weißwurst, im Weißen Bräuhaus (Tal 10) oder auch im Donisl (Weinstraße 1). Bei entsprechendem Wetter empfiehlt sich der schattige Biergarten auf dem Viktualienmarkt gleich neben dem Maibaum.

Marienplatz 22

Café Peterhof — eine der Spielstätten der Münchner Volkssänger um 1900 (im Vordergrund der Bauplatz zum Erweiterungsbau des Neuen Rathauses

»Heit genga ma zu de Komiker!« — Münchner Volkssänger

Münchner Volkssänger — die Vorfahren und Vorläufer des Show Business und des Schlagermarktes. Ihre Auftrittsorte, die Singspielhallen, Varietés und Wirtshaussäle — Zeugen einer verschwundenen Epoche populärer Unterhaltung. Ein Volkssängerauftritt war um die Jahrhundertwende das Sinnbild der *Münchner Gmüatlichkeit*.

Die Blütezeit der Volkssänger fällt in die 50 Jahre vor und nach 1900, als München sich zur Weltstadt mauserte und — dank weitgehend fehlender Groß- und Schwerindustrie — sich die Handwerker- und Kleinbürgerseele in aller dumpfen Begrenztheit und geselligen Amüsiersucht breit machte, nur am Rande von der Schwabinger Künstler-Bohème angegriffen. Die Bezeichnung Volkssänger rührt daher, daß ursprünglich bei den Auftritten die gesanglichen Darbietungen (Gstanzl und Couplets) Vorrang vor den später sich entfaltenden komischen Theaterszenen hatten. Diese bayrische Kleinkunstform — einen aufwendigen Theaterbetrieb verbot der § 33a der damaligen Reichsgewerbeordnung — bildet eine Wurzel der heutigen Unterhaltungsindustrie, vom Kino bis zum Nachtklub, die folglich auch ihre Totengräber geworden sind.

Nur ein professionell arbeitendes Volkssängerensemble brachte es auf eine Stärke von bis zu zehn Mitgliedern. Im Bereich darunter versuchte ein Heer von Amateuren, sich in den kleineren Gaststätten und Bierhallen mit ihrem Unterhaltungsangebot durchs Leben zu schlagen. *Karl Valentin*, der sich vom Podium der Volkssängerspäße zu seinen querdenkerischen Höhenflügen aufgeschwungen hat, war ein Archivar der Volkssängerkultur und hat neben seiner Sammlung Altmünchner Postkarten auch ein Verzeichnis mit weit über 600 Namen von Volkssängern angelegt, die Abend für Abend für populäre Unterhaltung im bescheidenen, volksverbundenen Rahmen sorgten.

Der Unterhaltungsbetrieb Singspielhalle befriedigte gleichzeitig drei Freizeitbedürfnisse. Im geselligen Beisammensein konnten die Zuschauer bei ausgiebigem Genuß von Bier und Schweinebraten oder ähnlicher Schmankerl komische Vorträge und Szenen ohne vordergründigen Bildungsanspruch erleben. Das Heranschleppen der Maßkrüge wurde während der Auftritte nicht unterbrochen. In den großen Sälen wurde allabendlich ein vierzehntägig wechselndes Programm geboten, das immer den gleichen Aufbau hatte. Die Kapelle spielte zu Beginn und zwischen den Auftritten Walzer, Märsche oder Operettenpotpourris. Das Ensemble kam zunächst mit einem Begrüßungslied nach der Art *Gruäß Euch Gott, alle mitananda*. Im Laufe des Abends hatten die Prinzipale Gelegenheit, sich mit Soloauftritten zu profilieren, etwa als gscheerter (dummer, neureicher) Bauer mit einer Reihe von deftigen Witzen über das Landleben. Das gesamte Spielerensemble trat dann noch mit bis zu drei Einaktern pro Abend auf, die meist im bäuerlichen, aber auch im Soldaten- oder Städtermilieu spielten. Es ging fast immer um eine Liebesgeschichte, die über allerlei Possen, Verwechslungen und das Übertölpeln des der Verbindung abgeneigten Elternteils zum Happy End führte, in dem der Bua sein Madl kriegt. Die komischen Vorträge, Parodien und Possen blieben immer ausgesprochen volkstümlich, ortsverbunden und stereotyp, kurz sie blieben auf dem Erwartungsniveau des Publikums und dienten dem einfachen Unterhaltungsbedürfnis.

Erst in den *goldenen zwanziger Jahren*, als der Niedergang dieser urbayrischen Variante des Amüsierbetriebes schon eingeläutet war, versuchten sich die Volkssänger an mehr Weltstadtflair und eindeutigerem erotischen Kitzel. Wie in Berlin wurden aufwendige Revuen geboten, die häufig die polizeilichen Sittenwächter auf den Plan riefen. Beanstandungen wegen aufmüpfiger politischer Reden hat es weniger gegeben, weil die Komiker zwar stets die endlose Debattiererei im Parlament oder das soziale Elend der Lumpenproletarier (der Typ des Steinträgers *Luke* war sehr beliebt) auf witzige Weise verhöhnten, aber immer in einverständlichem Ton mit dem Publikum und nie auf radikale Weise.

Es gab etwa drei Generationen von Volkssängern. Als Großvater gilt *Jakob Geis* (Papa Geis genannt), der in den letzten Jahren des 19. Jahrhunderts im Café Oberpollinger (heute

Papa Geis, Seidenbusch und Haibl als reisende Dorfmusikanten 1885

eine gute Einkaufsmöglichkeit in der Fußgängerzone Neuhauser Straße) seine Triumphe feierte. Ihre größte Popularität erfuhren die Volkssängerszenen etwa ab 1900. Damals sorgten *Christian Seidenbusch, Andreas Welsch, Karl Maxstadt, August Junker* und *Alois Hönle* mit ihren Mitstreitern immer für ein volles Haus.

Die Auftrittsorte — es sind mehr als 100 namentlich bekannt — sind heute in ihrer ursprünglichen Form nicht mehr zu besichtigen. Volkssängerlokale waren in fast allen Stadtteilen zu finden, vornehmlich in der Innenstadt. Dazu zählten die Hotelsäle *Frankfurter Hof, Drei Löwen* (nach wie vor Schillerstraße 8) und *Treffler*, der *Bamberger Hof* in der Neuhauser Straße, das *Café Peterhof* am Marienplatz, das *Colosseum* (Ecke Kolosseum-/Jahnstraße, wo heute ein abweisendes Bürohochhaus steht), die *Blumensäle* am Viktualienmarkt, der *Baaderwirt* an der Ecke Dachauer-/Hirtenstraße und die typischste Singspielhalle, das *Apollo*, in der Dachauer Straße 21 (das nach dem Krieg noch eine volkstümliche Bühne war, dann zum Beatschuppen und Teppichlager abstieg). Auch die großen Biertankstellen wie der *Hackerkeller* auf der Theresienhöhe (heute fusionsbedingt der Pschorr-Keller), der *Bürgerbräukeller* (durch Hitler berüchtigt geworden) an der Rosenheimer Straße, der dem Bau des Hilton-Hotels weichen mußte, und der *Salvatorkeller* am Nockherberg (der traditionelle Pilgerort all derer, die im Frühjahr zum Starkbieranstich strömen) waren Volkssängerlokale.

Der einzige Ort, der die Tradition noch einigermaßen aufleben läßt — zumindest für japanische und amerikanische Touristen — ist das *Platzl* gegenüber dem *Hofbräuhaus*. Das *Platzl* hat durch die bekannteste Volkssängergröße der Spätphase, den *Weiß Ferdl*, der sich auch auf Schellack und Celluloid verewigen hat können, die Münchner Komikertradition schon in den dreißiger Jahren über das Lokale hinaus bekannt gemacht und bietet auch heute noch *bayrische Szene.*

Klaus Pemsel

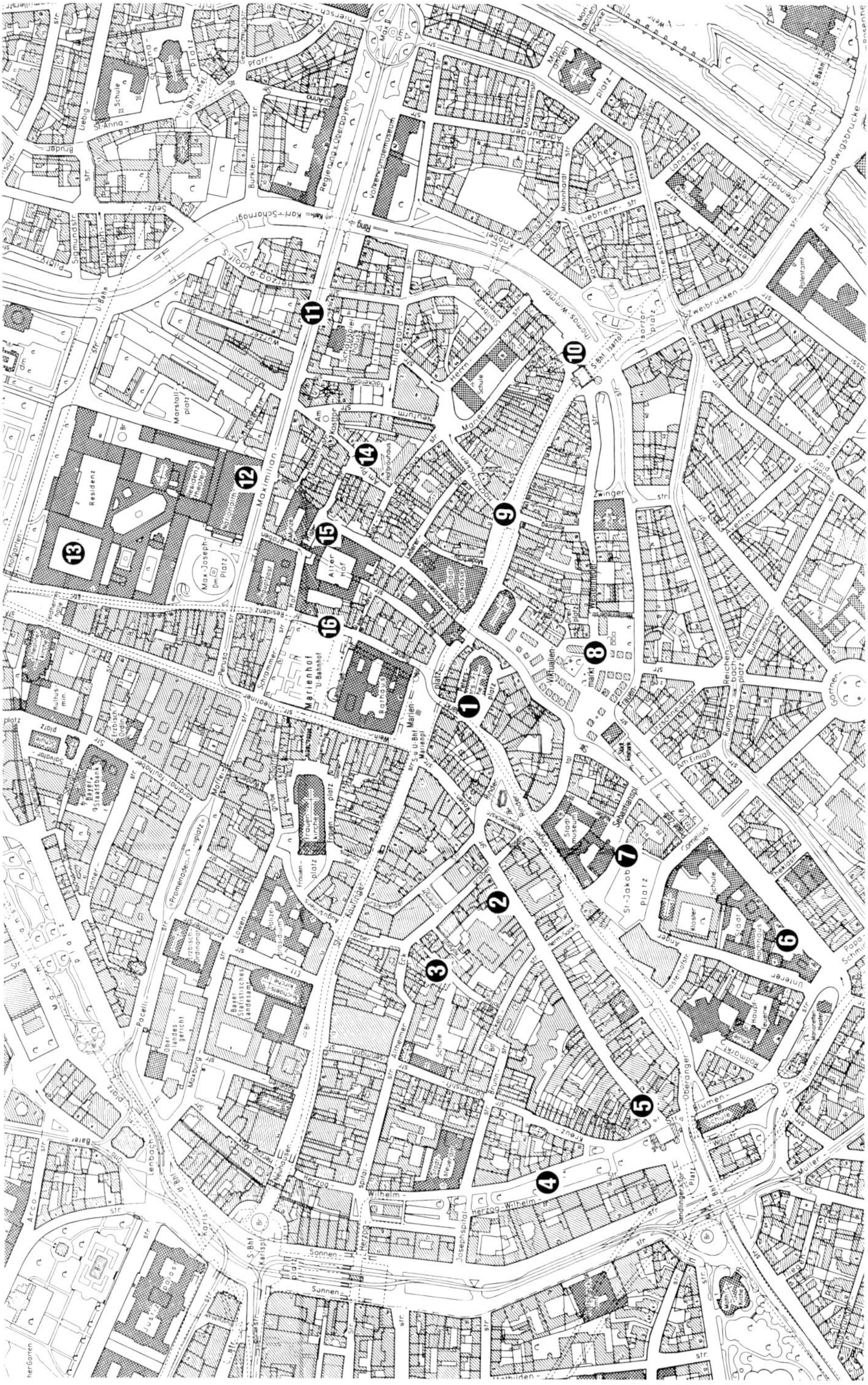

1
2
3
4
5
6
7
8
9
10
11
12
13
14
15
16
Residenz
Max-Joseph-Platz
Marstallplatz
Alter Hof
Marienhof
Rathaus
Marienplatz
Frauenkirche
Frauenplatz
Viktualienmarkt
Sebastiansplatz
St.-Jakobs-Platz
Stadtmuseum
Promenadeplatz
Ludwigsbrücke
Zweibrücken
Maximilian
Residenz
Sonnen
Herzog-Wilhelm
Sendlinger-Tor-Platz
Oberanger
Karlsplatz
Lenbach
Kultusmin.
Zwinger
Hofgarten

Bockprobe am Platzl und ein Musäum: alles Theater

Die Innenstadt 2

Ausgangs- und
Endpunkt: *Marienplatz, S1-7, U3 und 6*
Dauer: *2 1/2 Stunden*

Der zweite Innenstadtrundgang führt uns ein wenig weg vom Trubel des Marienplatzes und der großen Fußgängerzone. Auch hier werden wir Touristen und anderen Gästen Münchens begegnen; dennoch ist dieser Teil der Alt-Stadt etwas münchnerischer und nicht weniger spektakulär, was Geschichte und Kultur angeht. Achten Sie auf die mittelalterlichen Straßenverläufe und vor allem auf Straßennamen — sie verraten einiges über Leben und Arbeiten dieser Zeit. Karl Valentin werden wir gleich mehrfach begegnen.

Petersplatz/ Rindermarkt 1

❶

Ein wenig höher als der Viktualienmarkt liegt das »Petersbergl«. Es soll sich um die älteste Besiedlung im Gebiet der heutigen Altstadt handeln — bereits seit dem 11. Jahrhundert mit Kapelle bzw. Kirchen bebaut. Heute steht hier die Kirche St. Peter, deren Turm nicht nur ein weiteres Wahrzeichen der Stadt ist, sondern zum Besteigen geradezu einlädt: vom alten Peter gibt es einen herrlichen Blick über die Dächer von München und — wenn man einen klaren Tag erwischt — bis in die Berge. Vielleicht der Grund, warum ein altes Münchner Volkslied gerade diesen Turm herausstellt:

»Solang der alte Peter,
Der Petersturm no steht,
Solang stirbt in der Münchnerstadt
d' Gmüatlichkeit net aus.«

Sendlinger Straße 80

❷

Im Süddeutschen Verlag erscheint die *Süddeutsche Zeitung*, nach »Bild« die auflagenstärkste Tageszeitung in der BRD. Ihre Vorgängerin waren die *Münchner Neuesten Nachrichten (MNN)*, mit einer Auflage von 150.000 die bedeutendste Zeitung in Süddeutschland. Bis 1920 vertrat sie einen liberalen, unabhängigen Standpunkt. Am 31. Mai 1920 stand der Verlag zum Verkauf an, und der langjährige Direktor der Münchner Filiale der Dresdner Bank, Wilhelm Seitz, griff zu, um das Ganze für 15 Millionen Mark »an ein Konsortium angesehener Münchner und auswärtiger Vaterlandsfreunde« weiterzuverkaufen: Gutehoffnungshütte/Oberhausen (52%), Gelsenkirchner Bergwerks AG/Gruppe Dortmund

(16%), sowie bayerische Patrioten wie Karl Ludwig von Guttenberg (11%).

Die Berufung von *Paul Nikolaus Cossmann* (1869–1942) zum Schriftleiter markiert den Übergang der MNN zum Hetzblatt deutschnationaler und reaktionärer Provinienz. Obwohl selbst jüdischer Herkunft, versuchte Cossmann durch übersteigerten Nationalismus sein Deutschtum unter Beweis zu stellen, trat 1905 zum Katholizismus über, kämpfte wütend gegen den Versailler Vertrag und entwickelte sich zu einem wüsten Antisemiten und Antikommunisten (»Hitler ist mir recht, wenn er den deutschen Arbeiter national macht.«). Diese Liebedienerei wurde von den Nazis nicht honoriert: der »Rassejude« Cossmann wurde im März 1933 entlassen und kam 1938 ins KZ Theresienstadt, wo er 1942 umkam.

Altheimer Eck
❸

Wo sich heute die Weißsche Druckerei befindet, befand sich bis 1933 die Druckerei der bayerischen SPD, wo unter anderem die Tageszeitung *»Münchner Post«* herausgebracht wurde. In den 20er Jahren war diese Druckerei das Ziel von Überfällen und Anschlägen faschistischer Schlägertrupps; seit 1920 wurde sie durch Parteimitglieder, die im »Schutzbund« organisiert waren, ständig bewacht. Im März 1933 stürmten SA-Leute das Gebäude und zerstörten die Druckerei. Eine große Zahl von Münchner Arbeitern, die im »Reichsbanner« organisiert waren, standen zur Verteidigung bereit und warteten auf ein Signal von oben; die SPD-Führung appellierte in Verkennung der politischen Realitäten an die Bayerische Landesregierung und die Polizei. SA und SS waren indes bereits offizielle Hilfspolizei. Im Jahr 1934 enteignete das Land Bayern das Gebäude zu seinen Gunsten.

Hackenstraße 10, 7

Die Wirtschaft »Zur Hundskugel« ist die älteste noch erhaltene in München, seit 1640 dient sie als Gaststätte. Heute kann in dem sorgfältig restaurierten Wirtshaus gepflegt gegessen werden — sofern ein freier Platz gefunden wird. Im Haus neben der Wirtschaft hatten die Bildhauer *Johann Baptist Straub* (1704–1784; Figuren u.a. in St. Peter und Hochaltar von St. Georg in Bogenhausen) und *Roman Anton Boos* (1730–1810; u.a. Gartenstatuen in Nymphenburg) Werkstatt und Wohnung.

Heinrich Heine

Im Radspielerhaus in der Hackenstraße 7 wohnte von Herbst 1827 bis zum Sommer 1828 *Heinrich Heine*. In seiner Hoffnung auf eine Professur für deutsche Literatur an der Münchner Universität wurde der Dichter (1797–1856) enttäuscht; ein Teil seiner »Reisebilder« entstand hier.

Brunnstraße 7

Der Kreuzbräu war im späten 19. Jahrhundert der wichtigste Treffpunkt der Münchner Arbeiterbewegung. Seit 1875 hielten hier die sozialistischen Männergesangsvereine »Morgenroth« und »Morgenstern« ihre Proben ab. »Gemütliche Unterhaltungen, Gesänge und Tänze vereinigen uns besser als stundenlange Vorträge in leeren Phrasen«. Dennoch standen diese Vereine unter ständiger polizeilicher Bespitzelung: »Die Gesellschaft Morgenroth besteht nach wie vor aus lauter Sozialdemokraten.«

Gesellschaft „Morgenroth."

Das anberaumte Stiftungsfest der Gesellschaft kann weg Nichtbewilligung der kgl. Polizei-Behörde nicht stattfinden.

19 Das Comité.

Anzeige in der sozialdemokratischen Münchner Arbeiterzeitung »Der Zeitgeist« von 1875

1929 spaltete sich der kommunistische »Volkschor Freiheit« ab, der der SPD Verrat an der Arbeiterklasse, Verbürgerlichung und Bonzokratie vorwarf. Auch der Volkschor probte wöchentlich im Kreuzbräu. Während der Volkschor 1933 verschwand, wurden die sozialdemokratischen Gesangsvereine »gleichgeschaltet«: Nachdem die politischen Lieder aus den Gesangsbüchern herausgeschnitten waren, durften die restlichen 4/5 weitergesungen werden. Erst der Krieg zerriß die Vereinsstrukturen. Seit den 70er Jahren war der Kreuzbräu eine »klassische Musikwirtschaft« mit klassischer Live-Musik. Das Gebäude mußte später für den sog. »Asamhof«, ein hochprofitables aber sehenswertes Spekulationsobjekt, abgerissen werden.

Herzog-Wilhelm-Straße

4

Die unmotiviert breite Herzog-Wilhelm-Straße entstand auf dem Areal der Anfang des 19. Jahrhunderts abgetragenen Befestigungsanlagen. Nach dem 2. Weltkrieg war diese Freifläche dem Zeitgeschmack entsprechend als Parkplatz benutzt worden, bis 1971 die große Tiefgarage im nördlichen Straßenbereich entstand und hier Platz für Grünflächen schuf.

Sonnenstraße 23

In der Gaststätte Wagnersaal trat der am 6. Dezember 1918 gegründete Münchner Spartakusbund am 11. Dezember erstmals mit einer großen Versammlung vor die Öffentlichkeit. *Max Levien* sprach über »Die blutigen Vorgänge in Berlin und die Schuld der

Auch schon Geschichte: klassische Live-Musik 1978 im Kreuzbräu

jetzigen Reichsregierung« (Niederschlagung kommunistischer Unruhen in Berlin durch *Gustav Noske* und den Polizeipräsidenten *Karl Zörgiebel,* beide SPD) und forderte die Bildung einer Roten Armee. Der anwesende *Kurt Eisner* setzte sich dafür ein, die beginnende Bürgerkriegsstimmung durch Argumente der Vernunft abzuschwächen. Gustav Landauer wandte sich gegen das »ewige Blutspucken« der Radikalen. Einig waren sich alle in der Ablehnung der SPD und ihres Führers Erhard Auer.

Verkehrsknotenpunkt Sendlinger Tor Ende der 50er Jahre

Sendlinger-Tor-Platz

❺

Das Sendlinger Tor ist eines der drei erhaltenen Stadttore der mittelalterlichen Befestigungsanlagen. Es entstand um 1310. Die dahinterliegende Sendlinger Straße ist zwar keine Fußgängerzone, doch bemühen sich die hier ansässigen Geschäftsleute, sie zu einer ernsthaften Konkurrenz der Fußgängerzone zu machen.

Sendlinger Straße 62

Die Asamkirche wurde 1733—1746 nach Plänen der Brüder *Egid Quirin* und *Cosmas Damian Asam* im Rokokostil erbaut. Zusammen mit dem Wohnhaus (links) und dem Priesterhaus (rechts) stellt der Baukomplex eines der interessantesten Denkmäler des selbstbewußten Künstlerbürgertums des 18. Jahrhunderts dar.

Von Mai bis Juni 1933 befand sich im Priesterhaus eine illegale Druckerei der KPD. Insgesamt wurden hier sieben Nummern der »Neuen Zeitung« herausgebracht. Die katholische Kirche wußte allerdings nichts davon; über ein Mitglied der »Marianischen Kongregation«, *Hugo Scheurer,* hatte die KPD heimlich Zutritt bekommen. Im August 1933, als insgesamt 68 kommunistische Funktionäre in München verhaftet wurden, flog auch die illegale Druckerei auf. Die meisten der Verhafteten kamen nach schweren Mißhandlungen ins KZ Dachau. Der ehemalige Redakteur der »Neuen Zeitung«, *Walter Häbich,* wurde dort am 1. Juli 1934 »im Zuge der

Röhmrevolte«, wie es in der Todesmitteilung an seine Mutter hieß, »standrechtlich erschossen«.

Blumenstraße 28/ Unterer Anger 3
❻

Der große Verwaltungskomplex zwischen Blumenstraße und Unterer Anger ist als Technisches Rathaus bekannt. Während am Marienplatz Politik gemacht wird, haben hier die Stadtwerke München ihren Sitz. Die Gebäude entstanden 1913–1917 (Unterer Anger) und 1924–1926 (Blumenstraße, Architekt *Hermann Leitenstorfer*).

Ein frühes Hochhaus: das Technische Rathaus in der Blumenstraße

Das Hochhaus war der dritte Bauabschnitt. Seine Entstehungszeit (1926–1929) weist auf den kurzen Konjunkturaufschwung in der Weimarer Republik hin, durch den die Stadtverwaltung überhaupt in der Lage war, ein solch großes Vorhaben zu realisieren. Auch in baulicher Hinsicht verdient das Hochhaus Interesse: Seit 1924 existierten Pläne, in gebührendem Abstand um die Frauenkirche herum einen Hochhausring zu errichten, damit eine moderne Stadtsilhouette entstehe. Mit dem Hochhaus an der Blumenstraße sollte der Anfang gemacht werden, allerdings mußte es bis 1960 auf einen Kollegen warten, nämlich das ehemalige Hotel Deutscher Kaiser nördlich des Hauptbahnhofes.

Mit dem Bau sollten Alt und Neu miteinander verbunden werden. Die neue Zeit erschien in der Höhe des Gebäudes mit seinen 12 Stockwerken, gleichzeitig paßte man sich der Tradition an: Die Türme der Frauenkirche als Zentrum der Stadt spiegeln sich in der Fassadengestaltung dieses Stahlbetonklotzes wider: Sockel aus Nagelfluh, Ziegelkörper, Kupferbedachung. Außerdem erhielten die oberen drei Stockwerke dekorative Strebepfeiler sowie Ecktürmchen.

Blumenstraße 7
❼

Jugendtreff • Kindertreff • Stadtteiltreff • Kindergruppen Werkstätten

In den 70er Jahren gab es in den Innenstadtrandbereichen keine Einrichtungen für Jugendliche, zu wenig Kindergärten und Spielplätze. Da keine schnelle offizielle Abhilfe in Sicht war, und um diese Lücke zu schließen, wurde 1979 in Eigeninitiative der betroffenen Bewohner der »Verein Glockenbachwerkstatt« gegründet, ein Bürgerhaus, das alters- und nationalitätenübergreifend und offen für alle Bürger des Stadtviertels ist. Der eigenständige Trägerverein — teilweise finanziert vom Kulturreferat der Stadt und dem Paritätischen Wohlfahrtsverband — bietet ein breites Programm an unter dem Motto: »Alles unter einem Dach«: Kinder- und Jugendtreff, Werkstätten, Flohmärkte, Ausländerinitiativen usw. (Telefon: 26 88 38).

St. Jakobs-Platz

Der St. Jakobs-Platz ist eine der letzten Kriegslücken im Stadtgebiet. Obwohl einiges wiederaufgebaut bzw. im alten Stil neuerrichtet wurde, klaffen noch etliche Baulücken. Ein Parkhaus aus den 60er Jahren glotzt ungemütlich auf den Platz.

Das dominierende Gebäude am St. Jakobs-Platz ist das Münchner Stadtmuseum. Es entstand 1888 im Zeughaus, das nach seiner Zerstörung 1944 originalgetreu wiederaufgebaut wurde und heute nur einen Teil des sehenswerten Museums ausmacht.

Diese Baulücken sind inzwischen weg: Autostau am Färbergraben 1960

Der Name »Stadtmuseum« läßt an ein Heimatmuseum denken, doch das Gegenteil ist der Fall: Das Gebäude beherbergt eine in ihrer Gegensätzlichkeit einzigartige Verbindung von kulturhistorischen Sammlungen, deren Interesse von der Regionalgeschichte bis zur Ethnologie der Dritten Welt reicht: Historisches Museum der Stadt München, Musikinstrumentenmuseum, Puppentheater- und Schaustellereimuseum, Photomuseum, Brauereimuseum. Unter seiner Direktorin Dr. Martha Dreesbach (1969—1980) öffnete sich das Stadtmuseum breiten Bevölkerungsschichten, die bisher nicht oder kaum am Kultur- und Ausstellungsbetrieb teilgenommen hatten. Aktionen wie »Keine Angst vor der Freizeit«, »Die 1000 schönsten Ostereier«, »Bergphoto 71« machten das Museum zu einem Volksmuseum. Die bekannteste Abteilung ist das Filmmuseum, das bedeutende Filme aus aller Welt sammelt, restauriert und vorführt. (Öffnungszeiten Di.-Fr. 9.00—16.30 Uhr, Sonn- und Feiertage 10.00—18.00 Uhr)

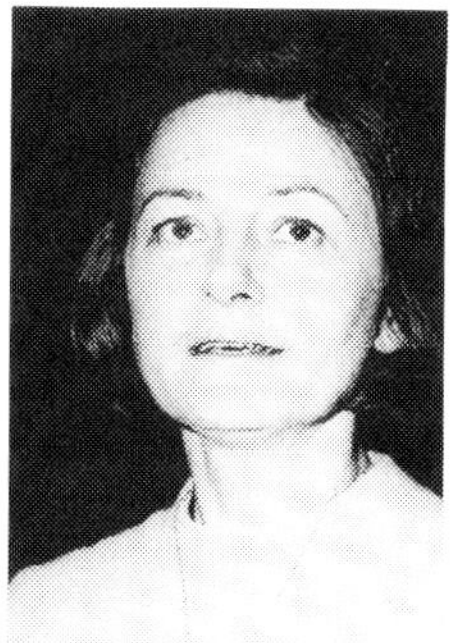

Stadtmuseum-Direktorin Martha Dreesbach

Rosental 16, 12-15

Zwei Adressen, die heute nicht mehr existieren, gehören zum Stadtmuseum: Im Rosental 16 befand sich seit 1928 das Kaufhaus des sozialdemokratisch geführten Konsum-Vereins Sendling-München (siehe S. 109). Im Mai 1933 wurde er enteignet und aufgelöst, sein Besitz unter Preis verkauft. So geschah es auch mit dem Kaufhaus, dessen neuer Besitzer das benachbarte Kaufhaus Heinrich Uhlfelder (Rosental 12—15) wurde. Eigenartigerweise wurde diese Transaktion von den braunen Machthabern nicht behindert, waren die Uhlfelders doch Juden. Ihr großes Geschäft, das sich über fünf Stockwerke ausdehnte, fiel dann allerdings den Nazis in der Reichspogromnacht am 9. November 1938 endgültig zum Opfer: es wurde demoliert und geschlossen, die Gebäude blieben aber im Besitz der Familie Uhlfelder. Im Adressbuch von 1939 ließ man die Namen der Besitzer verschwinden und eine unbedruckte Stelle zurück. 1940 werden die Besitzer wieder genannt: *Max »Israel« Uhlfelder, Margarete »Sara« Mayer.* Im Jahr 1941 enteignete die Finanzverwaltung des Deutschen Reiches die Gebäude zu ihren Gunsten, die Deportationen in die KZs begannen.

»Reichskristallnacht« 1938: Zerstörungen am Kaufhaus Uhlfelder

Viktualienmarkt/ Blumenstraße 4

8

»Am frühen Morgen stieg das Grunzen junger Ferkel vom Schweinemarkt herauf, Hühner gackerten aus den Steigen, und die ersten Wagen der Pferdetrambahn holperten über das Katzenkopfpflaster. Dazwischen hörte ich Kleingeld klirren, das meine Mutter jeden Morgen auf die Ofenplatte zählte. Bald war ich unten bei den Zelten, Ständen und Läden. Aus jeder Türe kam ein anderer Duft von Gewürzen, getrockneten Stockfischen und Blumensträußen. In der Faschingszeit fielen Luftschlangen und Konfetti über die Totenkränze hin.«

Die Rede ist vom Viktualienmarkt. Was der Münchner Schriftsteller *Ernst Hoferichter,* der 1895 »vier Stockwerke über dem Viktualienmarkt, Blumenstraße 4« geboren wurde, für die Zeit der Jahrhundertwende formuliert, könnte — läßt man Trambahn und Ferkelgrunzen weg — die Situation von heute beschreiben: ein Marktplatz, auf dem (fast) alles zu kaufen ist, was es an Obst, Gemüse, Wein, Käse etc. gibt. Inmitten von Verkaufsständen — umge-

Fast alles, was das Herz begehrt: der Viktualienmarkt heute

ben von Denkmälern bekannter Münchner Volksschauspieler und Sänger, denen MarkthändlerInnen fast täglich frische Blumen in die Arme legen — trotz des beständigen Treibens ein ruhiger Platz zum Ausruhen mit schattigem Biergarten. Übrigens hat die Stadt darum nachgesucht, daß die hier ausgeschenkte Biersorte vierteljährlich wechselt. Bis 1973 durchschnitten Blumen-, Reichenbach- und Westenriederstraße den Viktualienmarkt; erst durch die Auflassung dieser Verkehrswege konnte angesichts des angewachsenen Straßenverkehrs der frühere Charakter des Marktes wiederhergestellt werden.

Auf dem Viktualienmarkt steht seit seit erst einigen Jahren der Münchner Maibaum. Der Maibaum ist ein typisch bayerisches Produkt, es gibt ihn in keiner anderen Landschaft. Seit dem 16. Jahrhundert ist dieser Frühlingsbrauch belegt. Der Maibaum ist ein geschälter Stamm, dem man die Gipfelbroschen gelassen und mit Symbolen des örtlichen Handwerks und Lebens geschmückt hat. Er wurde vor Gastwirtschaften aufgestellt, damit das Bier zur Begrüßung des Frühlings schnell herangeschafft werden konnte. Das Maibaumstehlen gehört ebenfalls zum Brauch: gelingt es jemandem, den Baum (sofern noch nicht aufgestellt) zu stehlen, müssen die Besitzer ihn mit Bier und Brotzeit auslösen. Da die Bäume natürlich bewacht werden, verwandelt sich ein geplanter Diebstahl häufig genug in einen handfesten Raub.

Dreifaltigkeitsplatz/ Heiliggeiststraße/ Tal

9

Der Dreifaltigkeitsplatz und die Heiliggeiststraße führen uns durch ein Stück Alt-München zur Geschäftsstraße Tal. Der eigenartige Name stammt von der Talsenke, durch die die alte Salzstraße von der Isar kommend das Stadttor (wo das Alte Rathaus steht) erreichte. Nach der Stadterweiterung im 14. Jahrhundert ersetzte das Isartor das alte Stadttor, die Senke aber blieb. Die Hochbrückenstraße erinnert daran, daß an dieser Stelle ein Stadtbach das »Tal«

Münchner Leben in vollen Zügen: Sterneckerbräu 1933

kreuzte und die Straße selber über eine Brücke führte. Die Straßennamen in dieser Gegend verweisen auf das Wirtschaftsleben des vorindustriellen München.

Tal 54

In der ehemaligen Gaststätte Sterneckerbräu fand das Münchner Leben in vollen Zügen statt. *Lena Christ* schreibt in ihrem 1916 erschienenen Roman »Rumpelhanni«:

»Herrgott! Gehts da zu! Ein Lärm! Ein Rauch und Qualm! Und ein Duft! An schmierigen Tischen sitzen allerhand verwegene Burschen, verlotterte Mannsbilder und freche, plärrende Weiber. Dazwischen gehen und stehen ärmliche Händler und Hausiererinnen herum, bieten ihre elendigen Waren an und unterhalten sich mit dem und jenem. Bald steht hier, bald dort ein Streit auf, erlischt wieder und wird aufs neue angefacht, dazu rattert, bläst, pfeift und scheppert in einem hohen Kasten die überlaute Musik, und über dem ganzen Trubel hängt der dicke, beißende Tabaksqualm, der dem Neuankommenden für den Augenblick jede Einsicht hindert, jedes Suchen nach Bekannten unmöglich macht. ... der Streit wird zum Geräufe, Stühle, Krüge, Körbe fliegen, Schläge fallen dumpf auf die Köpfe etlicher Angegriffener, Weiber kreischen auf, und dann fährt gewichtig die Faust eines Hausknechts dazwischen, der die ganze Gesellschaft in wenig Augenblicken auseinandertreibt und an die Luft setzt.«

Für den 12. September 1919 kündigte die Deutsche Arbeiterpartei im Sterneckerbräu eine Veranstaltung unter dem Thema »Wie und womit ist der Kapitalismus abzuschaffen?« an. Diese Partei war von dem Eisenbahnschlosser *Anton Drexler* im Januar 1919 in München gegründet worden. An der Gründung war die rechtsradikale Thule-Gesellschaft (siehe S. 45) maßgeblich beteiligt,dementsprechend bizarr sah die Zielsetzung der DAP aus: Nationalismus, Sozialismus, Antisemitismus. Die Reichswehr kannte die Partei noch nicht, aber das Wort »Arbeiter« kam ihr verdächtig vor — die Räterepublik war ja erst 5 Monate zuvor niedergeschlagen worden, und die Innenstadt immer noch mit Stacheldraht und Straßensperren gegen eventuelle Unruhen gesichert. Also schickte sie als Spitzel einen V-Mann in die Versammlung. Dieser beteiligte sich so lebhaft an der Diskussion, daß die Veranstalter ihn zu weiteren Versammlungen einluden. Der V-Mann der Reichswehr war *Adolf Hitler* und aus der »Deutschen Arbeiterpartei« wurde im Februar 1920 die NS-DAP.

»Der Tod ist allgegenwärtig; fahrt vorsichtig« — Mahnung an US-Soldaten am Isartor nach 1945

Isartorplatz

⑩

Das Isartor — das dritte und letzte der mittelalterlichen Stadttore auf unserem Gang durch die Innenstadt — entstand 1337 im Rahmen der Stadterweiterung unter dem bayerischen Herzog und deutschen Kaiser Ludwig. Im 2. Weltkrieg wurde es schwer beschädigt und anschließend wieder aufgebaut. Bei den Restaurierungsarbeiten spielte eine international renommierte polnische Staatsfirma die Hauptrolle. Ihre Meisterschaft auf diesem Gebiet hatte sie sich infolge der Zerstörung ihrer Heimat durch die deutsche Wehrmacht angeeignet, und setzte sie nun (1972) zugunsten der ehemaligen »Hauptstadt der Bewegung« ein. Eine unscheinbare Tafel im Inneren des Stadttores erinnert an die Leistung der Polen.

Isartorturm

Im Isartor hat das Valentin-Musäum seine Räume, in denen der Nachlaß Karl Valentins und sein Panoptikum ausgestellt sind (Öffnungszeiten: Sa, Mo, Di: 11.01–17.29; So: 10.01–17.29; Mi, Do, Fr geschlossen). *Karl Valentin* wurde 1882 als Valentin Ludwig Fey in der Zeppelinstraße 41 in der Au (siehe S. 160) geboren. Als Beruf lernte er Schreiner, doch hatte er bald als Kabarettist in München und später in ganz Deutschland, Österreich und der Schweiz Erfolg. Diesen Erfolg verdankte er weniger seiner dürren Erscheinung, die er absichtlich bis ins Bizarre verrenkte, als vielmehr seiner beißenden Ironie. Bert Brecht, der wichtige Anregungen für sein Werk von Valentin erhalten hatte, schrieb 1922 über ihn: »Dieser Mensch ist ein durchaus komplizierter, blutiger Witz. Er ist von einer ganz trockenen innerlichen Komik, bei der man rauchen und trinken kann und unaufhörlich von einem innerlichen Gelächter geschüttelt wird, das nichts besonders Gutartiges hat.«

Auf dem Oktoberfest: Karl Valentin, Liesl Karlstadt; der Klarinettist ist Bertolt Brecht

Mit den Nazis konnte Valentin nie warm werden, und umgekehrt erst recht nicht, da seine Szenen ja gerade die Kleinbürgermentalität, aus deren Schoß der Nationalsozialismus gekrochen war, aufs Korn nahmen. Als während des Krieges einmal nicht wie gewohnt die Bomberverbände über München auftauchten, fragte er öffentlich: »Wo sind sie denn geblieben? Es wird ihnen doch nichts passiert sein?«. Valentin starb 1948 in Planegg. Bei allen seinen Stükken arbeitete er eng zusammen mit Elisabeth Wellano, genannt *Liesl Karlstadt* (1882—1960); erst die beiden zusammen bildeten das, was man dann als Werk Valentins bezeichnete.

Thomas-Wimmer-Ring/ Knöbelstraße

Der Weg vom Isartor zur Maximilianstraße führt uns entlang des Thomas-Wimmer-Ringes, eines Abschnittes des Altstadtringes, der hier Altstadt und Lehel voneinander trennt. Links und rechts lassen die stehengebliebenen Straßenzüge das Zerstörungswerk der 60er Jahre noch erahnen. Rechterhand — entlang der Knöbelstraße — der größte Sanierungsvorgang im Lehel: Der »Knöbelblock«, ein gesamtes Häusergeviert »entmietet« und luxussaniert.

Die Synagoge: in der »Reichskristallnacht« in Brand gesteckt; die Gemeinde mußte die Kosten des Abrisses tragen.

Maximilianstraße 32

⓫

Henrik Ibsen, der bekannteste norwegische Dramatiker, lebte von 1885–1891 im Haus Maximilianstraße 32. Hier entstanden unter anderem »Die Frau vom Meer« und »Hedda Gabler«.

Herzog-Rudolf-Straße 3-5

Bis zum 9. November 1938 (Reichspogromnacht) standen Synagoge, Vereinshaus und die israelitische Bekenntnisschule der Religionsgesellschaft Ohel Jakob. Von 1924 bis 1933 wurden hier Schüler in den ersten vier Klassen unterrichtet; seit dem 14. Mai 1933 in neun Klassen, nachdem jüdische Schüler von den städtischen Schulen ausgeschlossen wurden. SA setzte am 9. November 1938 die vier Gebäude in Brand; die anwesende Feuerwehr unternahm keine Anstalten, den Brand zu löschen, sie verhinderte lediglich, daß er auf die benachbarten Gebäude übergriff. Später hatte die Gemeinde 15.000 RM für das Abtragen der Synagogenruine zu zahlen. Eine Gedenktafel erinnert an die ehemalige Synagoge.

Leiter der Kammerspiele: Falckenberg

Die Münchner Kammerspiele zogen 1926 in das 1901 errichtete Gebäude ein; sie sind das einzige Jugendstiltheater Deutschlands. Ab 1916 hatte *Otto Falckenberg* (1873–1947) das Theater international durch die Aufführungen von Werken von Strindberg, Claudel und Brecht wie auch durch die große Zahl von Spitzenschauspielern berühmt gemacht. Vorstellungen von Karl Valentin und Liesl Karlstadt, z.B. die Aufführung »Die Raubritter vor München« am 4. April 1924, brachten zusätzlich einen volkstümlich münchnerischen Akzent. 1928 (und teilweise auch schon vorher) begannen erste Hetzkampagnen des in München gegründeten NS-»Kampfbun-

Alles Theater

»Ein eigentümlich behaglicher Geist umspielte in dieser Stadt alles übermütige Treiben und nahm ihm von vorneherein jene Schärfe und Härte, die das Kennzeichen des Großstadthumors von Berlin und Leipzig ausmacht.« Was damals, um die Jahrhundertwende, die Beobachtung eines ›Zugereisten‹ war, damit lebt es sich auch heute in der Isarmetropole.

München feiert die Feste wie sie fallen — »wie im richtigen Leben« so auch in der Kunstübung. Die Kneipen sind gut besucht und nicht selten sind sie Kleinkunstbühnen. Im »Robinson«, der »Drehleier«, Im »Hinterhoftheater«, im »Fraunhofer« und im »Unterholz« (und es gibt noch etliche mehr! — Schauen Sie nur mal in die Ankündigungsspalten der Tageszeitungen ...) tritt auch heute noch beinahe tagtäglich jene Sorte von Originalen auf, die wie ihre Genossen aus der guten alten Zeit, »nirgendwo sonst in der Welt auftreten können, nicht einmal in Wien« (Ude-Bernays).

Zwar sind die Zeiten der Volkssänger, die vor ihrem Namen alle die liebevolle Bezeichnung Papa oder Vater trugen, schon längst vorbei (und Münchens Super-Original Karl Valentin ist inzwischen, mit den höheren Weihen versehen, bei den Dadaisten aufgenommen worden), doch jung und alt strömt auch heute noch in Scharen in die Vorstadt zur »Iberl-Bühne« in Solln, zum Volkstheater in der Au, in's »Millionendorf-Theater« oder in die Traditionsgaststätte »Max-Emanuel-Brauerei«, wenn dort die »Volkssängerbühne« das Schauer-Rührstück »Der Müller und sein Kind« gibt.

Das »Comödie-Spielen« lag den Münchnern schon immer im Blut. Als Ausgleich zu den frommen Jedermannstücken, den lateinischen Jesuitendramen — unter Maximilian I., der Bayern zur Hochburg des Katholizismus in Deutschland machte, gehörte immerhin jeder vierzigste Einwohner Münchens dem geistlichen Stande an! — und den späteren Schulkomödien der Humanisten delektierte man sich im 16. und 17. Jahrhundert in den »Spielhütten« auf dem Anger an derben Volkspossen oder an den »Weberspielen« auf den Märkten. Letztere wurden von Schülern und arbeitslosen Handwerkern aufgeführt, die ihr Volkstheater sogar an einem festen Ort entfesseln konnten: im Hinterhaus des »Faberbräu« in der Sendlingergasse.

Heute bieten die vielen Münchner Klein- und Kellertheater und vor allem die sogenannten ›freien‹ Gruppen keineswegs nur mehr grobe, leichte Kost. Wer die bereits oben erwähnten Zeitungsspalten, den »Theaterfließsatz«, aufschlägt, den wird die Fülle der Einträge neugierig und verwirrt zugleich machen: vom klassischen Drama auf handtuchgroßer Bühne bis hin zum Multimedia-Experiment in der großräumigen Fabrikhalle entfaltet sich die ganze Bandbreite theatralischer Wirkungsmöglichkeiten.

Für Freunde des traditionellen Boulevard-Star-Theaters spielen »Die Kleine Komödie«, die »Komödie am Max II« und das »Theater Die kleine Freiheit« auf; Münchens Kriminalbühne befindet sich im »Blutenburg-Theater«. Das dienstälteste Kellertheater, das »Theater 44«, natürlich (?) in Schwabing gelegen, das »Theater am Sozialamt« (kurz TamS genannt und in einem aufgelassenen ehemaligen Brausebad untergebracht), und das »studiotheater münchen«, das »Theater rechts der Isar« und das »Moderne Theater« sind die eingesessensten, bekanntesten unter den insgesamt rund 35 privaten Bühnen und Spielstätten, von denen sich die allermeisten, von der Stadt mit jährlich neu zu erkämpfenden, bescheidenen Subventionen ausgestattet, mit dem von den etablierten Theater-Großbetrieben noch oder wieder freigegebenen Repertoire des zeitgenössischen Kammerspiels mit sozial-, gesellschafts- und zeitkritischen Inhalten beschäftigen. Als Exponenten für diejenigen, die eigene Wege mit typischen Stil- und Ausdrucksmöglichkeiten gehen, seien das »ProT-Prozessionstheater« des Alexej Sagerer, das »Freie Theater München« und Colin Gilders »Tape Theater« genannt. Hervorzuheben ist auch die freie Tanz-Szene Münchens, von der sich fünf Formationen um ihre ChoreographInnen zu einem äußerst aktiven gemeinsamen Produktionsverein, der »Tanztendenz München« zusammengeschlossen haben.

Zahlenmäßig übersteigt das Sitzplatzangebot der ›Freien‹ das der staatlichen und städti-

Theaterscene München: Liliom-Inszenierung von Rolf Stahl am Volkstheater

schen Sprechtheater bei weitem; ohne die guten Auslastungszahlen der etablierten Boulevardtheater und der Kabarettbühnen könnte man dies von den tatsächlichen Besucherzahlen wohl nicht behaupten.

Die ewige Frage, ob die Gesellschaft durch das Theater verändert werden kann, wird von viel zu vielen gleichzeitig gestellt. Den zähen Kampf der Privaten untereinander konterkariert der Münchner Theatergänger unter dem Motto »Wieviel Theater braucht der Mensch« letzlich allzuhäufig dahingehend, daß er sich an's Überschaubare hält und sein Billet an der Kasse des (staatlichen) Residenztheaters oder, nach langem Anstehen mit Hochgefühl erkämpft, derjenigen der (städtischen) Kammerspiele löst. Auf die langjährige Tradition, auf deren aktuelles Niveau kann München mit Recht stolz sein.

Heute eine finanziell gut und sicher ausgestattete Institution, die mit der ihr eigenen Opulenz und einem prächtigen Ensemble »Theater in und für München ... nicht für das Allerweltstheater ... auch nicht für das Allerweltsfeuilleton, sondern konkret für diese Stadt« macht (nachzulesen in dem 1987 bei Bertelsmann herausgegebenen, als aktuelle Übersicht empfehlenswerten Büchlein »Stadtkultur in München«), begannen die »Münchner Kammerspiele« 1911 als Schwabinger Privattheater in der Augustenstraße. Hier war eine Einakterbühne gegründet worden, »eine Art gemütliches Münchner ›Grand Guignol‹«, wie Otto Falckenberg, der spätere Leiter, sie damals charakterisierte. Die »lächerlich kleine und aller technischen Mittel bare Bühne« (O.F.) wurde nichtsdestotrotz Schauplatz unvergessener, außerordentlich avancierter Aufführungen. Mit Hilfe des »Akademisch-Dramatischen Verein« etablierte sich, laut Erich Mühsam, ein veritables »Experimentier-Institut für moderne, gefährliche, dem Zensor unsympathische Aufführungen« (Stichwort: Wedekind!), das der Münchner Presse auch nach dem 1926 erfolgten Umzug in das heutige Stammhaus an der Maximilianstraße saftiges Futter durch seine berühmt-berüchtigten Premierenschlachten lieferte. 1939 wird das Theater in den Besitz der Stadt überführt und sorgte auch weiterhin für vieldiskutierte Erstaufführungen und umstrittene Inszenierungen. Mit dem Programm «München leuchtet«, einer saftigen »Watschn« (hochdeutsch: Ohrfeige) an alle, die sich für das Verkommen der politischen Kultur in München zuständig fühlen mußten, eroberte auch die Realsatire Münchens feine Theateradresse. Polt, Schneeberger, Hildebrandt und die Biermösl Blas'n gehören nicht erst seit diesem Coup zu den prominentesten Protagonisten des erneuerten Münchner Volkstheaters, mit dem sich das städtischerseits institutionalisierte »Münchner Volkstheater« in der Briennerstraße bisher so eigentümlich schwertut.

Wie ehemals bei den »Elf Scharfrichtern« im 1. Münchner Künstlerkabarett (1901 gegründet) reden die Kaberettisten der »Weltstadt mit Herz« ganz schön Tacheles — ob nun allgemein-politisch gepfeffert in den Traditionsläden »Lach- und Schießgesellschaft« und »Rationaltheater« oder spezifisch bayerisch (mit besonderer Berücksichtigung des Münchner Zustands) an allen Ecken und Enden der Stadt. Und schließlich noch ein echter Tip: wer ein Programm des grimmigen Münchner »Herzkasperl« Jörg Hube, wo immer angekündigt, sieht, der sollte es sich auf keinen Fall entgehen lassen!

Brigitte Kohl

des für deutsche Kultur« gegen das Theater, gegen mißliebige Stükke und Dichter, z.B. Brecht.

Maximilianstraße 26

Bertolt Brecht *(1898–1956) lebte seit Weihnachten 1918 als schriftstellernder Student der Medizin und Germanistik in München. Lion Feuchtwanger entdeckte sein Talent und ebnete ihm den Weg zu den Kammerspielen, die ihn im Oktober 1922 als Dramaturgen verpflichteten.*

Als ab dem März 1933 der »Feldzug gegen den Kulturbolschewismus« begann, emigrierten viele Künstler der Kammerspiele, so Chefdramaturg Heinrich Fischer, Oberspielleiter Julius Gellner und die Schauspielerin Therese Giese, obwohl sie wegen ihrer Popularität von den Nazis umworben wurde.

Die Kammerspiele unterwarfen sich zwar nicht in dem Ausmaß der NS-Propaganda wie etwa das Bayerische Staatsschauspiel, aber auch hier war der Druck spürbar: es gab »dringende Empfehlungen« für den Spielplan, Druck auf Schauspieler, sich von ihren jüdischen Ehepartnern scheiden zu lassen, Berufsverbote etc. Andererseits konnte Falckenberg jedoch den Umstand nutzen, daß die NS-Propaganda München zu einer »Hauptstadt der Kultur« ausbauen wollte, und bei den Nazis keinerlei Dichter und Dramaturgen von Qualität vorhanden waren. So konnte sich Falckenberg die Illusion einer »Insel der Kultur« bewahren, obwohl seit Kriegsbeginn das Theater als »Waffe des geistigen Kampfes« mehr denn je zur »seelischen Stärkung der Nation« beitragen sollte. Bis 1944, als der regelmäßige Spielbetrieb wegen der Bombenangriffe eingestellt wurde, fand so ein eigenartiger Kompromiß zwischen Naziverherrlichung und minimalen, stets gefährdeten Freiräumen statt.

Chefdramaturg Fischer während eines Fußballspiels der Mannschaft der Kammerspiele

Therese Giese

Als nach dem Tod Bertolt Brechts (14. August 1956) zu seinem Gedächtnis ein Gedichtvortrag von Künstlern der Kammerspiele stattfand, ergänzte Therese Giese das Programm durch den demonstrativen Vortrag von Brechts »Lob der Partei« aus dem Drama »Die Mutter«. Sie nahm damit direkt und für alle erkennbar Stellung gegen das am 17. August 1956 ausgesprochene KPD-Verbot der Adenauerregierung. Das Publikum reagierte mit großem Beifall. Die Kammerspiele verstehen sich auch heute noch als Ort des Gegensatzes zu staatlich verordneter, »sauberer« Kultur. So wurde Dieter Hildebrandts 1985 vom Bayerischen Rundfunk nicht ausgestrahlter »Scheibenwischer« hier nachgeholt, wegen des großen Andrangs gleich mehrmals hintereinander.

Maximilianstraße 17

Hinter der imposanten Fassade des 1888 gegründeten Nobelhotels »Vier Jahreszeiten« zog am 17. August 1918 (also noch während des Krieges) die völkische, antisemitische Geheimgesellschaft »Thule« in angemietete »Logen«-Räume, die man mit dem Hakenkreuz schmückte. Am 1. November hatte dieser Ableger des Berliner »Germanenordens« in Bayern rund 1.500 Mitglieder, in München circa 250. Viele davon stammten aus den »besseren« Kreisen, wie Kerschensteiner jr., Thurn und Taxis, Gräfin Westarp, und eine Reihe späterer Nazi-Größen: Julius Streicher, Rudolf Heß, Alfred Rosenberg, Gottfried Feder, Dietrich Eckert, Karl Fiehler, Hermann Esser, Hans Frank sowie die treibende Kraft des Vereins, der Verlagsbuchhändler Julius Lehmann: er beschaffte Waffen und legte in der »Thule« sein Hauptdepot an.

Die am 5. Januar 1919 gegründete Deutsche Arbeiterpartei (siehe Sternekkerbräu) stand in enger Verbindung mit der »Thule-Gesellschaft«. Ende 1918 hatte man den Verlag F.X. Eher mit seiner Zeitung »Münchner Beob-

achter« gekauft, die Zeitung wurde umbenannt in »Völkischer Beobachter« (siehe Buchgewerbehaus Schellingstraße 39). Die »Thule« entwickelte sich zur Zentrale antikommunistischer und konterrevolutionärer Aktivitäten. Hier wurden Ausweise, Stempel etc. gefälscht, Waffen gehortet und verteilt sowie ein Werbebüro für das Freikorps Oberland unterhalten. Durch Denunziation flog das Ganze auf, und die Rote Armee besetzte die Räumlichkeiten. Es wurden etliche Geiseln genommen, von denen sieben am 30. April 1919 im Luitpoldgymnasium an der Müllerstraße (siehe dort) standrechtlich erschossen wurden.

Nach der Niederschlagung der Räterepublik widmete sich die »Thule-Gesellschaft« der Förderung der 1920 gegründeten NSDAP. Das »Thule«-Mitglied Dietrich Eckert, *ein erfolgreicher Journalist und Schriftsteller, verfügte über gute Verbindungen zu führenden Kreisen der Münchner Gesellschaft. Diese Kreise trafen sich einmal wöchentlich ebenfalls im »Vier Jahreszeiten«, um über die Voraussetzungen für ein Wiedererstehen der deutschen Militärmacht zu diskutieren. Man war dabei zu der Auffassung gelangt, dies könne nur mit Unterstützung der Arbeiterschaft erreicht werden.*

Von dieser Gesprächsrunde erhielt Eckert namhafte Geldspenden für die Nazipropaganda, von der man sich eine Schwächung der Linksparteien erhoffte. Außerdem stellte Eckert die Kontakte Hitlers zum Münchner Großbürgertum her. Wegen der offenen Sympathie vieler einflußreicher Personen in München konnte die junge NSDAP hier politisch aufsteigen — finanziert von den Reichen, protegiert von der Reichswehr, geschützt durch Polizei und Justiz.

Max-Joseph-Platz 2
⑫

Das Nationaltheater entstand 1818 im klassizistischen Stil nach Plänen von Karl von Fischer, es war gedacht als Ausgangspunkt der geplanten Maximilianstraße. Im Oktober 1943 sank das Gebäude in Schutt und Asche und wurde später originalgetreu wiederaufgebaut.

Am 17. November 1918 fand im Nationaltheater die Revolutionsfeier des Soldaten-, Arbeiter- und Bauernrates statt. Per Los hatte man Plätze unter der gesamten Bevölkerung verteilt, das Tragen roter Armbinden war erwünscht. Die Veranstaltung wurde durch Beethovens Leonoren-Ouvertüre (dirigiert von Bruno Walter) eröffnet, danach sprach Kurt Eisner pathetisch-euphorische Worte: »Freunde! Was wir in diesen Tagen erlebt, ist ein Märchen, das Wirklichkeit geworden. Das Schicksal hat wenige Menschen zur Bestimmung ausersehen, das Fürchterliche, das wir seit 4,5 Jahren erdulden mußten, mit einem Streich hinter uns zu werfen. (...) Eine neue Zeitrechnung beginnt. (...) Die Freiheit erhebt ihr Haupt, folgt ihrem Rufe!«

Ludwig I. (1786-1868) ⑬ *wurde 1825 König von Bayern; seine außenpolitischen und architektonischen Aktivitäten brachten die Staatskasse an den Rand des Bankrotts. Nicht — wie oft behauptet — die Affäre mit Lola Montez führte 1848 zum Rücktritt, sondern die wachsende Opposition während der Märzrevolution*

Die Residenz, der Fürstensitz der Wittelsbacher bis zum 7. November 1918, entstand seit 1569 in Etappen, der letzte Bauabschnitt wurde 1826-1842 unter König Ludwig I. nach Plänen von *Leo von Klenze* errichtet. Die Residenz gehört zu den ausgedehntesten ihrer Art und beherbergt eine Reihe von Sehenswürdigkeiten wie das Cuvilles-Theater, den Herkulessaal und die Sammlungen der Wittelsbacher. Während die beweglichen Gegenstände im letzten Krieg ausgelagert waren, wurden die Gebäude vollständig zerstört. Was die Bomben nicht schafften, besorgte anschließend das Löschwasser. Die heutige Residenz ist in ihrer Bausubstanz erst 30 Jahre alt und damit ein Glanzstück der Restaurationskunst.

Am 1. Mai 1919 kam die Residenz in die Hände der »Weißen«,

Die Wittelsbacher

München wurde 1158 von dem Welfen Heinrich dem Löwen gegründet (siehe S. 7). Als dieser 1180 als Herzog von Bayern abgesetzt wurde, erhielt der damalige Pfalzgraf für Bayern, Otto I. von Wittelsbach, das Herzogsamt von Kaiser Friedrich I. Barbarossa übertragen. Seitdem herrschten die Wittelsbacher (benannt nach ihrem Stammsitz Wittelsbach bei Aichach) bis 1918 in München.

Von 1255 bis 1609 gab es verschiedene Linien der Wittelsbacher: die linksrheinischen Kurpfälzer, Bayern-Ingolstadt, Bayern-Landshut, Bayern-München (!). Albrecht IV. (dem Weisen) gelang 1505 die Vereinigung der rechtsrheinischen Gebiete, Maximilian I. erlangte 1609 die pfälzische Kurwürde. Beide gehörten der Münchner Linie an, und München wurde damit zur gesamtwittelsbacher Hauptstadt. Diese oberbayerische Linie stellte sogar zwei deutsche Kaiser: Ludwig IV. (den Bayern), König seit 1314, Kaiser seit 1328, und Karl VII. Albrecht (1742-1745) und griff während des Dreißigjährigen Krieges an vorderster Stelle in die große Politik ein: Maximilian I. war Gründer und Chef der katholischen Liga. Damals war München neben Rom und Madrid das Zentrum der Gegenreformation.

Im Jahr 1777 starb die oberbayerische Linie aus und es passierte, was in München ständig passiert: Die »Preußen« kamen und übernahmen in Gestalt des pfälzischen Wittelsbachers Karl Theodor aus Mannheim den Thron.

1806 erhöhte Napoleon Max Joseph zum bayerischen König Maximilian I. Das Erzbistum Freising wurde 1821, die Landesuniversität 1826 von Landshut nach München verlegt. Unter Ludwig I. wurde München als Haupt- und Residenzstadt großzügig ausgebaut. Mit gewaltigem Finanzaufwand entstanden repräsentative Prachtbauten wie entlang der Ludwigstraße, die den Machtanspruch der Wittelsbacher — gerade nach den unruhigen Zeiten der Französischen Revolution — zum Ausdruck brachten. Parallel dazu verlief die politische Zentralisierung Bayerns auf München hin, organisiert von Maximilian Graf von Montgelas. Die Macht und der Wille zur Macht der Wittelsbacher ist in dem umfangreichen Komplex der Residenz zu Stein geworden. Interessanterweise stammt der letzte Bauabschnitt der Residenz (zum Hofgarten hin) aus der Zeit Ludwigs I., danach glitt den Wittelsbachern die Politik mehr und mehr aus den Händen. Der pittoreske Ludwig II. und sein geisteskranker Bruder Otto personifizieren den Abstieg, der gekrönt wurde durch die erzwungene Abdankung Ludwigs III. im November 1918.

Damit hatten die Wittelsbacher zwar die offizielle politische Macht verloren, aber ihr Immobilienbesitz blieb ihnen bis auf den heutigen Tag erhalten. Damit gehören sie auch jetzt noch zu den einflußreichsten Personen in Bayern, allerdings auf die diskrete Art.

die, obwohl sie die alte Ordnung wiederherstellen wollten, erst einmal alles stahlen, was ihnen unter die Hände kam. So etwas war während der Herrschaft der »Roten« nicht passiert. Am 3. Mai 1919 wurde der Kommandant der Roten Armee, der Matrose *Rudolf Egelhofer,* in der Residenz durch Kopfschuß ermordet.

In der Residenz (Residenzstraße 2) befindet sich auch die »Pfälzer-Wein-Probierstube«, wo sich Münchner gern einen »alkoholischen Seitensprung« gestatten. Im Steinzimmertrakt der maximilianischen Residenz, der zur Vierflügelanlage um den Kaiserhof gehört und zwischen 1611 und 1619 vom bayrischen Kurfürsten Maximilian I. erbaut wurde, finden in verschiedenen Räumlichkeiten etwa 450 Gäste Platz. Zum Wein aus Pfälzer Anbaugebieten gibt es eine reiche Auswahl an Spezialitäten (geöffnet tgl. 10-23.30 Uhr).

Kommandant der Roten Armee: Rudolf Egelhofer

Ansicht der Residenztrakte

Platzl

⓮

Am Platzl steht das Hofbräuhaus, seit dem Aufkommen des Tourismus im vorigen Jahrhundert eines der Wahrzeichen Münchens, das allerdings heute für die Fremden meist mehr Anziehungskraft hat als für die Münchner selber. Ein alter im Hofbräuhaus gepflegter und heute nicht mehr praktizierter Brauch hatte mit dem Maibockausschank zu tun: die »Bockprobe«. Auf eine hölzerne Bank wurde das Bockbier gegossen und trinkfeste Zecher in hirschledernen Hosen setzten sich darauf und blieben — Bockbier trinkend — einige Stunden auf der Bank sitzen. Ihre Notdurft erledigten sie derweil entlang eines Holzsteckens. Wenn sie sich dann auf Kommando gemeinsam erhoben, mußte die Bank an ihren Hosen kleben bleiben, sonst taugte das Bier nichts — es war zu dünn. Die Brauerei wurde 1589 als Geldquelle für die Wittelsbacher (daher der Name »Hof«-) gegründet, 1890 dann nach Haidhausen verlegt. Zurückgeblieben ist das Bierlokal (Neubau von 1896), das wegen seines großen Saales nicht nur eine Stätte des Massentrinkens, sondern auch politischer Veranstaltungen war.

Eugen Leviné

Am 13. April 1919 versuchte die SPD-Regierung unter Johannes Hoffmann von ihrem Bamberger Exil aus, in München durch einen Putsch die anarchistische Räterepublik abzuschaffen. Die Münchner Arbeiter schlugen den Putsch nieder, und am Abend des 13. April konstituierte sich im Hofbräuhaus die kommunistische Räterepublik unter Eugen Leviné, Max Levien *und* Towia Axelrod. *Eugen Leviné war Anfang März 1919 von der Zentrale der KPD in Berlin nach München geschickt worden, um hier die Führung der Partei zu übernehmen und die Politik der Zentrale durchzusetzen. Am 5. Juni 1919 wurde er standrechtlich zum Tode verurteilt und erschossen.*

Die völkische Deutsche Arbeiterpartei (siehe S. 39) hielt am 24. Februar 1920 im großen Festsaal des Hofbräuhauses ihre erste Massenveranstaltung

ab. Mit 2.000 Teilnehmern war der Saal überfüllt, als Hitler dem Publikum ohne Ankündigung vorgestellt wurde. Im Laufe seiner wütenden Rede wurden viele links eingestellte Zuhörer unruhig, Zwischenrufe, später Maßkrüge flogen durch die Luft. Ordner stürzten sich mit Gummiknüppeln und Reitpeitschen auf die Störer und prügelten sie hinaus. Hitler verkündete das Programm der DAP: Abschaffung des arbeits- und mühelosen Einkommens, Gewinnbeteiligung der Arbeiter bei Großbetrieben, sofortige Kommunalisierung der Großwarenhäuser und ihre Vermietung zu billigen Preisen an kleine Gewerbetreibende sowie Kampf dem internationalen Judentum. »Wir fordern Land und Boden (Kolonien) zur Ernährung unseres Volkes und Ansiedlung unseres Bevölkerungsüberschusses... Jede weitere Einwanderung Nichtdeutscher ist zu verhindern. Wir fordern, daß alle Nichtdeutschen, die seit 2. dem August 1914 in Deutschland eingewandert sind, sofort zum Verlassen des Reiches gezwungen werden.« Das Ganze lief unter dem Motto »Brechung der Zinsknechtschaft!«

Bockprobe, trinkfeste Korpsstudenten und politische Veranstaltungen: auch das gehört(e) zum Hofbräuhaus, einem touristischen Höhepunkt Münchens

Bei einer Veranstaltung der inzwischen in NSDAP umbenannten Partei am 4. November 1921 kam es im Hofbräuhaus zu einer schweren Saalschlacht. Linke Arbeiter kamen in großer Anzahl, um die NSDAP in ihre Schranken zu weisen. Man ließ Hitler zunächst reden, um währenddessen unter den Tischen leere Maßkrüge sammeln zu können. Als ein geeigneter Augenblick kam, wurden diese dann als Wurfgeschosse eingesetzt. In der ausbrechenden Saalschlacht erwiesen sich allerdings die zu einer Saalschutztruppe formierten Hitleranhänger trotz zahlenmäßiger Minderheit als die Stärkeren. Hitler verlieh damals dieser Truppe den Namen »Sturmabteilung« (SA). In der Parteigeschichte der NSDAP galt dieser stürmische Abend als »Feuertaufe der SA«.

Weiß Ferdl, Volkskomiker mit antisemitischen Witzen

Gegenüber im Lokal »Platzl« hatte der Volkskomiker *Weiß Ferdl* mit anitsemitischen Witzen große Erfolge. Wiederholt trat er auch bei Naziveranstaltungen auf, um mit seiner Popularität für die NSDAP zu werben.

Pfister-/Sparkassenstraße
⑮

An der Pfister-/Sparkassenstraße steht die ehemalige Mühle der Hofpfisterei. Wie der Name der heute noch existierenden Firma besagt, produzierte man erstens für den Hof gleich gegenüber und zweitens Backwaren: das Wort »Pfister« leitet sich ab vom lateinischen »pistor« = Bäcker, Müller. Die Mühle nahm ihre Arbeit im Jahr 1331 auf und bezog ihre Energie aus dem Pfisterbach, der erst 1968 aufgelassen wurde.

Das »Platzl« um 1908

Pfisterstraße/ Hofgraben

Das inzwischen an den Stadtrand verlagerte Bayerische Hauptmünzamt, die staatliche Gelddruckerei, war 1906 Schauplatz eines spektakulären Geldraubes. Während der herbstlichen Bachauskehr des Pfisterbaches unterlief ein Dieb die Mauer des Königlichen Münzamtes, konnte fast ungehindert die Sicherheitseinrichtungen überwinden und stahl 130.000 Mark in Goldmünzen, nach heutigem Kurs rund 5,2 Millionen Mark. Der Täter mit dem bezeichnenden Namen König wurde kurz darauf gefaßt und zu vier Jahren und zwei Monaten Gefängnis verurteilt. Von seiner Beute hatte er — einfältig wie er war — keinen Pfennig ausgegeben.

Bankräuber W. König

Die Burg der Stadtherren wurde im Mittelalter grundsätzlich an einer Ecke der Stadt angelegt, so auch in München 1255 der Alte Hof, die gotische Residenz der Wittelsbacher. Diese Lage am Rand der Stadt spiegelt das gespannte Verhältnis zwischen den adligen Stadtherren und den nichtadligen Stadtbewohnern wider. Wegen der häufigen Aufstände wollte man sich für alle Eventualitäten einen schnellen Fluchtweg über die Stadtmauer freihalten, anstatt mitten in der Stadt eingeschlossen zu sein. Eine solche Situation trat während der Stadterweiterung im 14. Jahrhundert ein. Zwischen 1384 und 1389 entstand deshalb die Neue Veste wiederum am (neuen) Rand der Stadt, dort, wo heute die Residenz steht. Sicherheitshalber legte man einen Burggraben an, der zur Stadt hin breiter war als zum Land.

Burgstraße 8

Vorbei am städtischen Amt für Wohnungswesen kommen wir zu einem der wenigen kulinarischen Höhepunkten Münchens — wenn

Burgstraße 4

⑯

Der alte Hof, gotische Residenz der Wittelsbacher

man Helmut Qualtinger glauben darf: »Man kann in München italienisch, jugoslawisch, spanisch, türkisch, indonesisch, chinesisch, man kann in einigen Lokalen sogar international essen; sonst kann man in München nicht essen. Zur Entschädigung dafür gibt es den Dallmayr — unseres Wissens wahrscheinlich das größte Delikatessen- und Spezialitätengeschäft Europas. Vom Reiswein bis zum Agavenschnaps, von chinesischen Wachteleiern bis zu afrikanischen Palmherzen gibt es dort alles, was sich das Wirtschaftswunder leisten kann. Und noch mehr. Wir hegen den Verdacht, daß man hier sogar Inzersdorfer Eiernudeln bekommt.« Ob allerdings heute — wie oft behauptet wird — Münchner Hausfrauen ebenso Schlange in Münchens ältestem Feinkostladen stehen wie Angehörige des Hauses Wittelsbach, darf bezweifelt werden. Wir verlassen den ehemaligen »Kaiserlichen Hoflieferanten« und beenden den Rundgang am Marienplatz.

Dienerstraße 14-15

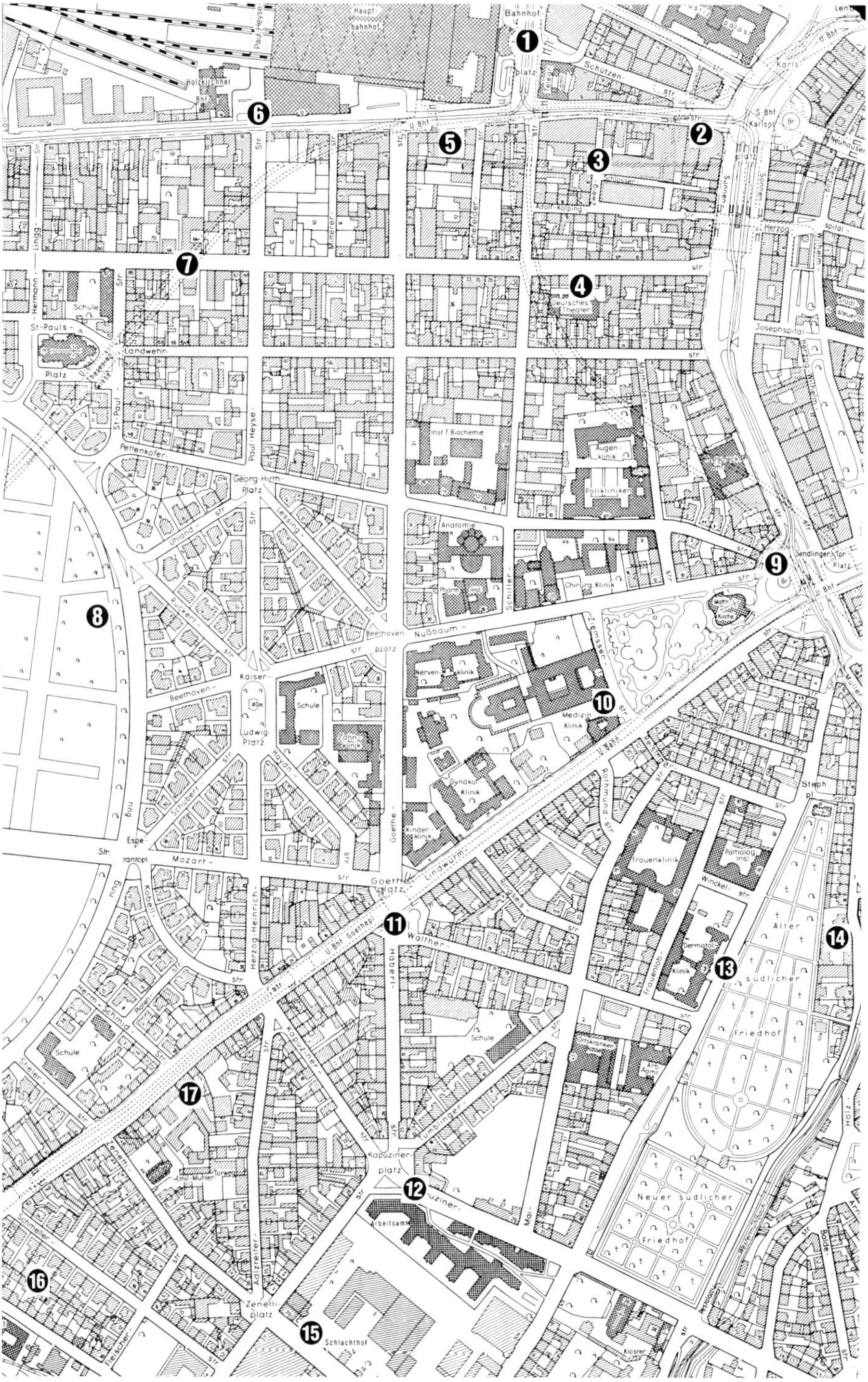
Haupt-
bahnhof
Bahnhof-
platz
Holzkirchner
Bhf
Paul-Heyse-
Schützen-
str.
S-Bht.
Karlspl.
U. Bhf
Karls-
Neuhauser
Schlosser-
Sonnen-
Adolf-Kolping-
str.
Herzog-
spital-
Lingg-
Hermann-
Mittrerer-
Senefelder-
Schule
St-Pauls-
Platz
Landwehr-
Deutsches
Theater
Josephspital-
Herzog-Wilhelm-
St-Paul-
Paul-Heyse-
Pettenkofer-
Inst. f. Biochemie
Augen-
klinik
Poliklinken
Georg-Hirth-
Platz
Uhland-
Lessing-
Anatomie
Chirurg. Klinik
Schiller-
Sendlinger-Tor-
Platz
U. Bhf
Pharm. Inst.
Beethoven-
Nußbaum-
str.
platz
Ziemssen-
Kaiser-
Nerven-
Klinik
Beethoven-
Schule
Ludwig-
Platz
Haydn-
Zahnklinik
Medizin.
Klinik
Gynäkol.
Klinik
Kinder-
klinik
Schubert-
Goethe-
Rothmund-
str.
Frauenklinik
Patholog.
Inst.
Steph.
pl.
Espe-
rantopl.
Mozart-
Goethe-
platz
Lindwurm-
Winckel-
Kobell-
Herzog-Heinrich-
U-Bhf Goethepl.
Walther-
Häberl-
Dermatol.
Klinik
Frauenlob-
Alter
südlicher
Friedhof
Herm.-Schmid-
Schule
Kapuziner-
Ortskranken
kasse
Arb.
Amt
Tumblinger-
Kapuziner-
platz
Emil-Muhler-
Torwe
Arbeitsamt
Neuer südlicher
Friedhof
Mai-
Adlzreiter-
Zenetti-
platz
Schlachthof
Schmeller-
Kloster
Thalkirchner
1
2
3
4
5
6
7
8
9
10
11
12
13
14
15
16
17

Von Schiebertänzern zur Musikbühne aus Gußeisen

Bahnhofs-, Wies'n-, Schlachthofviertel

Ausgangspunkt: *Hauptbahnhof, S1-7, U1, 5 und 8*
Endpunkt: *Goetheplatz U3 und 6*
Dauer: *3 Stunden*

Diese Tour könnte als Ausgangspunkt für München-Besucher dienen, beginnt sie doch am Hauptbahnhof und führt zu einer der beliebtesten Münchner Attraktionen, der Theresienwiese, auf der alle Jahre im Herbst das Oktoberfest stattfindet. Wir wollen jedoch auch die Münchner ins Bahnhofs-, Wies'n- und Schlachthofviertel führen. Deshalb bewegen wir uns ein wenig außerhalb des normalen Touristenstroms.

Der Hauptbahnhof entstand ab 1847 nach Plänen von *Friedrich Bürklein;* seine endgültige Gestalt erhielt er nach verschiedenen Erweiterungsmaßnahmen erst 1884. Mit seiner 150m x 140m großen Empfangshalle gehörte er zu den größten Bahnhöfen des Deutschen Reiches, auch hinsichtlich der Zahl der Reisenden. München war Deutschlands Tor nach Süd- und Südosteuropa. In den Kriegsjahren 1943-1945 wurde der Bahnhof fast vollständig zerstört und in 20jähriger Bauzeit in etwa gleichem Umfang mit modernen Mitteln wiederhergestellt. Dabei wurde die im großen und ganzen erhaltene Fassade 1957 abgerissen.

Bahnhofplatz
❶

»Der Hauptbahnhof ist der Treffpunkt aller fremden Reisenden.« (Karl Valentin) Während im Jahr 1937 noch 500.000 von 800.000 Einwohnern in einem Umkreis von 3,5 Kilometern um den Bahnhof wohnten, der hauptsächlich Fernreisenden diente, hat sich das heute grundlegend geändert. München und sein Umland wurden mit S- und U-Bahnen erschlossen, die hier mit dem Fernverkehr der Bundesbahn verbunden sind. Außerdem befindet sich in der Arnulfstraße der Zentrale Omnibus-Bahnhof, von dem aus Buslinien auch ins Ausland führen. So ist der Bahnhof denn heute auch Treffpunkt nicht mehr nur aller »fremden Reisenden«: neben den Massen von Touristen treffen sich Gastarbeiter (die hier zum großen Teil zum ersten Mal deutschen Boden betraten), Berufstätige, die S- und U-Bahnen wechseln, Obdachlose etc. Die allgegenwärtige Bahnpolizei betreut Fußballfans, betrunkene Bundeswehrreservisten und Krawallbrüder jeglicher Couleur.

Der Hauptbahnhof im Fahnenschmuck; die Fassade wurde nach dem Krieg abgerissen

Wem es für einen Daueraufenthalt in der Bahnhofshalle zu kalt und zugig ist, der steigt in das Obergeschoß des S-Bahnhofes unter der Arnulfstraße hinab. Den einen zieht's in die Wärme, den anderen in die zahlreichen Geschäfte, die auch außerhalb der Ladenzeiten geöffnet haben. Die Untergeschosse an der Ostseite des Bahnhofs dienen im »Verteidigungsfall« als Atombunker, wie die gelbschwarz gestrichenen Stahltüren unschwer erkennen lassen.

Der Münchner Hauptbahnhof hat die bewegte Geschichte des 20. Jahrhunderts mitgemacht. Im August 1914 zogen jubelnde Truppen von hier aus in den Krieg mit der beruhigenden Sicherheit, in 14 Tagen ohne Blutvergießen auf deutscher Seite in Paris zu sein (»Jeder Stoß ein Franzos!«).

Optimistische Postkarte des Hurra-Patriotismus: »P'füati Gott Münchnerstadtl Und i kim scho wieda!«

Am 7. November 1918 fielen der Bahnhof, das Telegraphenamt und alle Ministerien in die Hände der Revolutionäre, ohne daß ein Tropfen Blut vergossen worden wäre. Die Offiziere hatten den Soldaten in den Kasernen zwar Befehl gegeben, auf die Demonstranten zu schießen, diese ließen jedoch durch massenhafte Befehlsverweigerung das zweifelhafte Vorhaben wie eine Seifenblase zerplatzen. Die gewählte Regierung Hoffmann (SPD) war mit der Ausrufung der (1.) Münchner Räterepublik am 6. April 1919 nach Bamberg geflohen. Am Palmsonntag, dem 13. April, versuchte sie, durch einen Angriff der »Republikanischen Schutztruppen« München zurückzuerobern. Es gelang ihr unter Führung des Alfred Seifferitz, *den strategisch wichtigen Bahnhof zu besetzen, einige Führer der Räterepublik* (Erich Mühsam, Arnold Wadler *und* Franz Lipp) *gefangenzunehmen und nach Nordbayern zu entführen. In München wurde daraufhin der Generalstreik ausgerufen. Es kam zu schweren Kämpfen um den Bahnhof, der um 21 Uhr von Anhängern der Räterepublik im Sturm erneut genommen wurde. Es gab 17 Tote und zahlreiche Verletzte, darunter viele Unbeteiligte und Neugierige. Die Bahnhofsbesatzung konnte durch unterirdische Gänge entkommen und in der Stadt untertauchen.*

Während der Weimarer Republik durchsuchten SA-Horden auf dem Münchner Hauptbahnhof die Züge gelegentlich nach Juden. Wurden sie fündig, flogen die mißliebigen Passagiere aus dem Zug

Die von den Nazis geplante Ost-West-Achse. Im Vordergrund: das »Denkmal der Bewegung«

und ihr Gepäck durch das Fenster hinterher. Daß Polizei eingeschritten wäre, ist nicht bekannt. Unnötig auszuführen, daß der Hauptbahnhof während der Nazi-Zeit auch Ort von Deportationen in die Vernichtungslager war.

Die Nazis planten die Verlegung des Bahnhofes an einen Platz westlich der heutigen Friedenheimer Brücke. Der »Führer« selber bestimmte den alten Bahnhofsplatz für ein »Denkmal der Bewegung«: 200m hoch, von einem Hoheitsadler bekrönt. Von hier aus bis zum neuen Hauptbahnhof sollte sich die 120m breite und 2,4 km lange »Große Straße« hinziehen.

Bahnhofplatz 1

Gegenüber dem Bahnhof steht das Telegraphenamt. Hier kann man rund um die Uhr die Dienste der Bundespost in Anspruch nehmen. Als eines der wichtigsten Gebäude der Stadt kam das Telegraphenamt am 7. November 1918 in die Hand der Revolutionäre.

Von hier aus setzte die Regierung der am 13. April gegründeten Zweiten Räterepublik folgenden Funkspruch an die Regierungen Sowjetrußlands und der ungarischen Räterepublik ab: »Nach heißen Kämpfen haben bewaffnete Arbeiter und Soldaten Münchens einen heimtückischen Anschlag der Bourgeoisie und der mehrheitssozialistischen Verräter des Proletariats niedergeworfen. Am Sonntag bewaffneten sich die revolutionären Arbeiter, die Regimenter traten ihnen zur Seite... Arbeiter- und Soldatenräte wählten einen Vollzugsrat, der die ganze Macht übernommen hat. Energische diktatorische Maßnahmen sind beschlossen und durchgeführt.«

Am 29. April ging von Budapest kommend ein Funkspruch der Sowjetregierung ein. Lenin gab einige Ratschläge und stellte Fragen hinsichtlich der revolutionären Fortschritte in München. Er schloß mit »den besten Grüßen und Wünschen für den Erfolg. Lenin.«

Bahnhofplatz 7

Das Kaufhaus Hertie (Bahnhofsplatz 7), heute der drittgrößte Kaufhauskonzern in der BRD, wurde 1882 von Oskar und Hermann Tietz in Gera gegründet. Die Münchner Filiale entstand 1904/1905 nach Plänen von *Max Littmann*, nach dem damals letzten Stand der Technik: Es gab keine Lichtquelle mit offener Flamme, man verfügte

Die Münchner Räterepubliken

7. Dezember 1916	Beginn der Diskussionsabende Kurt Eisners im »Goldenen Anker« in der Münchner Schillerstraße.
6./7. November 1917	Revolution in Rußland.
27. Januar 1918	Eisner spricht im Kolosseum vor der USPD.
28. Januar 1918	Eisner ruft in einer Gewerkschaftsversammlung zum Massenstreik auf.
31. Januar 1918	Streik der Krupp-Arbeiter in München »zur Erzwingung des Weltfriedens«. Eisners »Kundgebung an die Arbeiter der feindlichen Länder« wird angenommen.
1. Februar 1918	Verhaftung Eisners und anderer USPD-Führer.
28. Juli 1918	Aufruf des Königs Ludwig III.: »Volle Zuversicht erfüllt mich beim Blick in die Zukunft.«
14. Oktober 1918	Eisner wird als Reichstagskandidat der USPD aus der Untersuchungshaft entlassen.
23. Oktober 1918	Rede Eisners im Schwabinger Bräu.
3. November 1918	USPD-Kundgebung auf der Theresienwiese. Demonstration in Stadelheim. Letzte Besprechungen zwischen Eisner und den Brüdern Gandorfer in Pfaffenberg.
5. November 1918	Nächtliche USPD-Kundgebung auf der Theresienwiese mit Fritz Schröder, Bruno Frank und Eisner. Eisner verpfändet seinen Kopf dafür, daß München innerhalb von 48 Stunden »aufstehen« wird.
6. November 1918	Erste Besprechung der neuen Regierung, der auch SPD-Minister angehören.
7. November 1918	Friedenskundgebung der Gewerkschaften, der SPD und der USPD auf der Theresienwiese. Ausrufung der Republik durch Eisner, Gandorfer und Fechenbach. Kasernensturm. Wahl eines Arbeiter- und Soldatenrats. Flucht des Königs.
8. November 1918	Bildung einer Koalitionsregierung aus SPD, USPD, Bayerischem Bauernbund und parteilosen Fachministern unter Eisner als Ministerpräsidenten.
10. November 1918	Kundgebung gegen die Waffenstillstandsbedingungen.
13. November 1918	Verzichterklärung des Königs.
30. November 1918	Eisner im Löwenbräukeller: »Deutschland — eine soziale Republik«.
5. Dezember 1918	Wahlproklamation der Regierung für die Landstagswahlen.
6. Dezember 1918	Besetzung bürgerlicher Zeitungen. Arbeiter verlangen Rücktritt Auers.
9. Dezember 1918	Erste Sitzung des Landesarbeiterrats.
11. Dezember 1918	Bildung einer Spartaskusgruppe in München.
27. Dezember 1918	Aufruf zur Gründung einer Bürgerwehr. Unter den Unterzeichnern befinden sich SPD-Minister.
30. Dezember 1918	Beginn des Gründungsparteitags der KPD in München, der bis zum 1. Januar 1919 dauert.
5. Januar 1919	Gründung der Deutschen Arbeiterpartei in München.
7. Januar 1919	Demonstration der Arbeitslosen.
10. Januar 1919	Verhaftungen von KPD-Führern. Demonstranten erzwingen von Eisner ihre Freilassung.
12. Januar 1919	Landtagswahlen.
3.-11. Februar 1919	Eisner in Bern und Basel. Internationale Sozialistenkonferenz, Reden vor Studenten.
16. Februar 1919	Eisner an der Spitze einer Protestdemonstration gegen die Regierung.
20. Februar 1919	Eisner bekennt sich vor dem Rätekongreß zum Rätegedanken.
21. Februar 1919	Rücktritt der Regierung Eisner. Eröffnung des Landtags. Ermordung Eisners.
25. Februar 1919	Der Rätekongreß tritt wieder in München zusammen.
19. März 1919	Die Regierung Hoffmann stellt sich in Versammlungen in München dem Volk vor.
7. April 1919	Ausrufung der Räterepublik unter anarchistischer und sozialdemokratischer Führung. Die Regierung Hoffmann besteht auf ihren Rechten. Verlegung des Regierungssitzes nach Bamberg.
13. April 1919	Palmsonntagsputsch in München. Kommunistische Räterepublik.
30. April 1919	Erschießungen im Luitpoldgymnasium.
1. Mai 1919	Weiße Truppen besetzen München, ca. 1000 Tote.

über eine vom städtischen Leitungsnetz unabhängige Licht- und Kraftanlage, das ganze Gebäude mit seiner Lichtkuppel war in Eisenbeton ausgeführt. Die heute denkmalgeschützte Fassade besteht aus Muschelkalk, um eine »einheimische Formensprache in unmittelbarer Nachbarschaft des Hauptbahnhofs« zu gewährleisten. 1969-1971 kam der Neubaukomplex entlang der Schützenstraße hinzu, so daß sich Hertie jetzt vom Bahnhofsplatz bis zum Stachus erstreckt und damit das größte Kaufhaus Deutschlands ist. Das Konzept heute: einzelnen Firmen wird eine Verkaufsfläche vermietet, auf der sie ihre Produkte eigenverantwortlich anbieten. Die Kaufhausleitung zieht sich immer mehr vom direkten Verkauf zurück und organisiert dafür Sonderschauen. Publikumsmagnete: Lego-Weltschau (jedes Jahr), 100.000 Zinnfiguren (1985), »Viva Roma« (1985) oder ein Theaterfestival (1983), auf dem 17 Bühnenensembles im Kaufhaus Stücke vorführten.

Sonderaktivitäten schon früher: Modenschau bei Tietz

1985 wurde auf das Treppenhaus des Kaufhauses ein Brandanschlag verübt. Täter war ein V-Mann des Verfassungsschutzes, der mit diesem und weiteren Anschlägen »autonome« und »anti-imperialistische« Gruppen ins Gerede bringen und sich in sie »hineinbomben« sollte.

Karlsplatz 21

❷

Ein weiteres Kaufhaus, der Kaufhof (Karlsplatz 21), entstand 1950/1951 als erster großer Kaufhausbau in München nach dem 2. Weltkrieg. In die Kriminalgeschichte ging er 1970 ein, als ein als Nikolaus verkleideter Räuber die Hauptkasse des Kaufhauses betrat. Vor den Augen der amüsierten Angestellten füllte er seinen Jutesack mit rund 300.000 DM; erst dann machte ihnen ein gezogener Revolver den Ernst der Lage klar. Der Nikolaus entkam in der Menge seiner Kollegen, die in der Innenstadt einer Invasion gleich ihrer traditionellen Arbeit nachgingen.

Hier wurde der »Freistaat Bayern« und der »Russe« erfunden: der Mathäser

Bayerstraße 5

Die Münchner Bierhallen und Bierkeller, so auch die Mathäser-Bierhallen (Bayerstraße 5), waren nicht nur Stätten der Geselligkeit, sondern auch immer Zentren des politischen Lebens. Bier und Politik gehörten in Bayern schon immer zusammen: Die im Bayerischen Bauernbund unter der Führung des blinden *Ludwig Gandorfer* organisierten oberbayerischen Bauern hatten am 28. Oktober 1918 im Mathäser gefordert, daß der Krieg sofort aufzuhören und die Regierung unter Volkskontrolle zu kommen habe. Der Hintergrund: die Alliierten planten, mit 30 italienischen und 5 englisch-französischen Divisionen durch das Inntal und über Salzburg München anzugreifen. Am Abend des 7. November 1918 wurde im Saal des Mathäser der Arbeiter- und Soldatenrat gewählt, aus dem *Kurt Eisner* als erster Vorsitzender hervorging.

Am Ende der Münchner Rätezeit war auch der Mathäser hart umkämpft. Viele Granateneinschläge waren zu verzeichnen, das Dach brannte aus. Bier und Politik ergaben im Mathäser ein neues Getränk, den »Russen«. Die hier auf Posten stehenden Rotgardisten hatten, um nicht einzuschlafen, Weißbier mit Zitronenlimonade vermischt. Da sie Anhänger der russischen Bolschewiken waren, erhielt das von ihnen erfundene Getränk den Namen »Russen«.

Zweigstraße 4

❸

Der Münchner Arbeiter-Schachbund hatte sein Spiellokal im Goldenen Lamm (Zweigstraße 4). Das Schachspiel galt als Domäne der Intellektuellen, der Privilegierten: es war das »königliche Spiel«, ein Spiel, das die Ordnung einer feudalen Gesellschaft abbildete. Die Nützlichkeit des Schachspiels für den Arbeiter wurde oft erörtert. Nicht selten findet sich der Verweis auf das »edle Vergnügen, welches den Arbeiter über die Misere des Alltagslebens tröstet, ihn erhebt und erfrischt«. Erst durch Bildung und Kultur könne die Arbeiterschaft das Menschsein erringen.

Symbol des Arbeiter-Schachbundes

Der Münchner Arbeiter-Schachbund wurde 1905 gegründet. Nach langem Hin und Her wurde er Mitglied im bürgerlichen Verband Münchner Schachvereine, in dessen Rahmen er zum großen Erstaunen der besseren Herrschaften 1912 und 1913 die Meisterschaft errang. Der letzte Höhepunkt des Vereins war die Ausrichtung eines »lebenden Schachs« unter dem Motto »Schach dem Kapital« im Dante-Stadion (siehe S. 301) im Juli 1932. 1933 lösten die Nationalsozialisten den Arbeiter-Schachclub auf.

In der Adolf-Kolpingstraße 9 befindet sich ein Kurier-Dienst ganz besonderer Art, der Fahrrad-Kurier-München-Ride & Bike. Nicht nur umweltfreundliche Kurierdienste gehören zu seinen Dienstleistungen, sondern auch der Verleih von Mountain-Bikes, Tandems, Damen- und Herrenrädern sowie Lastendreirädern. Die besondere Attraktivität: ein Allwetterfahrrad, mit dem auch bei Regen die Stadt erkundet werden kann.

Schwanthalerstraße 13

❹

Das Deutsche Theater (Schwanthalerstraße 13) hat in seiner 85-jährigen Geschichte eine bewegte und für Münchens Kulturleben bedeutsame Vergangenheit aufzuweisen. Der in den Jahren 1894 bis 1896 errichtete Bau weist eine prunkvolle Architektur im Stil der italienischen Spätrenaissance auf und ist in seiner Konzeption bis heute erhalten geblieben. Das Theater wechselte mehrmals den Besitzer und wurde einige Male versteigert. Trotz aller Wirren ist es — besonders durch seine Faschingsfeste seit 1900 — für München immer eine wichtige Institution geblieben.

Deutsches Theater: Szene aus dem »Musical« »Broadway«

Während der 20er Jahre begannen neue Unterhaltungsformen in Konkurrenz zur überkommenen Tradition des Volkstheaters und der Volksfeste zu treten: Cabaret, Revue und Musical. Die Zentralfigur aller Versuche, Münchens Unterhaltungsleben den Vorbildern europäischer Großstädte anzunähern, war Hans Gruß, *dessen Vergnügungsimperium u.a. aus dem Deutschen Theater bestand. Die hier aufgeführten Revuen wie »Gruß an alle« und »Brasilianische Revue« sorgten für helle Empörung beim braunschwarzen Münchner Establishment. Dabei war die Ausrichtung des Hauses auf »Singspiel« und »lebende Ausstattungsbilder«, wie die »Shows« auf gut Deutsch hießen, nur ein Kompromiß. Der Versuch der Theaterleitung, auch in München ein Theater der »Moderne« einzurichten und Hauptmann, Schnitzler, Hebbel, Ibsen und Sudermann zu spielen, war skandalumwittert am Widerstand eben dieses Establishments gescheitert. Außerdem machte sich die Geschäftsleitung des Deutschen Theaters auch wegen des hier gepflegten, moralisch verwerflichen und deshalb allgemein beliebten »Schiebertanzes« unbeliebt. Als 1929 die französische Tänzerin und Sängerin* Josephine Baker *halbnackt auftreten sollte, war das Maß voll: die Vorstellung wurde wegen möglicher Gefährdung der Sittlichkeit verboten.*

Einladung zum Bal paré im deutschen Theater

1943 wurde das Theater durch Luftangriffe zerstört und 1952 wiedereröffnet. Allerdings wurde beim Wiederaufbau an der falschen Stelle gespart, denn bald wiesen die Gebäude Schäden auf, so daß sie von 1977 bis 1982 von Grund auf renoviert werden mußten. Seitdem bietet das Deutsche Theater gehobene Unterhaltung für die breite Öffentlichkeit: Musical, Ballett, Shows, Operette von Ensembles, die als Gäste hier auftreten.

An der Stelle des Theaters befand sich früher die Werkstatt des Bildhauers *Ludwig Michael von Schwanthaler* (1802-1848), der die Standbilder von Tilly und Wrede in der Feldherrnhalle und die Bavaria auf der Theresienhöhe schuf.

Im Bahnhofsviertel unumgänglich — Sex-Kinos?

Schillerstraße

5

Schillerstraße 30

Die Schillerstraße ist eine typische Straße in der Nähe eines großen Bahnhofs: viele ausländische Geschäfte, viele Hotels und viele Sexläden. Im Goldenen Anker (Schillerstraße 30) versammelte Kurt Eisner seit dem Dezember 1916 einen Diskussionsskreis, in dem er über die politische und militärische Lage berichtete. *Oskar Maria Graf* schrieb in »Wir sind Gefangene«: »In dieser kleinen Gastwirtschaft begann buchstäblich die Bayerische Revolution. Dort saßen in einem Nebenzimmer alle rebellischen Elemente Münchens — und es waren ihrer so wenige! Kaum zwei bis drei Dutzend! Frauen mit ausgelaugten Gesichtern, zerarbeiteten Händen und entschlossenen Augen. Sie waren eigentlich die Nüchternsten, die Mutigsten. Sie arbeiteten in den Granatenfabriken ... Sie waren die ersten, die in München, in jenem grauenvollen Kriegswinter (1916/1917, d.Verf.), die ersten Hungerdemonstrationen wagten, sie gingen als erste anläßlich des Januarstreiks 1918 mit Eisner ins Gefängnis.«

Bayerstraße 33

Das große Bürogebäude Bayerstraße 33 war ein Stück Türkei mitten in München: Auf sechs Stockwerken wurde bis auf Lebensmittel alles geboten. Den Geschäftsleuten dieses größten Bazars in der BRD wurde 1987 gekündigt, da die Besitzerin des Hauses, die Merkur-Bank, plötzlich Türken nicht länger als seriöse Mieter akzeptieren wollte.

Goethestraße

Nach dem 9. November 1938 (Reichspogromnacht) wurden viele Juden, und besonders die im KZ Dachau festgehaltenen, von der städtischen »Arisierungsstelle«, die dem Gauleiter Wagner direkt unterstand, gezwungen, Vollmachten zur Auflösung ihres Besitzes zu unterschreiben. Ein wesentlicher Tätigkeitsbereich der »Arisierungsstelle« war die Beschlagnahmung jüdischer Wohnungen. Bis zum Herbst 1941 mußten in München die Juden rund 1.430 Wohnungen räumen. Sie fanden sich zwangsweise in der Goethestraße wieder, die zwischen Bayer- und Landwehrstraße zu einer Art Ghetto gemacht wurde.

In der Goethestraße florierte nach dem 2. Weltkrieg einer der großen Münchner Schwarzmärkte, verkehrsmäßig zentral gelegen und als Trümmerwüste für die Behörden nicht leicht zu kontrollieren.

Das imposante Postgebäude an der Bayer- Ecke Paul-Heyse-Straße stammt aus den Jahren 1896/1900. Hier befand sich die Hauptsammelstelle für alle in München ankommenden und abgehenden Poststücke. 1930 wurde der Paketdienst an die Arnulfstraße (siehe S. 278) verlegt.

Bayerstraße 12
❻

1900/1901 baute *Martin Dülfer* für die damalige »Allgemeine Zeitung« ein neues Zeitungshaus an der Bayerstraße 57-59, das wohl als das bedeutendste Werk der deutschen Jugendstil-Architektur bezeichnet werden kann. Ein Kritiker schrieb: »Wer einstmals eine Baugeschichte des modernen München schreibt, wird dieses Gebäude an den Beginn einer neuen Periode setzen müssen«. 1926/1927 wurde das Haus umgebaut, die Fassade zerstört, nur von der Absicht geleitet, »das äußere Bild zeitgemäß umzugestalten«.

Bayerstraße 57-59

Diese Zerstörungswut enthüllte klarer als viele Beiträge die Geisteshaltung der Auftraggeber, der Gesellschafter der konservativen »Münchner Zeitung«, denen angeblich nichts mehr am Herzen lag als die Belange der Münchner Kunst und Kultur.

Seit dem 2. Weltkrieg residieren hier die »tz« und der CSU-nahe »Münchner Merkur« mit seinen vielen Lokalzeitungen um München herum und bis nach Garmisch-Patenkirchen.

Seit 1955 hat der Deutsche Gewerkschaftsbund (DGB) München und Bayern seinen Sitz in der Schwanthalerstraße 64; von 1945 bis 1955 war er provisorisch im halbzerstörten Haus Landwehrstraße 7 untergebracht.

Schwanthalerstraße 64
❼

Nach dem Krieg zog man Lehren aus der Geschichte (siehe Pestalozzistraße 40-42): es herrschte Einigkeit darüber, daß keine parteigebundenen Richtungsgewerkschaften, sondern überparteiliche Einheitsgewerkschaften aufgebaut werden sollten, und zwar auf Betriebsebene: ein Betrieb — eine Gewerkschaft. Bereits ein halbes Jahr nach dem Zusammenbruch des NS-Regimes entstanden in München wieder Gewerkschaften. Am 28. Oktober 1945 wurde *Gustav Schiefer* erneut zum Vorsitzenden gewählt, er war es bereits von 1918-1933. 1946 konnte die erste freie Maifeier der neuen Gewerkschaften auf der Theresienwiese (siehe S. 65) stattfinden.

Wegen Behinderungen durch die US-Besatzungsmacht und wegen der schlechten Verkehrsverbindungen zog sich die überörtliche Organisation der neuen Gewerkschaften hin. Erst auf dem I. Ordentlichen Kongreß der Landesgewerkschaften vom 27. bis 29. März 1947 konnte in München der Bayerische Gewerkschaftsbund gegründet werden. Sein Vorsitzender wurde *Lorenz Hagen,* der nach 1933 mehrmals verhaftet und für drei Jahre in die KZs Dachau und Buchenwald gekommen war.

Trotz des Versuchs, durch etwa ein Dutzend »Interzonenkonferenzen« der deutschen Gewerkschaften die Teilung Deutschlands wenigstens auf diesem Gebiet aufzuhalten, mußte die Konsequenz aus der politischen Entwicklung gezogen werden. Nachdem aus den drei westlichen Besatzungszonen die Bundesrepublik Deutschland gegründet worden war, fand vom 12. bis 14. Oktober 1949 in München im Kongreßsaal des Deutschen Museums (s. S. 129) der Gründungskongreß des Deutschen Gewerkschaftsbundes (DGB) statt. Erster Vorsitzender wurde *Hans Böckler;* auch er war während der NS-Zeit im Gefängnis.

Unter dem Dach des Gewerkschaftshauses bietet das Bildungswerk des DGB ein breitgefächertes Bildungsprogramm an. Besonders hingewiesen sei dabei auf die Rundgänge durch einzelne Stadtviertel, die Stadtrundfahrt »Das andere München« sowie die Stadtrundfahrt »Frauen und Frauenbewegung in München«, alle kostenlos. Nähere Informationen enthält das Bildungsprogramm (erhältlich unter der Telefonnummer 51416-75). In der Gewerkschaftsbibliothek, die unter dem Motto »Greif nach dem Buch, es ist eine Waffe« (Bertolt Brecht) steht, warten mehr als zehntausend Bücher auf Leser. Die Bund-Buchhandlung verkauft gewerkschaftlich orientierte Literatur, führt aber auch ein breites kulturelles und belletristisches Sortiment.

St.-Pauls-Platz 10

Auf dem Weg zum Wies'n-Viertel fällt die monumentale St. Pauls-Kirche (entstanden 1892-1906 nach Plänen von Georg von Hauberrisser, der auch gleich nebenan wohnte) in den Blick. Wenn die Sonne genau im Westen steht, kann man sie von der Landwehrstraße aus durch ein farbiges Fenster der Kirche leuchten sehen. Im Jahr 1960 streifte ein Flugzeug den Turm der Kirche und stürzte an der Theresienhöhe (siehe S. 77) ab.

Theresienwiese

8

Seltene Volksbelustigung: Ochsenbraten auf der Wies'n

Die Theresienwiese, auf der alljährlich im September/Oktober das Oktoberfest — eines der größten Spektakel der Welt — stattfindet, war bis 1871 doppelt so groß wie heute. Im Spekulationsrausch der »Gründerjahre« pochten die Grundstücksbesitzer darauf, diese große Freifläche mit Mietshäusern bebauen zu können. Die Grundstückspreise stiegen innerhalb kürzester Zeit um 1000%. 1881 kam es zum Konflikt: Die Stadt hatte rechtzeitig Sperrgrundstücke gekauft und weigerte sich, diese zur Bebauung freizugeben, weil sie die Theresienwiese erhalten wollte. Die Spekulanten umgaben ihre Grundstücke mit Bretterzäunen. Der Kompromiß zwischen den Parteien: der westliche Teil der Fläche (150 ha) wurde für ewig unbebaubar erklärt, der östliche Teil (105 ha) durfte bebaut werden, aber nicht mit Mietskasernen, sondern mit großbürgerlichen Wohnhäusern in Pavillonbauweise. Dadurch sollte gewährleistet werden, daß genügend Grün erhalten blieb. Nach Plänen von *Prof. Hauberrisser* und dem Stadtbaurat *Arnold Zenetti* wurden die auf die Theresienwiese zuführenden Straßen auf die Bavaria ausgerichtet.

Anläßlich der Vermählung des Kronprinzen (ab 1825 König) Ludwig I. mit Prinzessin Therese von Sachsen-Hildburgshausen fand am 17. Oktober 1810 zum ersten Mal ein Oktoberfest statt. Gleichzeitig war seit 1811 eine landwirtschaftliche Tierschau zu sehen, durch die die Tradition des jetzt zweijährlich stattfindenden Bayerischen Zentral-Landwirtschaftsfestes begründet wurde. Das Oktoberfest fiel seitdem auch öfter schon aus: 1813 we-

gen der Kriegswirren, 1854 wegen Cholera-Epidemie, 1914–1918 wegen Krieges (anstatt dessen wurde Heu geerntet). 1939–1948 wegen Krieges und seiner Nachwirkungen.

Die feucht-fröhliche Gaudi war von Anfang an ein politisches Nationalfest. Die Herrscher versammelten ihr Volk bei Kurzweil, Speis und Trank (bezahlt von den Untertanen), um die Einigkeit von Volk und Führung darzustellen. An jedem 2. Wies'nsonntag (bis 1913) fuhr der herrschende Wittelsbacher mit einem sechsspännigen Hofgalawagen von der Residenz zur Theresienwiese.

Eine erst junge Tradition: der Wies'nbieranstich. Das »O'zapft is« Schlag 12 Uhr ertönt erst seit 1950. Oberbürgermeister Thomas (Ramadama) Wimmer führte ihn ein.

Das Oktoberfest ist inzwischen eine internationale Touristenattraktion geworden. Am stärksten sind die US-Amerikaner vertreten (unter ihnen viele, die 14 Tage lang marathontrinken); seit einiger Zeit hat sich auch in Italien herumgesprochen, daß Veritas nicht nur im Vino liegt (Unmengen italienischer Wohnmobile verstellen alle verfügbaren Parkplätze rund um die Theresienwiese). Seit 1987 sorgen ausflippende Kampftrinker aus England (»Tommies«), Australien (»Aussies«) und Neuseeland (»Kiwis«) für Schlagzeilen. Unter die Exoten fallen arabische Besucher, die verständnislos dieses Massenbesäufnis betrachten, ohne selber teilzunehmen. Vielleicht wird ihnen beim bloßen Anblick schon schlecht. Die zwiespältigen Gefühle, die bei vielen Münchnern heute angesichts dieser »Auswüchse« gegenüber dem Wies'n-Besuch bestehen, hat Konstantin Wecker schön besungen — irgendwie fällt es einem etwas auf die Nerven, aber trotzdem geht man Jahr für Jahr mit Feunden und Kollegen erneut hin:

»Sogar die Wiesn is mir no net zwieder
Da halt i mir jeds Jahr a paar Tag frei
Da triff i hoid die oidn Freindl wieder
Natürlich Augustiner, Schenke zwei.«

Für die einen Vergnügen, für die anderen harte Arbeit

Veranstaltungen unterschiedlichsten Charakters hat die Wies'n im Herbst und zu anderen Jahreszeiten im Lauf der Jahre inzwischen gesehen: im Jahre 1890 fand eine der »Völkerschauen« statt — die »altägyptische Ausstellung mit Beduinenkarawane«; bis 1913 diente die Theresienwiese während des Oktoberfestes auch als Pferderennbahn. Diese Tradition aktivierte der berüchtigte NS-Ratsherr und ehemalige Pferdehändler Christian Weber, der vor der Bavaria eine neue Rennbahn bauen ließ.

Die Theresienwiese war auch der Ort großer Kundgebungen der Arbeiterbewegung. Am 2. Februar 1918, ein dreiviertel Jahr vor dem Ende des 1. Weltkriegs fand hier eine Kundgebung der streikenden Münchner Rüstungsarbeiter gegen die Verlängerung des Krieges und für die Freilassung ihrer Sprecher Kurt Eisner, Richard Kaempfer *und* Fritz Schröder *statt — mit rund 6.000 Teilnehmern die bis dahin größte Kundgebung während des Krieges. Die Sprecher bei diesen Versammlungen standen auf den Stufen der Bavaria und mußten laut schreien, um sich verständlich zu machen, es gab noch keine elektrischen Verstärker.*

Die Maikundgebung der Gewerkschaften am 1. Mai 1923 mußte durch Polizei vor bewaffneten Nazitrupps geschützt werden.

Am 1. Mai 1946 sprach Gustav Schiefer, *Vorsitzender der »Arbeitsgemeinschaft freier Münchner Gewerkschaften«, vor 25.000 (Schätzung der US-Militärbehörden) bzw. 70.000 (Schätzung der Gewerkschaften) Teilnehmern auf der Theresienwiese.*

Am 26. September 1980 wurde am Nordeingang der »Wies'n« kurz nach 23.00 Uhr, als der Bierausschank eingestellt worden war und die Menschenmassen nach Hause strömten, ein Bombenattentat verübt, das 13 Todesopfer und 218 zum Teil schwer Verletzte forderte. Gundolf Köhler, *Mitglied der neonazistischen Wehrsportgruppe Hoffmann, wollte ein Fanal setzen; Köhler kam — da die Bombe unerwartet früh explodierte — selbst ums Leben.*

Ruhmeshalle und Bavaria: 6.000 Teilnehmer demonstrieren am 2. Februar 1918 gegen die Verlängerung des Krieges

Obwohl das politische Umfeld des Massakers bekannt war, wurde die These vom »wirren Einzeltäter« ausgegeben und weitere polizeiliche Nachforschungen eingestellt. Die auf Druck der antifaschistischen Öffentlichkeit aufgestellte, unscheinbare Gedenksäule verschweigt Zahl und Namen der Opfer ebenso wie die politische Herkunft des Täters.

Ist das Fest der Feste vorüber, dient die große Fläche wieder als Parkplatz für die zahlreichen Messebesucher und die Busse, die jeden Freitag jugoslawische Gastarbeiter über das Wochenende nach Hause transportieren. Im Mai findet alljährlich das Frühlingsfest statt, im Gegensatz zum Oktoberfest nur von Münchnern besucht und viel kleiner und gemütlicher. Von der Theresienwiese aus hat man einen erstaunlichen Panoramablick auf die umliegende Stadt.

Die Ruhmeshalle wurde 1843–1858 nach Plänen von Leo von Klenze errichtet. Die dreiflügelige Halle — 68 m breit und 16 m hoch — wird von 48 dorischen Säulen getragen, ein Zeichen für die damals besonders in Bayern grassierende Sympathie mit dem christlichen Griechenland, das sich in einem Unabhängigkeitskrieg gegen das »heidnische« Osmanische Reich befand. Ursprünglich befanden sich in der Ruhmeshalle 74 Büsten von bayerischen Männern, die sich durch »besondere« Leistungen ausgezeichnet hatten. Sie galt als Gegenstück zur Walhalla bei Kelheim, die den »großen Deutschen« gewidmet war. Unter den Ausgezeichneten befinden sich neben Malern, Baumeistern, Gelehrten und Staatsmännern etliche Feldherren, z.B. Wrede und Tilly. Die Bavaria galt als technische Sensation. Sie wurde von der Erzgießerei Stiglmaier und Ferdinand von Miller in Einzelteilen gegossen, am Standplatz zusammengesetzt und am 9. Oktober 1850 feierlich enthüllt. Die gewaltige Statue ist innen hohl. Auf 118 Stufen steigt man ihr zu Kopfe.

Die Münchner Jahreszeiten

Da der arbeitseifrige Protestantismus — man ist fast geneigt zu sagen: Gott sei Dank — erst im letzten Jahrhundert in München Fuß fassen konnte, hat sich die katholische Tradition der vielen Feiertage bis heute halten können. Waren es um 1800 noch 72 Feiertage (nicht zu verwechseln mit Sonntagen), sind es heute immerhin noch 14, ein deutscher Rekord.

Ähnlich eigenartig verhält es sich mit den Münchner Jahreszeiten, von denen es mindestens 7 gibt, die sich teilweise überschneiden.

Das Jahr beginnt am 1. Januar mit dem Winter und der 5. Jahreszeit, dem Fasching, gleichzeitig. Der Münchner Fasching findet im Saal statt; die neumodischen Faschingsumzüge und die gezwungene Heiterkeit beim großen Gaudi in der Fußgängerzone am Faschingsdienstag entstanden nur aus Neid auf die Rheinländer. Die Faschingsfeste selber teilen sich auf in verschiedene Kategorien: Künstlerfeste in Schwabing, Studentenfeste, stocksteife Prominentenveranstaltungen im Bayerischen Hof und die Vorstadtfeste wie die »Damischen Ritter« im Löwenbräukeller, auf denen es am höchsten hergeht.

Über ein Künstlerfest in Schwabing zu Beginn dieses Jahrhunderts berichtet Erich Mühsam: » Der wildeste, bewegteste und lustigste Fasching, dessen ich mich in meiner ganzen Münchener Zeit erinnere, war der letzte vor dem Kriege, im Februar 1914... Ich denke vor allem an unser abenteuerliches »Gespensterfest« bei Köster, dessen Wohnung zu einer wahren Spukkammer hergerichtet war. Das Licht war auf eine grünviolette Färbung gebracht worden, an die Wände waren die schauerlichsten Greuel gemalt, am Eingang lag ein ausgestopfter Herr mit offenem Mantel, dem ein Regenschirm aus dem Bauch ragte, die Gesichter der Festteilnehmer waren mit Kreide verschmiert, über die sich rote Streifen zogen oder sie waren sonstwie geisterhaft entstellt, die Frauen waren in mächtige Laken gehüllt oder es hingen ihnen Algen und Wasserrosen in den offenen Haaren. Jeder, der kam, fröstelte zuerst; aber dann entstand aus dem Schauer, den die Umgebung ausströmte, aus dem lachenden Willen, keine abergläubischen Empfindungen aufkommen zu lassen, eine so mutwillige und ausgelassene Stimmung, wie ich sie nie vorher oder nachher miterlebt habe. Die Männer wischten sich die Malerei aus den Gesichtern, die Frauen aber wurden in dem bleichen Licht immer schöner, je mehr der Tanz, die Bowle und die Tollheit der Laune ihnen Farbe gab.« Am Aschermittwoch ist der Rummel zu Ende. Zwei Wochen später beginnt die 6. Jahreszeit, die Starkbierzeit. Die ständige Panik vor dem Verhungern trieb seit dem 17. Jahrhundert die Mönche dazu, während der Fastenzeit Starkbier als kalorienreichen Ausgleich zu brauen. Angefangen haben damit in München die Paulaner in der Au, deren »Salvator« heute in der Starkbier-Hochburg Nockherberg ausgeschenkt wird. Hier auf dem Nockherberg findet dann auch das Derblecken der Großkopferten statt: Wenigstens einmal im Jahr darf man hier in Gstanzln (Vierzeilern) den anwesenden Politikern schulterklopfend die Meinung sagen (Walter Sedlmayr erledigt diese Aufgabe). Nur einmal — 1980 — brach der sensible Oberbürgermeister Erich Kiesl (CSU) mit dieser Tradition: Er wollte keine Scherze über sich hören und blieb fern.

Inzwischen ist es schon Frühling geworden. Nun beginnt die Münchner Festsaison mit Dulten und Volksfesten, angefangen mit dem Frühlingsfest auf der Theresienwiese über die diversen Stadtteilfeste bis hin zum absoluten Höhepunkt, dem Oktoberfest. Die drei Auer Dulten auf dem Mariahilfplatz finden ebenfalls im Frühjahr, Sommer und Herbst statt.

Nach einer Erholungspause schließt sich der Reigen: Am 11.11. um 11.11 Uhr beginnt der Fasching, zwar zuerst etwas langsam, dann aber stetig an Kraft zunehmend.

Nußbaumstraße 1
9

Die Matthäuskirche entstand 1953–1955. Sie ist ein typisches Kind ihrer Zeit: ein steingewordener Nierentisch, wie Gemäuer und Grundriß zeigen. Die Vorgeschichte ihrer Entstehung ist die Geschichte des Kampfes der NSDAP gegen die kritischen Teile der protestantischen Kirche.

Die alte klassizistische Matthäuskirche (erbaut 1827—1833 als erste protestantische Kirche Münchens) stand in der Mitte der Sonnenstraße in Höhe der Herzogspitalstraße in städtebaulich sehr exponierter Lage. Weil sie angeblich verkehrsbehindernd war und außerdem über der geplanten U-Bahn lag (wodurch teuere Befestigungsarbeiten notwendig geworden wären), befahl Gauleiter Adolf Wagner im Juni 1938, die Kirche abreißen zu lassen. Ebenfalls im Juni 1938 war bereits die Hauptsynagoge in der Herzog-Max-Straße (siehe dort) abgerissen worden, auch aus »verkehrstechnischen« Gründen. Deshalb mußte der Abbruch als Affront des Staates gegen die protestantische Kirche angesehen werden. Unmittelbar vor der Demolierung am 13. Juni kam es zu einer dramatischen Situation: Am Abend dieses Tages war die Kirche überfüllt von Besuchern, die dem 20-Uhr-Gottesdienst beiwohnen wollten. Die Messe war um 23.00 Uhr zu Ende, um 23.15 Uhr kamen die ersten Gerüstwagen an, um mit dem Abbruch beginnen zu können. Als Grund für die plötzliche Eile wurde der Festzug anläßlich der Ausstellungseröffnung der Deutschen Kunstausstellung im Haus der Deutschen Kunst am 8. Juli angegeben: bis dahin sollte »die Herstellung der Fläche als Parkplatz möglichst vollendet sein!« Über den Abbruch der Kirche ließ Gauleiter Wagner für 3.100 DM sogar einen Film herstellen.

Die alte Matthäuskirche

St. Matthäuskirche um 1960

Sonnenstraße

Die Sonnenstraße entstand auf dem Areal der um 1800 geschliffenen Befestigungsanlagen. Sie war konzipiert als breite, begrünte Prachtstraße, ähnlich der Ringstraße in Wien. Entsprechend sollte sie von Prachtbauten gesäumt werden, die aber hauptsächlich am Karlsplatz (Stachus) und am Lenbachplatz zur Ausführung kamen.

Sonnenstraße 26

An der Sonnenstraße ist einer dieser Prachtbauten erhalten geblieben: das Postscheckamt an der Sonnenstraße 26. Ursprünglich war das Gebäude als »Gebärhaus« 1853—1856 nach Plänen von *Friedrich Bürklein* erbaut worden. 1929 wurde es von *Robert Vorhoelzer* und *Franz Holzhammer* für Postzwecke umgestaltet. Der Erweiterungsbau des Postscheckamtes entstand 1972/1978 und ist typisch für den Wiederaufbau der Sonnenstraße nach dem 2. Weltkrieg.

Das Wies'nviertel ist auch unter dem Namen »Klinikviertel« bekannt. Etliche Privatkliniken, eine Drogenklinik (Uhlandstraße) und eine Sammlung der verschiedensten Universitätskliniken zwischen Goethe- und Sonnenstraße sorgen für diese Benennung.

Ziemssenstraße 1

⑩

Die Medizinische Klinik Innenstadt (Ziemssenstraße) hat ein Stück Geschichte miterlebt. Nachdem *Anton Graf Arco-Valley* am 21. Februar 1919 den noch amtierenden Ministerpräsidenten *Kurt Eisner* (USPD) ermordet hatte, wurde er von dessen beiden Leibwächtern schwer verletzt. Er wurde hier unter die Obhut des Chirurgen *Prof. Dr. Sauerbruch* gebracht, der seine Autorität dafür einsetzte, seinen Patienten vor Verfolgungen seitens der »Roten« zu schützen. Eine Stunde später kam der nächste prominente Patient: *Erhard Auer* (SPD), Innenminister im Kabinett Eisner, der von *Alois Lindner* (siehe S. 13) schwer verletzt worden war. Jetzt lagen die beiden Männer, die das letzte Weihnachtsfest feuchtfröhlich gemeinsam begangen hatten, Bett an Bett. Auer ließ Graf Arco einen großen Strauß roter Rosen zukommen.

Goetheplatz 1

⑪

Am Goetheplatz 1 steht ein weiteres Postgebäude, das nach Plänen von *Franz Holzhammer* und *Walther Schmidt* 1931/1932 gebaut wurde: ein funktionaler Bau mit einer klar gegliederten Fassade und der auffälligen, geschwungenen Baulinie.

Hitler auf dem Weg zum ersten Rammstoß: der Beginn der Münchner U-Bahn

Am 22. Mai 1938 eröffnete Hitler mit dem ersten Rammstoß am Goetheplatz den Bau der vom Stadtrat beschlossenen U-Bahn. Ende 1941, als die Arbeiten am U-Bahn-Bau eingestellt werden mußten, waren ein Teilstück von 700 Metern Länge unter der Lindwurmstraße und der Bahnhof Goetheplatz im Rohbau fertig. Geplant waren 28 km, die z.T. von Kriegsgefangenen und verschleppten »Fremdarbeitern« aus Osteuropa gebaut werden sollten. Seit 1941 diente der Münchner U-Bahntorso als Luftschutzbunker, Champignonplantage und Schuttablage, bis er 1965 in die erste Münchner U-Bahn-Linie integriert wurde (eröffnet im Oktober 1971, Freimann-Goetheplatz).

Häberlstraße 11

Der Männer-Turn-Verein ließ 1907/1908 seine Turnhalle an der Häberlstraße 11 errichten. Sportliche Betätigung war bis zum 1. Weltkrieg in bürgerlichen Kreisen offiziell auf Männer beschränkt. Nur die Arbeitersportvereine gestatteten auch Frauen, sich körperlich zu ertüchtigen. Die neuen Zeiten waren aber auch am Männer-Turn-Verein nicht vorbeigegangen: Im ersten Stock befand sich ein kleiner Damen-Turnsaal.

Kapuzinerplatz 5

⑫

Der Thomasbräu-Ausschank am Kapuzinerplatz entstand 1892/1893. Da es in München von jeher üblich war, in jeder Brauerei eine Ausschankgelegenheit einzurichten, wollte auch die Thomasbrauerei keine Ausnahme machen. Sie wurde 1889 auf dem

Gelände hinter dem Ausschank, wo sich heute eine Wohnanlage befindet, errichtet und zählte bald mit 200.000 Hektolitern Jahresausstoß zu den Münchner Großbrauereien. Im Inflationsjahr 1923 schluckte der Paulanerbräu die Thomasbrauerei. Der Ausschank ist ein Großlokal, das typisch war für die Münchner Vorstädte der Jahrhundertwende.

Postamt am Goetheplatz: funktionalistische Architektur

Kapuzinerstraße 26

Unübersehbar steht das neue Arbeitsamt an der Kapuzinerstraße. Im Februar 1987 zogen viele, verstreut gelegene Stellen dieser Behörde hierher unter ein Dach, wodurch das größte Arbeitsamt der BRD entstand. Es kostete 141 Millionen DM, ist 245 m lang und 117 m breit. 1.200 Menschen finden hier Arbeit. 5.000 »Besucher« pro Tag werden registriert. Das alte Arbeitsamt an der Thalkirchnerstraße 54 steht keineswegs leer: hier residiert das Landesarbeitsamt.

Thalkirchner Straße 48
⑬

Die Dermatologische Klinik, genannt Krankenhaus an der Thalkirchner Straße 48, entstand 1926–1929 auf dem Gelände der ehemaligen Gasanstalt. Die wirtschaftliche Situation nach dem 1. Weltkrieg zwang zu einer möglichst sparsamen Baugestaltung, und dieser Sparsamkeit verdankt das Gebäude sein unverwechselbares Äußeres. Die hohen Bodenpreise sorgten dafür, daß man ein sieben- bis achtstöckiges Gebäude bauen mußte, den ersten Krankenhaushochbau in Deutschland. Bei der Fassadengestaltung entschied man sich für eine wuchtige, einfache und doch irgendwie ansprechende Ausführung.

Thalkirchner Straße 17

Der Südliche Friedhof (Thalkirchner Straße 17) ist von hohen Mauern umgeben, die den Lärm der Großstadt abhalten. In dieser Idylle sind von ursprünglich 21.000 Grabplätzen noch 5.000 erkennbar. Der Friedhof stellte ab 1788 den Zentralfriedhof Münchens dar, nachdem durch Erlaß des *Kurfürsten Karl Theodor* aus hygienischen Gründen alle Bestattungen innerhalb der Stadtmauern untersagt und alle Friedhöfe der Innenstadt aufgelassen worden waren. Bis zum Dezember 1943 fanden hier Bestattungen statt, dann fiel der Friedhof den Bomben zum Opfer.

Pestalozzistraße 40-42
⓮

In der Pestalozzistraße 40–42 befand sich bis 1933 das Gebäude des ADGB (Allgemeiner Deutscher Gewerkschaftsbund) und der SPD. Rund 70% aller organisierten Arbeiter waren Mitglieder im ADGB, die anderen in den kleineren Gewerkschaften der christlichen Parteien, der Liberalen etc.

Hier hatte auch die Freie Fußballvereinigung Südbayern ihren Sitz. Seit 1918 erlebte der Fußball im Rahmen des Arbeitersports einen großen Aufschwung. Da sich die Arbeitervereine nicht im bürgerlichen DFB (Deutscher Fußballbund) organisieren wollten, bildeten sie die Freie Fußballvereinigung, in der in Südbayern 24 Vereine in zwei Spielklassen zusammengefaßt waren.

SA besetzt das alte Gewerkschaftshaus in der Pestalozzistraße

Am 9. März 1933 besetzte SA das Gebäude. Obwohl sich Hunderte von kampfbereiten und teilweise bewaffneten Arbeitern zur Verteidigung des Gewerkschaftshauses in den umliegenden Straßen versammelt hatten, konnte eine kleine Gruppe der SA das Gebäude kampflos übernehmen: die SPD-Führung hatte die Parole vom strikten Prinzip der Legalität ausgegeben. Die bayerische Schutzpolizei griff nicht ein — SA und SS waren seit diesem Tag offizielle Hilfspolizei, und im Polizeipräsidium an der Ettstraße leitete der SS-Führer Heinrich Himmler kommissarisch die Geschäfte.

Im Münchner Gewerkschaftshaus war bis 1936 die »Deutsche Arbeitsfront« (DAF) — am 2. Mai 1933 durch die NS-Führung als Einheitsorganisation der »Arbeitgeber« und »Arbeitnehmer« gegründet — untergebracht.

Der in München aufgewachsene Schriftsteller Alfred Andersch *(siehe S. 287) beschreibt die Stimmung jener Stunde in seinem Bericht »Die Kirschen der Freiheit«: »Als an jenem Märztag des Jahres 1933 das Gewerkschafts-*

haus von der SA besetzt wurde, standen die Arbeiter in den Straßen um das Gebäude. Ich weiß nicht, wer sie aufgerufen hatte zu kommen: die Betriebsräte vielleicht oder das Gerücht, das an den Stempelstellen von Mund zu Mund ging. Sie standen vollständig schweigend bis zum Rande des Trottoirs, während auf der Straße, die sie frei gelassen hatten, manchmal eine SA-Kolonne vorbeimarschierte. Es kam wirklich kein Laut aus den Reihen der Menschen, die auf irgend etwas zu warten schienen. Als die Stunden vergingen, wurden die Bewegungen des Feindes immer geringer, ein grauer Nachmittag zog herauf, in dessen Märzlicht wir auf die leere Fahrbahn blickten. Dann näherte sich vom Gewerkschaftshaus her ein Motorradfahrer der SA. Er trug ein braunes Hemd, schwarze Breeches und einen schwarzen Sturzhelm. Aus irgendeinem Grunde verlor er plötzlich die Herrschaft über das Motorrad, er rutschte und schmetterte mit der Maschine zu Boden.

Dies wäre der Augenblick des Aufstandes gewesen, der Deutschland vielleicht ein anderes Gesicht gegeben hätte. Ich stand, die Arme an den Körper gepreßt, und fühlte, wie sich meine Hände zu Fäusten ballten. Jetzt eine kleine Bewegung nur, ein einziger Schrei, und alles käme in Gang: der prasselnde Regen von hundert Fäusten auf den Mann, der Sturmlauf zum besetzten Haus, das Knattern von Gewehrsalven, zusammenbrechende Körper, aber das Klirren von Fensterscheiben, die Eroberung, der Sieg, die Tat. Sicherlich, es wäre nur ein kleiner Sieg gewesen, eine rasch verwehende Tat, morgen ausgelöscht im Orkan der Niederlage — aber er hätte genügt, hätte den Staatsstreich in ein für alle sichtbares Blutbad verwandelt und den Schein der ›Ordnung‹ zerstört.

St. Maximilianskirche

Aber ich stieß den Schrei nicht aus. Niemand. Der Fahrer stand auf, klopfte sich den Staub ab und richtete die Maschine wieder auf. Er untersuchte sie; sie funktionierte. Er setzte sich auf den Sattel, trat den Anlasser, der Motor sprang an, langsam fuhr er die Straße hinab. Sein Gesicht verriet nicht, ob er etwas von der Bedrohung ahnte, die ihn für Augenblicke umgeben hatte. Und dies war das Zeichen; wir gingen auseinander. Jeder für sich war wieder allein. Es gab keine Massen.«

In das ehemalige ADGB-Gebäude zog 1936 die Polizei ein, ab 1940 war hier die Städtische Volksbücherei untergebracht. Das mehrstöckige Gebäude mit Innenhof wurde im Krieg durch Bomben beschädigt und nach 1945 abgerissen. Heute weist eine Gedenktafel auf das ehemalige Gewerkschaftshaus hin.

Auenstraße 1

Die Kirche St. Maximilian (Auenstraße 1) entstand 1895-1908 als typische Vorstadtkirche der ehemaligen Zeit. Monumental, im Stil romanischer Kaiserbasiliken aus dem Mittelalter sollte sie den regierungstreuen christlichen Glauben mitten ins Arbeiterviertel tragen und gleichzeitig als Machtsymbol des Staates dienen. Der Bau steht teilweise in einem alten, schlammigen Flußgraben, teilweise auf verschieden hartem Untergrund. Hiermit hängt auch die Stellung der Türme zusammen, nachdem durch Bohrungen bekannt war, daß unter diesen die verhältnismäßig beste Lagerung des Untergrundes zu erwarten war.

Pestalozzi-/ Kapuzinerstraße

Der Westermühlbach ist einer der drei Stadtbäche, die die moderne Zeit überlebt haben. Er verschwindet zwischen der Holz- und der Pestalozzistraße in einem unterirdischen Kanal, fließt als Glokkenbach und Westlicher Stadtgrabenbach entlang des westlichen Altstadtringes und taucht als Eisbach beim Haus der Kunst wieder auf.

Musikbühne ersten Ranges: das Wirtshaus im Schlachthof – auf der Bühne Willy Michl

Thalkirchner/ Zenettistraße

⓯

Am 31. August 1878 wurde der Städtische Schlacht- und Viehhof an der Thalkirchner Straße eingeweiht. Er war nach Plänen von Arnold Zenetti aus verkehrstechnischen Gründen beim Südbahnhof außerhalb des bebauten Stadtgebietes errichtet worden. Aus hygienischen Gründen wurden die in München weitverbreiteten Privatschlachtungen verboten und hier zentral durchgeführt. Schon drei Jahre nach Eröffnung des Schlachthofes war die Zahl der jährlichen Typhustodesfälle auf unter 50 gesunken, während es in den Jahren vorher davon jährlich 200 bis 300 gegeben hatte. Bis zur Jahrhundertwende war es gelungen, die gefährliche Krankheit aus dem einst verschrienen »Typhusnest« München zu verbannen. Nach der blutigen Niederschlagung der Räterepublik im April/Mai

1919 wurden rund 200 »Rote«, Denunzierte und wahllos Verhaftete hier von den Regierungstruppen und Freikorps ermordet. Eine Gedenktafel fehlt bis heute.

Zenettistraße 9

Das Wirtshaus im Schlachthof steht unter Denkmalschutz. Äußerlich paßt es sich an seine Umgebung aus Ziegeln an; die beiden großen Säle im Inneren sind nahezu unverändert aus dem 19. Jahrhundert herübergerettet: Bierhallen aus dem Zeitalter des Gußeisens. Das Lokal hatte bis vor kurzem von 7.00 bis 14.00 Uhr für die im Schlachthof Beschäftigten geöffnet, doch rentierte sich der Betrieb nicht mehr. Zwar ist es weiterhin bis zum Mittag geöffnet, doch unter neuer Führung hat sich das Wirtshaus abends zu einer Musikbühne ersten Ranges entwickelt. Leute wie *Eisi Gulps* und *Willy Michl* sorgen für ein ständig volles Haus.

Die Wirtschaft Alhambra (Adlzreiterstraße 22) war seit 1894 das Turnlokal des Arbeiter-Turnvereins München. Unter dem Vorsitz des Schriftsetzers *Artur Kölbel* hoben 17 Turner im Herbst 1893 den Arbeiter-Turnverein München aus der Taufe. Die Mitgliederzahlen — es waren auch Mädchen und Frauen willkommen — stiegen steil an. Zum 40. Gründungstag im April 1933 kam das Aus: 850 Jugendliche und 752 Kinder wurden laut Verordnung des Bayerischen Innenministeriums gezwungen, aus dem Verein auszutreten. Gleichzeitig wurden sämtliche Turngeräte und anderes Eigentum beschlagnahmt. Heute hat die Katholische Jugendfürsorge hier ihre Räumlichkeiten.

Bei den Arbeitersportlern willkommen: Frauen in der Turnkleidung der Gründerjahre des Arbeitersports

Ruppertstraße 19

⑯

Im Kreisverwaltungsreferat (Ruppertstraße 19) werden so brisante Angelegenheiten wie allgemeines Sicherheits- und Ordnungsrecht, Katastrophenschutz, Einwohnermeldewesen und Ausländerangelegenheiten verhandelt. Bis 1986 amtierte hier *Dr. Peter Gauweiler* (CSU) als Kreisverwaltungsreferent. Zu seiner Tätigkeit gehörten publikumswirksame Aktionen wie Entfernung Obdachloser aus der Fußgängerzone, der »guten Stube der Stadt«, und der spektakuläre Schlag gegen den Oktoberfestzelt-Betreiber *Süßmeier* wegen dessen systematisch betriebenen betrügerischen Einschenkens und Beschäftigung illegal eingewanderter Ausländer. Jetzt geht der Ordnungsfanatiker als Staatssekretär im bayerischen Innenministerium gegen Aids-Kranke vor. Mit Strafanzeige wird verfolgt, wer ihn als »Gauleiter« bezeichnet.

Lindwurmstraße 125

⑰

Im Rückgebäude der Lindwurmstraße 125 befand sich das Gemeindehaus der Israelitischen Kultusgemeinde. Einen Tag nach der Reichspogromnacht, in der Nacht zum 10. November 1938, wurden bei einem SA-Überfall Geld, Schreibmaschinen und wertvolle Bücher gestohlen. Der Gemeindevorsitzende *Alfred Neumeyer* wurde gezwungen, schriftlich zu erklären, daß ihm die Identität der Täter nicht bekannt sei, und daß die Gemeinde auf jeden Schadenersatz verzichte. Als im März 1943 die »Heimanlage« für Juden in Berg-am-Laim aufgelöst wurde, wurden die noch verbliebenen 40 Insassen in die Lindwurmstraße gebracht und von hier aus nach Osten deportiert. 1944 fiel das Haus den Bomben zum Opfer.

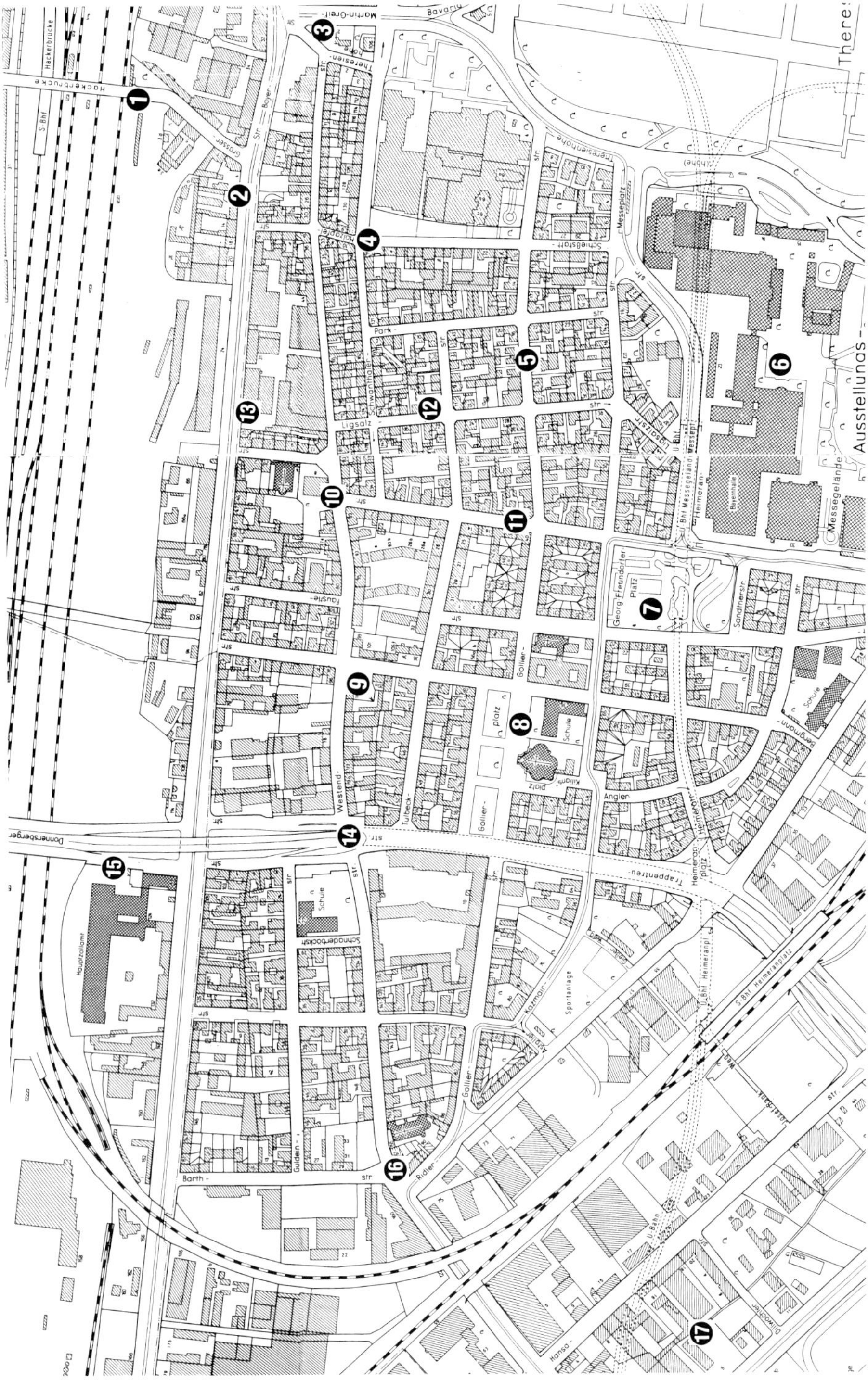

Hackerbrücke
S-Bhf.
Grasser-
Bayer-str.
Martin-Greif-
Bavaria
Theresien-
Theresienhöhe
Messeplatz
Schießstätt-
Park-str.
Schwanthaler-
Ligsalz-str.
Ausstellungs-
Messegelände
Bayernhalle
U-Bhf. Messegelände
Heimeran-
Georg-Freundorfer-Platz
Sandtner-str.
Fäustle-str.
Westend-
Gollier-platz
Schule
Kiliansplatz
Angler-
Bergmann-
Tulbeck-
Donnersberger
Trappentreu-
Heimeranplatz
Hauptzollamt
Kazmair-
Sportanlage
U-Bhf. Heimeranplatz
S-Bhf. Heimeranplatz
Gollier-
Barth-str.
Ridler-
Hansa-
U-Bahn
1
2
3
4
5
6
7
8
9
10
11
12
13
14
15
16
17

Radfahrer ohne »patriotisches Klimbim«

Das Westend

Ausgangspunkt: *Hackerbrücke, S1-7*
Endpunkt: *Westendstraße, U5*
Dauer: *3 Stunden*

»In einer Münchener Vorstadt, auf der Schwanthalerhöh', ließ ein König die Bavaria setzen und dahinter die Ruhmeshalle mit den Köpfen bewährter Münchener Bürger. Bald danach wurden hier Bierkeller errichtet, und Brauereien stellten hier ihre Bierfabriken hin, für die ihnen der Raum in der Altstadt zu eng geworden war. Erfolgreiche Geschäftsleute ließen sich sogenannte Rentehäuser bauen, die sie an das meist vom flachen Land zuziehende Fabrikproletariat vermieteten.

Zu Anfang dieses Jahrhunderts fanden sich dann aus der Sozialdemokratie und den Gewerkschaften Arbeiter zusammen und bauten eigene Häuser, die Genossenschaften, die heute gut ein Drittel der Gegend ausmachen. Der Brauereibesitzer Pschorr trat damals ein großes, noch unbebautes Grundstück für einen Ausstellungspark an die Bevölkerung ab. Da aber nun die meisten Bewohner des Viertels in Betrieben arbeiten, die ihnen nicht gehören, und dort Dinge herstellen, über die sie nicht verfügen können, hatten sie auch nie etwas, das sie hätten ausstellen können, deshalb diente der Ausstellungspark bis heute hauptsächlich den großen Industriemessen. Vielleicht hat der Stifter die Arbeiter nicht zur Bevölkerung gezählt.«

Feuer, Strang und Schwert: am Galgenberg walteten die Henker über 400 Jahre lang

Die Rede in *August Kühns* Text ist vom Westend, einem Stück München, das — entgegen allen Unkenrufen — noch bzw. wieder heute seinen eigentümlichen Charakter als Stadtviertel bewahrt hat — hier gibt es in vielen Straßen und Quartieren noch Leben und gegenseitiges Kennen.

Hackerbrücke/ Grasserstraße
❶

Die Hackerbrücke an der Grasserstraße wurde (1869/1870 errichtet, um die neuentstandenen Industrie- und Wohngebiete beiderseits der Eisenbahn direkt miteinander zu verbinden) 1890 bis 1892 durch eine neue ersetzt. Die heutige Eisenkonstruktion (gegossen von der »Maschinenbau-Actien-Gesellschaft Nürnberg«, den ehemaligen Cramer-Klett'schen Eisenwerken) wurde 1983/84 von Grund auf renoviert und steht unter Denkmalschutz.

Bei der Niederschlagung der Räterepublik entbrannten um die Hackerbrücke erbitterte Kämpfe. Die »weißen« Truppen versuchten am 30. April 1919, den Hauptbahnhof mit einem Panzerzug zu erobern. Dieser Versuch schlug fehl, da schwerbewaffnete Spartakisten die Lokomotive von der Hakkerbrücke herab durch Artilleriebeschuß zerstören konnten: dabei fiel ihnen die gesamte Munition und eine große Zahl Waffen in die Hände.

Heute Baudenkmal: die Hackerbrücke

Hackerbrücke

Etwas westlich der heutigen Hackerbrücke entstand um 1840 der erste Münchner Bahnhof, ein scheunenähnliches, hölzernes Gebäude, das nur provisorisch aufgebaut worden war; der endgültige Bahnhof sollte auf dem Gelände der Alten Schießstätte (heutiger Hauptbahnhof) entstehen. Bereits am 4. April 1847 brannte die Holzkonstruktion bis auf die Grundmauern nieder.

Im Jahre 1838 begann eine private Bahnbaugesellschaft unter Federführung des Spekulanten *Simon v. Eichthal* mit 600.000 Gulden Stammkapital den Grund für die Linie München-Augsburg zu erwerben. Für Bahnhof, Maschinenhalle, später auch Güterhallen und Kohlenschuppen sowie die Gleisanlagen kaufte man die Fläche nördlich der Pasinger (Landsberger) Straße, die als »Neuhauser Fluren« bezeichnet wurde.

Am 1. September 1839 wurde die Strecke bis Lochhausen dem Verkehr übergeben, am 4. Oktober 1840 fand die feierliche Inbetriebnahme bis Augsburg statt. Die Eisenbahn verkehrte dreimal und im Winter zweimal nach jeder Richtung mit einer Höchstgeschwindigkeit von 35 Stundenkilometern: die Lokomotive namens »Vesta« (römische Göttin des häuslichen Herdes) sowie der Lokomotivführer und sein Gehilfe kamen aus England. Die erste Klasse hatte ein Dach, Glasfenster und elegante Polstersitze, die zweite und dritte Klasse waren ebenfalls überdacht, und Ledervorhänge schützten vor Wind und Wetter; in der vierten Klasse saß man im Freien.

Arnulfstraße 52

Die Münchner Hinrichtungsstätten lagen außerhalb der Stadt. Es gab zwei Richtstätten: die Köpfstätte befand sich nach 1778 auf dem Gelände des heutigen Augustiner-Biergartens an der Arnulfstraße. Die zweite Richtstatt, das Hochgericht oder der Galgen, befand sich auf einer Anhöhe südöstlich der heutigen Hackerbrücke. Hier, am Rande des späteren Westends, fanden jahrhundertelang Hinrichtungen statt. Erstmals erwähnt wurde der Galgen 1423, als ein Verbrecher wegen einer Tat, die nicht überliefert ist, gehängt wurde. 1600 fand am Galgenberg nach einem Hexenprozeß die Landfahrerfamilie *Pappenheim* den Tod. 1804 geschah die letzte Hinrichtung: ein siebzehnjähriger Dienstknecht hatte seinem Herrn einige Gulden gestohlen.

Am 13. August 1808 erhielt der Münchner Magistrat den Befehl, »den an offener Straße nach Landsberg stehenden Galgen samt Köpfstätte sofort abzubrechen und den Platz der Kultur und Verschönerung zu widmen«. Noch im gleichen Jahr kauften die Bierbrauer *Pschorr* und *Ziegler* das Gelände um den Galgenberg der Stadt ab. Statt zum Galgen pilgerten die Münchner in den folgenden Jahren zu Pschorrs berühmter »Bierfestung«. In den 60er Jahren des letzten Jahrhunderts entstanden hier die Hacker- und Pschorrbrauerei vor den Toren der Stadt, da die alten Produktionsanlagen in der Innenstadt zu unmodern und klein geworden waren und aus Platzmangel nicht erweitert werden konnten.

Landsberger Straße 4
❷

Zum »Goldenen Berg« nannte sich eine nahegelegene Wirtschaft und hielt so noch lange die Erinnerung an den Galgenberg wach. In einem Neubau wurde die Gaststätte als »Lindauer Hof« weitergeführt, heute ist es die jugoslawische Musikwirtschaft »Wardar Grill«. Der Privatkrieg zwischen den verschiedenen jugoslawischen Exilorganisationen untereinander und gegen den jugoslawischen Geheimdienst kulminierte im Oktober 1981 in diesem Lokal in einem Bombenattentat.

Holzapfelstraße

Die frühere Pasinger Landstraße (heute: Landsberger Straße) war jahrhundertelang die wichtigste Verbindung der Stadt nach Westen. An der heutigen Holzapfelstraße stand ein Zollhaus mit Schlagbaum, in dem alle »importierten« Waren behandelt wurden. Man überprüfte sie nach Güte, Menge und Sauberkeit. Der erhobene Zoll war eine wichtige Einnahmequelle für die Stadt. Ihre Aufgabe verloren die Schlagbäume erst im Jahre 1806, als Bayern zum Königreich erhoben und zum einheitlichen Wirtschaftsraum gemacht wurde. Auch der gesamte Postverkehr nach Augsburg und nach Westen wurde über die Landsberger Straße abgewickelt.

Theresienhöhe
❸

Die Theresienhöhe verläuft entlang des westlichen Hochufers des alten Urstromtals der Isar (das östliche beim heutigen Friedensengel, Maximilianeum, Gasteig, Nockherberg usw.). Am 17. Dezember 1960 streifte ein amerikanisches Militärflugzeug, das kurz nach dem Start in Riem einen Maschinenschaden hatte, den Hauptturm der St. Pauls-Kirche und stürzte auf der Theresienhöhe an der Ecke Martin-Greif-Straße/Theresienhöhe auf eine Straßenbahn. Es waren 49 Tote und 16 Schwerverletzte zu beklagen. Das bayerische Innenministerium untersagte zum Zeichen der Trauer alle öffentlichen Tanzveranstaltungen bis Weihnachten — sehr zur Freude

Flugzeugunglück im Westend: den Hauptturm der St. Paulskirche gestreift (1960)

der katholischen Kirche, wurde doch dadurch das Tanzverbot während der Fastenzeit endlich mal eingehalten.

Schwanthalerstraße 106

An der Schwanthalerstraße 106 steht das Hauberrisserhaus, das in zwei Bauabschnitten erstellt wurde (1878/1879 und 1884/1885). Das Haus galt als vornehmstes Privathaus am Rande des Westends. Es war im Besitz von *Georg von Hauberrisser* (1841-1922), Architekt des Neuen Rathauses und der St. Pauls-Kirche. Das Wohnhaus war vor allem in den achtziger Jahren des letzten Jahrhunderts als Münchner Künstlerhochburg bekannt. Berühmte Maler wie *Georg Papperitz, Eugen Kirchner* und *Karl Heffner* wohnten hier, in ihrer unmittelbaren Nachbarschaft der Landschaftsmaler *Anton Doll.* Die Gegend unterhalb des Hauberrisserhauses — vor allem beiderseits der (unteren) Schwanthalerstraße — war zu jener Zeit »das« Münchner Künstlerviertel. Erst der Bau der Akademie der Bildenden Künste in der Nähe des Siegestores und die billigen Wohnungen, die Schwabing als gerade eingemeindeter Vorort aufzuweisen hatte, ließ viele Künstler in dieses neue Stadtviertel im Norden abwandern.

Das Hauberrisser-Haus: diese Hälfte steht nicht mehr

Schon um 1800 waren auf der damaligen »Sendlinger Höhe« die ersten Bierkeller zu finden. 1804 ließ Joseph Wiedebauer einen Bierkeller bauen, der 1817 von Gabriel Sedlmayer *für die Spatenbrauerei erworben wurde. Der Spatenkeller wurde ein beliebtes Ausflugsziel der Münchner. 1909 entstand ein Neubau, der 1945 in einer Bombennacht ausbrannte (heute: Möbel-Krügel und Parkplatz). 1808/1812 folgten der Hirschbräukeller und der Pollingerkeller, der ab 1866 unter dem Namen Bavariakeller (ehemals Theresienhöhe/Gollierstraße) bekannt wurde, und 1813/1824 der Hackerbräukeller südlich der Hackerbrücke. Dort, wo die Grasserstraße in die Hackerbrücke übergeht, stehen noch einige Bäume als Überbleibsel des Hackerkellers. Gleich östlich an den Hackerkeller angrenzend ließ der Großbrauer* Josef Pschorr *einen riesigen Bierkeller errichten, der großen Zulauf hatte. Die*

Bierkeller — Biergärten — Biersäle

»Nach heißen Sommertagen sitzt der Münchner oft mit Kind und Kegel in den schattigen großen »Bierkellern« auf den Isarhöhen. Er labt sich am kühlen Trunk: Die Blechmusik spielt den Pilgerchor aus Tannhäuser, den Brautzug aus Lohengrin und ergriffen schneidet der Herr Oberhuber seinen Radi zurecht: Es gibt halt nur einen Wagner! Dös is' mir dö liabste Musi!« (Stadtführer 1922)

Die ersten Bierkeller entstanden auf dem Gebiet rund um den Gasteig in der ersten Hälfte des 18. Jahrhunderts. Allein in der Rosenheimer und Inneren Wiener Straße gab es über 40 Bierkeller, der Name »Kellerstraße« erinnert noch an jene Zeit.

Da die Herstellung und der Verkauf des Bieres »zünftig« geregelt war, hatten die Keller damals keine Ausschankgenehmigung; sie dienten lediglich zur Lagerung des Bieres. Um das Bier möglichst kühl zu halten, pflanzte man über den Kellern schattenspendende Bäume.

Da Ende des 19. Jahrhunderts die Technisierung und Rationalisierung der Brauereien einen immer höheren Kapitalaufwand erforderten, mußten die meisten der kleinen Brauereien schließen oder wurden von größeren aufgekauft. Aufgrund der entstandenen scharfen Konkurrenz wurde das Bier heimlich in den Kellern ausgeschenkt, ein Zustand, der erst am 4.1.1912 durch eine »allerhöchste Verfügung« sanktioniert wurde. Da aber keine Speisen verkauft werden durften (das blieb den Wirten vorbehalten), brachten sich die Besucher der Bierkeller (und im Sommer der Biergärten) ihre Brotzeit halt selber mit. Und so ist es auch heute noch üblich.

Ende des 19. Jahrhunderts wurden auf dem Gelände der großen Bierkeller riesige Bierhallen errichtet, die wegen ihres Platzangebotes für Großveranstaltungen wie z.B. Faschingsfeste gut geeignet waren. Auch die großen politischen Versammlungen fanden hier statt.

Der Spaten-Keller um 1910

gesamte Anlage, die er 1814/1824 bauen ließ, wurde noch in zwei Stockwerken unterkellert. Dazu heißt es im »Panorama von München« (1840): »Pschorr heißt der Mann, der dem Staate jährlich 70.000 Gulden Malzaufschlag zahlt, dessen Brauhäuser Palästen gleichen, dessen Keller vor den Toren der Stadt wie Festungen aussehen.« Als infolge der steigenden Einwohnerzahl und des Vertriebs der Biere auch außerhalb Münchens die alten Braustätten in der Altstadt zu klein wurden, errichtete man in der Nähe der Bierkeller neue Produktionsstätten, die auch in technischer Hinsicht den Ansprüchen der modernen Zeiten entsprachen. Noch heute sind die Münchner Brauereien beidseitig der Hackerbrücke konzentriert (siehe Kasten).

Schwanthaler-/Holzapfel-/Schießstättstraße

❹

An der Kreuzung Schwanthaler-/Holzapfel-/Schießstättstraße liegt der sogenannte »Arabische Automarkt«, eine Konzentration von gut einsehbaren Büros und Lokalen. Die Autos selber stehen auf Grundstücken im gesamten Stadtgebiet, nachdem die Behörden die gehandelten PKWs aus dem Westend und die LKWs von der Matthias-Pschorr-Straße auf der Theresienwiese verbannt haben. Große Weltpolitik fand hier bis 1983 statt: Waffenschiebungen an den Irak wurden von hier aus organisiert, mit Wissen eines leitenden Beamten des Bayerischen Landeskriminalamtes.

Schwanthalerstraße

Die Schwanthalerstraße mit ihren zahlreichen ausländischen und deutschen Geschäften, Gastwirtschaften etc. zeigt das Westend live: Das Viertel ist keine sterile Wohngegend. Hier gibt es noch Leben und man kennt sich. (Die Bevölkerungsstruktur weist mit 37% Ausländern einen höheren Anteil als das dafür bekannte Berlin-Kreuzberg auf.) Kriminalität und Ausländerhaß sind gering, und laut Umfrage ist die Mehrheit der Bevölkerung mit »ihrem« Viertel zufrieden.

Parkstraße 27/ Ligsalzstraße 23

❺

Signet des Arbeiter-Rad- und Kraftfahrerbunds »Solidarität«

Der Gollierhof (Parkstraße 27) und der Ligsalzhof (Ligsalzstraße 23) waren bis 1933 Vereinslokale des Arbeiter-Radfahrerbundes »Solidarität«. Die Arbeiterradler bemühten sich, »das Solidaritätsgefühl zu heben und beim Fahren das kameradschaftliche Beisammensein zu pflegen«. Abgelehnt wurden der »patriotische Klimbim« und das Fahren von Rennen.

Seit 1896 waren diese Fahrradvereine Ortsvereine des reichsweiten Bundes »Solidarität«, der 1893 in Leipzig gegründet worden war (später: Arbeiter-Rad- und Kraftfahrerbund »Solidarität«). 1933 betrug die Mitgliederzahl des Bezirkes München 4.300, im gesamten Deutschen Reich über 300.000. Am 17. Mai 1933 wurde der Verein verboten und enteignet.

Theresienhöhe/ Messepark

❻

Zwischen 1826 und 1831 ließ *König Ludwig I.* den Ausstellungspark, der früher Theresienpark, dann Bavariapark genannt wurde, anlegen. Er war ein richtiger Park aus Bäumen und Wiesen, kein »Industriepark«. Nach dem Bau der Ruhmeshalle (1843-1853) und der Enthüllung der Bavaria (1850) galt der Park als würdiger Hintergrund der Anlage. Für jedermann zugänglich wurde er erst am 7. Juli 1872. Prinz Ludwig, der spätere *König Ludwig III.*, zeigte sich um diesen »würdigen Hintergrund« sehr besorgt; deshalb setzte er sich dafür ein, daß rund um den Ausstellungspark ein Bauverbot für Wohngebäude erlassen wurde.

In den Jahren 1907/1908 wurden sechs Hallen mit insgesamt 20.500 m^2 Ausstellungsfläche gebaut. Schon die erste Ausstellung »München 1908« zum 750. Geburtstag der Stadt wurde von fast drei Millionen Menschen besucht, eine andere, die »Bayerische Gewerbeschau«, zog fast vier Millionen Besucher an. Der einstige Bavariapark wurde zu einem der größten Freizeitanlagen Europas ausgebaut. Es entstanden ein Künstlertheater, Restaurants, Tanzcafés, Pavillons und andere Vergnügungsstätten.

Die erste große internationale Messe »Das Gas« wurde im Frühjahr 1914 eröffnet und fand dann ein abruptes Ende: Wegen der sich zuspitzenden politischen Lage wurde sie im Juli 1914 vorzeitig geschlossen. Von 1914 bis 1919 war das Ausstellungsgelände von Militär belegt, ebenso wie im 2. Weltkrieg von der Wehrmacht, die Gebäude wurden im Bombenhagel zerstört.

Im Jahre 1925 fand die »Deutsche Verkehrsausstellung München« statt, die fast drei Millionen Besucher anzog. 1928 wurde ein Fest für 70.000 Besucher durchgeführt, in weiser Voraussicht unter dem Motto: »Die Welt geht unter«.

Ausstellungsplakat von 1908

Halle I des Messegeländes: »Wir glauben an der Freiheit Sieg« — ein Massenchor während des IX. Arbeitersängerfestes

In architektonischer Hinsicht hatten die braunen Machthaber Großes mit dem Messegelände vor. An der Ganghoferstraße sollte ein ausgedehnter, ovaler »Thingplatz« entstehen, der Rest des Parkes sollte großflächig überbaut werden. Letzteres wurde 1980/1984 in Gestalt des »Messegelände Süd« Wirklichkeit, unter anderem mit einer Tiefgarage für 1.500 Autos. Ein Überrest des alten Bavariaparkes ist der Messepark, der mit seinen Statuen eine Insel der Ruhe im hektischen Großstadtbetrieb ist. Der vierspurige Verkehrsweg Theresienhöhe, der die Ruhmeshalle und die Bavaria vom Messepark abtrennt, wurde als Tribut an den Autoverkehr nach dem Krieg angelegt; davor war hier eine beschauliche Straße gewesen.

Heute ist München eine der führenden Messestädte der Welt, für das Westend mit entsprechenden Verkehrsproblemen verbunden.

In der Halle II (Bavariahalle) an der Heimeranstraße finden alljährlich die CSU-Parteitage statt.

Freundorferplatz/ Heimeranstraße

7

Der Georg-Freundorferplatz wurde im Rahmen des U-Bahn-Baues begrünt, die Heimeranstraße unterbrochen. Ursprünglich bestanden Pläne, eine Tiefgarage für Messebesucher und ADAC-Verwaltung hier anzusiedeln.

Kazmairstraße 44

Das Gasthaus »Ludwigvorstadt« (Kazmairstraße 44) diente dem »Touristen-Verein Die Naturfreunde«, Sektion Wetterstein, als Sektionslokal. Die Naturfreunde wurden 1895 in Wien gegründet und waren eine Organisation der Arbeiterbewegung, die ihren in schlechten Wohnverhältnissen lebenden und in Staub, Ruß und Lärm arbeitenden Mitgliedern die Freizeit in der Natur ermöglichen wollte.

Gerolt-/Gollier-/ Ganghoferstraße

Eine Besonderheit wies die Ludwigsvorstadt (zwischen Gerolt-, Gollier-, Ganghoferstraße) auf: die soziale Fürsorge für ihre Mitglieder. Es wurden 247 Mietgärten erstellt und Samen, Kunstdünger, Obstbäume etc. beschafft und zum Großhandelspreis verkauft, damit die Genossen sich wenigstens teilweise durch Eigenarbeit selber ernähren konnten. Im Kriegsjahr 1915 besorgte man 4.000 Zentner Kartoffeln, 554 Zentner Weißkraut und einen Waggon anderes Gemüse sowie Brennmaterial und Holz; einige Waggons Bretter zur Erstellung von Kleintieranlagen wurden billigst abgegeben.

Ganghofer-/Sandtner-/Gerolt-/Ridlerstraße

Die beiden sogenannten »Moll-Blöcke« (Ganghofer-/Sandtner-/Gerolt-/Ridlerstraße) wurden 1928 fertiggestellt; sie sollten einen Teil der Ausstellung »Heim und Technik« bilden. Die Bauwerke wurden gegenüber dem damals noch unbebauten Westausgang des Messegeländes als Sichtblende plaziert, damit die Aussicht vom Messepark her nicht durch den Anblick des ärmlichen »Glasscherbenviertels« beeinträchtigt würde.

Das Frauenwohnheim der Bundespost (Geroltstraße 32-34) wurde 1951-1952 als Junggesellinnenheim gebaut. Es war gedacht für Frauen, die von auswärts kommend bei der Post Arbeit gefunden hatten und die hier eine relativ billige Unterkunft direkt vom

Freizeitvergnügen am Freundorfer Platz

»Arbeitgeber« mieten konnten. Im Rahmen der Gleichberechtigung wohnen seit 1981 auch Männer hier. Einer der Arbeitsplätze der Bewohner liegt auf demselben Grundstück: das 1927 eröffnete Postamt an der Bergmannstraße.

Heimeranstraße 44

Die Strobelsche Nähmaschinenfabrik (Heimeranstraße 44) befindet sich seit 1920 im Westend. Anfangs wurden auch Fahrräder hergestellt, wie es bei vielen Nähmaschinenherstellern üblich war; heute produziert die Firma Spezialnähmaschinen. Das kleine firmeneigene Nähmaschinenmuseum kann nach Voranmeldung besichtigt werden.

Bergmannstraße 36
8

Die Bergmannschule (Bergmannstraße 36) wurde 1889-1891 auf freiem Feld errichtet, obwohl erst im Jahre 1882 die Benediktusschule den Betrieb aufgenommen hatte. Bereits 1902 mußte wegen der zahlreichen Kinder ein Barackenbau neben der Schule errichtet werden. In dem Neubau wurden »besondere Räume für die Armenpflege sowie ein Suppensaal mit Suppenküche sowie im Keller ein Schulbad eingerichtet«. Bis zur Zerstörung der Schule im 2. Weltkrieg lag der Eingang am Gollierplatz, gekrönt von einem barockisierenden Türmchen.

Hier steht heute der schuleigene Maibaum, an dem die Nationalfahnen derjenigen Staaten angebracht sind, aus denen die buntgemischte Schülerschaft stammt. Auch die weiße Friedenstaube auf blauem Grund hat einen Platz gefunden.

Bergmannstraße 35

Gegenüber steht das Ledigenheim für Männer (Bergmannstraße 35), geplant von *Theodor Fischer* und 1925-1927 gebaut im Auftrag des gemeinnützigen Vereins Ledigenheim e.V. Der Bau aus Hartbrandziegeln zeigt moderne, kubische Formen; nach der Fertigstellung hob eine Protestflut der Heimat- und Bayerntümler an — er wurde als ein Sinnbild der »zentralistischen und marxistischen« Berliner Regierung gesehen.

Gollierplatz

Der Gollierplatz ist — abgesehen vom Messepark — der einzige Park im Westend. Mit dem Bau des Trappentreutunnels wurde die

Gollierstraße verkehrsberuhigt, so daß die Grünanlage aufgewertet wurde. In den Jahren 1901 bis 1903 entstand nach Plänen Gabriel von Seidls die Kirche St. Rupertus am Gollierplatz. Die damals grassierende Mode, aus allen möglichen Baustilen einen bestimmten herauszusuchen, kam auch bei diesem Bauwerk zum Zuge. Obwohl modern konstruiert (der Dachstuhl ist aus Eisen), bekam der Neubau eine byzantinische Form ab. In Detailfragen paßte man sich der Nachbarschaft an: »Türen, Fenster und Fußböden sind in einfachster Ausführung gehalten«. Die große Rupertusstatue am Hauptaltar wurde in Oberammergau geschnitzt.

Rupertuskirche

Westend-/Bergmannstraße ⑨

Das Büro der Baugenossenschaft München West befindet sich in der Westend-/Ecke Bergmannstraße. Die engen Wohnverhältnisse, die hohen und ständig steigenden Mieten und der schlechte Zustand der gerade erst errichteten Wohnungen führten zur Gründung von Wohnungsgenossenschaften. Im Westend waren das: München West (1909, SPD und gewerkschaftsnah), Ludwigsvorstadt (1911, SPD und gewerkschaftsnah), Familienheim (1911, Freisinnige) und Rupertusheim (1918, katholisch). Die Wohnblocks der Genossenschaften liegen ohne Ausnahme westlich der Ganghoferstraße, da es hier noch größere und billigere Grundstükke gab.

Schrenkstraße 2a ⑩

Um ein Symbol der herrschenden Mächte mitten ins Arbeiterviertel zu stellen, wurde 1881-1883 die Kirche St. Benedikt an der Schrenkstraße an der ehemaligen Eisenbahnlinie (heute Ganghoferstr.) als erste Kirche des Westends gebaut. Der Bierbrauer Trappentreu stiftete den Baugrund sowie die Glocken der Kirche.

Gleichzeitig mit der Kirche ließ die Stadt die Benediktusschule (später Schrenkschule) als erste Schule des Westends erbauen. Ihre Nachbarschaft zur Kirche ist nicht zufällig: Der Pfarrer mußte für seine häufigen Unterrichtsstunden keine weiten Wege zurücklegen, genauso wenig die Kinder zum Gottesdienst. Im letzten Krieg wurde die Schule zerstört, an ihrer Stelle stehen heute die Stadtbücherei und das Freizeitheim.

Westend-/Ganghoferstraße

Die Westendhalle (Westend-/Ganghoferstraße) ist eine der letzten Begegnungsstätten des Viertels: hier treffen sich die Stammgäste zu ungezwungenem Beisammensein und können auch den ganzen Tag dableiben, ohne viel konsumieren zu müssen. Im Winter ist im Hinterzimmer eine städtische Wärmestube für alte Menschen eingerichtet, denen das nötige Geld zum Heizen ihrer »Wohnung« fehlt.

Bergmann-/Tulbeckstraße

Die Faßfabrik Drexler befand sich seit 1862 auf dem Areal Bergmann-/Tulbeck-/Ganghofer-/Westendstraße. Sie galt in den 30er Jahren als »größte Biertransport-Faßfabrik des Reiches«, in der Behälter für alle möglichen Flüssigkeiten hergestellt wurden, unter anderem bis zu 500.000 l Fassungsvermögen. Der Standort ergab sich aus der Nähe zu den großen Brauereien. Im Jahre 1979 stellte die Fabrik ihre Produktion ein. Auf dem Gelände steht heute eine gelungene Wohnanlage. Auf dem Spielplatz im Innenhof sol-

len stilisierte Fässer aus Beton an die alte Verwendung des Baugrundes erinnern.

Benediktusschule (steht nicht mehr) mit der Benediktuskirche

Westendstraße 76

Die Gaststätte Benediktusbrauerei (Westendstraße 76) gab es schon im Jahre 1881, die alten Brauereigewölbe sind bis heute erhalten. Der technische Fortschritt Ende des 19. Jahrhunderts führte zu einer Konzentration im Brauwesen und der Bildung von kapitalkräftigen Großbrauereien, die allein in der Lage waren, die hohen Investitionen für die modernen Produktionsanlagen aufzubringen. Den dadurch entstehenden Konkurrenzkampf konnten kleine Brauereien wie die Benediktusbrauerei nicht bestehen und mußten schließen.

Ganghoferstraße 14
⓫

Das ehemalige Eckgebäude Ganghoferstraße 14 wurde 1893 vom »katholischen Arbeiterverein München-West« auf genossenschaftlicher Grundlage errichtet. Wie in den Arbeitervierteln des Münchner Ostens zeigte sich hier das Bemühen der katholischen Kirche, verlorenes Terrain wiederzugewinnen und mittels Linderung der Not (nicht der Abschaffung ihrer Ursachen) Menschen der Gemeinschaft der Gläubigen zuzuführen. Der vor kurzem errichtete Neubau mit seinem großen Innenhof ist ein gelungenes Beispiel für innerstädtischen Wohnbau.

Ganghofer-/ Gollierstraße

Die Hohenburg (Ganghofer-/Ecke Gollierstraße) war (ebenso wie die Wirtschaft »König Ludwig«, Tulbeckstraße 9) in der Weimarer Zeit Treffpunkt der KPD-Sektion München-West; die Wirtin *Anna Weber* war Parteimitglied. In der Wirtschaft waren politische Plakate wie »Deutsche Facharbeiter — auf nach Rußland« aufgehängt.

1933 bekam die Wirtin Schwierigkeiten mit der neuen Stadtverwaltung, weil sie eine Kommunistenwirtschaft geführt hatte. Der Pachtvertrag wurde ihr von der Brauerei gekündigt, und damit ihre Existenzgrundlage endgültig vernichtet.

Kazmairstraße 47

In der »Ganghoferburg« (Kazmairstraße 47) gründete der Arbeiter-Schachclub München im Herbst 1910 seine erste Zweigabteilung. Dieser Verein war trotz weltanschaulicher Differenzen Mitglied im bürgerlichen Verband Münchner Schachvereine. Der Arbeiter-Schachklub errang in den Jahren 1912 und 1913 die Münchner Meisterschaft. Die bürgerliche Schachwelt war schockiert (siehe S. 58).

Das Lokal »König Ludwig« (Tulbeckstraße 9) war bis Anfang 1933 ebenfalls ein Treffpunkt der KPD. Sein Wirt, *Franz Buttenhauser,* mußte einige Jahre im KZ Dachau verbringen.

Der Kulturladen Westend Bobsy e.V. (Ligsalzstraße 20) hat nichts zu tun mit Oper, Staatstheater und anderen hochsubventionierten Freizeitvergnügen — eher mit Wirtshaustheater, Gesangsvereinen, Nachbarschaftskontakten. Der Laden will den negativen Veränderungen wie Luxussanierungen und Anonymisierung im

⑫ Westend entgegentreten (kleinstes Kino Münchens, Kleinkunstabende, Hinterhoffeste, Ausstellungen, Arbeitskreise, Stadtteilgeschichte, Mieterberatung, Türkisch-Kurdische Kulturgruppe etc.). In den Räumen befand sich vor dem 2. Weltkrieg eine Roßmetzgerei. Der Besitzer dieser Metzgerei, *Josef Komartz,* war Mitglied im Kraftsportklub SC Arminia, genannt »Die Deutschen Eichen«, der in der »Schwalbe« (Schwanthalerstraße 146) seine Treffen veranstaltete. 1907 errang der Verein in Los Angeles die Weltmeisterschaft im Seilziehen!

Kulturladen »Bobsy«: Stadtteilfeste und Arbeitskreise — hier die Kindergruppe

Landsberger Straße 35

⑬

Einer der großen Arbeitgeber im Westend ist die Augustinerbrauerei, die sich 1884 an der Landsberger Straße niederließ und ab 1890 erweitert wurde. Aus dieser Zeit stammt die langgestreckte Gebäudefront, die als Industriedenkmal heute noch unverändert steht. Das »Bureau-Gebäude« (an der Ecke Schrenk-/Landsberger Straße) enthält die originale Einrichtung und die Holzvertäfelungen eines typischen Büros der Jahrhundertwende. Leider kann man diese Sehenswürdigkeit nur von außen betrachten.

Landsberger Straße 35, 39

Bevor die Augustinerbrauerei 1885 einzog, befand sich in der Landsberger Straße 35 das erste Postamt im Münchner Westen. Die königlich-bayerische Post besaß kein eigenes Gebäude, sondern hatte sich bei einem Alois Rückerl *eingemietet, dem die meisten damaligen Neubauten an der Schrenkstraße gehörten; von Beruf war er »Rentier«, d.h. er ließ es sich mit den Mietzahlungen der Armen gutgehen. Nach mehreren Zwischenstationen bezog die Post 1927 das neuerbaute Gebäude an der Bergamannstraße 47, wo sie sich heute noch befindet.*

In der Landsberger Straße 39 finden wir das Lokal »Postfranzl«, das Anwesen selber ist bereits um 1820 nachweisbar und damit das älteste Gebäude im Westend. Der Name »Postfranzl« ist wahrscheinlich auf einen Postknecht zurückzuführen, der wegen seines hohen Alkoholkonsums ein gerngesehener Stammgast war. Bereits 1841 gab es gegenüber die Schwefelsäurefabrik von *Karl Fischer* (ehem. Landsberger Straße). Die giftigen Dämpfe richteten in der Umgebung großen Schaden an.

Guldeinstraße 27

⓮

Um die Jahrhundertwende entstand die Guldeinschule (Guldeinstraße 27) als dritte Volksschule des Westends, gebaut nach Plänen von *Theodor Fischer* und nach den Vorstellungen des Stadtschulrates Georg Kerschensteiner.

Tulbeckstraße 44

Das Genossenschaftsheim (Tulbeckstraße 44) war eines der Treffpunkte des Radfahrerbundes Solidarität im Westend. Seit 1933 trafen sich hier Mitglieder der verbotenen Naturfreunde illegal als Stammtischrunde getarnt.

Trappentreustraße

Fahrradreifen-Produktion bei Metzler: Hauptsächlich Frauen

Die Gummifabrik Metzeler (ehem. Trappentreustraße) war der größte Arbeitgeber des Westends. 1863 hatte *Robert Friedrich Metzeler* ein Geschäft für Gummi und gummi-elastische Ware in der heutigen Hartmannstraße eröffnet; bald darauf, während der Gründerjahre (1871), gründete er seine erste Fabrik in der Schwanthalerstraße 56. Der stürmische Geschäftsaufschwung führte 1887 zur Verlegung an den westlichen Stadtrand.

Seit 1890 wurde Metzeler zu einem der wichtigsten Zulieferer der gerade entstehenden Luftfahrtindustrie. Die Firma hatte eine Methode zur mehrschichtigen Gummierung von Leinen- und Baumwollgeweben, die für den Ballon-, Luftschiff- und Flugzeugbau bestimmt waren, entwickelt. Ab 1892 war Metzeler in der Entwicklung und Herstellung von Fahrrad-, Motorrad- und Autoreifen aktiv, vor allem von den neuartigen Luftreifen für Automobile. So konnte 1907 die Produktion um über 50% gegenüber dem Vorjahr gesteigert werden.

Im Jahre 1904 zählte das Werk über 450 Beschäftigte, ein Jahr später bereits über 1.000. Ungewöhnlich viele Frauen waren in der Produktion tätig, besonders in der Schlauchfertigung, überwacht von männlichen Meistern. Die Arbeitszeit dauerte von 6.30 bis 12 Uhr und von 13.30 bis 17.30 Uhr, an Samstagen bis 15 Uhr. Die Arbeitsbedingungen waren schlecht.

Abgesehen von der ständigen Geruchsbelästigung sorgten Großbrände immer wieder für die gesundheitliche Gefährdung der Anwohner. 1935 forderte ein solcher Brand 20 Verletzte bei der Feuerwehr, und es mußte Giftgasalarm gegeben werden.

Blick auf die Arnulfstraße: die Donnersberger Brücke 1934

Im Jahre 1979 wurde die Produktion aus recht undurchsichtigen Gründen eingestellt. Nach langjährigen Umbauten zog der Gewerbehof Westend in die Gebäude ein. Viele Kleinbetriebe, die im Rahmen der Sanierung des Viertels ihre alten Standorte aufgeben mußten, fanden hier eine neue Bleibe.

Donnersberger Brücke

⑮

Die Donnersberger Brücke wurde 1875 als »Eiserner Steg« gebaut, damit die Westendler ihre Arbeitsplätze in der Zentralwerkstätte und der Lokomotivfabrik Kraus an der Arnulfstraße erreichen konnten. 1893 wurde dieser reine Fußgängerübergang durch die erste Donnersberger (Straßen-) Brücke ersetzt. Die zeitliche Verschiebung zwischen dem Bau der Hackerbrücke (1869/1870) und dem Bau der Donnersberger Brücke zeigt das Wachsen der Stadt ins westliche Vorland hinein. Das Baumaterial stammte größtenteils von der alten Hackerbrücke. Es stellte sich jedoch bald heraus, daß sie viel zu schmal gebaut war, und sich infolgedessen zahlreiche Unfälle ereigneten, die wiederum den Straßenbahnverkehr blockierten. 1970 wurde die Brücke auf ihre heutige Breite gebracht und ist trotz ihrer 8 Spuren schon wieder zu schmal.

Landsberger Straße 124

Das Hauptzollamt an der Landsberger Straße 124 wurde in den Jahren 1909 bis 1912 durch das Staatsministerium der Finanzen errichtet.

Der Neubau umfaßte das neue Hauptzollamt West und die Technische Prüfungs- und Lehranstalt der Verwaltung der Zölle und indirekten Steuern sowie Dienst- und Mietwohnungen für über 50 Zollbeamte. Die Größe der Wohnungen entsprach der dienstlichen Hierarchie: Der Amtsvorstand und seine Familie bewohnten 7 Zimmer, eine Küche mit Speisekammer, eine Garderobe, zwei Kammern und ein Bad. Die Maschinisten lebten in drei Zimmern, einer Küche mit Speisekammer und einer Kammer. Die ganze, nach außen abgeschlossene Anlage bildete eine Zoll-Welt für sich.

Die siebengeschossige »Speditions- und Niederlagshalle« an den Bahngleisen wurde nicht nur aus funktionalen Gründen so großräumig gebaut,

Das Hauptzollamt: noch heute unübersehbar, wenn man mit dem Zug in München ankommt

sondern sollte auch die Eigenständigkeit des Königreiches Bayern innerhalb des Deutschen Reiches darstellen; der nach München Reisende wurde und wird noch heute mit diesem Symbol der bayerischen Finanzhoheit — unterstrichen durch die auffällige Glaskuppel als städebaulicher Bezugspunkt — von der Haupt- und Residenzstadt empfangen.

Der Gebäudekomplex wurde mit den neuesten Errungenschaften der Technik ausgestattet. Ausgeführt in Eisenbetonbauweise, erhielt die Zollabfertigungshalle eine Entstaubungs-, Heizungs- und Lüftungsanlage, ferner eine Druckluft-Rohrpostanlage und Haustelephonnetz, elektrische Uhren und eine Feueralarmanlage. Heizdampf und Strom kamen aus dem Fernheiz- und Elektizitätswerk des Hauptbahnhofs östlich der Donnersberger Brücke. Es gab besondere Räumlichkeiten für »Luftfahrzeuge«, übelriechende und feuergefährliche Waren sowie »Auslandsfleisch«. Die Kraftfahrzeughalle mit Abort und Feuerwehrgeräteraum befand sich unterhalb der Brücke. Der Innenhof des Gebäudekomplexes wird dominiert von einer Uhr auf dem Bürogebäude.

Im 2. Weltkrieg diente das Hauptzollamt als Lebensmittellager. Die Gebäude wurden vor kurzem innen und außen renoviert; besonders das Innere der Abfertigungshalle ist sehenswert, aber der Öffentlichkeit nicht zugänglich. Trotzdem schlagen inoffizielle Besuchsversuche nicht immer fehl.

Westend-/ Ridlerstraße

⑯

Die Gastwirtschaft Ridlereck (heute Pschorreck, Westend-/Ekke Ridlerstraße) war in den 20er und 30er Jahren ein berüchtigtes SA-Sturmlokal. Nicht umsonst lag es am äußersten Rand des »roten« Westends, denn man wollte nicht von allen Seiten vom politischen Feind umgeben sein. Im Jahre 1932 wurde der Reichsbannermann Ellermann im Hauseingang dieser Wirtschaft von SA-Leuten erstochen.

⑰

Der SV 1880 an der Tübingerstraße zählte zu den ältesten Turn- und Sportvereinen Münchens. Seine erste Übungsstätte war der Kreuzbräu an der Brunnstraße. Bis 1906 wurde der Verein von Georg von Hauberrisser geführt, dem jetzt bürgerlichen Verein gehörten viele Arbeiter aus dem Westend an. Im Jahre 1922 wurde die vereinseigene Anlage an der Tübingerstraße fertiggestellt.

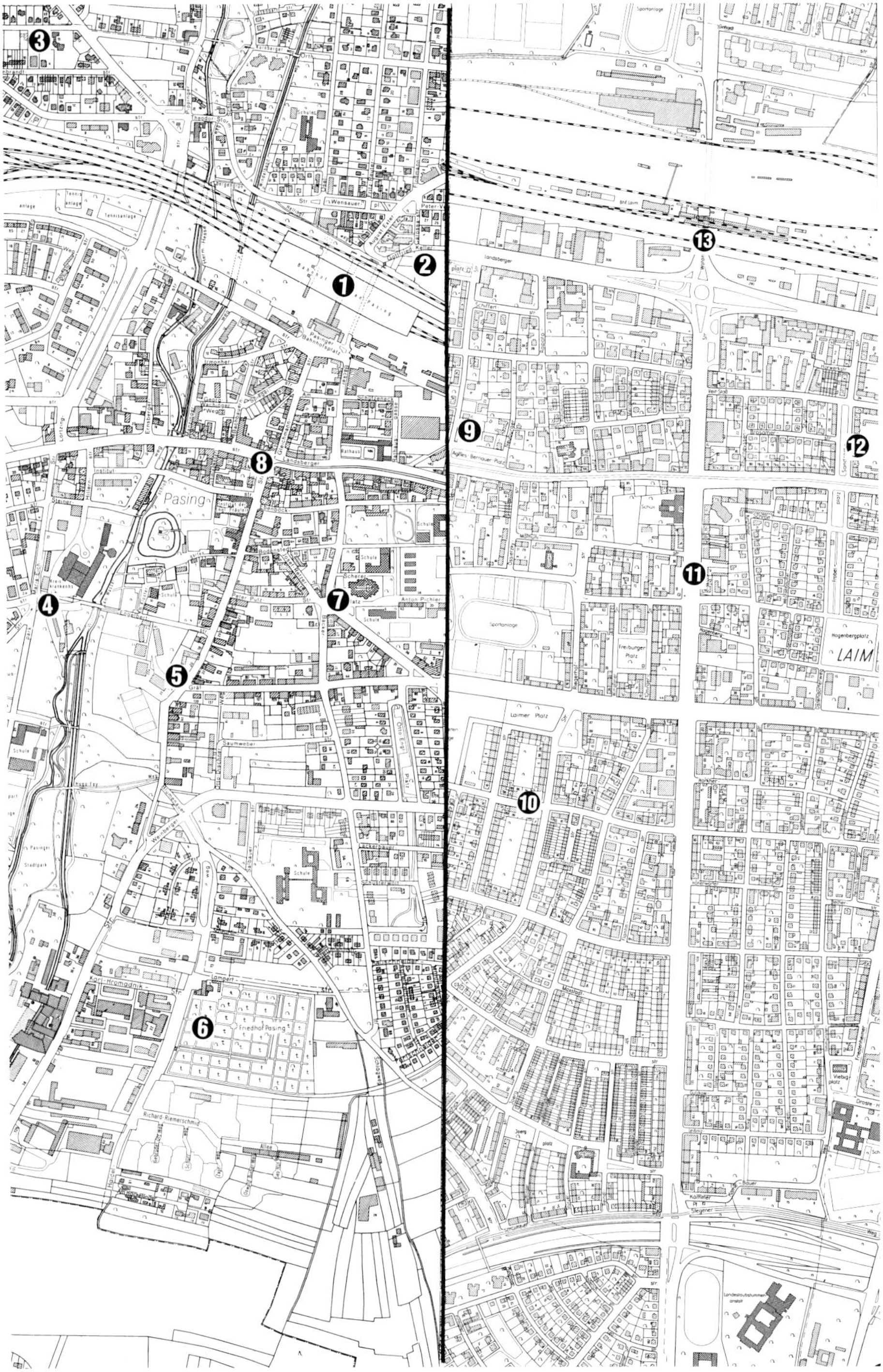
1
2
3
4
5
6
7
8
9
10
11
12
13
Pasing
LAIM
Friedhof Pasing
Laimer Platz
Freiburger Platz
Hogenbergplatz
Sportanlage
Rathaus
Schule

»Der Großstadt, dem Wagengerassel entronnen«?

Eine Radtour von Pasing nach Laim

Ausgangspunkt: Bahnhof Pasing, S3-6
Endpunkt: Bahnhof Laim, S1-6
Dauer: 2 Stunden

Die beiden Stadtteile Pasing und Laim dehnen sich im Münchener Westen aus. Während das erst 1938 eingemeindete Pasing noch einen alten Stadtkern besitzt, ist von der bäuerlichen und gutbürgerlichen Vergangenheit Laims nur noch recht wenig zu sehen. In seiner heutigen Ausdehnung ist es vor allem in den bauwütigen 50er und 60er Jahren entstanden und bietet dem Besucher nur an auseinander gelegenen Stellen interessante oder geschichtsträchtige Gebäude. Wir nehmen daher das Fahhrad, um die Orte anzusteuern, über die wir etwas zu sagen wissen.

Der Pasinger Bahnhof um 1875

1905 wurde Pasing (gegründet 763) zur Stadt erhoben, und besitzt daher einige Einrichtungen, die es in keinem anderen eingemeindeten Stadtviertel gibt: Marienplatz, Rathaus, Bahnhofplatz, Viktualienmarkt und Stadtpark.

Die fünftgrößte Stadt Oberbayerns wurde 1938 gegen den Willen der Mehrheit ihrer 12.000 Einwohner nach München eingemeindet. Der Oberbürgermeister Alois Wunder *mußte unterschreiben, diese Maßnahme sei »im Hinblick auf die großen Aufgaben der Hauptstadt der Bewegung notwendig, obwohl die aufblühende Stadt Pasing — innerlich völlig gesund und in aufsteigender Entwicklung — imstande wäre, ihre Selbständigkeit aufrecht zu erhalten...«, und er bekundete »Stolz, mit diesem Entschluß zur Durchführung des Werkes des Führers beizutragen.« Mit »Werk« war der Umbau Münchens gemeint, insbesondere die Verlegung des Hauptbahnhofs nach Westen. Noch heute zeugt ein großes Wandgemälde mit erklärendem Spruch in der Stadtsparkasse (Landsberger/Bäckerstraße) von dieser Schmach und dem Selbstverständnis der »echten« Pasinger: »Münchner geworden, Pasinger geblieben.«*

Bahnhofplatz 1

❶

Das Pasinger Bahnhofsgebäude in seiner heutigen Gestalt stammt aus dem Jahr 1873, als die dritte von Pasing ausgehende Bahnlinie (nach Fürstenfeldbruck und Buchloe) eröffnet wurde. Die alte, original erhaltene Bahnsteighalle dient heute als Schalter- und Geschäftshalle. Die ebenerdigen Gleisanlagen wurden 1938 aufgelassen und nördlich angrenzend erhöht angelegt, da Pasing im Rahmen der Verlegung des Münchner Hauptbahnhofes eine Art »Vorbahnhof« desselben werden sollte. Von dieser geplanten

Funktion zeugen auch die Ausmaße der Bahnsteiganlagen, mit ihren 9 Gleisen für einen Vorortbahnhof ungewöhnlich groß ausgefallen. Heute passieren täglich 1.100 Züge den Bahnhof.

Helbighofweg

Hinter dem nördlichen Bahnhofseingang stehen die Ritter-Werke, ehemals Herstellerin von Haushaltsgeräten. Seit 1984 dienen die Gebäude der städtischen Pädagogischen Aktion als Kulturzentrum. Hier werden Theaterstücke von Shakespeare bis zum Bayerischen Jedermann aufgeführt und Kunstausstellungen gezeigt. Die Ritterwerke bringen damit kulturelles Leben in den in dieser Hinsicht sonst nicht sehr attraktiven Münchner Westen.

Briefkopf der Firma Ritter & Söhne von 1938

Nimmerfallstraße

❷

Ein soziales Bauprojekt, die Nimmerfallstraße, war bis 1914 landwirtschaftlich genutzter Boden. 1914/1915 baute die »Gemeinnützige Wohnungsgenossenschaft Pasing eGmbH« ihre ersten Häuser auf diesem Gelände. Die damals noch eigenständige Stadtverwaltung Pasing hatte jede finanzielle Hilfe für das Bauvorhaben verweigert: »Die Steuerkraft der Stadt hebt sich durch den Zuzug der minderbemittelten Bevölkerung — und diese kommt hier lediglich in Frage — nicht in dem Maße, wie sich in umgekehrtem Verhältnis die Lasten (Schule und Armenlasten) steigern werden.«

Im KZ Dachau in »Schutzhaft«: SPD-Landtagsabgeordneter Hans Nimmerfall

Dieser Vorgang, mit dem sich die Stadtverwaltung den Standpunkt der Hausbesitzer zu eigen machte, die in den Genossenschaften Mietpreisdrükker sahen, wurde vom Vorsitzenden der Pasinger Genossenschaft, Hans Nimmerfall (SPD) (1972-1934) vor den bayerischen Verwaltungsgerichtshof gebracht. Dieser entschied, daß alle Gemeinden in Bayern bei anerkannt bestehender Wohnungsnot eine Bürgschaft für die zweite Hypothek beim Bau von Genossenschaftshäusern übernehmen müssen. Nach diesem Urteil mußte die Stadt Pasing bürgen, und der Bau konnte beginnen. Nach der »Gleichschaltung« der Genossenschaft durch die Nazis wurde der SPD-Landtagsabgeordnete Nimmerfall vom Mai 1933 bis Mai 1934 im KZ Dachau in »Schutzhaft« genommen. Der 60jährige mußte dort beim Straßenbau eine Straßenwalze ziehen; er starb nach seiner Entlassung im Pasinger Krankenhaus im August 1934. Ein weiteres Opfer des NS-Regimes wurde der hier wohnende Reichstagsabgeordnete der SPD, Franz Stenzer: *er wurde — 33jährig — am 21. August 1933 im KZ Dachau »auf der Flucht« erschossen. Eine Straße trägt seinen Namen.*

Trotz aller politischen Verfolgungen war die Struktur der Siedlung nach dem 2. Weltkrieg noch so intakt, daß bereits am 7. Mai

1945 in der Gaststätte »Lindenplatzl« die Ortsgruppe Pasing der SPD neugegründet wurde.

Nimmerfallstraße 48

Der Bahnanschluß Pasings an München ermöglichte es, die Entfernung von 8 km zwischen den beiden Orten schnell und komfortabel zu überwinden, und er war auch die Voraussetzung dafür, daß der Architekt und Regierungsbaumeister August Exter (1858-1933) die »Kolonie Neu-Pasing I« (zwischen Würmkanal und Offenbachstraße, 120 Häuser) und wegen der großen Nachfrage 1897 die »Kolonie Pasing II« (zwischen Marschnerstraße und Alter Allee, 650 Häuser) anlegen lassen konnte.

Oselstraße

Alte Allee

❸

Ein Marienplatz für Pasing. roto von 1900

Mittels eines großen Werbeaufwands sollte der Mittelstand nun vom gesunden »Leben auf dem Land« überzeugt werden. Nicht nur der Hinweis auf den »sittlichen Wert des Einfamilienhauses« sollte zum Kauf anregen, sondern auch der auf die »frische, reine Luft« und den seit 1894 verkehrenden Lokalbahnbetrieb zwischen München und Pasing, also Arbeitsplatz und Wohnort im 15-Minuten-Takt: »Schnell ist der Hausbesitzer, nach wenigen Minuten Fahrzeit, dem Getümmel der Großstadt entflohen und dem Menschengewühl, dem Wagengerassel, dem Trambahngetön Münchens entronnen.« Man vergaß auch nicht, den Freizeitwert der »viel besuchten Würmbäder, die hier noch besonders rein sind«, ins Feld zu führen — die Papierwerke (siehe Planegger Straße 38) leiteten bereits zu jener Zeit flußaufwärts ihre gesamten Abwässer ungefiltert in die Würm. Die schlüsselfertig bebauten Grundstücke verkauften sich gut, die Häuser waren individuell und abwechslungsreich gestaltet und von viel Grün umgeben. Bei der Kolonie II war darüber hinaus darauf geachtet worden, daß sämtliche Straßen mit Bäumen gesäumt waren. Dieses Bebauungsprojekt veränderte das Gesicht Pasings; aus der dörflichen Stadt wurde gesellschaftliches Zentrum. In einem Münchner Stadtführer von 1922 heißt es dazu: »Das Stadtbild besitzt durch die großen Villenkolonien zu seiten der Bahnlinie

Schlüsselfertig für 20.000 Mark: Katalogangebote für die Kolonie Pasing I

seine besondere Note; die alte dörfliche Anlage mit der einfachen alten Pfarrkirche südlich vom Bahnhof tritt gegenüber der seit 1890 mächtig angewachsenen neuen Siedlung ganz zurück.«

❹

Beide Kolonien stehen seit 1980 unter Denkmalschutz und sind einen ausgedehnten Spaziergang unbedingt wert.

Linie 29 nach Pasing: in der Landsberger Straße — eine Straßenbahn, Baujahr 1908

Unter der Bahnunterführung hindurch, kommen wir auf der Lortzingstraße zur Maria-Eich-Straße.

Jahr für Jahr im Verfassungsschutzbericht des Bundesinnenministeriums aufgeführt ist der »Deutsche Zeitschriften-Verlag« (Paosostraße 2). Hier befindet sich die Redaktion der rechtsradikalen Deutschen Nationalzeitung und des Deutschen Anzeigers mit ihrem Chef *Dr. Gerhard Frey*. Trotz offen neonazistischer Propaganda scheinen die Finanzmittel unerschöpflich zu sein: Die im Bremer Wahlkampf vom September 1987 kandidierende »Liste D — Deutsche Volksunion« konnte ihren Wahlkampf nur dank 7-stelliger Geldbeträge aus der Paosostraße bestreiten.

Engelbertstraße

Die Engelbertstraße überquert die Würm und teilt den Pasinger Stadtpark, dessen Grünfläche sich bis zum Starnberger See hinzieht.

Planegger Straße

❺

Die Bausubstanz an der Planegger Straße zeigt noch sehr deutlich den ehemals bäuerlichen Charakter Pasings. Höfe schließen aneinander an, unterbrochen höchstens von einer der zahlreichen Gastwirtschaften. Heute dienen die Gebäude gewerblichen Zwecken.

Planegger Straße 38

In Richtung Süden kommen wir zur München-Dachauer Papierfabrik. Mit der Gründung 1840 machte sie den Anfang der Industrialisierung Pasings. Die Wahl des Standorts war nicht zufällig. Hier stand bereits eine Mühle, und es gab genügend Wasser als Energielieferant und zur Einleitung der umfänglichen Abwässer. Die großen Wälder in der Umgebung lieferten das nötige Material. Auf dem Papier der »Beck'schen Papierfabrik Pasing« wurden 1849 die ersten Briefmarken Deutschlands, die »Schwarzen Einser« der bayerischen Post, produziert. 1893 übernahm die kapitalkräftige Aktiengesellschaft »München-Dachauer Papierfabriken« die Produktionsanlagen. Sie wurden umgebaut und dem neuesten Stand der Technik angepaßt. Ein Teil dieser Anlagen mit ihren Originalmaschinen ist immer noch in Betrieb: ein Industriedenkmal.

Die Papierfabrik 1876

Planegger Straße 125

Einen traurigen Werdegang hat die ehemalige Firma Bertram KG zu verzeichnen. Bertram produzierte Fotoverschlüsse, Belichtungs- und Entfernungsmesser, die weltweite Kundschaft bestand aus Großfirmen, sogar japanischen. 1.000 Arbeiterinnen und Arbeiter waren in den Werken Simbach und Pasing beschäftigt. Der Firmenbesitzer *Wilhelm Bertram* begann, Kapital aus der Firma zu ziehen, um es auf dem Immobilienmarkt anzulegen; die Folgen: im November 1982 war kaum mehr ein Kugelschreiber im Haus, die Angestellten wurden aufgefordert, Papier und Schreibmaterialien von zu Hause mitzubringen. Auch konnten keine Produktionsmaterialien mehr gekauft werden, so daß zahlreiche Aufträge tatsächlich verloren gingen. Im März 1983 liquidierte Bertram die Firma, die Arbeiterinnen und Arbeiter wurden ihrem Schicksal überlassen.

Auf dem Friedhof Pasing liegt das Grab des Hofrates *Heinrich Osel* (1863-1919) (Grabfeld M-W-47/48). Osel war 1903/1907 Reichstagsabgeordneter des Zentrums und seit 1905 auch Landtagsabgeordneter der Bayerischen Volkspartei (BVP). Als der Metzger Alois Lindner im Februar 1919 im Landtag Erhard Auer (SPD), den er für den Mord an Kurt Eisner moralisch verantwortlich hielt, schwer verletzte, traf er Osel unbeabsichtigt tödlich. Hier »ruht« auch der Kommerzierrat *Karl Hromadnik* (1857-1918) (Mauer-W-36/39), ein Direktor der München-Dachauer Papierfabrik.

Lampertstraße 1
❻

Nachdem die Einwohnerzahl Pasings bis zum Jahr 1905 auf 7.000 angewachsen war, wurde eine neue Pfarrkirche gebaut: Von 1905 bis 1909 entstand »Maria, Schutzfrau Bayerns« (Schererplatz).

Schererplatz
❼

Der Marienplatz mit eigener Mariensäule steht am Ende unseres Rundganges durch Pasing. Am Marienplatz lädt der Gasthof »Zur Post« zu Einkehr und Stärkung ein.

Bodenseestraße 4
❽

Nach Laim ist es jetzt ein gutes Stück des Weges auf der Landsberger und Agnes-Bernauer-Straße. Wer die Strecke nicht mit dem Rad abfährt, nimmt am besten die Straßenbahnlinie 19 bis zur Station Agnes-Bernauer-Platz.

Laim ist eine ausgedehnte Siedlung, die wie von zwei Koordinaten, von den Verkehrsadern der Landsberger und der Fürstenrieder Straße durchzogen wird. Seit 1900 hat sich das Bauerndorf (erstmals erwähnt 1047) stetig zu der heutigen Flächensiedlung entwikkelt; so wurde z.B. die Südseite der Landsberger Straße zwischen

Einweihungsfeierlichkeiten der Pfarrkirche Maria Schutz im Beisein von König Ludwig III. und Kardinal Faulhaber 1918

der Lautensackstraße und Pasing erst zwischen 1945 und 1956 vollständig zugebaut. In den vergangenen 100 Jahren stieg die Bevölkerungszahl von 200 auf 52.000.

Agricolaplatz

9

Weiter westlich versorgt das Rex-Kino den in kultureller Hinsicht öden Münchner Westen mit Filmen. Das Rex ist nicht nur eines der wenigen Vorstadtkinos, das die Fernsehzeit überstanden hat, sondern gehört mit seinem anspruchsvollen Programm zu den »guten« Filmtheatern Münchens.

Zwei Villen am Agnes-Bernauer-Platz erinnern an die Zeit, als Laim beliebte Wohngegend für gutsituierte Münchner war. Nr. 8 wurde 1912 für den Architekten Theodor Fischer erbaut, Nr. 2 1902 für den Apotheker Ernst Friedlein.

Lutzstraße 30

Eines der wenigen Überbleibsel des bäuerlichen Laim ist die Kirche St. Ulrich mit ihrem Friedhof. Bis ins 11. Jahrhundert dürfte die Geschichte dieses Gotteshauses zurückreichen, urkundlich erwähnt wurde sie zum ersten Mal 1315. Die Kirche ist eine einfache spätgotische Landkirche, zu der seit 1897 mit dem Anwachsen der Bevölkerung verschiedene Anbauten hinzukamen.

Camerloher-/ Aindorferstraße

10

Zwischen Camerloher- und Aindorferstraße westlich der Fürstenrieder Straße entstanden nach 1900 zahlreiche Wohnblocks (inzwischen unter Denkmalschutz) für Eisenbahnarbeiter, die sich seit dem Bau des Rangierbahnhofs in Laim niederließen. Um ihre Wohnsituation zu verbessern, waren viele von ihnen dem »Bau- und Sparverein des bayerischen Eisenbahnverbandes GmbH« beigetreten, der 1899 mit der Spekulantenfirma »Münchner Terraingesellschaft Westend« einen Vertrag über den Kauf von Grundstükken entlang der heutigen Camerloherstraße abschloß. Hatte die »Terraingesellschaft« 1891 noch 6 Pfennig pro m^2 gezahlt, verkaufte sie 1895 für 60 Pfennig pro m^2.

Fürstenrieder Straße 46

11

Das 1933 eröffnete (ehemalige) Kolonialwarengeschäft von *Ludwig Linsert,* einem der führenden Mitglieder des »Internationalen Sozialistischen Kampfbundes« (ISK), war in der Nazizeit über Jahre hinweg wichtiger illegaler Treffpunkt. Der ISK war eine kleine, geschlossene Gruppe gründlich geschulter Mitglieder, der es vergleichsweise lange gelang, die Verbindung der Mitglieder im Deutschen Reich und im Ausland zu halten. In Berlin, Hamburg, Köln und Frankfurt/Main wurden vegetarische Gaststätten eingerichtet, die als Treffpunkte dienten.

Im Oktober 1937 wurde der Leiter der Münchner ISK-Gruppe, der Rechtsanwalt *Hans Lehnert,* verhaftet; 1938 aus Mangel an Beweisen freigelassen, konnte er ins Ausland fliehen. Im Juli 1938 wurden *Ludwig Koch* und im August Ludwig Linsert verhaftet. Koch wurde zu acht Jahren Zuchthaus, Linsert zu zwei Jahren Gefängnis verurteilt; danach kam er in das berüchtigte »Bewährungsbataillon 999«. Einige ISK-Mitglieder wurden nach 1945 führende Gewerkschaftler: Ludwig Koch war lange Jahre DGB-Kreisvorsitzender in München, Linsert war von 1961-1972 bayerischer DGB-Landesvorsitzender.

In noch freier Landschaft entstand 1901/1904 die Volksschule an der Fürstenrieder Straße 30 nach Plänen von Hans Grässel. Mit 30 Klassen für jeweils 60 Schüler (Laim hatte damals erst 1.200 Einwohner), kündigte sie ausgedehnte Bebauungspläne für dieses Gebiet an. Ausgelastet waren die Räume erst seit 1914, als verschiedene Militäreinheiten und die städtische Ausgabestelle für Lebensmittelkarten einzogen. 1950 war die Schule mit etwa 3.000 Schülern überbelegt und die größte in Bayern.

Volksschule in der Fürstenrieder Straße

Sandrart-/Behamstraße

⑫

1927/1928 entstand die Wohnanlage zwischen Sandrart- und Behamstraße als Obdachlosensiedlung für »exmittierte und asoziale Mieter«, wie es das Wohnungsamt 1941 formulierte. 944 Menschen hausten hier in 168 Kleinstwohnungen mit zwei Zimmern. Im Bericht des Wohnungsamtes hieß es:

»Es handelt sich hier zum größten Teil um Menschen, die aus Schwäche des Willens und des sittlichen Empfindens zur rechten Einordnung in die Volksgemeinschaft nicht fähig sind, sie genügen nicht den Mindestanforderungen an die leibliche, geistige und sittliche Verfassung eines Menschen ... Behördlichen Maßnahmen wissen sich diese Leute immer mit besonderer Gewandtheit zu entziehen oder entgegenzustellen... Eine Anzahl von Müttern ist wegen Erbminderwertigkeit sterilisiert... Der HJ und dem BDM gehören die wenigsten Jugendlichen an... Die Kinder sind oft bei großer geistiger Minderwertigkeit erstaunlich zäh in ihrer körperlichen Gesundheit; die Natur allein vermag hier keine gesunde Auslese zu fördern... Die vergleichsweise überstarke Fortpflanzung der Asozialen stellt ein typisches Beispiel der Gegenauslese dar...«

Laimer Unterführung

⑬

1893 wurde die Laimer Unterführung ihrer Bestimmung übergeben. An ihr wird die damalige Stadt- und Verkehrsplanung deutlich. Nördlich und südlich des Rangierbahnhofes in den Feldern, Wiesen und Wäldern begann man mit dem vierspurigen Ausbau der Straße, die allerdings nie vollendet wurde. Zwei Tunnelröhren (nur eine fertiggestellt, »Giftröhre« genannt) zeugen heute davon, daß man schon vor 1900 die weitläufige Bebauung dieser landwirtschaftlich genutzten Gebiete plante.

S-Bahnhof Laim

Der S-Bahnhof Laim ist seit dem 1. September 1839 in Betrieb, damals aber noch als »Haltepunkt Laim« an der Bahnlinie München-Augsburg. Die schnelle wirtschaftliche Entwicklung Münchens ermöglichte 1896 die Eröffnung des Rangierbahnhofs (damals noch außerhalb der Stadtgrenze), der immer wieder erweitert werden mußte, bis er 1921 seine heutigen Ausmaße von 300 m Breite und 6 km Länge erreichte. Damit war die Kapazität erschöpft und die Stadtverwaltung entschloß sich 1927, den gesamten Rangierbetrieb nach Allach (siehe S. 308) zu verlegen. Auf dem freiwerdenden Gelände zwischen Friedenheimer Brücke und Bahnhof Laim sollte nach 1933 der neue Hauptbahnhof entstehen, dafür wurden bereits umfangreiche Rodungen im Hirschgarten (siehe S. 291) durchgeführt. Der Krieg setzte den Arbeiten 1942 ein Ende.

Zum Abschluß unserer Tour erholen wir uns im Biergarten des Hirschgartens.

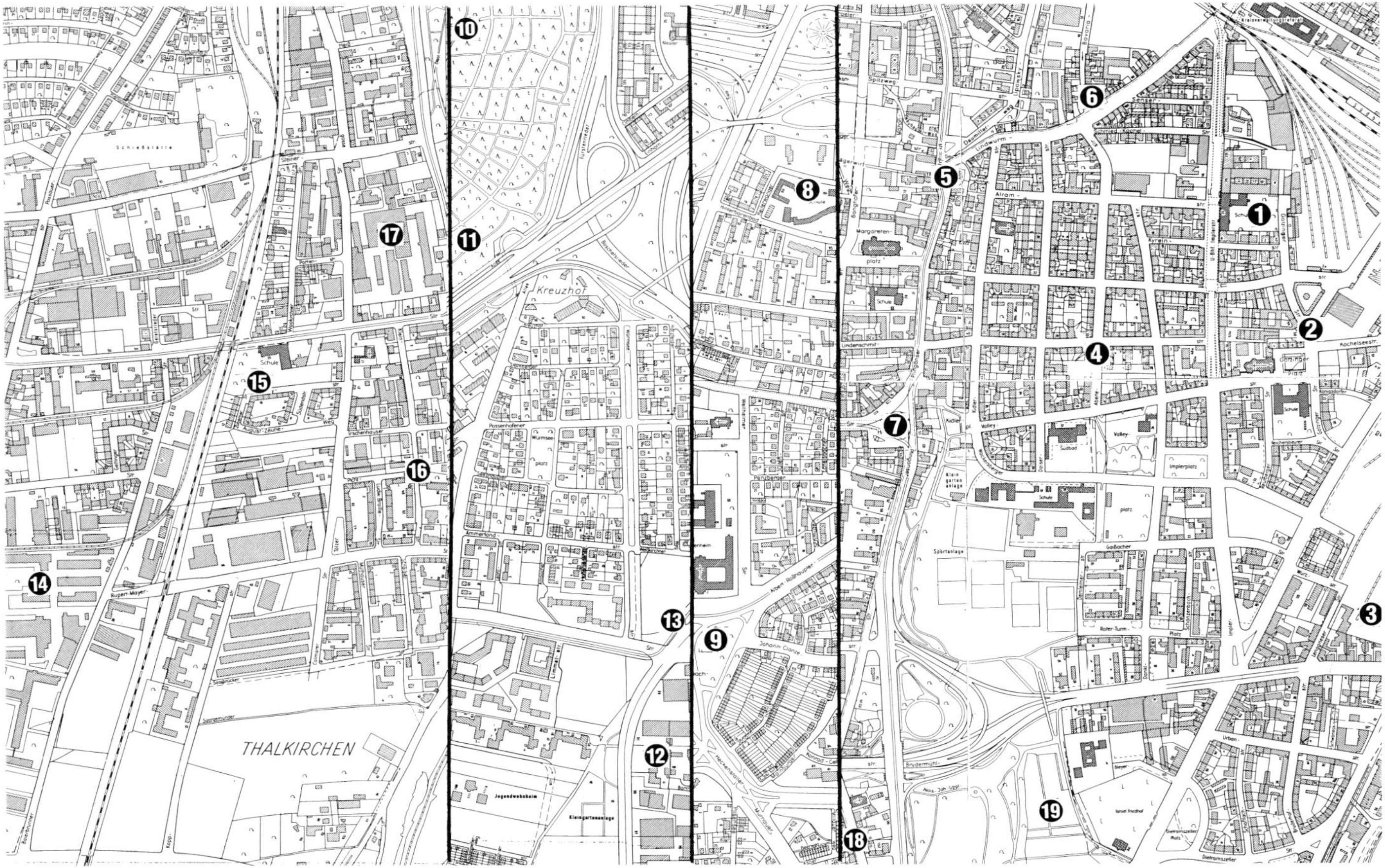

1
2
3
4
5
6
7
8
9
10
11
12
13
14
15
16
17
18
19
Kreuzhof
THALKIRCHEN
Sportanlage
Schießstätte
Jugendwohnheim
Kleingartenanlage

»Lieber bayerisch sterben, als kaiserlich verderben«

Sendling

Ausgangspunkt: *Implerstraße, U3-6*
Endpunkt: *Harras, S7, U3 und 6*
Dauer: *Wenn der 2. Teil mit dem Fahrrad gemacht wird, ca. 4 Stunden*

Der Stadtteil, in dem der bayerische »Landesvater« Dr.h.c. Franz-Josef Strauß hinter vergitterten Fenstern und ständig bewacht vom Bundesgrenzschutz in der Hirsch-Gereuth-Straße wohnt, hat bei den Münchnern ein schlechtes Image. Noch heute genieren sich Bezirksausschuß, Sendlinger Heimatforscher und andere Lokalpatrioten ob der in vergangenen Zeiten (und an verschiedenen Stellen heute wieder) herrschenden Armut des Stadtteils. In Sendling lebten sozial schwache, kinderreiche Familien, die in den nahen Fabriken und im Großmarkt arbeiteten. Mietshäuser und viele Wohngenossenschaften prägen neben der Industrie noch heute das Bild des Viertels, das sich bis zum 2. Weltkrieg mit Unter-, Mitter- und Obersendling im großen und ganzen zwischen Isar und Bahnlinie ausbreitete. Und so wenig berechtigt das Verstecken von Industrie- und Arbeitervierteln in der Stadtteilgeschichte ist (zu dem sich das ehemalige Bauerndorf, 782 zum ersten Mal erwähnt, seit Mitte des letzten Jahrhunderts entwickelt hat), so wenig stimmt das Image heute: wir werden ein vielfältiges Sendling kennenlernen — mit dem »Bauch von München« und Großfabriken, mit Stätten jüdischen Lebens, einer alten Dorfkirche, Grünflächen und dem Waldfriedhof.

Die alte Sendlinger Kirche um 1867

Implerstraße 35

❶

Die Implerschule ist in vielerlei Hinsicht typisch für die Geschichte der nach der Jahrhundertwende entstandenen großen Schulgebäude in den neuen Münchner Vorstädten. Der vom Stadtbaurat *Hans Grässel* entworfene Bau wurde 1911 seiner Bestimmung übergeben. Die Schule war gedacht als Volksschule für die Arbeiterkinder der Lokomotivfabrik Krauss an der Lindwurmstraße; sie nahm nur katholische Schüler auf, getrennt nach Buben und Mädchen — wie die beiden Eingänge heute noch zeigen — in 35 Klassenzimmern zu je 60 (!) Sitzplätzen. Die Schülerzahl von 2.000 ist für heutige Verhältnisse unvorstellbar hoch. Die Innenausstattung fiel — wie damals in München üblich — großzügig aus, die schönen Wandmalereien und Fresken sind inzwischen übertüncht.

Klassenzimmer, Lazarett, Werbebüro der Revolutionstruppen

Die Geschichte des Gebäudes ist bewegt: Nur die ersten drei Jahre nach Eröffnung wurde zunächst Unterricht abgehalten; im Winter veranstaltete der »Sendlinger Armenverein« in der Schule Weihnachtsbescherungen und Kleidungsverschenkaktionen: die »guten, alten Zeiten« bestanden in Arbeitervierteln wie Sendling hauptsächlich aus Massenarmut. Gleich nach Kriegsbeginn 1914 wurde das Gebäude beschlagnahmt und zu einer »Lebensmittelverteilungszentrale« gemacht. Außerdem zog ein Militärlazarett für 400 Verwundete ein: im Rektorat wurde geröntgt, im Lehrerzimmer operiert und unten in der Turnhalle (Hauskapelle) für den Sieg gebetet. Vom November 1918 bis April 1919 diente die Schule als Kaserne und Werbebüro der Revolutionstruppen. Von 1920 bis Dezember 1944 fand wieder Unterricht statt, allerdings gestört durch Bombenschäden und die Beschlagnahmung der Turnhalle als Möbellager für Ausgebombte. Die ersten Klassen zogen bereits 1946 in das notdürftig reparierte Gebäude wieder ein, das im Winter 1947/1948 aus Mangel an Heizmaterial erneut geschlossen werden mußte.

Gotzinger Platz 1

❷

Nicht weit entfernt steht die Volksschule am Gotzinger Platz, 1905/1907 ebenfalls nach Plänen des Stadtbaurates Hans Grässel erbaut.

In 46 Klassenräumen zu je 60 Sitzplätzen wurden hier — diesmal getrennt nach Religionszugehörigkeit, nicht mehr nach Geschlechtern (die katholischen Schüler gemeinsam mit den katholischen Schülerinnen benutzten den östlichen Bauteil, die protestantischen, ebenfalls geschlechtlich gemischt, den westlichen) — die Kinder der Arbeiter und Angestellten der benachbarten Großmarkthallen unterrichtet.

Thalkirchner Straße 81/Lagerhausstraße

Die Großmarkthallen bestimmen noch heute das Bild dieses Teils von Untersendling. Wegen der schnell wachsenden Einwohnerzahl und dem »Standortvorteil« Münchens bei Warenimporten aus Süd- und Südosteuropa reichte das Hauptzollamt an der Donnersberger Brücke (siehe Seite 88) schon zu Beginn dieses Jahrhunderts nicht mehr aus. Von 1908 bis 1911 wurden dann an der Thalkirchner Straße/ Lagerhausstraße die neuen Hallen (zunächst 4) gebaut. Sie sind mit Lagerräumen im Kellergeschoß versehen, durch die von der La-

Die Großmarkthallen am Südbahnhof

gerhausstraße aus drei eigene Straßenzüge führen. Der Südbahnhof dient als Bahnanschluß für die 10 km Gleise der Großmarkthallen. Die Anlage mußte ständig erweitert werden. Heute ist der Großmarkt mit 310.000 Quadratmetern sechsmal so groß wie zu Beginn und nach Paris die zweitgrößte Anlage in Europa.

Mehr als 350 Importfirmen liefern hier an, rund 10.000 Händler holen täglich frische Ware im »Bauch von München« ab — im Unterschied zu früher nicht mehr mit Pferdefuhrwerken, sondern mit Lastkraftwagen jeder Größenlage. Laufende Motoren, besetzte Parkplätze, hohes Verkehrsaufkommen — eine Dauerbelastung für die Anwohner des Viertels. Überhaupt ist die gesamte Umgebung auf den Großmarkt ausgerichtet: spezielle Fernfahrerkneipen (nach Nationalität getrennt), Stehimbisse für Leute, die schon vor Tagesanbruch ein Bier und Leberkäs brauchen, eigenes Postamt und Taxistand (Kochelseestraße). Die 2.000 Beschäftigten hier sind ebenso wie die Kundschaft Frühaufsteher: Um halb sechs geht der Betrieb los, um 13 Uhr wird dichtgemacht. Neben den Festbeschäftigten ist der Großmarkt zunehmend Anlaufstelle für Tagelöhner, die auf eine Beschäftigung beim Be- und Entladen setzen, und für Menschen, die in ihrer Not hinter nicht mehr verkaufbarem Obst und Gemüse her sind.

Das Kraftwerk Sendling um die Jahrhundertwende

Schäftlarnstraße ❸

Das Kraftwerk an der Schäftlarnstraße wurde 1899 in Betrieb genommen. Seine Lage ergab sich aus dem Gleisanschluß der inzwischen aufgelassenen Isartalbahn zum Transport der Kohle und der Nähe der Isar wegen der zum Betrieb notwendigen Wassermengen. 1907 kam ein Wasserkraftwerk hinzu. Als Ende April 1945 die US-Armee auf München zurückte, sollte die SS das Kraftwerk sprengen. Arbeiter aus dem E-Werk und aus anderen Firmen (z.B. Optische Werke Steinheil, St. Martin Straße) verhinderten die Zerstörung, um so die lebensnotwendige Versorgung der Bevölkerung mit Elektrizität sofort nach Kriegsende sicherzustellen. Die heutige Anlage entstand seit 1953; die letzte große Baumaßnahme war 1986 der Einbau einer Entgiftungsanlage, die die Abgase drastisch reduzieren soll. Seitdem entströmen dem 175m hohen Kamin hoffentlich nur noch wenige gefährliche Stoffe aus der Müllverbrennung. Neben Elektrizität liefert das Kraftwerk umweltfreundliche Fernwärme nach Sendling und Neuperlach.

Valleystraße
❹

Ein frühes großes Spekulationsgeschäft wurde nördlich der Valleystraße realisiert (der symmetrische Straßenverlauf deutet dies an): die »Terrain-Aktiengesellschaft Bavaria« ließ zwischen 1910 und 1911 von der Baufirma *Heilmann und Littmann* (heute: Heilit) insgesamt 40 Wohnblocks für Arbeiter aus dem Boden stampfen. Sie enthielten Kleinwohnungen mit 2 — 3 Zimmern und Küche. Pro Stockwerk gab es ein gemeinschaftliches Bad. Die begrünten Höfe, die auch heute noch den Wohnwert steigern, bildeten einen gewissen Ausgleich für die beengten Wohnverhältnisse. Die Straßennamen in diesem Viertel erinnern an einzelne Führer der Bauern aus dem Oberland, die Weihnachten 1705 von einer österreichischen Armee vernichtet wurden (siehe S. 103). Sie hatten ihr Leben für Fürst und Vaterland geopfert — und daran sollten die hier wohnenden »vaterlandslosen Gesellen«, mehrheitlich Wähler der SPD, kurz vor Kriegsbeginn gemahnt werden.

Daiser-/Oberländerstraße

In der Gastwirtschaft »Daisereck« traf sich bis 1933 der Ortsverband des Sozialdemokratischen Vereins München.

Die Sendlinger Kulturschmiede e.V. (entstanden 1978) hat stadtteilbezogene und bürgernahe Kultur nach Sendling gebracht. Daß der Bedarf groß ist, zeigt das breitgefächerte Programm von Lesungen, Kino, Ausstellungen, Dia-Vorträgen etc., aber auch politische Aktivitäten (Mieterberatung, Stadtplanung u.a.) finden hier Raum. Das ganze wird ehrenamtlich organisiert, das Kulturreferat der Stadt bezahlt einen Teil der Sachkosten. Bekannt ist die Kulturschmiede auch für ihre Sonntags-Frühstücks-Treffs mit Live-Musik (Tel. 761435).

Die Stemmerwiese: ländliche Oase in der Großstadt

Vorbei an der etwas finster wirkenden, Ende des 19. Jahrhunderts im Stil des Italienischen Barocks erbauten Kirche St. Margaret kommen wir zur Stemmerwiese. Sie ist der letzte Rest der bäuerlichen Zeit Sendlings inmitten des Häusermeeres. Hier findet man ein Marterl (=Wegkreuz), alte Bäume, weidende Kühe: ein Stück ländliches Oberbayern. Die Jägerwirtstraße erinnert an ein längst verschwundenes Wirtshaus, in dem sich die Jäger vor und nach der Jagd stärkten. Seitdem in Sendling seit 1850 die Industrialisierung begann, wurde immer wieder auf der Stemmerwiese gebaut, zuletzt 1984. Obwohl sich starke Proteste dagegen regten, diese ländliche Oase mitten in der Großstadt zu zerstören, endeten die Auseinandersetzungen mit einer Niederlage der protestierenden Bürger.

Margaretenplatz/ Stemmerwiese

❺

Die Stemmerwiese gehört zum Stemmerhof, der seit 1799 ununterbrochen im Besitz der Familie Stemmer ist, immer noch voll bewirtschaftet (der größte Teil des Viehbestandes wird im Sommer in Germering untergebracht) und somit der letzte übriggebliebene Sendlinger Bauernhof.

Plinganserstraße 6

Ein »Marterl« an der Stemmerwiese

Vom alten Dorf sind noch Anwesen an der Plinganser- und der Lindwurmstraße stehengeblieben, insbesondere sehenswert die alte Sendlinger Dorfkirche. Ganz früher stand hier ein römischer Signalturm, dann seit dem 11. Jahrhundert die Kirche, die während der berühmten Bauernschlacht, der »Mordweihnacht« 1705, fast vollständig zerstört wurde.

Während des Spanischen Erbfolgekrieges (1701–1714), dem Weltkrieg der Barockzeit, schlug sich der bayerische Kurfürst Max Emanuel *auf die Seite Frankreichs (Ludwig XIV), und machte sich so die österreichischen Habsburger (Karl VI) zu Feinden. Eine österreichische Armee besetze Bayern und unterdrückte und beutete die bäuerliche Bevölkerung unerbittlich aus. Die extreme Notlage und Zwangsrekrutierungen trieben Gruppen von Bauern, Handwerkern und Knechten aus dem bayerischen Oberland nach München, um dort die österreichische Herrschaft zu beenden (»Lieber bayerisch sterben, als kaiserlich verderben). An der Sendlinger Kirche wurden die Oberländer von kaiserlichen Truppen umzingelt, warfen ihre Waffen weg und ergaben*

Die Sendlinger Schlacht — ein Votiv-Bild

sich. Dennoch ließ ein General Kriechbaum alle niedermetzeln. Das Blutbad gehört zu den wenigen Ereignissen der bayerischen Geschichte, die jedem Münchner aus dem Heimatkundeunterricht bekannt sind.

Die Dorfkirche wurde 1711 im barocken Stil wiederaufgebaut. An die Bauernschlacht erinnert ein Fresko an der Nordwand (1830 von Wilhelm Lindenschmit gemalt) sowie das »Oberländergrab« auf dem ehemaligen Friedhof der Kirche. Die Inschrift — »Unter diesem stillen Grabhügel ruhen 800 Bauern vom bayerischen Oberland, gefallen nach blutiger Gegenwehr an den Mauern des Kirchhofs im hochherzigen Kampf für Fürst und Vaterland« — mutet etwas merkwürdig an: war es doch gerade der Fürst Max Emanuel, der »seinem« Volk den Krieg eingebrockt hatte, und dieses wehrte sich gegen diejenigen Machthaber, die gerade greifbar waren. Dem Anführer der Oberländer (dem historisch nie existierenden *Schmied von Kochel*) setzte die Stadt München 1906 ein Denkmal (gegenüber der Kirche an der Lindwurmstraße). Als 1964 wieder einmal erwogen wurde, die Lindwurmstraße unter der Plinganserstraße hindurch zur späteren Autobahn Richtung Garmisch zu verlängern, schlug SPD-Stadtrat *Ludwig Koch* (siehe auch Seite 96) allen Ernstes vor, die alte Kirche abzureißen. Inzwischen sind dieser Art Verkehrspläne vom Tisch.

Miteinander-füreinander: Kaufen im Konsum (Anzeige von 1955)

Lindwurmstraße 124
❻

In der Lindwurmstraße 124 befand sich der Maibräu, in dessen Nebenzimmer am 20. Februar 1886 der Konsumverein Sendling-München (siehe S. 109) von elf Arbeitern gegründet wurde. Im gleichen Jahr eröffnete hier auch der erste von später 106 Läden des Konsumvereins.

Lindwurmstraße 90

Obwohl nur das Zweitwerk der Krauss-Lokomotivenfabrik (das Hauptwerk befand sich in der Arnulfstraße; siehe S. 276), beeinflußte die Firma ähnlich wie der Großmarkt die Entwicklung von Untersendling: man wohnte gleich gegenüber der Implerschule in der Alram-, Oberländerstraße usw. Unter den 11 Gründern des Konsum-Vereins waren 5 Eisengießer und ein Schlosser von Krauss. An der Lindwurmstraße entstanden Lokomotiven für spezielle Einsatzzwecke, Bau- und Industrielokomotiven, Klein- und Schmalspurlokomotiven, die Dampfstraßenbahn für Wien und München. 1894 verließ die 3000. Lokomotive die Werkshallen, 1905 war es bereits die 5000. Wie der materielle Erfolg verteilt wurde, zeigte sich bei ersterem Jubiläum: die schlecht bezahlten Arbeiter durften zur Feier des Tages mit zwei Sonderzügen kostenlos nach Tutzing fahren und dort auf Firmenkosten essen und trinken. Das hob die Stimmung und war weitaus billiger als dauerhafte Lohnerhöhungen. Heute befindet sich das Berufsbildungszentrum auf dem ehemaligen Fabrikgelände.

Unter der Bahnunterführung durch erreichen wir die U-Bahn-Station Poccistraße. Wer Kraft und Lust hat, kann gleich eine Tour durch Mitter- und Obersendling anschließen und begibt sich mit der U-Bahn zum Harras; es empfiehlt sich, diesen Teil der Tour mit dem Fahrrad zu machen, da die Entfernungen doch erheblich sind. Der

Harras erhielt seinen Namen vom Besitzer eines Anfang des Jahrhunderts verschwundenen Cafés, Robert Harras. Als ein Verkehrsknotenpunkt wird er auch »Sendlinger Stachus« genannt. Sehenswert ist die Jugendstilfassade des Hauses Nr. 13, deren Erdgeschoßfenster allerdings von der Bayerischen Vereinsbank 1964 dem Stil der Zeit »angepaßt« wurden.

❼

Am Harras 13

»Stummes Postamt« im funktionalen Stil: die Postgebäude am Harras (Foto 1932)

Die Postgebäude am Harras entstanden 1931/32 nach Plänen von *Robert Vorhoelzer*, im für das München jener Zeit und seine politische Atmosphäre völlig untypischen funktionalen Stil. Das zweistöckige Postamt ist im Winkel von Wohnblöcken umgeben, deren zu klein geratene Fenster zwar kaum Licht in die Wohnungen lassen, dafür aber den Verkehrslärm des Harras etwas besser abschirmen als größere Maueröffnungen. Der halbkreisförmige Bauteil an der Straßenecke diente ursprünglich als »Stummes Postamt« (Briefmarkenautomaten, Münzfernsprecher).

Am Harras 2

Das alte Café Harras

Der Friedhof Sendling (1872 angelegt) beherbergt unter seinen 4.200 Grabplätzen niemanden Berühmten, dennoch ist er — wie fast alle Friedhofe der Stadt — mit seinen Grabsteinen und -inschriften als Kulturdenkmal einen Besuch wert.

❽

Die Bebauung zwischen Krüner-, Hinterbärenbad- und Heiterwangerstraße entstand im typischen Stil der 50er Jahre: man wollte ein Kontrastprogramm zu den zerstörten Innenstadtvierteln schaffen. Nicht zu viele Stockwerke, aufgelockerte Anordnung der Häuser, viel Licht und Luft. Die Begrünung hat sich mit dem Wachsen Zeit gelassen; erst nach etlichen Jahren war die Wohnsiedlung so bewachsen wie heute. Bemerkenswert ist die Schule an der Fernpaßstraße 41: Als sie 1959—1962 gebaut wurde, mußte der Architekt auf eine Kiesgrube Rücksicht nehmen: Im Gegensatz zu den zeilenförmigen Wohnflächen ist der Baukörper der Schule S-förmig gekrümmt.

Westpark

Ostasiatische Gebäudeensemble im Westpark

Der Westpark war bis 1980 eine unbebaute, unkultivierte, d.h. ökologisch wertvolle große Freifläche. Bereits NS-Planer hatten seit 1938 ihren Blick auf diese Fläche geworfen: Hier sollte die Kraft-durch-Freude (KdF)-Stadt entstehen mit rund 3.000 Wohnungen, die während des geplanten gigantischen Ausbaues der »Hauptstadt der Bewegung« als Arbeiterunterkünfte dienen sollten. Diese Pläne wurden nicht realisiert. Seit 1950 trotzte der Nachkriegswohnungsbau dem Park große Teile ab. 1983 fand im Westpark die Internationale Gartenbauausstellung statt. Dafür wurde eine künstliche Landschaft geschaffen mit Hügeln, Seen, Tausenden von angepflanzten Bäumen, Wasserfällen etc. Inzwischen hat sich alles einigermaßen eingewachsen, und der Westpark lohnt einen ausführlichen Besuch: Biergärten, Sport- und Liegewiesen, ein künstlicher, aber echt aussehender Wasserbiotop im östlichenTeil, das einmalige ostasiatische Gebäudeensemble sowie der Bauernhof im westlichen Teil, abwechslungsreiche »Landschaft«, tolle Kinderspielplätze. Außerdem finden in der warmen Jahreszeit eine Menge kultureller Veranstaltungen statt: Konzerte, Unterhaltungsprogramme für Kinder. Gelegentlich stellen ausländische Mitbürger ihre Länder kulinarisch und musikalisch vor.

Luise-Kiesselbach-Platz
9

Der Luise-Kiesselbach-Platz fällt zunächst als Verkehrsknotenpunkt auf: 11 Straßen, davon 6 vier- und sechsspurige, treffen hier aufeinander. Im Rahmen des Ausbaus des Mittleren Ringes wurde der Platz 1960 angelegt, und zwar mit Reserveflächen für einen späteren kreuzungsfreien Ausbau, d.h. einen Tunnel. Etliche Blitzampeln sorgen dafür, daß der Staatssäckel nicht leer ausgeht. Zwei Au-

Waldfriedhof: Paul Heises Grab

tobahnen münden in diesen trostlosen Verkehrsknoten: eine existierende, die Autobahn Garmisch, und eine in den 20er Jahren geplante: Die heutige Waldfriedhofstraße wurde mit ihrer Bebauung so angelegt, daß sie die Autobahn Lindau aufnehmen sollte. Diese wurde dann allerdings in den 70er Jahren weiter nördlich gebaut.

Der Platz trägt den Namen einer Vertreterin der bürgerlich-gemäßigten Frauenbewegung, *Luise Kiesselbach*, (siehe S. 200). Die Nationalsozialisten benannten den Platz 1937 in »Abt-Schachleiter-Platz« um. *Abt Alban Schachleiter* war nicht nur als Gottesmann ein erklärter Feind jeder eigenständigen Frauenbewegung, sondern wurde auch im »Dritten Reich« offiziell besonders verehrt, da er als Chef des Benediktinerklosters Emaus bei Prag wegen seines frühen Bekenntnisses zu Hitler positiv aufgefallen war.

Der Eingang des städtischen Altersheimes St. Joseph mit der Heimkirche

Das am Platz liegende Altersheim Sankt Josef wurde 1925–1927 von der Stadt München nach Plänen von *Hans Grässel* gebaut. Auffällig sind seine breite, konservativ gestaltete Fassade und die beiden Zwiebeltürme der neubarocken Heimkirche.

Cimbernstraße/ Eichhornallee

Die Oberland-Siedlung an der Autobahn Garmisch ließen Nazi-Planer 1939 bis 1940 an der damaligen Forstenrieder Straße, der »Olympiastraße« nach Garmisch-Partenkirchen von 1936, errichten. Die 1.500 m lange Gebäudegruppe wird an beiden Enden von zwei im rechten Winkel stehenden doppelten Baublöcken abgeschlossen und von vier einfachen Blöcken aufgeteilt.

Die Anlage soll das »richtige« Gemeinschaftsgefühl der »Volksgenossen« symbolisieren: heimatverbunden (»anheimelnde« Eingänge, Fenster, Dächer), und gleichzeitig militärisch stramm in ausgerichteter Front angetreten, mit berittenen Führern an den Seiten und mittendrin.

Fürstenrieder Straße 288
⑩

Der Waldfriedhof entstand nach Plänen von *Hans Grässel* zwischen 1905 und 1907 in einem 40–50jährigen Fichtenwald, der durch intensive Holznutzung große Lichtungen aufwies. Er erstreckt sich über 164 ha und war der erste »Waldfriedhof« in Deutschland. Etwa 60.000 Grabplätze sind hier angelegt.

Am Haupteingang steht das Friedhofsgebäude in »deutschheimatlicher Eigenart«. Seine Leichenhalle diente ursprünglich für »die gleichzeitige Aufbahrung von 20 Leichen Erwachsener und 10 Kinderleichen« (ein Hinweis auf die damals vorhandene hohe Kindersterblichkeit). Mittels elektrischer Ventilatoren wurde für Hygiene gesorgt. Die Trauergäste konnten die 1907 extra für den weit draußen liegenden Friedhof eröffnete Straßenbahnlinie 16 benutzen (Endstation Lorettoplatz).

Eine unentbehrliche Hilfe für das Auffinden einzelner Grabstätten ist das Nachschlagwerk »Letzte Heimat. Persönlichkeiten in Münchner Friedhöfen 1784–1984« von Erich Schreibmayr *(siehe Literaturverzeichnis), das auch Kurzbiographien enthält. Die Namen einiger der hier Begrabenen:* Prof. Kurt Huber *(Weiße Rose), (21-W-22), »Husarengrabanlage Geiselopfer« (Gefallene der Freikorps Lützow und Epp sowie ermordete Geiseln aus dem Luitpoldgymnasium April/Mai 1919), (40-W-42),* Lena Christ *(Schriftstellerin) (44-3-14),* Max Wönner *(Gewerkschaftsführer) (75-3-88),* Heinrich Göring *(Vater des Hermann Göring) (76-w-1),* Georg von Vollmar *(Politiker, SPD) (90-w-II),* Waldemar von Koeringen *(Politiker, SPD) (90-w-II),* Hugo Bruckmann *(Verleger, Förderer Hitlers) (132-w-6),* Alfred von Tirpitz *(Großadmiral) (140-w-21),* Franz Ritter von Epp *(General, Politiker) (141-w-44),* Fritz Kortner *(Schauspieler, Regisseur) (246-w-23).*

Eine Kuriosität ist die Anatomie-Gräberanlage (451-w-15). Hier werden Urnen mit den Aschenresten von denjenigen Menschen beigesetzt, die ihren toten Körper für die »Anatomie« zur Verfügung gestellt und damit zur Ausbildung von Medizinstudenten beigetragen haben. Seit 1977 wurden hier mehr als 700 Urnen bestattet.

Im Neuen Teil befindet sich der Italienische Militärfriedhof (Grabfelder 237–239), auf dem 3.200 italienische Soldaten, Kriegsgefangene und Zwangsarbeiter beider Weltkriege bestattet sind.

Lorettoplatz/ Pfingstrosenstraße 8

Vom Ausgang Lorettoplatz des Waldfriedhofs besteht die Möglichkeit zu einem Abstecher in die Pfingstrosenstraße (früher: Lindenallee): Im Haus Nr. 8 wohnte der erste Ministerpräsident des Freistaates Bayern, *Kurt Eisner,* mit seiner Familie von 1912 bis zu seiner Ermordung am 21. Februar 1919. Zum Weg in die Stadt und zurück benutzte er entweder die Straßenbahnlinie 16, deren Haltestelle nicht weit entfernt lag, oder seinen Dienstwagen. Dessen Türen waren mit je einem Rautenwappen in den bayerischen Farben Weiß und Blau und einem Feuerzeichen geschmückt, Symbole für seine Politik: Bewahrung des Guten, Reinigung von allem Schlechten der Vergangenheit.

⓫

Tischlerstraße

Westlich der Tischlerstraße besteht seit 1965 die Kriegsgräberstätte München-Waldfriedhof für 3.543 Opfer beider Weltkriege, darunter 105 sowjetische Soldaten. Die meisten der hier bestatteten Soldaten erlagen »in der Heimat« ihren Verwundungen oder starben an Seuchen. Jeder Tote erhielt ein eigenes Grab. Baulicher Mittelpunkt ist die von drei dreieckigen, jeweils in einem Stück aus Beton gegossenen Hallenwänden umschlossene pyramidenartige Gedenkhalle mit der Mauer, die die Namen der Toten trägt.

Linie 6 zum Waldfriedhof, ein Triebwagen des Baujahrs 1925/26

Beiderseits der Autobahn und durch sie voneinander getrennt, liegen die Wohnsiedlungen Fürstenried-West, Fürstenried-Ost und Neu-Fürstenried, gebaut in den 60er Jahren. Das Viertel mit seinen 7.500 Wohnungen ist eine Welt für sich mit Schulen, Einkaufszentren und Kirchen und demnächst einer U-Bahn-Verbindung zur Innenstadt. Der gesamte Stadtteil wird umweltfreundlich vom Heizkraftwerk Mittersendling (Kistlerhofstraße) mit Fernwärme versorgt.

Drygalski-Allee 33

⓬

Tonbandfreunde werden sich noch an *Uher* erinnern: die Geräte kamen aus dem Werk an der Drygalski-Allee 33. 1953 gegründet, nahm die Firma während der Wirtschaftswunderzeiten einen steilen Aufstieg. Aufsehenerregende Neuentwicklungen wie z.B. das erste tragbare Stereo-Tonband führten das Unternehmen in seine Glanzzeit; 1968 produzierten 1.200 »Mitarbeiter« Geräte für den Absatz in 128 Ländern. Als Anfang der 70er Jahre japanische Konzerne immer stärker den Weltmarkt für Unterhaltungselektronik dominierten, hatte *Uher* das Nachsehen: 1975 wurde das Werk geschlossen, rund 1.000 Menschen arbeitslos. Heute befindet sich in dem Gebäude u.a. eine Polizeiwache.

Im Jahr 1954 entstand die Siemenssiedlung an der Boschetsrieder 13
Straße, die erste Siedlung in Bayern mit Wohnhochhäusern. Die durch die neuen Bauhöhen entstandenen technischen und auch kommunikativen Probleme sollten durch den Einbau von Müllschluckern und Gegensprechanlagen behoben werden. Den mit dem Fernsehboom unvermeidlichen Antennenwäldern auf den Dächern von Mietshäusern wurde durch Gemeinschaftsantennen zuvorgekommen. Die großen Grünflächen zwischen den Gebäuden und die großzügigen Balkons erhöhen den Wohnwert dieser Werkssiedlung.

Der Konsumverein Sendling-München eGmbH hatte seine Zentrale an der Boschetsrieder Straße. Im Februar 1886 gründeten 11 Arbeiter im Nebenzimmer des Maibräus an der Lindwurmstraße 124 (siehe dort) diesen Konsumverein. Die Idee hinter den Konsumgenossenschaften war, den Großeinkauf von Lebensmitteln und anderen Konsumgütern zu organisieren, um diese dann in kleinern Mengen und billig an die Mitglieder abzugeben. Die Mitglieder hatten Geschäftsanteile an der Genossenschaft (in Sendling waren es 20 Goldmark), die das Grundkapital bildeten. Die erzielten Gewinne wurden an die Mitglieder entsprechend der getätigten Käufe in Form einer Rückvergütung teilweise ausgeschüttet.

»Ein guter Weg«: Großeinkauf von Lebensmitteln und anderen Konsumgütern

Noch 1959 im öffentlichen Nahverkehr: Obusse im Betriebshof Hofmannstraße in Sendling

Dem Konsumverein Sendling war in den ersten 10 Jahren seines Bestehens kein Erfolg vergönnt: nur 127 Mitglieder konnte man 1896 vorweisen. Später wurde in der Auenstraße ein Laden eröffnet, der sehr gut lief und dem »schwarzen« Konsumverein in der Auerfeldstraße (siehe dort) harte Konkurrenz machte. Im Dezember 1902 konnte man das Grundstück Boschetsrieder Straße 101, im Januar 1906 das Grundstück Nr. 103 kaufen. Hier entstanden das Zentrallager, eine Großbäckerei, eine Molkerei und 1908 an der Straße drei Mietshäuser: während des Krieges kamen 1917 eine Sauerkrautfabrik und eine Konditorei dazu. Am 1. August 1914 wurde der gesamte Fuhrpark von 10 Lastkraftwagen mit dem dazugehörigen Fahrpersonal von den Militärbehörden beschlagnahmt und an die Front geschickt.

1926 feierte der Konsumverein sein 40-jähriges Jubiläum. Die Anzahl der Konsumläden betrug 106, der Jahresumsatz 13,5 Millionen RM, die Anzahl der Mitglieder 51.000. 1928 öffnete im Rosental 16 das Kaufhaus des Vereins, 1929 an der Boschetsrieder Straße eine Fleisch- und Wurstwarenfabrik. Außerdem baute der Verein 1928 im Isartal zwischen Icking und Wolfratshausen ein eigenes Kinderheim, in dem jährlich 450 erholungsbedürftige Kinder von minderbemittelten Mitgliedern einen kostenlosen Erholungsurlaub von 4 Wochen verbringen konnten.

Kurz nach der »Machtergreifung« wurde ein Beauftragter der Deutschen Arbeitsfront als Kommissar für den Konsumverein eingesetzt. Der bis dahin tätige Vorstand und eine Reihe leitender Angestellter wurden fristlos entlassen, einige ins KZ Dachau eingewiesen.

Im Juni 1936 liquidierte der Konsumverein Sendling — München. Das Vermögen (im Jahre 1931 Grundstücke für 6 Millionen RM, die obengenannten Gebäude, Maschinen für 1,1 Millionen RM, 177 Läden) wurde 1936 enteignet und der Deutschen Arbeitsfront (DAF) weit unter Preis »verkauft«.

Als im April 1945 die US-Armee in München einmarschierte, setzte ein allgemeines Plündern durch Deutsche und ausländische Zwangsarbeiter ein. Die Gebäude des ehemaligen Konsumvereins waren der einzige Betrieb in Obersendling, der nicht geplündert wurde. Die noch vorhandenen alten Belegschaftsmitglieder und dort beschäftigten Fremdarbeiter, denen immer wieder unter der Hand Hilfe zuteil geworden war, hielten abwechselnd Wache und setzten sich für die Erhaltung der Anlagen ein.

Bereits Ende Mai 1945 wurde die Wiedereinsetzung des Konsumvereins Sendling-München in seine alten Rechte vom Oberbürgermeister Karl Scharnagl bestätigt. 1960 hatten sich wieder 54.000 Mitglieder eingeschrieben. Der Konsumverein konnte nach dem Krieg u.a. deshalb Erfolge verbuchen, weil die gewerkschaftseigene Neue Heimat als größte Wohnungsbesitzerin Europas in ihren zahlreichen neuen Siedlungen den Konsum-(später Coop-)Supermärkten den Vorzug vor anderen Ladenketten gab. Im Jahr 1972 zog der Coop-Südbayern in die Heidemannstraße in Freimann. Die leerstehenden Gebäude wurden abgerissen, das Grundstück dient heute als Abraumhalde und Bauhof für den U-Bahn-Bau.

SIEMENS

Hofmannstraße 51
⑭

Die Siemens AG hat an der Hofmannstraße 51 ein Verwaltungs-, Entwicklungs- und Vertriebszentrum, das mit 24.000 Arbeit»nehmern« der größte Münchner Betrieb ist. Wie die verschiedenen Sende- und Empfangsanlagen auf den Dächern andeuten, geht es hier hauptsächlich um Nachrichtentechnik. Der Komplex wurde seit 1955 gebaut und zwar so, daß zuerst ein respektabler Wald gefällt werden mußte. 1961/1964 entstand das 23-stöckige Hochhaus, in dem 2.500 Menschen arbeiten. Für den Weg zum Arbeitsplatz steht eine Parkfläche für 7.600 Autos an der Baierbrunner Straße zur Verfügung, sowie ein eigener S-Bahnhof Siemenswerke. Südlich der Siemensallee rundet der firmeneigene Hermann-von-Siemens-Sportpark die heile Siemenswelt ab.

⑮
Boschetsrieder Straße 35, 33

Die Volksschule an der Boschetsrieder Straße entstand 1903/04 für die Kinder der in Obersendling lebenden Arbeiter, für die zahlreiche Mietshäuser und Genossenschaftswohnungen in der Nähe

Siemens in München

Die Geschichte des Hauses Siemens gehört nach Berlin — bis zum Ende des Jahres 1944. Damals gelang es dem jungen, im neutralen Schweden eingesetzten Prokuristen Gerd Takke (heute Mitglied des Vorstandes), eine geheime Karte mit Beschlüssen der alliierten Jalta-Konferenz von Stockholm in die Berliner Zentrale zu schmuggeln. Dieser Plan der deutschen Teilung machte der Führung der Firma klar, daß die Zukunft des freien Unternehmertums nur im Westen würde liegen können.

Sogleich wurde Ernst von Siemens mit einem Arbeitsstab nach München beordert und ihm bereits im Februar 1945 das Haus treuhänderisch unterstellt. München und Erlangen sollten die beiden neuen Schwerpunkte des Konzerns werden — aus gutem Grund gerade in der Besatzungszone der USA: mit unternehmerischer Weitsicht sah man den Kalten Krieg zwischen den beiden Supermächten voraus und schlug sich natürlich auf die kapitalistische Seite, noch dazu, da man sich auf gewohntem Terrain nützlich machen wollte, nämlich der zu erwartenden Weiterrüstung.

Die US-Machthaber erkannten den Wert ihrer ehemaligen Feinde. Von der Führung des NS-Rüstungskonzerns kehrten praktisch alle nach kurzer und folgenloser Internierung als Kriegsverbrecher 1945 auf ihre alten Posten zurück: Ernst von Siemens, der ehemalige Wehrwirtschaftsführer von Witzleben etc. Ein neues Gesicht im Aufsichtsrat war Hermann Joseph Abs von der Deutschen Bank, ebenfalls ein Dauerbrenner im Wirtschaftsleben vor und nach 1945.

Die endgültige Verlegung des Hauptsitzes nach München fand während der Berlin-Blokkade 1948 statt. Schon 1950/51 lagen die Umsätze bereits höher als im Jahr der Rüstungshochkonjunktur 1937/38, für einen weiteren Schub sorgte der amerikanische Koreakrieg 1951/52. Mit 1168 Millionen DM Umsatz war Siemens zu 22,3% am westdeutschen Gesamtindustrieumsatz beteiligt, einschließlich der Beteiligungsgesellschaften sogar zu 25%!

Als die Westmächte Anfang 1952 den deutschen Unternehmen endlich die Genehmigung für Auslandsniederlassungen und Kapitalbeteiligungen erteilte, verfügte Siemens bereits über ein inoffizielles Netz von Werken und Beteiligungen, u.a. in der Schweiz, in Österreich, Schweden, Spanien, Italien, Südafrika, Japan, Brasilien, Argentinien. Der »Vater« des Wirtschaftswunders, Ludwig Erhard, bekundete 1953 unumwunden seinen Respekt vor dieser wirtschaftlichen Leistung mit den Worten: »Ich bin bereit, die dem Unternehmen durch wohlverdiente Leistungen erworbene Macht voll anzuerkennen.«

Ende der 50er Jahre stieg man parallel zur Wiederbewaffnung der BRD in zukunftssichere Sparten ein: Atomindustrie, Datentechnik und Rüstung, inzwischen gegliedert in sechs überschaubare, selbständige Unternehmensbereiche: Bauelemente, Datentechnik, Energietechnik, Installationstechnik, Medizinische Technik, Nachrichtentechnik.

Mit weltweit rund 300.000 Beschäftigten gehört Siemens zu den größten Konzernen der Welt. Die Aktien verteilen sich auf 300.000 Aktionäre, von denen 30% in Bayern leben und 0,2% rund 48% des Aktienbesitzes halten.

Die Rolle des »Hauses Siemens« für München ist zentral und wird durch das Gebäude der Hauptverwaltung am Wittelsbacherplatz symbolisiert: In einem noblen klassizistischen Gebäude, in unmittelbarer Nachbarschaft zu diversen bayerischen Staatsministerien, deutet kein protziges Firmenzeichen auf den Inhalt des Palastes. Dezent (und bewacht) lenkt man von hier aus die Geschicke der Weltwirtschaft mit. Doch auch die Stadt München ist fest im Griff der Firma: Auffälligerweise besitzen fast alle Siemensbetriebe S- oder U-Bahn-Anschluß. Siemens ist der Magnet für alle diejenigen Firmen, die die Region München zum europäischen Silicon Valley und zum größten Rüstungszentrum Europas gemacht haben.

des Industrieviertels errichtet wurden. Der Uhrturm der Schule sollte die Untertanen nicht nur zu pünktlicher Pflichterfüllung anleiten, sondern diente auch zur Abführung der gesamten Abluft des Gebäudes.

Gleich nebenan und gleichzeitig mit der Schule wurde das Feuerhaus der Berufsfeuerwehr erbaut, und zwar speziell zum Schutz des Obersendlinger Industriebezirkes. Außer Diensträumen für die Feuerwehr wurden »Geschäftsräume für die Bezirksarmenpflege« eingerichtet.

Wolfratshauser Straße 56
⑯

Als das Bundesverfassungsgericht am 17. August 1956 die KPD verbot, wurde auch die KPD-Druckerei »Isaria« von der Polizei besetzt und beschlagnahmt. Hier waren die Parteizeitung »Bayerisches Volksecho« sowie Flugblätter und Fabrikzeitschriften gedruckt worden. Die Behörden fanden in dem Gebäude mehr Gegenstände zum Enteignen, als sie vorher gedacht hatten: Während der Beschlagnahmung ging der »Kuckuck« aus, und es mußte telephonisch eine neue Ladung im Polizeipräsidium bestellt werden.

BAYERISCHES VOLKS-ECHO

Die KPD ist da - und bleibt da

Plinganserstraße 150
⑰

Die Maschinenfabrik Friedrich Deckel steht seit 1911 in Obersendling. Ihr geschäftlicher Erfolg hatte mit der Produktion des »Compound-Verschlusses« (Compur-Verschlusses) für Kameras, der Belichtungszeiten von 1 bis zu 1/250 Sekunde ermöglichte, begonnen: Deckel besaß das Weltmonopol für diese Vorrichtung. Seit 1911 baute die Firma Werkzeugmaschinen jeder Art. Zu Beginn des I. Weltkrieges konnten die Produktionsanlagen schnell auf Kriegsproduktion (Munition, Geschütze) umgestellt werden, wie folgen-

Die Rote Garde besetzt 1919 das Fabrikgelände von Deckel

de Kennziffern verdeutlichen: 1914 500 Angestellte und Arbeiter, 1916 2.000 Beschäftigte in den »wegen des guten Geschäftsganges« erweiterten Gebäuden, die 1918 schon wieder vergrößert werden »mußten«.

Während der Niederschlagung der Räterepublik im April/Mai 1919 waren die Gebäude der Firma zuerst von der Roten Armee, dann von den Regierungstruppen besetzt, ohne daß allerdings ein Schuß fiel. 1922 streikte die Belegschaft gegen die gerade bei Deckel forcierte Einführung des Fließbandsystems mit den damit einhergehenden Lohnkürzungen. Als Reaktion sperrte die Betriebsführung die Streikenden für 13 (!) Wochen aus, das bedeutete 13 Wochen keinen Pfennig Lohn; daraufhin wurden die Aufmüpfigen vernünftig.

Ab 1933 profitierte die Firma Deckel erneut an der Aufrüstung: Produktion von Benzin-Einspritzpumpen für die Flugmotoren der BMW — die Gebäude wurden 1935, 1936 und 1938 erweitert. Während des 2. Weltkrieges wurden in der Produktion viele Männer durch Frauen ersetzt; außerdem kamen Zwangsarbeiter und Kriegsgefangene aus dem firmeneigenen Arbeitslager zum Einsatz, teilweise in den unterirdischen, bombensicheren Fertigungsräumen.

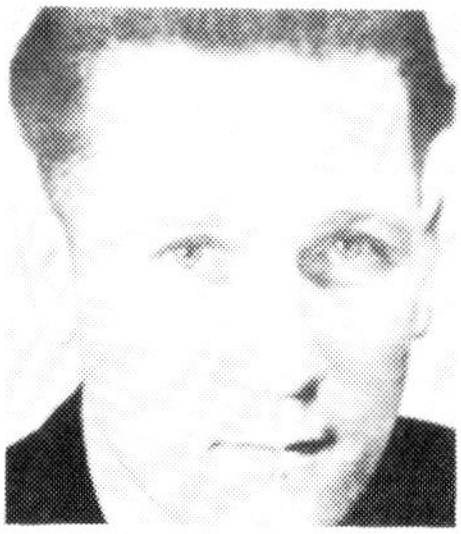

Hans Hutzelmann

Bei Deckel existierte eine Widerstandsgruppe der ADV (»Antinazistische Deutsche Volksfront«), die von *Hans Hutzelmann* gegründet worden war. Die ADV selber wurde von *Karl Zimmet* ins Leben gerufen, nachdem er bereits jahrelang in Einzelaktionen Flugblätter verteilt hatte. Sie bestand ab 1943, war überparteilich, und ihre Mitglieder gründeten Gruppen in vielen Münchner Betrieben, so bei BMW, Kraus-Maffei und Agfa. Besonders enge Kontakte bestanden zur *BSW,* der Widerstandsporganisation der Zwangsarbeiter und Kriegsgefangenen in Münchner Betrieben (siehe S. 184). Anfang bis Mitte 1944 wurden die Gruppen durch die Gestapo teilweise aufgerollt. Der Maschinenschlosser Hans Hutzelmann wurde zum Tode verurteilt und hingerichtet, seine Frau Emma konnte flie-

Die Produktionshalle der Maschinenfabrik Deckel um 1960: gleichmäßige Belichtung durch Shedoberlichter

hen, kam aber bei einem Fliegerangriff ums Leben. Karl Zimmet gelang es mit großem Geschick, Geisteskrankheit zu simulieren; die Verhandlungen gegen ihn wurden immer wieder ausgesetzt, bis er die Befreiung Deutschlands erlebte.

Während des großen bayerischen Metallarbeiterstreiks vom 9.-31. August 1954 kam es bei Deckel zu schweren Auseinandersetzungen zwischen Polizei und Streikbrechern auf der einen Seite und Streikenden auf der anderen Seite. Auffällig viele Frauen, die auf den kargen Lohn unbedingt angewiesen waren, traten als Streikbrecherinnen auf. Heute produzieren ca. 3.000 Beschäftigte vor allem Werkzeugmaschinen.

Plinganser Straße 140, 142

Die beiden Häuser Plinganserstraße 140 und 142 sind die einzigen Überbleibsel der früheren Bebauung auf dem Gelände der Firma Deckel.

Fallstraße 40

⑱

Die Philipp Morris Tabakwerke, wo u.a. die Marlboro-Zigaretten hergestellt werden, verpesten die ganze Umgebung mit Tabakgeruch, bei ungünstigem Wind bis nach Thalkirchen und in die Isarauen. Die Firma existiert seit 1910, als Georg Zuban hier die damals in ganz Deutschland bekannt gewordene Zigarettenfabrik »Zuban« errichten ließ. Von 1931 an lief die Produktion unter der Marke »Haus Neuerburg«. Nach dem 2. Weltkrieg ging das Unternehmen zunächst an Reemtsma und dann an den US-Konzern Philipp Morris über.

Schöttlstraße 10

Das Sendlinger Ratsstüberl war bis 1933 ein Vereinslokal des Arbeiter-Radfahrerbundes »Solidarität«, der in diesem Industrie- und Arbeiterviertel besonders viele Mitglieder hatte.

Passauer-/ Attenkoferstraße

Auf der anderen Seite der Bahnlinie stehen entlang der Passauer- und der Attenkoferstraße Mietshäuser mit 330 Wohnungen, die 1949 mit Mitteln des Marshallplanes für Heimatvertriebene gebaut wurden. Am Hausschild der Attenkoferstraße 2 steht: »Hier half der Marshallplan.« Natürlich war dieser Plan kein Geschenk der USA, wie weithin angenommen wird. Die Gelder wurden als Kredit gegeben, d.h. die Schuldnerländer mußten später mehr zurückzahlen als sie vorher erhalten hatten.

Fallstraße 11a

Die katholische Kirche St. Achaz sieht barock aus, entstand aber erst 1927/1928, nachdem die alte Kirche wegen Baufälligkeit abgerissen werden mußte. An ihrer westlichen Innenseite befindet sich ein Denkmal für den letzten Krieg, dessen schwerste Bombenangriffe auf München genau datiert und in einem Mosaik festgehalten sind. Gegenüber hängt eine Gedenktafel für die Vermißten, Gefallenen und Fliegeropfer der Pfarrei. Der beigefügte Text läßt nicht darauf schließen, daß man kirchlicherseits etwas dazugelernt hätte: »Eine größere Liebe hat niemand, als wer sein Leben gibt für seine Freunde.«

⑲

Der Neuhofener Berg ist genauso künstlich wie der Olympiaberg und der Berg im Luitpoldpark: er entstand nach 1945 aus dem Bombenschutt der Stadt. Eine Gedenkstätte für die 6.000 Luftkriegsopfer des 2. Weltkrieges steht auf dem »Gipfel« des Schutt-

Im Industrie- und Arbeiterviertel besonders stark: der ARB »Solidarität« bei einer Maifaier im Jahr 1900

berges. Am Rande des Berges entstand 1969-1971 ein Straßenknoten des Mittleren Ringes, der laut offizieller Schreibweise »auf die inzwischen auf der Schuttkippe entstandenen Grünanlagen Rücksicht« genommen hat.

Thalkirchner Straße 240

Auf dem Alten Israelitischen Friedhof (1816 errichtet) werden kaum noch Bestattungen vorgenommen, viele Grabmäler sind einsturzgefährdet. Deshalb ist der Friedhof aus Sicherheitsgründen für die Öffentlichkeit nicht zugänglich. Da die Nazis auch in München eine eigenartig anmutende Ehrfurcht vor jüdischen Gräben hatten, ließen sie diesen ebenso wie den Neuen Friedhof an der Garchinger Straße unbehelligt.

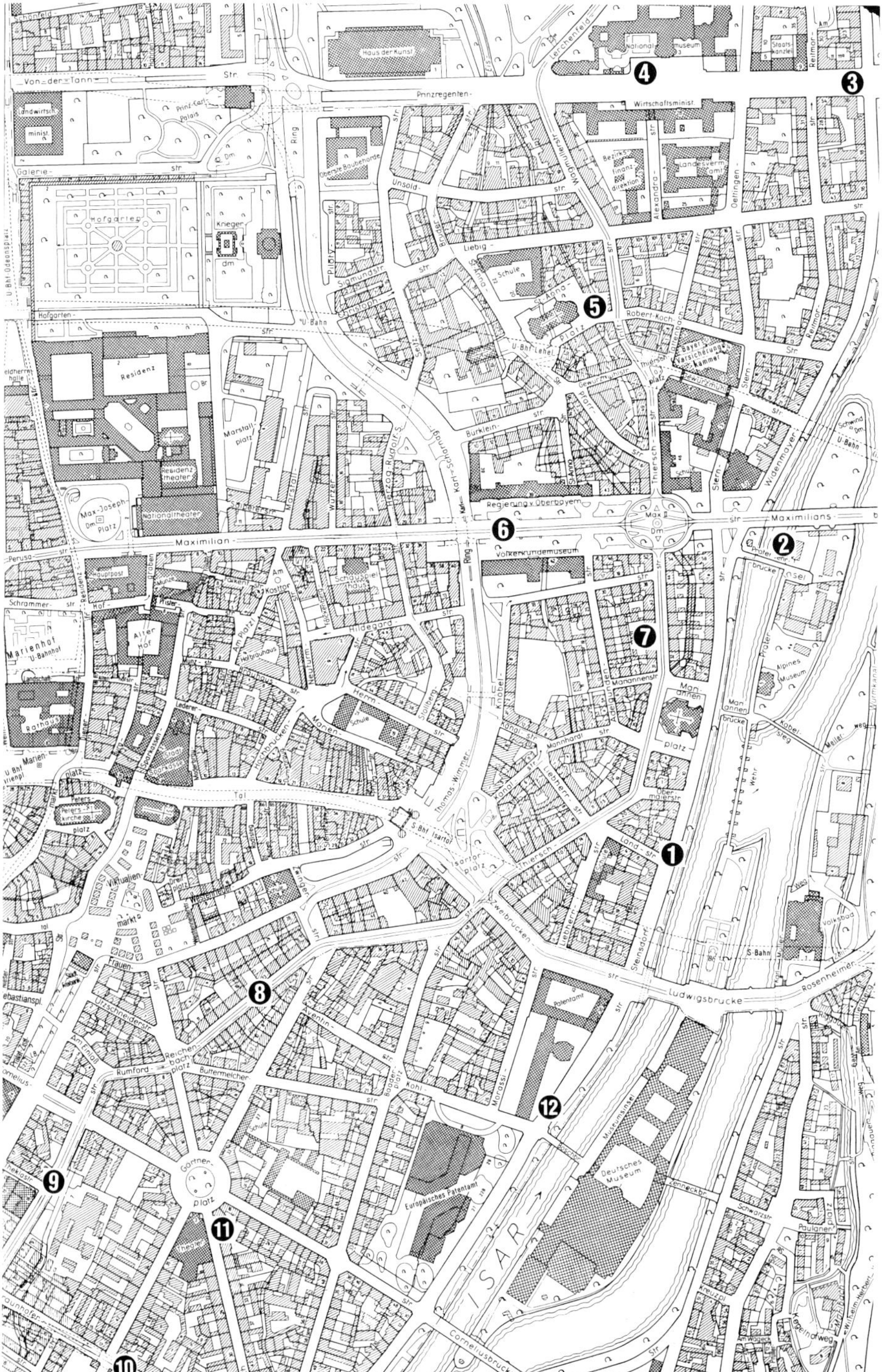

Haus der Kunst
Nationalmuseum
Staatskanzlei
Von-der-Tann-Str
Prinzregenten-str
Prinz-Carl-Palais
Landwirtsch. minist.
Galerie-str
Wirtschaftsminist.
Oberste Baubehörde
Unsöld-str
Bezirksfinanzdirektion
Landesvermamt
Alexandra-str
Oettingen-str
Reitmor-str
Hofgarten
Krieger dm
Liebig-str
Sigmundstr
Christoph-str
Schule
St. Anna-Platz
Robert-Koch-str
U-Bhf. Lehel
Thierschplatz
Gewürzmühlstr
Bayer. Versicherungskammer
Stern-str
Widenmayer-str
Residenz
Marstallplatz
Bürklein-str
Residenztheater
Nationaltheater
Max-Joseph-Platz
Regierung v. Oberbayern
Max II Dm
Maximilian-str
Maximilians-brücke
Völkerkundemuseum
Hauptpost
Schauspielhaus
Praterinsel
Schrammer-str
Alter Hof
Marienhof
Hildegard-str
Hofbräuhaus
Ledererstr
Rathaus
Mariannenplatz
Mannhardtstr
Alpines Museum
Kanal-str
Herrnstr
Stollberg-str
Thomas-Wimmer-Ring
Karl-Scharnagl-Ring
Tal
Peterskirche
S-Bhf Isartor
Isartorplatz
Wehr
Viktualienmarkt
Frauenstr
Zweibrücken-str
Steinsdorf-str
S-Bahn
Volksbad
Ludwigsbrücke
Rosenheimer
Patentamt
Reichenbachplatz
Rumford-str
Buttermelcher-str
Baaderstr
Kohl-str
Morassi-str
Deutsches Museum
Museumsinsel
Corneliusstr
Gärtnerplatz
Theater
Europäisches Patentamt
ISAR
Zenneckbr.
Schwarzstr
Paulanerplatz
Kreuzpl.
Corneliusbrücke
Kegelhofweg
Wurmkanal
Meiller-weg
Kabelsteg

»Wieder dahoam« auf sumpfigem Grund

Lehel/Gärtnerplatzviertel

Ausgangs- und
Endpunkt: *Isartor, S1-7*
Dauer: *2 1/2 Stunden*

Das Lehel ist ein typisches Innenstadtrandgebiet mit allen Problemen, die dazugehören: gewerbliche Nutzung ehemaligen Wohnraums, Abriß oder »Sanierung« billiger Wohnungen mit den entsprechenden Mietsteigerungen, Ansiedlung von Versicherungen und anderer Verwaltungsgebäude, hohes Verkehrsaufkommen. So konnte es nicht ausbleiben, daß von den »richtigen« Bewohnern des Lehels nur noch wenige hier wohnen.

Sanierungsgebiet Stern-/ Robert-Koch-Straße

❶

Der Name Ländstraße erinnert an die ehemalige untere Lände, die Anlegestelle für die Flöße, die aus dem bayerischen Oberland kommend, isarabwärts trieben. Die Flöße dienten als Transportmittel und wurden am Zielort auseinandergenommen, die Holzstämme zersägt und verarbeitet. Ein regelmäßiges Transportgut war Bier aus Tölz, das in der Gastwirtschaft »Zum grünen Baum« an der Lände ausgeschenkt wurde und sich wegen seiner Qualität großer Beliebtheit erfreute. Die städtischen Brauereien konnten nichts gegen diese ungeliebte Konkurrenz ausrichten, da das Wirtshaus außerhalb der Stadtmauern lag. Von der Lände aus konnte man auf Flößen flußabwärts reisen. Eine Floßfahrt nach Freising kostete 12 Kreuzer, nach Passau 1 Gulden 30 Kreuzer und nach Wien 3 Gulden. Wer trockener reisen wollte, konnte es sich für den doppelten Fahrpreis auf dem Dach der Floßhütte bequem machen. Mit der Regulierung der Isar um die Jahrhundertwende verschwand die Anlegestelle.

Praterinsel 5

❷

DAV

Signet des Alpenvereins

Der Deutsche Alpenverein hat seinen Sitz auf der Praterinsel 5. Seit seiner Gründung 1869 bemüht er sich um die Erschließung der Alpen durch den Bau von Hütten und die Anlage von Wander- und Kletterrouten. Im Zeitalter auch des alpinen Massentourismus sieht er es heute als eine seiner wichtigsten Aufgaben an, das Bergsteigen in vernünftigen Bahnen zu halten und die Bergwelt vor weiterer Übererschließung zu bewahren. Mit ca. 500.000 Mitgliedern ist der DAV einer der größten Bergsteigervereine der Welt. Unter derselben Adresse findet man die öffentlich zugängli-

Flößereiwirtschaft »Zum Grünen Baum«

che Bücherei, die größte alpine Spezialbibliothek der Welt (geöffnet Montag und Donnerstag, 14.00-19.00 Uhr, Mittwoch 14.00-17.00 Uhr).

Sternstraße

Zwischen den denkmalgeschützten Fassaden in der Sternstraße wälzt sich Tag für Tag eine »Auto-Lawine«, die den Anwohnern das Leben zur Hölle macht. Da die Sternstraße früher ein Stadtbach war, dessen Bett aufgeschüttet wurde, verursachen die Vibrationen durch die Autos nicht nur Risse in den Häuern, sondern auch ein Senken der Häuser zur Straßenmitte hin; bis zu 20 cm beträgt die Neigung der Fassaden. Die Stabilität der Gebäude wird dadurch gewährleistet, daß sie sich gegenseitig stützen. Aus diesem Grund durften keine Häuser — z.B. zu Spekulationszwecken — abgerissen werden; so hat sich ein intaktes Straßenensemble erhalten.

Widenmayerstraße 18
❸

Ernst »Putzi« Hanfstaengl

Die Widenmayerstraße — wegen ihrer Lage an der Isar eine der ersten Adressen im München der Jahrhundertwende — ist heute als Ort der Erholung und Ruhe vernichtet, da sich der Autoverkehr von hier durch die halbe Stadt ergießt. Im Haus Widenmayerstraße 18 hat der Kunstverlag Hanfstaengl seinen Sitz.

Ernst »Putzi« Hanfstaengl *(1887-1975) war seit 1922 eng mit Hitler und der Nazibewegung verbunden. Nach dem Putschversuch vom 9. November 1923 verbarg er Hitler zwei Tage in seinem Haus in Uffing/Staffelsee vor der Polizei. Hitler machte ihn 1931 zum Auslandspressechef der NSDAP. Nach politischen Zerwürfnissen floh Hanfstaengl 1937 nach England, wurde dort 1939 als verdächtiger Ausländer interniert und 1942 den USA überstellt, wo er in Washington zwei Jahre lang für die Regierung tätig war. 1946 kehrte er nach München zurück. Seine 1970 veröffentlichten Memoiren tragen den Titel »Zwischen Weißem und Braunem Haus. Memoiren eines politischen Außenseiters«.*

Die KPD richtete 1951 im Haus Widenmayrstraße 25a (Erdgeschoß und 1. Stock) ihre Landesleitung Bayern und Kreisleitung München ein. Als am 17. August 1956 das Bundesverfassungsgericht sein lange erwartetes Verbot der KPD aussprach, besetzte 4 Stunden später die Polizei die Räumlichkeiten. Zwar fand man keine Mitgliedskarteien mehr vor, doch war die große Bibliothek zurückgeblieben. Sie wurde wahllos an freiwillige Helfer aus der Bevölkerung verschenkt. Die KPD-Stadträte *Benno Blieninger* und *Josef Lettenbauer* mußten ihr Mandat abgeben.

Widenmayerstraße 25a

Die 1900 erbaute Schackgalerie beherbergt die 1858 begründete Kunstsammlung des Literaturhistorikers *Adolf von Schack* (Werke von Schwind, Spitzweg, Böcklin, Feuerbach, Lenbach). Von 1909-1931 residierte in der Prinzregentenstraße 9 (sowie auch in der Türkenstraße 4) die Preußische Gesandschaft. Von 1933–1945 diente das Gebäude dem Reichsstatthalter in Bayern, Franz Xaver Ritter von Epp, als Amtssitz; er führte im gleichgeschalteten Land Bayern die Politik der Berliner Zentralregierung durch. Heute erfreut sich das Gebäude einer starken Polizeibewachung mit strammen Maschinenpistolenmännern: Der Bayerische Ministerpräsident geht hier seinen Geschäften nach.

Prinzregentenstraße 9

Frank Wedekind auf einer Zeichnung von Bruno Paul

Gegenüber, im 3. Stock des Hauses Prinzregentenstraße 50, lebte von 1908 bis zu seinem Tod 1918 der Schriftsteller *Frank Wedekind*. Der ehemalige Werbechef der Firma »Maggi« arbeitete später als freier Mitarbeiter beim »Simplizissimus«, wo er die Doppelmoral und die konventionelle Erstarrung des Bürgertums angriff. Berühmt wurde der jetzt als Dramaturg Arbeitende erst richtig 1899, als er wegen Majestätsbeleidigung ein Jahr Festungshaft erhielt. Die Aufführungen seiner Stücke, u.a. am Deutschen Theater

Früher ein Stadtbach, später zur Straße aufgeschüttet: die Sternstraße um 1895

in Berlin, wurden ständig von der Zensur behindert und verboten. Besonders verhaßt beim Establishment war er wegen seiner positiven Einstellungen gegenüber einem auch sexuell freien Leben. Seine Gattin Tilly beschreibt eine Episode aus dem Jahr 1908: »Als Kaiser Wilhelm II. 1908 nach München kam, um die Schackgalerie, die ihm persönlich gehörte, der Stadt München zu schenken, wohnten wir der Galerie in der Prinzregentenstraße 50 gerade gegenüber. Wedekind hatte sämtliche Schauspieler des Schauspielhauses, der Kammerspiele und des Hoftheaters, die er kannte, eingeladen, damit sie von unseren Fenstern aus das Schauspiel miterleben und dem Kaiser zujubeln konnten. Es war eine echt Wedekindsche Situation von Tragikomik.«

Prinzregentenstraße 3

❹

Die St. Annakirche auf dem St.-Anna-Platz

Das Bayerische Nationalmuseum (Prinzregentenstraße 3; Öffnungszeiten Dienstags—Sonntags und an Feiertagen 9.30—17.00 Uhr) wurde nach Plänen von *Gabriel von Seidel* von 1894—1900 errichtet. Das mit einer aufwendigen Fassade und prunkvoller Innenarchitektur ausgestattete Museum kostete die für damalige Verhältnisse riesige Summe von 3,9 Millionen Mark (zum Vergleich: Gewerbeschule an der Liebherr-/Ländstraße: 400.000 Mark). Prinzregent Luitpold beabsichtigte mit dem Bau des Museums nicht nur die räumliche Zusammenfassung des damals verstreut aufbewahrten historischen Materials, sondern auch die Repräsentation und besonders das Betonen der Eigenständigkeit des Königreiches Bayern innerhalb des Deutschen Kaiserreichs (siehe auch Hauptzollamt). Die sehenswerten Bestände des Museums aus allen Epochen enthalten kunsthistorische, volkstümliche Objekte sowie — nicht zu vergessen — das Sandtner'sche Holzmodell des mittelalterlichen München.

Lerchenfeldstraße 2

Die Prähistorische Staatssammlung (Lerchenfeldstraße 2; Öffnungszeiten Dienstag—Sonntag 9—16.00 Uhr, Donnerstag 9.00—20.00 Uhr) birgt Schätze aus Bayern bis zur Karolingerzeit (9 Jhd.). Das Haus der Kunst (siehe Englischer Garten) schließt sich an.

Prinzregentenstraße 28

Das Bayerische Staatsministerium für Wirtschaft und Verkehr (Prinzregententraße 28) wurde 1937/1939 nach Plänen von German Bestelmayer als Sitz des Luftgaukommandos München erbaut. In den 225 m langen Neubau zog eine Verwaltungsstelle der jungen Luftwaffe ein, die ihre Bewährungsprobe bereits 1936—1939 im spanischen Bürgerkrieg (Bombardierung von Guernica) erfolgreich bestanden hatte. Über den Fenstern des vierten Stockes des östlichen Gebäudeteils erkennt man je einen steinernen Stahlhelm; sie deuten auf die Arbeit hin, die hier einst geleistet wurde.

Triftstraße

❺

1588 wurde die »Trift« eröffnet (bei der heutigen Triftstraße): Einer der vielen Stadtbäche, der am nördlichen Teil des heutigen Mariannenplatzes von der Isar abgezweigt und in nordwestlicher Richtung geführt wurde. Diesen Bach gibt es übrigens immer noch, im Lehel fließt er unterirdisch und bei der Prinzregentenstraße tritt er als Eisbach wieder ans Tageslicht. Auch an der »Trift« befand sich ein Anlegeplatz für Flöße, die isarabwärts getrieben waren und hier auseinandergenommen wurden.

Seit dem Mittelalter wurde das Überschwemmungsgebiet zwischen Stadtmauer und Isar besiedelt (eine »Vor«-Stadt), und zwar von Menschen, die vom Wasser lebten: Fischer, Flößer, Holzarbeiter, Müller und Mühlarbeiter. Viele Bäche durchzogen dieses sumpfige Auengebiet, und das Wasser, das einerseits die Lebensgrundlage war, war andererseits auch die größte Gefahr für Leib und Leben der Vorstädter. Überschwemmungen bedrohten ständig die Häuser, die sowieso schon von unten her feucht und ungesund waren. Die Sterblichkeit z.B. im Jahr 1876 betrug bis zu 86 Sterbefälle auf 1.000 Einwohner, zu einem großen Teil zurückzuführen auf Schwindsucht, Typhus, Cholera, Keuchhusten. Als Ende des 19. Jahrhunderts die Isar reguliert wurde, sank der Wasserspiegel um 6 Meter, und die Verhältnisse besserten sich überraschend schnell.

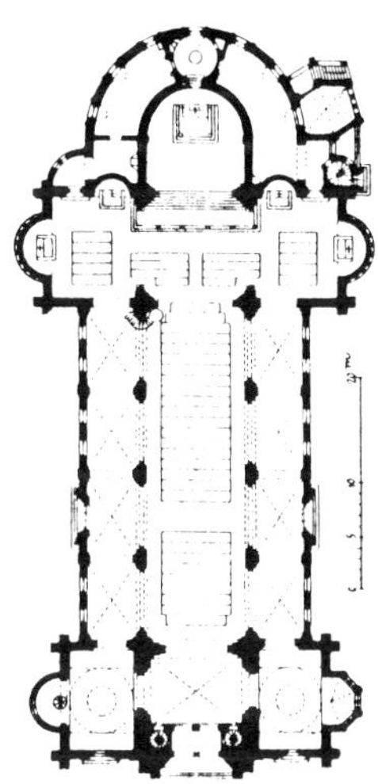

Grundriß von St. Anna

St.-Anna-Platz

Auf dem St.-Anna-Platz stehen zwei Kirchen: die alte und die neue. Die alte St.Anna-Kirche ist die erste Rokokokirche in München; sie wurde 1737 fertiggestellt, für ihr Inneres zeichneten die Brüder *Cosmas Damiam* und *Egid Quirin Asam* verantwortlich. Die Kirche gehört zum St. Anna-Kloster, das 1727 für den Orden der Hieronymitaner Eremiten erbaut wurde. Seit 1827 wohnen hier Franziskanermönche. Bis 1892 diente die Kirche als (katholische) Pfarrkirche für das Lehel, platze aber bald wegen der schnellen Bevölkerungszunahme aus allen Nähten. 1892 wurde dann die neue St. Anna-Kirche ihrer Bestimmung übergeben.

Gabriel von Seidl hat das im (neu-)romanischen Baustil errichtete Gotteshaus entworfen. Der Ende des 19. Jahrhunderts stattfindende Rückgriff auf romanische und gotische, ja sogar altgriechische Baustile sollte das Gottesgnadentum der herrschenden Dynastien dokumentieren, und zwar mitten in einem Viertel der »kleinen Leute«.

Das St.-Anna-Gymnasium für Mädchen (St.-Anna-Straße 20)

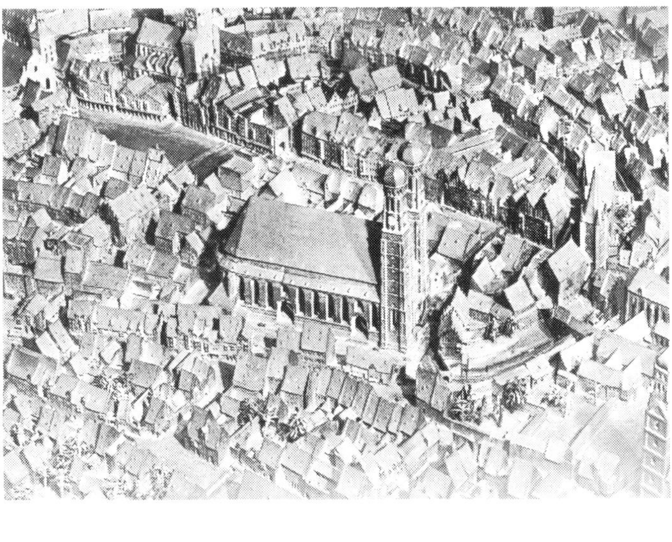

Das Sandtner'sche Holzmodell des mittelalterlichen München im Bayerischen Nationalmuseum

St.-Anna-Straße 20

öffnete im September 1912 als zweite Höhere Mädchenschule in München (siehe Luisenstraße 9) für 140 Schülerinnen ihre Pforten. Mädchen sollten hier die Chance einer besseren Bildung erhalten. Allerdings dauerte es bis 1927, daß aus der Höheren Mädchenschule eine Mädchenoberrealschule wurde, und bis 1930, daß zum erstenmal 60 Abiturientinnen das Reifezeugnis zur Hochschule aus den Händen des Rektors Weidinger erhielten. Inzwischen war die Zahl der Schülerinnen auf 1.035 gestiegen. In der Nazi-Zeit wurde die 9-klassige Oberrealschule 1933 zu einer 8-klassigen »Deutschen Oberschule für Mädchen« gestutzt.

St.-Anna-Platz 2

Im 1. Stock rechts des Hauses St.-Anna-Platz 2 verbrachte der Schriftsteller *Lion Feuchtwanger* (1884–1958) mit 8 Geschwistern seine Kindheit. Seine Bücher (»Jud Süß«, »Erfolg«, »Geschwister Oppermann«, »Exil« u.a.) machten ihn schon zu Lebzeiten zu einem der erfolgreichsten deutschen Schriftsteller des 20. Jahrhunderts. Als Jude hatte er nach der Niederschlagung der Räterepublik in München kein leichtes Leben. Er zog — wie viele bedeutende Künstler — aus der klerikal-kleinbürgerlich-faschistischen »Ordnungszelle« nach Berlin (1925).

Kultur- und Literaturpreisträger der Stadt München: Lion Feuchtwanger

In dem Roman »Erfolg« läßt Feuchtwanger den Schriftsteller Tuverlin sein Verhältnis zu München beschreiben: »Er hatte die Geschichte hier miterlebt seit mehr als einem Jahrzehnt. Er war durch das Münchner Leben mit einer Neutralität gezogen, die häufig wohlwollend war, manchmal übelwollend, aber immer Neutralität. Die ›Befreiung Münchens‹, (...) Alles brach los in ihm, was die dummen und rohen Geschehnisse dieser Jahre angestaut haben. Es war mehr als Mißlaune, als vorübergehendes Unbehagen. Tüverlin, von der Maidult nach Hause fahrend, spürte ein neues unmißverständliches Gefühl. Es war Haß.« Und an einer anderen Stelle schreibt er: »Früher hatte die schöne, behagliche Stadt die besten Köpfe des Reiches angezogen. Wie kam es, daß die jetzt fort waren, daß an ihrer Stelle alles, was faul und schlecht war im Reich und sich anderswo nicht halten konnte, magisch angezogen nach München flüchtete?«

1933 mußte Feuchtwanger, der »ärgste Feind des deutschen Volkes« (Goebbels), emigrieren, seine Bücher wurden verbrannt, er selber ausgebürgert. In der McCarthy-Ära in den USA der 50er Jahre, wo er sich 1941 niedergelassen hatte, wurde er als »Kommunist« und »skrupelloser Feind Amerikas« denunziert. Nach dem Krieg erhielt Feuchtwanger hohe Auszeichnungen in der DDR; trotz dieses Kainsmales verlieh ihm die Stadt München 1957 ihren »Kultur- und Literaturpreis«. Feuchtwanger starb 1958 in Los Angeles.

St.-Anna-Straße 2
❻

In der St.-Anna-Straße 2 finden wir das »Klösterle». Ab 18.00 Uhr (außer Sa.) gibt's hier neben bayerischer Kost aus Großmutters Kochbuch auch Böhmisches. 14 Schoppenweine und 2 Faßbiere schließen die Gefahr des Verdurstens aus.

Die Maximilianstraße wurde zwischen 1852 und 1875 angelegt. Sie sollte der Vorstadt Haidhausen eine zweite direkte Verbindung zu München geben sowie als Achse für die geplante Stadterweiterung in Richtung Isar dienen. Seit *König Maximilian II* seinen Vater

Die Maximilianstraße, bevor die Südfront am Forum abgerissen wurde

Ludwig I. 1848 abgelöst hatte, geriet auch der Favorit Ludwigs I., die graue Eminenz und Leiter der Obersten Baubehörde, *Leo von Klenze*, ins Kreuzfeuer der Kritik. Maximilian II. versuchte, in einem Wettbewerb mit Beteiligung anderer Künstler, für die geplante Straßenachse einen neuen, unverwechselbaren Baustil zu finden. Friedrich Bürklein ging als Preisträger aus dieser Konkurrenz hervor. Die Maximilianstraße setzt am Max-Joseph-Platz vor der Residenz an und erweitert sich nach einem kompakten Straßenstück zu einem Forum, das das Grün der Isaranlagen bis an den Stadtkern heranführt. Repräsentative Staatsgebäude — die Regierung von Oberbayern nördlich und das Völkerkundemuseum (Öffnungszeiten Dienstag-Sonntag 9.30 - 16.30 Uhr) südlich rahmen den Straßenplatz ein. Das Max II-Denkmal (entworfen von Caspar Clemens Zumbusch, aufgestellt 1875) erinnert an den Auftraggeber. Abgeschlossen wird die Straße von der kulissenhaften Fassade des Maximilianeums (siehe S. 145), dem Hauptgebäude Bürkleins. Die moderne Zeit hat ihre Spuren an diesem Gesamtkunstwerk hinterlassen: Während der Amtszeit des Oberbürgermeisters *Hans-Jochen Vogel* (SPD, 1960–1972) wurde die Schneise des 6-spurigen Altstadtringes durch das westliche Ende des Forums geschlagen. Historische Gebäude wurden niedergerissen. Auch der Neubau des »Campari-Hauses«, mit originalgetreuer Fassade wiedererrichtet, kann nicht darüber hinwegtäuschen: für die gesamte Trasse des Altstadtringes (Thomas-Wimmer-Ring, Karl-Scharnagl-Ring) vom Isartorplatz bis zum Haus der Kunst wurden alte Bausubstanz und Straßenführungen geopfert.

Max-Joseph-Platz/ Maximilianstraße/ Max-Planck-Straße

Geht man von der Maximilianstraße in die Adelgundenstraße, kommt ein anderes Gesicht der glanzvollen königlich bayerischen Hauptstadt zum Vorschein. Direkt hinter den Repräsentationsbauten begannen die dunklen, verdichtet gebauten Slums der Normalbevölkerung.

Adelgundenstraße ❼

Das Blattkollektiv: eine Zeichnung vom Szenezeichner Gerhard Seyfried

Adelgundenstraße 12

Im Laden im Erdgeschoß Adelgundenstraße 12 befand sich die Redaktion der ersten »alternativen« Stadtzeitung, das »Blatt«. 1972 gegründet, wurde das »Sponti-Blatt« zum Vorbild vieler Zeitschriften.

Das Blatt bestand aus zwei Teilen: dem Textteil und dem Anzeigen- und Veranstaltungsteil. Im letzteren gab es zum ersten Mal in München die Möglichkeit, alle alternativen Veranstaltungen, Termine, Gruppen, Naturkostläden etc. auf einen Blick zu finden. Im Textteil wurden die etablierten Politiker sowie Moralvorstellungen hart angegangen, wobei sich der Schriftsteller Peter Schult hervortat. Die Polizei war einer der häufigsten ungebetenen Gäste der Redaktion. Durchsuchungen, Zensur, Prozesse und Beschlagnahmungen standen auf der Tagesordnung. 1982 mußte das Erscheinen des »Blatt« eingestellt werden; die ähnlich aufgemachte, aber kommerziell ausgerichtete »Stadtzeitung« hatte dem »Blatt« das Wasser abgegraben. Der Zeichner Gerhard Seyfried, *der zur Redaktion gehörte, hat das Auf und Ab des »Blatt« sowie das Treiben der alternativen Szene auf Papier festgehalten.*

Thierschstraße 41

»Auch Hitler ist, nein war (denn er ›ist‹ kaum noch!) eine Saisonerscheinung. Man ließ ihn reden, man ließ ihn putschen — aus! Das Stadtbild von München, das er von Fremdstämmigen reinigen wollte, hat ihn verschluckt und verdaut. Er ist nur noch ein historisches Exkrement.« Diese Einschätzung der Autoren eines München-Stadtführers von 1928 ist von der Geschichte korrigiert worden. Hitler begann seinen politischen Werdegang in München und machte die Stadt, in der er mehr als zwanzig Jahre lebte, später zur »Hauptstadt der Bewegung.« Im 1. Stock des Hauses Thierschstraße 41 wohnte er von 1920–1930 (Berufsangabe: Schriftsteller).

Thierschstraße 29

Ein Stück weiter in Richtung Isartorplatz gelangt man zur Thierschstraße 29. Hier wuchs der Sänger Konstantin Wecker auf und hierher zieht's ihn nach eigener Aussage immer wieder zurück:

»Wieder dahoam
in meiner Melodie
Da bin i geborn
und da ghör i hi.«

Wecker

In seinen Texten und Liedern beschreibt Wecker seine Jugend im Lehel, das normale München abseits vom großen Rummel. Er besingt, was er an München so liebenswert findet und das, was nicht in Hochglanzbroschüren der offiziellen München-Werbung steht. Wecker mag das alltägliche Leben in und um das Lehel herum mit den kleine und großen Leiden und Freuden.

»Und beim nach Hausgehn
hör ich immer noch meine Mutter pfeifen
vom vierten Stock runter
seh sie aus dem Fenster gebeugt
und dann schimpft sie mich
weil ich natürlich wieder zu spät dran bin
und ruft mir zu was ich bei der Frau Christmann noch
einkaufen soll
und dann weiß ich wieder ganz genau
wo auch immer in der Welt ich mich noch aufhalten werde
oder muß:
Da bin i geborn
und da ghör i hi«

Rumfordstraße 2, 33
❽

In der Rumfordstraße befanden sich zwei, heute nicht mehr existierende Vereinslokale des Arbeiter-Radfahrerbundes »Solidarität«, Ebersbergerhof (Rumfordstraße 33) und Freisingerhof (Rumfordstraße 2).

Müllerstraße
❾

Dort wo seit 1956 das Heizkraftwerk an der Müllerstraße steht, befand sich bis zu seiner Zerstörung 1944 das Luitpold-Gymnasium. Dieses Gebäude war nach heftigen Kämpfen am 14. April 1919 von der Roten Armee eingenommen worden, nachdem die Republikanische Schutztruppe der Regierung *Hoffmann* (SPD) gegen die 1., anarchistische Räterepublik geputscht und die Schule besetzt hatte.

Das Luitpold-Gymnasium: Stätte des Geiselmordes

Als Regierungstruppen und Freikorps Ende April immer näher auf München zumarschierten, und als bekannt geworden war, daß die »weißen« Truppen jeden gefangenen Rotarmisten, selbst Sanitätsmannschaften, gnadenlos töteten, trieb man im Luitpoldgymnasium Geiseln zusammen, die zu einem Teil der antisemitischen und rechtsradikalen »Thule-Gesellschaft« (siehe Hotel Vierjahreszeiten) angehörten. Als die Niederlage der Räterepublik unausweichlich geworden war, wurden zehn dieser Geiseln am 30. April 1919 erschossen, allerdings ohne Wissen eines verantwortlichen Führers. Später wurde ein Erschießungsbefehl lanziert, der die Unterschrift des Kommandanten der Roten Armee, des Matrosen Rudolf Egelhofer, trug, Diese Unterschrift war gefälscht; als die Führer der Räterepublik, Ernst Toller, Emil Maenner *und* Klingelhöfer, *sowie der Stadtkommandant* Mehrer *vom Geiselmord erfuhren, waren sie entsetzt; Toller erklärte, er möchte am liebsten einen Revolver nehmen und sich aus der Welt schaffen.*

Müllerstraße 12

In der Müllerstraße 12, auf der Behelfsbühne eines pleitegegangenen Action-Kinos, hat *Rainer Werner Fassbinder* das Konzept des »Antitheaters« entwickelt. Schon das »Drumherum« des »Action«-Theaters stand quer zum verstaubten Staats- oder sonstigem Theaterbetrieb. Im Zuschauerraum durfte geraucht und getrunken werden. Das kleine Podest war mit Reklamewänden einer großen Illustrierten umstellt. Auf ihm prangten Farbfotos vom persischen Kaiserpaar. Das war Oktober '67, vier Monate vorher war in Westberlin Benno Ohnesorg anläßlich des Schahbesuchs von der Polizei erschossen worden.

Müllerstraße nach dem 2. Weltkrieg: Schlangestehen für das Nötigste

»Hinter diesen Stellwänden verschwand das Ensemble bis auf einen untersetzten, sanft blickenden jungen Mann, der aus seinen Jeans ein Reclamheft fischte, sich bäuchlings auf den Boden legte, noch einmal kurz ins Publikum sah, dann sein Büchlein aufschlug und vorlas: ›Leonce und Lena. Ein Lustspiel von Georg Büchner.‹ Aktuelle Anspielungen fehlten nicht, z.B. als der Schulmeister die zur Begrüßung abkommandierten Untertanen belehrte: ›zeigt die gehörige Rührung, oder es werden rührende Mittel gebraucht werden‹, gab es Szenenbeifall — angesichts des Schahs aktualisierte sich der Text von allein. Zur Hochzeit zwischen Leonce und Lena stellten ›die Beatles‹ aus dem Lautsprecher die berechtigte Frage: ›will you still need me — will you still feed me — when I'm sixty -four‹?« (Yaak Karsunke)

Im Juni '68 wurde das Action unter dem Vorwand technischer Mängel an den elektrischen Leitungen geschlossen. Eine neue »Bühne« fand das Ensemble im Hinterzimmer der Schwabinger Wirtschaft »Witwe Bolte«.

Fraunhoferstraße 24
⑩

Das Postamt an der Fraunhoferstraße 24 (erbaut 1929-1931) ist eines der zahlreichen wegweisenden Gebäude, die der Architekt *Robert Vorhoelzer* entwarf. Diese Postbauten konnten nur deshalb so funktional und klar gegliedert ausfallen, weil die Post als Reichsbehörde nicht von irgendwelchen bayerischen Institutionen abhängig war. Das Gewetter gegen diese Sorte von Architektur gehörte in München zum guten Ton. Der Gebäudeteil zur Straße hin enthält Wohnungen; das elegante Postamt selber liegt im Hof versteckt.

Die Hauptsynagoge der Israelitischen Kultusgemeinde steht in der Reichenbachstraße 27. In der Nacht zum 14. Februar 1970 wurde auf das hier ebenfalls befindliche jüdische Altersheim ein Brandanschlag verübt, bei dem sieben Menschen ums Leben kamen. Die Synagoge selbst öffnete im Jahr 1931 ihre Pforten, und zwar hauptsächlich für die 2.300 sogenannten »Ostjuden«, die 1900–1910 aus Osteuropa nach Deutschland gekommen und hier wegen ihrer Armut von den deutschen Juden nicht gern gesehen waren. In der Reichspogromnacht vom 9.11. 1938 wurde die Synagoge demoliert und in Brand gesteckt, am 28. Mai 1947 wieder eingeweiht.

Reichenbachstraße 27
⑪

Das Staatstheater am Gärtnerplatz: ein repräsentativer Bau

Das politische Klima gegenüber jüdischen Bürgern in München während der Weimarer Republik kennzeichnet, daß an der Universität, einem Herd des Antisemitismus, bereits seit 1921 keine ausländischen Juden mehr studieren durften. Während der NS-Herrschaft wurden die jüdischen Bürger in Milbertshofen und Berg-am-Laim in Ghettos gesperrt und von dort aus meist ins Ghetto Theresienstadt gebracht. Nur 297 von ihnen kehrten nach dem Krieg nach München zurück. Heute ist die Münchener Gemeinde mit ca. 4.000 Mitgliedern nach Berlin und Fankfurt die drittgrößte der BRD.

Zerstörte Räume der Synagoge in der Reichenbachstraße

Gärtnerplatz

Das Zentrum des planmäßig angelegten Gärtnerplatz-Viertels ist der Gärtnerplatz, bestückt mit dem repräsentativen Bau des Gärtnerplatztheaters. Ein Blick auf den Stadtplan zeigt, daß dieses kleine Stadtviertel systematisch und als Einheit angelegt worden ist. Es ist nach der Maxvorstadt das zweite Wohnquartier Münchens, das im 19. Jahrhundert außerhalb des ehemaligen Befestigungsringes entstand. Der königliche Kämmerer und Bankier *Simon von Eichthal* hatte 1825 den sumpfigen Hl. Geist-Anger erworben, mit der Absicht, ihn in möglichst viele kleine Grundstücke zu parzellieren und gewinnbringend zu verkaufen, um flüssiges Kapital zur Investition in das 1838 einsetzende, lukrativere Eisenbahngeschäft freizubekommen. 1860 begann die Bautätigkeit. Der neue Stadtteil wurde ein typisches Mietshausviertel.

Gärtnerplatz

Um 1860 gab es in München einige Theater, die vom Programm als auch vom Eintrittspreis her für die große Masse der Bevölkerung attraktiv waren. Das größte war das Schweiger'sche Volkstheater an der Lilienstraße (siehe S. 159). »Aus der Erkenntnis, daß diese Theater nicht geeignet sind, höheren Ansprüchen zu genügen, erwuchs das Verlangen nach einem groß angelegten Volkstheater« (offizieller Originalton 1912). Zur Durchführung des Gedankens bildete sich im Jahr 1863 eine Aktiengesellschaft. *König Ludwig II.* setzte sich für die Idee ein mit den Worten: »Meiner Hauptstadt darf der Besitz eines würdigen Volkstheaters nicht vorenthalten werden«. Innerhalb von neun Monaten entstand das Gärtnerplatztheater, und als es 1865 seiner Bestimmung übergeben wurde, mußte auf behördlichen Druck hin das volksnahe Schweiger'sche Etablissement schließen.

Das Deutsche Patentamt entstand zwischen 1954–1958, während des »Wirtschaftswunders«; ebenfalls untergebracht ist hier das Bundespatentgericht. Das Europäische Patentamt wurde 1975–1980 gebaut; die direkte Verbindung zum Büchermagazin des Deutschen Patentamtes und die Nähe des Deutschen Museums wa-

Die Kohleninsel 1898 vor dem Bau des Deutschen Museums; erst 1906 wurde der Grundstein des von Oskar von Miller initiierten Museums gelegt; rechts oben, wo hier noch Wohnhäuser sind, stehen heute die Gebäude des Deutschen und des Europäischen Patentamtes

Zweibrücken-straße 12/Erhard-straße 27
⑫

ren entscheidend für die Lage des Gebäudes. Der Baugrund mußte indes erst baureif gemacht werden: Unter heftigen Protesten der Öffentlichkeit wurde eine Vielzahl einfacher, billiger Mietshäuser für den Verwaltungsbau abgerissen. In ihm arbeiten 1.200 Menschen; seine Bibliothek umfaßt 1.500.000 Bände Spezialliteratur, die des Deutschen Patentamtes 900.000 Bände. Gegenüber, im Deutschen Museum stehen nochmals 750.000 Bände.

Boschbrücke

An der Boschbrücke steht das 1931 aufgestellte, von *Fritz Behn* geschaffene Bismarckdenkmal. Der Eiserne Kanzler wird hier als mittelalterlicher Roland dargestellt.

Isarinsel/ Boschbrücke

Am 13. November 1906 fand die Grundsteinlegung des vom Ingenieur Oskar von Miller initiierten Deutschen Museums, des größten technischen Museums der Welt, statt. Kaiser Wilhelm II. in Husarenuniform führte drei kräftige Hammerschläge persönlich aus: »Den dahingegangenen Forschern zum Gedächtnis, den lebenden zur Anerkennung, den Nachkommen zur Aneiferung. Seiner königlichen Hoheit dem Prinzregenten (Luitpold) ein ewig ragendes Denkmal«. Nach den Plänen von *Gabriel von Seidl* begannen die Bauarbeiten, die jedoch während des 1. Weltkrieges eingestellt und erst 1920 wieder aufgenommen wurden. Am 7. Mai 1925 wurde das Museum am 70. Geburtstag Oskar von Millers eröffnet.

Der gesamte Gebäudekomplex ruht auf ca. 3.000 Betonpfählen, da der Untergrund aus Kiesschutt besteht. Reichsbahn und Reichspost verpflichteten sich 1925, keine Frachtgebühren für alle dem Museum zugesandten Gegenstände zu erheben. Diese Regelung gilt bis heute. Darüber hinaus versorgen die Stadtwerke München die Gebäude kostenlos mit Strom und Wärme.

Im 2. Weltkrieg beschädigten Bombenangriffe 1944 die Gebäude. Das Museum wurde und wird ständig erweitert; dabei gab es einen einschneidenden Rückschritt, nämlich die starken Beschädigungen durch die Bomben 1944; die Ausstellungsstücke waren rechtzeitig ausgelagert worden. Auf einer Ausstellungsfläche von 45.000 Quadratmetern werden heute anhand von ca. 16.000 Objekten aller Art die Grundprinzipien von Naturwissenschaft und Technik dargestellt. Mit 1,4 Millionen BesucherInnen jährlich ist es das meistbesuchte touristische Gebäude der BRD. Wer es ganz kennenlernen will, braucht dafür Monate (Öffnungzeiten täglich 9.00–17.00 Uhr).

Gründungskongreß des Deutschen Gewerkschaftsbundes 1949 im Kongreßsaal des Deutschen Museums

Im Kongreßsaal des Museums wurde am 12.–14. Oktober 1949 der Deutsche Gewerkschaftsbund (DGB) gegründet und *Hans Böckler* zum 1. Vorsitzenden gewählt. Im hier beschlossenen »Münchner Programm« wurde eine Wirtschaftsordnung gefordert, »in der soziale Ungerechtigkeit und wirtschaftliche Not beseitigt und jedem Arbeitswilligen Arbeit und Existenz gesichert sind ... Mitbestimmung der organisierten Arbeitnehmer in allen personellen, wirtschaftlichen und sozialen Fragen, in der Wirtschaftsführung und Wirtschaftsgestaltung. Überführung der Schlüsselindustrien in Gemeineigentum ...«

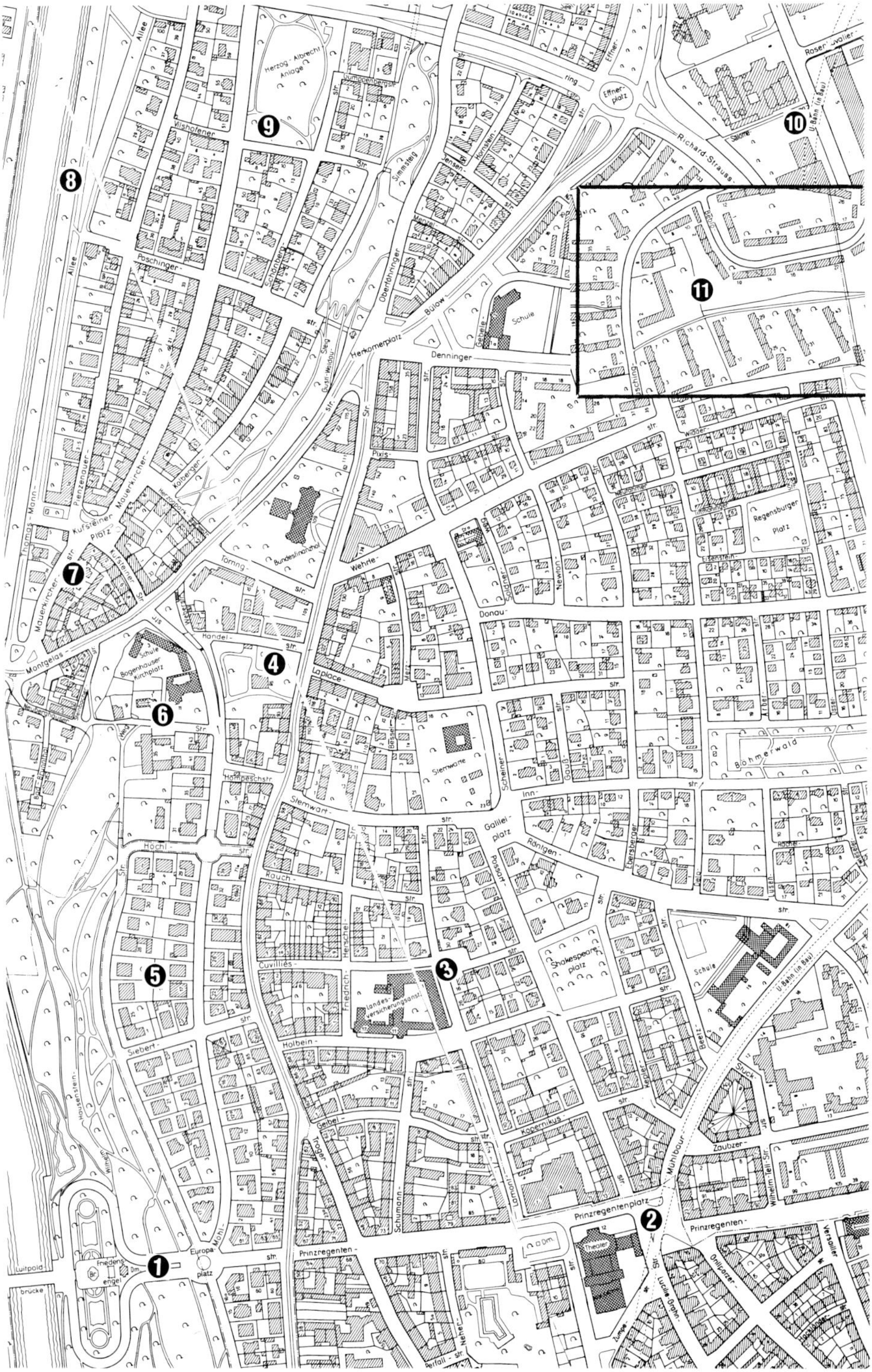
Allee
Vilshofener
Herzog-Albrecht-Anlage
Gumppenbergstr.
9
8
Effner-platz
ring
Effner-
Richard-Strauss-
Salome
10
Roseṅcavalier-
U-Bahn (in Bau)
11
Poschinger-
Schönberg-
Simmsteig
Oberföhringer
Sensen-
Hornstein-
Meistel-
Bülow
Herkomerplatz
Denninger
Schule
Gebele-
Gusti-Waldau-
Steig
Thomas-Mann-
Pienzenauer-
Mauerkircher-
Kolberger-
Kufsteiner
Platz
7
Mauerkircher-
Törring-
Bundesfinanzhof
Pixis-
Wehrle-
Donau-
Newton-
Soldner-
Regensburger Platz
Montgelas-
Handel-
Schule
Bogenhauser Kirchplatz
4
6
Laplace-
Bessel-
Sternwarte
Scheiner-
Gauß-
Böhmerwald
Hompeschstr.
Sternwart-
Inn-
Galilei-platz
Röntgen-
Passaur-
Höchl-
Rauch-
Herschel-
Ebersberger-
Cuvilliés-
3
Shakespeare-platz
Schule
U-Bahn (in Bau)
5
Landes-versicherungsanstalt
Friedrich-
Siebert-
Holbein-
Stuck-
Gebel-
Troger-
Schumann-
Lamont-
Kopernikus-
Mühlbaur-
Zaubzer-
Wilhelm-Tell-Str.
Hausenstein-
Prinzregentenplatz
2
Prinzregenten-
Theater
Versailler
Möhl-
Europa-platz
Friedensengel
1
Luitpold
brücke
Prinzregenten-
Neher-
Perfall-str.
Lucile-Grahn-
Zumpe-
Grillparzer-

Schwarzmarkt, Stuck und Schickeria

Bogenhausen

Ausgangspunkt: *Friedensengel, Bus 55*
Endpunkt: *Stuntzstraße, Bus 55*
Dauer: *3 Stunden*

Bogenhausen ist und war seit Anfang des 20. Jahrhunderts eine »gute« Adresse, sogar »die« Adresse schlechthin in München. Hier bauten sich die betuchteren Bürger ihre Villen, hierher zogen viele Konsulate sowie zahlreiche Burschenschaften. Eine gute Adresse ist Bogenhausen bis heute geblieben, auch wenn der gewachsene Autoverkehr die Lebensqualität senkt. Zu Vierteln dieser Art gehört nicht nur die Grundstücksspekulation: bereits Anfang des Jahrhunderts waren die Bodenpreise derartig hoch, daß allein »Prominente« sie bezahlen konnten — heute werden aus den gleichen Gründen die großen Grundstücke mit immer mehr Gebäuden zugebaut. Zu Vierteln wie Bogenhausen gehört auch, daß hier anläßlich der Revolution im November 1918 Gold und Silber, Gemälde und Gobelins eilig versteckt wurden. Man fürchtete, die revolutionären Massen würden die Häuser und Villen stürmen und plündern — zu Unrecht. Von Bombenschäden im 2. Weltkrieg wurde Bogenhausen weitgehend verschont.

Der »Friedensengel« und eines der vier Mosaike

Prinzregentenstraße

❶

Der Friedensengel bildet den Abschluß der »inneren« und den Anfang der »äußeren« Prinzregentenstraße. Im Jahr 1896 beschloß der Stadtrat anläßlich des 25. Jahrestages des deutsches Sieges im Krieg von 1870/1871, dieses Denkmal des Friedens zu errichten. Ganz so friedfertig wie auf den ersten Anschein waren auch die Münchner Bayern nicht. Der vergoldete Friedensengel hält in der rechten Hand einen Friedenszweig, in der linken hingegen die bewaffnete griechische Göttin Athena: friedenbewahrend, aber kriegsbereit. An wen diese Botschaft gerichtet war, zeigt der Blick des Engels nach Westen: »Erbfeind« Frankreich. Der Sockel des Monumentes ist im altgriechisch-altrömischen Stil gehalten. Die vier Mosaike zeigen zwei Krieger, die Friedensstiftung sowie die Segnungen des Friedens: wissenschaftliche, handwerkliche und landwirtschaftliche Arbeit.

Als im November 1918 auf der Theresienwiese die Revolution ausgerufen worden war, trennte sich eine Minderheit der Teilneh-

Die Stuckvilla (ohne den Altelieranbau) um die Jahrhundertwende; heute Ort vieler interessanter Ausstellungen

mer und zog unter der Führung Erhard Auers (SPD) zum Friedensengel, an der Spitze des Zuges marschierte ein Musikkorps. Der Friedensengel war als Endpunkt ausgesucht worden, um das innenpolitische Ziel der SPD zu verdeutlichen: keine harten Auseinandersetzungen mit den regierenden Kräften im allgemeinen und den Wittelsbachern im besonderen. Heute steht der Friedensengel inmitten des brausenden Autoverkehrs der Prinzregentenstraße — einer der wenigen Ausfallstraßen nach Osten.

Prinzregentenstraße 60, 70, 75-98

Die Stuckvilla entstand 1897/1898 in der bevorzugten Lage auf den Isarhöhen. Ihr Bauherr *Franz von Stuck* (1863-1928) war einer der Münchner »Malerfürsten« und der bedeutenste Vertreter des Münchner Jugendstils. Wertvollste Materialien und eine ausgesuchte Ausstattung innen wie außen, prägen das Bild der Villa, die im Krieg kaum zerstört wurde, noch heute. Zu Stucks Zeiten häufig Ort rauschender und extravaganter Feste, dient das Haus heute für Ausstellungen.

Franz von Stuck, 1863 geboren, einer der bedeutendsten Vertreter des Münchner Jugendstils. Im Haus des »Malerfürsten« fanden rauschende und extravagante Feste statt.

Am 4. August 1971 fand in der Filiale der Deutschen Bank an der Prinzregentenstraße 70 der erste Banküberfall mit Geiselnahme in der BRD statt. Die beiden Täter, *Dimitri Todorov* und *Hans Georg Rammelmayr,* nahmen 12 Geiseln und forderten 2 Millionen Mark plus ein Fluchtauto. Um Mitternacht eröffnete die Polizei das Feuer, erschoß Rammelmayr und verletzte die Geisel Ingrid Reppel so schwer, daß sie ihren Verletzungen erlag. Die dramatischen Ereignisse, die von 16 bis 24.00 Uhr dauerten, wurden mit großem Interesse von gegenüber verfolgt: Im Restaurant Käfer drängten »sich zwei oder drei Dutzend von Schaulustigen, die die Geschehnisse vom Balkon aus bei Sekt und Wein verfolgten und die Aktionen der Gangster zum Teil sogar mit Beifall bedachten...«, wie der damalige Oberbürgermeister Hans-Jochen Vogel berichtet. Zu den häufigs-

ten Gästen von Käfer zählt noch heute jene berühmte von Sensation zu Sensation hetzende Münchner Schickeria, deren eingebildeten Freuden und Leiden die Klatschspalten in den diversen Zeitungen gewidmet sind.

»Mit Beifall bedacht« von Gästen des Restaurants Käfer: Banküberfall mit Geiselnahme im August 1971

Die nördliche Seite der »äußeren« Prinzregentenstraße ist ein Schaustück verschiedener Architekturepochen. An ihrem Anfang stehen aufwendig gestaltete Mietshäuser für »gehobene« Ansprüche aus der Zeit der Jahrhundertwende, an die sich der grüne Block aus den 20er Jahren anschließt (Prinzregentenstraße 75-98): ein funktionaler, klotziger, aber doch elegant gegliederter Komplex als Kontrastprogramm zu seinen verschnörkelten Vorgängern. Es folgt ein Verwaltungsbau der Deutschen Bank aus den 60er Jahren und schließlich die Hauptverwaltung der ARAG-Lebensversicherung aus Glas und Stahlbeton, erbaut 1976-1978.

Richard Wagner in der Karikatur: Anspielung auf die hohen Kosten, die Wagners musikalisches Schaffen verursachte

Das Prinzregententheater wurde 1900-1901 zur Aufführung der Werke Wagners im Jugendstil erbaut. Ganz im Sinne der germanischen Bühnenhelden trägt es die Aufschrift »Der deutschen Kunst«. *Richard Wagner* liebte die königliche Residenzstadt und wollte hier unter der Protektion seines Gönners Ludwig II. »sein« Schauspielhaus errichten lassen. Daraus wurde zunächst nichts. Bereits 1865 verließ der 1865 die Residenzstadt und ließ sich in Bayreuth nieder. Erst zur Jahrhundertwende besannen sich die Münchner, am Prinzregentenplatz entsteht ein neues Theater, das sich ganz an das Vorbild von Bayreuth anlehnt. Am 21. August 1901 wird es mit der Aufführung der »Meistersinger von Nürnberg« eingeweiht

Prinzregentenplatz ❷

– zugleich die Geburtsstunde der Münchner Opernfestspiele.

Nach dem 2. Weltkrieg stand das Theater leer und wurde nur für Proben genützt. Im Januar 1988 wurde es erneut geöffnet.

Prinzregentenplatz 16

Im 2. Stock des Hauses Prinzregentenplatz 16 lebte seit 1930 *Adolf Hitler.* Er war aus dem bescheidenen möblierten Zimmer in der Thierschstraße direkt in eine 9-Zimmer-Wohnung im teuersten Viertel der Stadt umgezogen. Der Etat der NSDAP und Hitlers Privatbudget, kräftig gestützt durch das Münchner Großbürgertum, ermöglichten diesen Aufstieg. Dennoch war der Hauswirt zunächst skeptisch: erst nach der Bürgschaft eines reichen Münchners für pünktliche Bezahlung der Miete wurde der Mietvertrag abgeschlossen. Im September 1931 wurde hier Hitlers Halbnichte und Geliebte *Geli Raubal* tot aufgefunden. Ob Mord oder Selbstmord wegen einer unerwünschten Schwangerschaft oder wegen der neuen Freundin Hitlers, Eva Braun, blieb unaufgeklärt. Die Privatwohnung am Prinzregentenplatz in seinem »geliebten München« behielt der Reichskanzler und »Führer« bis 1945 bei, allerdings aus »Sicherheitsgründen« ab 1934 ohne entsprechenden Eintrag im öffentlichen Adreßbuch.

Holbeinstraße

❸

Die Holbeinstraße mit ihren auffälligen Jugendstilfassaden steht unter Denkmalschutz. Besonders interessant: die 1907 entstandene Fassade der *Nr. 7,* ein chaotisches, vielfältiges und doch einheitliches Gesamtkunstwerk.

Scheinerstraße 1

Im Jahr 1819 wurde die Sternwarte an der Scheinerstraße gegründet. Ihr berühmtester Direktor, *Johann von Lamont (1805-1879),* erforschte hier die Maße des Uranus und bestimmte Sternhaufen und Nebelflecken. Sein Grab befindet sich auf dem Bogenhauser Friedhof. Am 6. November 1918 registrierte man hier morgens zwischen 8.00 und 9.00 Uhr zwei starke Erdstöße, die in der Stadt Möbel, Lampen und Bilder erzittern ließen.

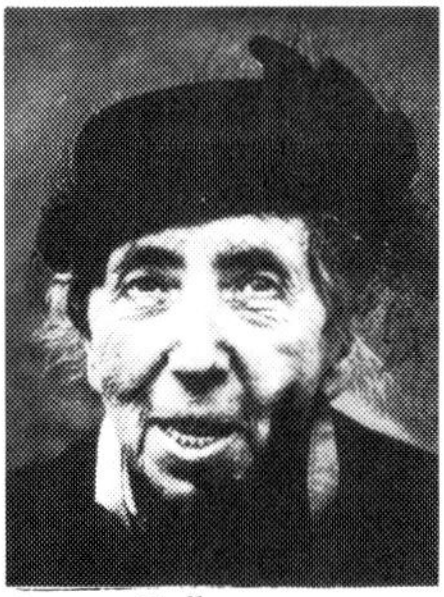

Annette Kolb

Wer trotz oder gerade wegen der hochherrschaftlichen Bauten Spaß an der Architektur inmitten von viel Grün findet, dem sei ein ausführlicher Spaziergang im Viertel zwischen Ismaninger- und Richard-Strauß-Straße empfohlen. Man trifft bei der Ismaninger-/ Händelstraße auf den Bürgermeistergarten, dessen Überbauung mit profitablen Eigentumswohnungen erst kürzlich verhindert werden konnte.

❹

Händelstraße 1

In der Händelstraße lebte *Annette Kolb* (1870-1967) bis zu ihrem Tod. Die Schriftstellerin stammte aus einer bayrisch-französischen Ehe und setzte sich seit ihrer Jugend für die Verständigung der Völker ein. 1916 mußte sie als Pazifistin Deutschland verlassen, kehrte 1922 zurück und emigrierte 1933 zum zweiten Mal. General de Gaulle schlug sie zum Ritter (nicht Ritterin) der Ehrenlegion. Ihr Grab befindet sich auf dem Bogenhauser Friedhof.

Möhlstraße

❺

Wenn Bogenhausen »die« Adresse in München war, dann ist die Möhlstraße »die« Adresse Bogenhausens. Ein Blick auf die Häuser und ihre Bewohner: Nr. 39: Dr. Georg Kerschensteiner, Stadtschulrat; Nr. 34: Philipp Graf Schenk von Stauffenberg, Rittmeister und

Schwarzmarkt im »besseren« Viertel: die Möhlstraße

Gutsbesitzer; Nr. 26: Seine königliche Hoheit Herzog Ludwig in Bayern; Nr. 16: Familie Schneider, Weißbierbrauer; Nr. 3: Hugo Kustermann, Fabrikant und mexikanischer Konsul; Nr. 2: August Pschorr, Brauereibesitzer. Nach 1933 verließen viele wohlhabende jüdische Anwohner ihre Häuser in dieser Straße, Dienststellen der NSDAP zogen ein. Nach dem Krieg dienten die Villen zunächst als Quartiere für zurückgekehrte Emigranten und Flüchtlinge, die ursprünglichen Besitzer erhielten als »Wiedergutmachung« eine Entschädigung. In den Notjahren nach 1945 blühte auch in der Möhlstraße der Schwarzmarkt: fliegende Händler, provisorische Buden, ein hektisches Treiben und Jagen nach raren Waren; Kriminalität und häufige Polizeirazzien prägten das Gesicht der Straße. Heute ist die Möhlstraße wieder das, was sie anfangs war: erste Adresse — seit den 60er Jahren allerdings mehr und mehr für Kanzleien und Top-Büros.

Die Möhlstraße war in der Nachkriegszeit *das* Münchner Schwarzmarktzentrum. Der Umsatz betrug täglich 1.000.000 Zigaretten, 20-30 Tonnen Kaffee und mehrere 100.000 Tafeln Schokolade. Getragen wurde der Handel hauptsächlich von Displaced Persons (Ausländer, die während des Krieges nach Deutschland gerieten und jetzt nicht mehr nach Hause zurück wollten) und Deutschen, die aus dem Exil zurückgekehrt waren. Dieser Personenkreis wurde aus politischen Gründen vorsichtig behandelt. Die letzte Sternstunde der Möhlstraßen-Szene jener Jahre schlug 1950, als sich mehr als 2.000 ambulante Händler auf den Weg zu den Passionsspielen nach Oberammergau machten. Ab 1951 löste sich das Schwarzmarktzentrum auf.

Prinzregentenstraße 61

Wilhelm Conrad Röntgen: an Hautkrebs gestorben

Wilhelm Conrad Röntgen, der Entdecker der gleichnamigen Strahlen, wohnte von 1900-1919 in der Prinzregentenstraße. Der Professor der Physik galt bei den Studenten als ein grantiger, launischer Prüfer. Der Grund: Röntgen verabscheute den aufkommenden Antisemitismus, dessen Zentrum die Münchner Universität und ein großer Teil der dortigen Studenten war: »Daß anständige Menschen von minderwertigen Personen so offen schwer gekränkt werden können, ist ein trauriges Zeichen«. Röntgen empörte sich auch über das Nebeneinander von Massenarmut und Zur-Schau-Stellen des Wohlstandes der damaligen Schickeria. Er starb 1923 in der Maria-Theresia-Straße 11 an Hautkrebs, der vermutlich von seinen Experimenten hervorgerufen worden war.

Die Maria-Theresia-Straße war ebenfalls eine gute Adresse des frühen 20. Jahrhunderts: Nr. 6: Fürst Karl von Wrede; Nr. 11: Wilhelm Conrad Röntgen (1919-1923); Nr. 12: königlicher Generalmajor von Lossow, seit 1919 Landeskommandant der Reichswehr in Bayern; Nr. 17: Prinz Friedrich von Hohenzollern; Nr. 23: Adolf von Hildebrand, Bildhauer (zu seiner Zeit einer der bekanntesten seines Faches; heute vergessen); Nr. 28: Martin Aufhäuser, Bankinhaber; Nr. 32: (heute Höchlstraße 2) Rudolf Diesel, Motorfabrikant und Ingenieur (der Bewohner dieses Hauses litt offenkundig unter Waschzwang — warum sonst 5 Badezimmer?).

Bogenhauser Kirchplatz

❻

Die Kirche St. Georg ist die Kirche des alten Dorfes, von dem ansonsten nichts mehr übriggeblieben ist, ihre Kanzel stammt von *Ignaz Günther.* An der Westseite ist eine Gedenktafel angebracht, die an vier Opfer des faschistischen Terrors in Zusammenhang mit dem Attentat auf Hitler am 20. Juli 1944 erinnert. Der Jesuitenpater *Alfred Delp,* der in dem 1705 erbauten Pfarrhaus westlich des Friedhofs lebte, der Kaplan *Hermann Wehrle* und *Ludwig Freiherr von Leonrod* gehörten zum Kreis um *Franz Sperr,* der in enger Verbindung zum Kreisauer Kreis stand.

Die Villa von A. v. Hildebrand in der Maria-Theresia-Str. 23

Jugendstil

»Jugendstil« ist die deutsche Bezeichnung für den international verbreiteten Stil um 1900, der in Frankreich »Art Nouveau«, in Österreich »Sezession« genannt wurde. Eine »Sezession«, d.h. die Trennung der jüngeren Maler *Uhde, Stuck, Dill* u.a.) von der traditionellen »Künstlergenossenschaft« 1893 war auch das äußere Zeichen in München dafür, daß sich eine ganze Generation von Künstlern nicht mehr mit der akademisch-strengen Tradition abfinden wollte. 1896 wurde in München von dem Kunstschriftsteller *Hirth* die Zeitschrift »Jugend« herausgegeben, und von dieser Zeitschrift leitete man die Bezeichnung »Jugendstil« ab; die Art, wie sie illustriert und gestaltet war, wurde zum Vorbild für ähnliche Gestaltungen im Bereich der angewandten Kunst, der Graphik, Keramik, Glaskunst, der Möbel und der Architektur und schließlich auch der bildenden Kunst. »Zu Ihrem Programm gehörte es, kein eigentliches Programm zu haben. Alles Neuartige, Beschwingte, Freie sollte hier ein Ausdrucksmittel finden, um gegen verstaubte Konventionen aufzutreten. Die Beiträge sollten alle Bereiche des Lebens — in lockerer Form aneinandergereiht — umfassen und in Beziehung stehen zu Begriffen wie Jugend, Leben, Liebe, Frohsinn, Schönheit...« *(Linda Koreska-Hartmann)*

Für wenige Jahre wurde München zu einem Zentrum des damals modernsten Stils, neben Wien, Brüssel und Darmstadt. Für die »Jugend« arbeiteten so berühmte Graphiker wie der Franzose *Félix Valotton* oder *Ernst Barlach.* Der Schweizer *Hermann Obrist* etablierte 1894 seine kunstgewerbliche Textilwerkstätte. Die berühmteste Jugendstilfassade — und die erste Münchens — war das Photoatelier Elvira *(August Endell)* in der Von-der-Thann-Straße; und sie sollte mit ihrer bunten Stuckdekoration nicht nur allgemein »Modernität« signalisieren, sondern durchaus auch provozieren: hier arbeitete nämlich eine der engagiertesten Kämpferinnen der Frauenbewegung, Anita Augspurg.

Um 1900 gründete *Obrist* die »Vereinigten Werkstätten für Kunst im Handwerk«, und 1907 wurde von *Riemerschmid* in München der »Deutsche Werkbund« gegründet — ein wichtiger Schritt auf dem Weg zum späteren »Bauhaus« und zu dem, was wir heute unter Industriedesign verstehen.

Und doch entstand in München im Vergleich mit Wien oder Darmstadt nur eine eigenartig konservative, rein ästhetisierende Variante des Jugendstils: während in Wien mit *Otto Wagner* und seiner Schule der moderne Städtebau in bis heute faszinierender Weise als gesellschaftliche Aufgabe begriffen wurde, während in der Darmstädter Künstlerkolonie der Wohnungsbau als Teil einer programmatischen Lebenserneuerung gesehen wurde, herrschte in München die ästhetische Stilisierung der Luxusprodukte für eine kleine, reiche Bürgerschicht vor. Die Möbel und Vasen von *Riemerschmid* waren nie als funktionale Entwürfe für eine industrielle Massenfertigung gedacht. Nur ein öffentlicher Innenraum von Qualität entstand, die von *Riemerschmid* gestalteten Kammerspiele in der Maximilianstraße.

Speziell im Münchner Jugendstil wird deutlich, daß diese Künstlergeneration die tiefe Krise der Kunst am Ende des 19. Jahrhunderts deutlich spürte, sie aber nicht als Ausdruck einer gesellschaftlichen Krise sehen konnte und wollte. Dies war ein Grund, weshalb viele Künstler die Krise wiederum nur mit den Mitteln der Kunst zu überwinden suchten: mit der durchaus reizvollen Dekadenz des »fin de siècle« verband man individuelle Flucht- und Protesthaltungen und arbeitete mit den Mitteln der Überästhetisierung. So entstanden gerade in den Bereichen des Kunstgewerbes, der Buchkunst usw. Werke, die uns heute sehr ansprechen. Damals jedoch wurde z.B. über die Fassade des Photo-Ateliers Elvira gespottet, der Jugendstil wurde als eine verrückte Idee einiger »Jugendbewegter« abgetan. Auch die Nazis konnten die Abneigung weitester Kreise der Bevölkerung gegen den Jugendstil ausnützen, als sie dieses Photo-Atelier 1938 demolieren ließen. Und doch waren die etwa 10 Jahre des Jugendstils von ca. 1896-1907 für viele Künstler eine höchst wichtige und kreative Durchgangsphase, so z.B. auch für *Wassily Kandinsky* und andere Maler des »Blauen Reiter«. *Frieder Köllmayr*

Der Kreisauer Kreis, benannt nach dem Gut eines seiner führenden Männer, Helmuth James Graf von Moltke, bestand aus Offizieren, Adeligen und meist konservativen Politikern; er strebte die Bildung einer neuen Volksfront auf der Grundlage »aller sozialen und demokratischen Kräfte« im Nach-Hitler-Deutschland an und unterhielt Kontakte zu Sozialdemokraten, Gewerkschaftern und Kommunisten. Freiherr von Leonrod beteiligte sich an dem im Anschluß an die Nachricht vom Attentat auf Hitler unternommenen Offiziersputsch in der Berliner Bendlerstraße, wo er auch hingerichtet wurde. Der Schwerpunkt der Widerstandstätigkeit des Münchner Sperr-Kreises lag jedoch nicht in Attentatsplänen, sondern in der geistigen, organisatorischen und personellen Vorbereitung auf ein »zukünftiges, d.h. nicht-nationalsozialistisches Deutschland«. Pater Delp wurde hingerichtet, weil in seiner Wohnung im Pfarrhaus die Besprechungen stattgefunden hatten; Kaplan Wehrle, weil er zugab, daß ihn Freiherr von Leonrod aus Gewissensnot gefragt hatte, welche Stellung die katholische Moraltheologie zum Tyrannenmord einnehme — sie hält ihn unter gewissen Umständen für vertretbar — und er dies nicht der Polizei angezeigt hatte. Auf Wehrle kam die Gestapo erst, als Leonrod unter Folterungen dessen Namen preisgegeben hatte.

Karl Alexander von Müller, Präsident der Akademie der Wissenschaften, empfing Hitler u.a.

Auf dem stimmungsvollen Friedhof sind viele prominente Münchner beigesetzt, z.B. Erich Kästner, Ernst Haufstaengl, Annette Kolb, Johann von Lamont, Liesl Karlstadt (Karl Valentins Partnerin), Oskar Maria Graf, Rainer Werner Fassbinder. Auch die Familie Mann ist vertreten, allerdings nicht Thomas Mann. Seine Familie wollte ihn 1955 hier begraben lassen, doch lehnte der Stadtrat dieses Ansinnen mit der fadenscheinigen Begründung ab, der Verstorbene habe seit seiner Emigration 1933 gar nicht mehr in München gelebt. Dahinter verbirgt sich u.a. der Ärger darüber, daß Mann sich zu positiv gegenüber der DDR verhalten hatte.

Begraben liegt hier auch Dr. Martha Dreesbach, die von 1969 bis 1980 Direktorin des Stadtmuseums war. Unter ihr wurde es zu einer international bekannten Institution, ein »offenes und lebendiges Museum«, ein Zentrum des kulturellen Lebens.

Mauerkircherstraße 12

❼

Das Haus Mauerkircherstraße 12 war in den 20er Jahren ein Zentrum des »besseren« Münchner Lebens. Hier wohnte der Geschichtsprofessor und Präsident der Akademie der Wissenschaften, *Karl Alexander von Müller* (1882–1964) und empfing Gott und die Welt: Ernst Ferdinand Sauerbruch, dessen Geliebte Erna Haufstaengl (wohnhaft im Haus), Adolf von Hildebrand, Adolf Hitler (mit Reitpeitsche und Revolver).

Thomas-Mann-Allee 10

❽

In seinem Buch »Herr und Hund« beschreibt *Thomas Mann* seine Spaziergänge durch Bogenhausen, und zwar so detailliert, daß man beim Lesen heute noch alles wiedererkennt. Er lebte von 1913–1933 in der Poschingerstraße (heute: Thomas-Mann-Allee). Dieses Haus war Treffpunkt für berühmte Künstler und Schriftsteller. Mann verfaßte hier die »Bekenntnisse des Hochstaplers Felix Krull«, »Joseph und seine Brüder«, »Zauberberg«, »Herr und Hund« u.a. Er wandte sich während der Weimarer Zeit immer stärker gegen den aufkommenden Nationalsozialismus. Als er 1929 den Nobelpreis für Literatur erhielt, war man deshalb in etablierten Münchner Kreisen gespalten, einerseits aus lokalpatriotischen

Gründen stolz auf Mann, andererseits aber erbost darüber, daß gerade dieser »Schmierfink« die Auszeichnung erhalten hatte.

Am 10. Februar 1933 hielt Mann an der Universität einen Vortrag über »Leiden und Größe Richard Wagners«, am 11. Februar verließ er München zu Wagnervorträgen in mehreren europäischen Großstädten. Diese Reise wurde der Beginn seines Exils. Wie feindselig die Vertreter des künstlerischen Lebens in München Mann gegenüber eingestellt waren, zeigte ein Protest vom 16. April 1933 gegen seinen Wagnervortrag: »Nachdem die nationale Erhebung Deutschlands Gefüge angenommen hat, kann es nicht mehr als Ablenkung empfunden werden, wenn wir uns an die Öffentlichkeit wenden, um das Andenken an den großen deutschen Meister Richard Wagner vor Verunglimpfungen zu schützen (...) Wir lassen uns eine solche Herabsetzung unseres großen deutschen Musikgenies von keinem Menschen gefallen, ganz sicher aber nicht von Herrn Thomas Mann. ... Wer sich selbst als derart unzuverlässig und unsachverständig in seinen Werken offenbart, hat kein Recht auf Kritik wertbeständiger deutscher Geistesriesen.« Unterzeichnet hatten u.a.: German Bestelmeyer, Präsident der Akademie der Bildenden Künste; Bernhard Bleeker, Bildhauer; Clemens von Frankenstein, Generalintendant der Bayerischen Staatstheater; Hans Pfitzner, Generalmusikdirektor, und die Akademieprofessoren Hermann Groeber, Olaf Gulbransson, Carl von Marr etc.

Thomas Mann mit seiner Frau und Sohn Klaus (am Steuer) 1927 in Bogenhausen

Nach Enteignung der Villa durch die Nationalsozialisten zog eine Zweigstelle des »Lebensborn« ein, auf Veranlassung Heinrich Himmlers 1935 gegründet, um »den Kinderreichtum in der SS zu unterstützen, jede Mutter guten Blutes zu schützen und zu betreuen und für hilfsbedürftige Mütter und Kinder guten Blutes zu sorgen«.

Vilshofener Straße

9

Das Gebiet entlang der Mauerkircherstraße heißt Herzogpark. Es war bis Ende des 19. Jahrhunderts eine wilde Landschaft mit Wiesen und Wäldern; der Herzog-Albrecht-Park an der Vilshofener Straße befindet sich noch als letzter Rest des Viertels im alten Zustand. Im Jahr 1892 wurde ein Wettbewerb zur Stadterweiterung im Herzogpark ausgeschrieben, mit der Folge, daß die Spekulanten ihren Blick auf ihn richteten. Die »Terrain-Aktien-Gesellschaft Bogenhausen-Gern« machte das Rennen, parzellierte das Gelände und verkaufte es zu horrenden Preisen, die sich nur sehr betuchte Interessenten leisten konnten: das »beste, schönste und feinste Villenviertel« der Stadt entstand. Die noch lückenhafte Bebauung von vor 1914 reichte bis dort, wo heute der Mittlere Ring das Viertel durchschneidet; allerdings war das Gebiet bereits erschlossen, d.h. Straßen mit Straßenschildern, Kanalisation etc. waren vorhanden.

Pienzenauerstraße 111

Heute wohnen hier 5.000 Menschen, unter ihnen *Dr. Friedrich Flick* in seinem »bescheidenen« Domizil Pienzenauerstraße 111; die Villa wurde atombombensicher ausgebaut.

Das Hotel Sheraton (rechts) und das Verwaltungszentrum der Bayerischen Hypotheken- und Wechselbank

Der *Arabellapark* (mit einem Park hat das Gelände nichts gemein) wurde ebenso wie das gesamte Gebiet nördlich bis östlich von ihm seit 1965 hochgezogen. Er ist die einzige Hochhaussiedlung Münchens (mit 7.000 Bewohnern und 12.000 Arbeitsplätzen). Hier schlug die große Stunde des Bau- und Bierlöwen *Josef Schörghuber.* Der 1920 bei Mühldorf/Inn geborene Zimmerer arbeitete sich zum größten Immobilienspekulanten weit und breit hoch. Er erwarb nach und nach das Bauunternehmen Heilit und Woerner, die Hacker-Pschorr- und die Paulaner-Salvator-Thomas-Brauerei mitsamt deren ausgedehntem Immobilienbesitz. Je reicher er wurde, desto billiger kam er an potentielles Bauland heran, das er anschließend mit horrenden Gewinnen weiterverkaufte. Die diversen Skandale, die auch die Stadtverwaltung und den ehemaligen Oberbürgermeister Erich Kiesl (CSU) berührten, gingen ohne jede Konsequenz für die Beteiligten über die Bühne.

Arabellapark

⑩

Einige interessante Gebäude: Das Bayerische Staatsministerium für Landesentwicklung und Umweltfragen (Rosenkavalierplatz 2) wird fälschlicherweise immer als ökologisch interessiertes »Umweltministerium« bezeichnet, obwohl schon sein Name aussagt, womit man sich hier hauptsächlich beschäftigt: Flurbereinigung, Autobahnbau, Rhein-Main-Donau-Kanal etc. Die wahren Umweltfreunde sind hier eher als inkompetente, hysterische Spinner bekannt. Die Panavia Aircraft GmbH (Arabellastraße 16) koordiniert die Entwicklung und den Bau der europäischen Kampfflugzeuge. Aus diesem Grund wurde 1986 ein Bombenanschlag auf das Gebäude verübt. Das Verwaltungszentrum der Bayerischen Hypotheken- und Wechselbank mit seiner auffälligen, silbern glänzenden Fassade ist nach dem Olympiaturm das höchste Gebäude Münchens; es wurde 1975–1981 erbaut. Hier arbeiten 2.500 Menschen in einem Gebäude, das auch in Frankfurt stehen könnte, und das mit gutem Grund: die Hypobank ist die viertgrößte Bank der BRD und damit ein wichtiger Faktor der westdeutschen Wirtschaft.

Rosenkavalierplatz 2/Arabellastraße 16

Die Parkstadt Bogenhausen entlang der Buschingstraße entstand 1955–1956 als erste größere Wohnanlage in Bayern nach dem 2. Weltkrieg; sie gehört der Neuen Heimat München. Die Wohnanlage wurde für rund 6.000 Bewohner ausgelegt. Ziel der Planung war es, »eine städtebaulich großzügige Siedlung zu bauen, die Wohnungen möglichst nicht dem Verkehrslärm auszusetzen und das Gesamtbild durch weitgehend gleiche architektonische Details bei allen Häusern zu einer organischen Einheit zu verschmelzen«. Auf alle Fälle erweckte die Siedlung die Begeisterung des Münchner Merkur vom 7. Juni 1958: »Immer näher rückt die himmelstürmende Kulisse der Parkstadt. Ein reizvolles Bild bieten die auf den Balkonen stehenden und in allen Farben schillernden Sonnenschirme. Die Richard-Strauß-Straße, ein Teil der zukünftigen Ringstraße, zieht sich am Rand der Siedlung entlang. Ein breites, schnurgerades Band; bei dieser Planung hat jene Großzügigkeit Pate gestanden, die man sonst oft vermißt«.

Buschingstraße/Richard-Strauß-Straße

⑪

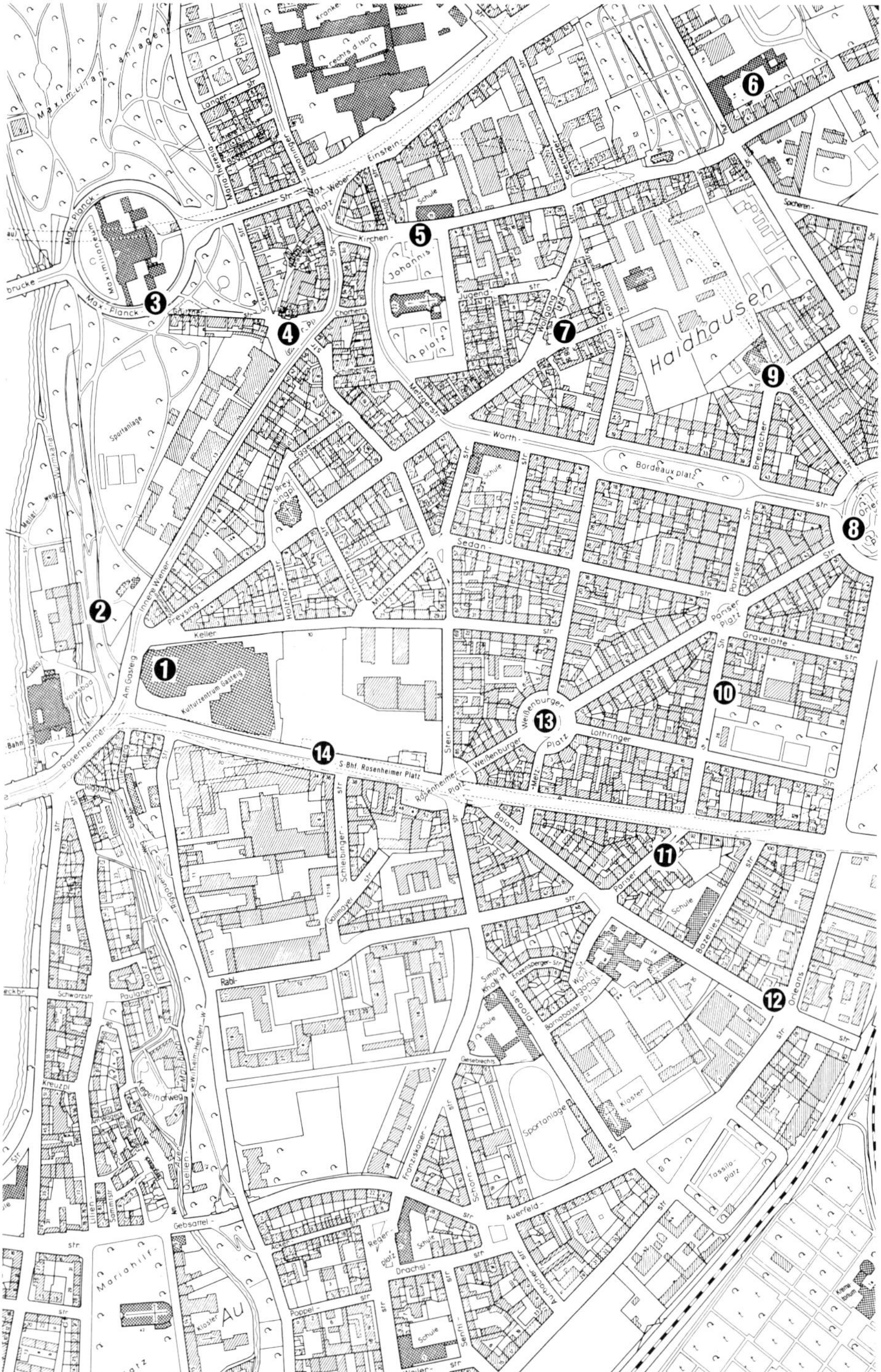

Maximilians anlagen
Maximilianeum
Max-Planck-
Max-Weber-Platz
Einstein-
Kirchen-
Johannis platz
Schule
Haidhausen
Worth-
Bordeaux platz
Sportanlage
Kulturzentrum Gasteig
Am Gasteig
Keller-
Preysing-
Innere Wiener
Rosenheimer
S-Bhf Rosenheimer Platz
Rosenheimer Platz
Weißenburger Platz
Pariser Platz
Sedan-
Lothringer
Gravelotte-
Belfort-
Breisacher
Metzgerstr
Balan-
Orleans-
Kloster
Tassilo-platz
Auerfeld-
Mariahilf-platz
Au
Gebsattel-
Schwarzstr
Paulaner platz
Rabl-
Regerplatz
Poppel-
Weiler-
1
2
3
4
5
6
7
8
9
10
11
12
13
14

Vorstadtkavaliere in der Hinterhofidylle

Haidhausen

Ausgangs- und Endpunkt: *Rosenheimer Platz, S1-7*
Dauer: *2 1/2 Stunden*

Die geographische Lage Haidhausens (808 zum ersten Mal urkundlich erwähnt) spielte für seine Entwicklung eine wichtige Rolle. Im Jahre 1158 ließ Herzog Heinrich der Löwe die Fernverkehrsstraße Salzburg-Augsburg und damit den ganzen inneren Handel Bayerns umlenken: die bischöfliche Isarbrücke bei Föhring wurde zerstört und eine neue bei Haidhausen errichtet. Die neue Trasse verlief entlang der heutigen Einstein- und Inneren Wiener Straße, den Gasteigberg hinunter und über die damals einzige Isarbrücke Münchens zum heutigen Alten Rathaus.

Haidhausen: heute Szene-Viertel, war auch früher ein guter Ort für Glücksritter; hier eines der 180.000 Lose der 2. Lotterie von 1896; das Los kostete 2 Mark, der erste Haupttreffer brachte 60.000 Mark

Seit 1158 siedelten sich immer mehr Menschen in Haidhausen an. Sie lebten vom Fernverkehr als Schmiede, Wagner, Wirte. Die Lehmvorkommen am östlichen Hochufer gewannen mit zunehmendem Wachstum Münchens an Bedeutung: fast alle großen Gebäude des mittelalterlichen aber auch des späteren Münchens baute man aus Haidhausener Ziegeln. Zahlreiche arme Ziegelarbeiter, Tagelöhner und italienische Saisonarbeiter zogen nach Haidhausen

Heute zieht's die Münchner Schickeria in das gewachsene Handwerker- und Arbeiterviertel Haidhausen. Was noch in den 60er Jahren zu der abschätzigen Bezeichnung »Klein-Istanbul« oder »Neapel-Nord« geführt hatte, ist in den achtziger Jahren Haidhausener Milieu: Eine Mischung aus bayerisch-dörflicher und exotischer Atmosphäre, mit handgemachtem Reiberdatschi, offenem Milchausschank, Suflaki und Bouzoukiklängen aus ehemals sturzbayerischen Wirtshaustüren.

Diese Wertschätzung genoß Haidhausen nicht immer. Das nach seinen Orten und Plätzen benannte »Franzosenviertel« oder »Glasscherbenviertel« vereint heute Alternativprojekte, Werkstätten, Alteingesessene und Gastarbeiter, Künstler und Kunstgewerbler und läuft damit Schwabing glatt den Rang ab.

Rosenheimer Berg

1

Das »Gasteig« am Rosenheimer Berg (1984 eröffnet) war und ist ein umstrittenes Gebäude, für die einen eine Bereicherung, für die anderen ein »Klinkermonster«, »Kulturbunker« und ein finanzieller und städtebaulicher Riesenpfusch. Auf jeden Fall ist es ein Ort vielfältiger kultureller Aktivität. Der Komplex beherbergt den Konzertsaal der Münchner Philharmoniker, das Richard-Strauß-Konservatorium, auf dem sich junge Menschen kostenlos (die Stadt München zahlt) musikalisch ausbilden lassen können, die zentrale Stadtbücherei, die sich mit 1,9 Millionen Entleihungen und 950.000 Benutzern pro Jahr innerhalb kürzester Zeit zur intensivst genutzten aller Bibliotheken in der BRD entwickelt hat, und die Zentrale der Münchner Volkshochschule.

Volkshochschule und Bibliothek, Münchner Philharmoniker und Richard-Strauß-Konservatorium sind unter einem Dach ein ungewöhnliches Bündnis eingegangen. Alle diese Institute entfalten am Gasteig neue, zusätzliche Qualitäten: Die Chance, die in der wechselseitigen Durchdringung von Programmen liegt, die Möglichkeit, die sogenannte Hochkultur mit der sogenannten Breitenkultur in ein produktives Verhältnis zu bringen, wurde von allen Beteiligten erkannt und in zunehmendem Maß realisiert. Darin liegt vor allem die Besonderheit dieses Hauses. Gasteig-Kultur, das ist kein Angebot im Sinne des »streamlining«, sondern lebt von den ständigen Anstrengungen, der qualitätsbewußten Alltagspräsenz der Institutsarbeit. Der Gasteig hat unverkennbar an Profil gewonnen. Zu den bisherigen Programmhöhepunkten zählen (ohne Anspruch auf Vollständigkeit) die Konzerte der Münchner Philharmoniker mit Sergiu Celibidache, die Auftritte Friedrich Guldas im Münchner Klaviersommer, die phantastischen Stummfilmklassiker mit Live-Orchester — zuletzt Murnaus Nosferatu — und Tanzereignisse internationalen Zuschnitts. Zwischen Bildung und Kunst bewegt sich die kulturelle Dialektik dieser Institution.

Kulturzentrum Gasteig; links das Müllersche Volksbad

Am Gasteig
❷

Am Gasteig, am Hochufer der Isar, stehen die Nicolai-Kapelle, die Lorettokapelle und an deren Westseite das winzige Messnerhaus. Wenn man sich den Verkehrslärm wegdenkt, befindet man sich in einer ländlichen Idylle voller Ruhe, Muße und Schönheit. Die drei kleinen Gebäude sind die Überreste eines Leprosenhauses aus der Zeit der Kreuzritter, das 1861 abgerissen wurde.

1319 erteilte Kaiser Ludwig dem Haidhauser Leprosenhaus verschiedene Privilegien und Freiheitsbriefe, d.h. die Einrichtung wurde von allen landesherrlichen Abgaben, Steuern etc. befreit und erhielt Grundbesitz, um die Pflege der Kranken zu ermöglichen. An der Stelle des 1861 abgerissenen Leprosenhauses wurde unter der Leitung des Hofgärtendirektors Karl von Effner ein künstlicher Garten angelegt, der das gesamte rechte Hochufer — früher unberührte Wildnis — einschloß.

Am Gasteig

In der Lorettokapelle befindet sich eine Kopie des Altöttinger »Gnadenbildes«. 1926 wurde die Kapelle mit einem Umgang versehen, der dem in Altötting nachempfunden ist.

Rosenheimer Straße 1

Blickt man gleich hinter den beiden Kapellen von Isar-Hochufer herunter, sieht man das Müller'sche Volksbad, ein Hallenbad, das 1901 als Stiftung des Ingenieurs *Karl Müller* eröffnet wurde. Es umfaßte eine Männer- und eine Frauenschwimmhalle, ein Dampf- und ein römisch-irisches Bad, einige medizinische Bäder sowie ein Hundebad. Allein die Jugendstilausstattung ist einen Besuch wert.

Max-Planck-Straße 1
❸

Das Maximilianeum wurde von 1857-1874 als Stiftung der »Bildungs- und Unterrichtsanstalt für begabte Universitätsstudenten aus Bayern« errichtet. Sie besteht immer noch. Unterkunft und Verpflegung waren umsonst; u.a. erhielt jeder Stipendiat einen Liter Bier pro Tag. Die Unterkünfte der Stipendiaten lagen in einem unscheinbaren Gebäude. Die repräsentativen Baulichkeiten waren nur leere Fassade, die als krönender Abschluß für die Maximilians-

Gasteig-Kirche

straße gedacht waren. Die lange Bauzeit resultiert aus den Schwierigkeiten, die sich durch die Hanglage des Baugrundes ergaben; mehrmals sackten die Fundamente ab und machten komplizierte Befestigungsarbeiten notwendig. Eine verkehrstechnische Rarität zeugt noch heute von der prekären Sicherheitslage des Maximilianeums: um seine Fundamente nicht unnütz zu erschüttern, darf ein

Straßenbahnzug nur dann abwärts fahren, wenn kein anderer gleichzeitig aufwärts fährt.

Im Maximilianeum haben der bayerische Landtag (seit 1949) und der bayerische Senat ihren Sitz. Die Erweiterungsbauten zur Max-Planck-Straße hin stammen aus der Zeit nach 1945. Das neueste Bauprojekt ist eine Tiefgarage für die Abgeordneten und Bediensteten des Landtages, die unter den Gasteiganlagen entstehen soll, und der viele Bäume zum Opfer fallen werden.

Innere Wiener Straße 7
④

Zeichen des Hofbräus

Im Jahre 1589 wurde auf Anordnung Herzog Wilhelm V. am Platzl das Hofbräuhaus errichtet, um den Wittelsbachern einc sichere Finanzquelle zu schaffen. Im 19. Jahrhundert wurde die Braustätte zu eng und 1897 an ihren heutigen Standpunkt verlegt. Die Verlegung bedeutete eine krasse ökologische Sünde. Die neue Brauerei wurde mitten in die bewaldeten Isaranlagen hineingebaut, ohne Rücksicht auf das Bedürfnis der Anwohner nach Erholung, Ruhe und sauberer Luft. Die Betroffenen, denen der große Baukomplex direkt vor ihre Wohnungen in die Parkanlagen gesetzt werden sollte, klagten über den zu erwartenden Verkehrs- und Betriebslärm, über Rauch und Gestank und über das dadurch bedingte Baumsterben. Sie klagten vergebens. Inzwischen wird die Verlegung der Brauerei auf das Gelände des Flughafens Riem geplant.

Am 6. April 1987 brannte der Hofbräu bis auf die Außenmauern aus. Brandstiftung eventuell durch den »Haidhauser Feuerteufel«, der bereits Dutzende von Bränden im Münchner Osten gelegt hat, wird vermutet, aber auch die Theorie vom »warmen Abbruch« hält sich hartnäckig. Das Lokal und der schöne Biergarten wurden (dem Herrgott sei Dank) nicht in Mitleidenschaft gezogen.

In politischer Hinsicht spielte der Hofbräukeller eine wichtige Rolle während des Aufstiegs der NSDAP. Im Mai 1919 wurden in Perlach 12 Arbeiter vom dortigen protestantischen Pfarrer als angebliche Kommunisten an das

Das Maximilianeum, seit 1949 Sitz des bayerischen Landtages: auf unsicheren Fundamenten

»Freikorps Lützow« denunziert. Diese Arbeiter wurden in den Hof des Hofbräukellers geschafft und dort standrechtlich erschossen: die Leichen wurden anschließend ausgeraubt. Die beiden Verantwortlichen dieses Mordes, Leutnant Pölzing und Wachtmeister Prüfert, wurden im Januar 1926 freigesprochen. Im Dezember 1926 erklärte Hitler im Hofbräukeller, daß Christus der größte Vorkämpfer gegen den jüdischen Weltfeind sei, und daß er — Hitler — das Werk, welches Christus angefangen hätte, aber nicht beenden konnte, zu Ende führen würde.

Max-Weber-Platz 2

Der Max-Weber-Platz dokumentiert die Zerstörung der Stadt und ihrer älteren Viertel durch den Straßenverkehr. Es gibt hier aber auch Beispiele gelungener Sanierung, so das Anwesen Max-Weber-Platz 2. Durch das Anwesen Innere Wiener Straße 63 gelangt man in die ehemalige Herbergenansiedlung »An der Kreppe«. Die hier einst herrschenden Lebensbedingungen: Überbevölkerung, Armut, Enge, katastrophale sanitäre Verhältnisse, sind trotz der Sanierung einiger Herbergen immer noch vorstellbar.

Innere Wiener Straße 48

Das Cafe Wiener Platz zieht trotz anerkannt teurer und schlechter Küche (Testergebnis in der Süddeutschen Zeitung) jede Menge super-coole, selbsternannte Kosmopoliten und Durchblicker an — eben die In-Szene. Insgesamt neun Prozesse führten die Betreiber der Kneipe, um die Sperrstunde für ihr Lokal aufheben zu lassen und um das Lokal auf die doppelte Größe ausbauen zu können. Bislang erfolglos. Dieses Cafe dokumentiert mit am deutlichsten, daß Haidhausen Schwabing als Szeneviertel abgelöst hat. Entsprechende Lokale schossen wie Pilze aus dem Boden. Stadtteilsanierung und die hohen Mieten verdrängten die angestammte Bevölkerung mehr und mehr.

Armut war hier zuhause, in der Herbergenansiedlung: Austrägerinnen von Bündelholz

Die Kirchenstraße ist die Dorfstraße des ursprünglichen, bäuerlichen Haidhausen. Am Anfang der Kirchenstraße zweigt links die Schloßstraße ab. Mit ihren zweistöckigen Häusern ist sie typisch für das Haidhausen des 19. Jahrhunderts. Ebenfalls typisch (aber nicht nur für Haidhausen) ist das städtische Brause- und Wannenbad, das sich auch heute noch großer Beliebtheit erfreut.

Gleich hinter der Schloßstraße auf der linken Seite sehen wir, etwas zurückgesetzt, die Schloßschule, die älteste Schule Haidhausens. Bedingt durch das rapide Bevölkerungswachstum in der 2. Hälfte des 19. Jahrhunderts wurde 1874 die neue Schule, die Kirchenschule, eingeweiht, kurz darauf die Wörth- und die Flurschule.

❺

Kirchenstraße 11

Die Kirchenschule war Hauptquartier der Räte und Kommunistischen Truppen im Osten der Stadt, die in Vierteln wie Haidhausen über starken Rückhalt verfügten. Im Mai 1919 stürmten Soldaten des Freikorps Lützow die von kommunistischen Truppen besetzte Kirchenschule.

Im 2. Weltkrieg wurde der Schulbetrieb mitsamt Kindern und Lehrern in die Nähe von Freising verlegt. Die Schule diente danach als Unterkunft für 1.200 sog. »Ostarbeiter« (verschleppte Zivilrussen) und 300 Badoglio-Italiener. Nachdem am 1. Mai 1945 amerikanische Truppen in Haidhausen einmarschiert waren, entluden sich der Haß und die jahrelangen Entbehrungen insbesondere der russischen Verschleppten. Sie demolierten fast die gesamte Schuleinrichtung und nahmen an den Plünderungen der deutschen

Bevölkerung teil. Dabei soll es in der Weinkellerei Riemerschmid am Max-Weber-Platz 4 zu mehreren Alkoholtoten gekommen sein. Als die russischen Verschleppten im August 1945 vom Ostbahnhof aus in ihre Heimat zurückkehrten, nahmen sie die restlichen Schulbänke und -tische als Sitzgelegenheit für die lange Reise mit.

Johannisplatz

Gegenüber der Kirchenschule steht auf dem Johannisplatz die »neue Kirche«, der »Haidhauser Dom«, die Pfarrkirche St. Johann Baptist. Am 31. Juli 1851 (während einer Sonnenfinsternis) erhielt der Haidhauser Pfarrer *Johann Georg Walser* die Nachricht, daß König Maximilian II. den Bau einer neuen Pfarrkirche am damaligen Metzgeranger genehmigt habe. Die Bevölkerung Haidhausens zählte damals schon an die 5.000 »Seelen«, für die die alte Kirche viel zu klein war.

Die Geschichte der »kleinen« Leute zeigen: das Haidhausen-Museum

Die Haidhauser waren viel zu arm, den Bau einer solch großen Kirche aus eigenen Kräften zu finanzieren. Deshalb entschloß sich Pfarrer Walser zu einem Schritt, der ihm im gesamten Königreich Bayern die Bezeichnung »Bettler von Haidhausen« einbrachte. Er bat König Maximilian II., in ganz Bayern Geldsammlungen für seine Kirche durchführen zu dürfen und er war erfolgreich. 1.200 Holzstämme für den Dachstuhl und den Fußboden der Kirche wurden auf Loisach und Isar kostenlos nach München geflößt. 1858 spendete der Stadtmagistrat von München 30.000 Gulden. Der Kaiser von Österreich, Franz Joseph I., ließ 2.000 Gulden in Wiener Silberwährung überweisen, seine Mutter, die bayerische Prinzessin Sophie, gewährte huldvoll ebenfalls 2.000 Gulden. Darüberhinaus spielten zwei großangelegte Geldprämienlotterien im ganzen Königreich Bayern runde 300.000 Mark ein. Sehenswert sind die 21 Glasfenster der Kirche, der einzig noch erhaltene umfassende Gemäldezyklus der Neugotik in München. Sie hatte man vorsichtshalber im Januar 1943 wegen der Fliegerangriffe an sicherer Stelle eingelagert.

Kirchenstraße 24

Im Jahr 1977 gründete *Hermann Wilhelm* mit finanzieller Unterstützung des Kulturreferates das Haidhausen Museum (Kirchenstraße 24), das es sich zur Aufgabe gemacht hat, kulturelle Veranstaltungen ins Stadtviertel zu bringen. Besonderes Aufsehen erregten die hervorragenden Ausstellungen zur Geschichte Haidhausens und zu den Lebensumständen der »kleinen Leute« (Öffnungszeiten: Mo/Di/Mi 16-18 Uhr; Tel.: 4485/292).

Kirchen-/Seeriederstraße

An der Kreuzung Kirchenstraße-Seeriederstraße/Wolfgangstraße befand sich das mittelalterliche Haidhausen. Es bestand aus 4 Höfen und der alten Kirche. Den alten Dorfweiher an der Verbreiterung der Kirchenstraße zwischen der Kreuzung und der alten Kirche gibt es heute noch. Die alte Haidhauser Kirche wurde zum ersten Mal im Jahre 808 erwähnt. Die rechte Kinnlade Johannes des Täufers, ein Geschenk des Kurfürsten Maximilian I. (1619), verhalf der Kirche zum Status eines Wallfahrtsortes. Im Jahre 1640 wurde sie, wahrscheinlich um ihrem heiligen Ruf gerecht zu werden, neu erbaut.

Flurstraße 1
❻

Hinter der alten Haidhauser Kirche biegt links die Flurstraße ab. Die dort beheimatete gleichnamige Schule diente nach dem Einmarsch der konterrevolutionären Truppen in das räterevolutionäre München als Hinrichtungsplatz. 40 Arbeiter wurden im Mai 1919

Der neu aufgebaute Kriechbaumhof

von Mitgliedern des Freikorps Lützow standrechtlich erschossen. Im November 1935 erlangte die Flurschule das Recht, die HJ-Fahne zu hissen, da 97% aller ihrer Schüler in das Jungvolk eingegliedert waren. Sie war die erste Schule Münchens, die diese Auszeichnung, verliehen von Obergebietsführer Klein, erhielt.

❼ Die Preysingstraße, benannt nach dem Grafen von Preysing, erhielt vor kurzem ihr altes, während des Wirtschaftswunders dem Auto geopfertes Ambiente wieder. Links stehen Setzlinge, rechts stehen Setzlinge, dazwischen wälzt sich nach wie vor eine lärmende Blechlawine. Einst hatten die Preysinger Grafen diese Straße, sie führte hinauf zu ihrem Schloß (1843 abgerissen), von Haidhauser Bürgern befestigen und mit Bäumen bepflanzen lassen.

Wer will, kann an der Ecke Preysing-/Wolfgangstraße die Reste der Herbergsgegend »Grafenwinkel« besichtigen. Der Kriechbaumhof wurde 1976 abgerissen und originalgetreu wieder aufgebaut, ebenso das Üblackerhäusl; in ihm ist eine Tagelöhnerwohnung aus der Zeit vor dem 1. Weltkrieg zu sehen. (Preysingstraße 58, Öffnungszeiten: Dienstag/Donnerstag, Sonntag 10-12 Uhr, Mittwoch/Freitag 17-19 Uhr). Um das Üblackerhäusl herum stehen noch einige ehemalige Herbergen, die in der nahen Zukunft renoviert werden sollen.

Wörth-/Orleansstraße

❽ Das Franzosenviertel entstand in der sogenannten Gründerzeit, dem letzten Drittel des 19. Jahrhunderts. Der Hofbankier *Karl von Eichthal* kaufte das Gebiet zwischen der heutigen Wörth-/Orleans-/Rosenheimer-/Steinstraße auf, um es zu parzellieren und dann an Bauspekulanten zu verkaufen. Dieses Vorhaben schien erfolgversprechend zu sein, da nach dem siegreichen Krieg gegen Frankreich (1870/71) das neugegründete Deutsche Reich einen wirtschaftlichen Aufschwung erlebte. Unter dem städtischen Oberbaurat *Arnold Zenetti* wurde ein Bebauungsplan mit symmetrischer Straßenführung (barocke Bauweise nachempfindend), der den Orleansplatz am Ostbahnhof zum Bezugspunkt hatte, erstellt. Die Straßen wurden nach den Schlachten jenes ruhmreichen Krieges benannt, daher der Name Franzosenviertel.

Dort, wo der Grund in der Hand eines einzigen Besitzers war, konnten die Planungen verwirklicht werden. Nördlich der Wörthstraße (der Achse der projektierten Anlage) allerdings besaß (und besitzt immer noch) die katholische Kirche seit 1840 das große Areal des ehemaligen Törring'schen Schlosses, das sie von den Grafen Preysing erworben hatte. Da die katholische Kirche schon immer den Grundsatz vertrat, keinen Quadratmeter Bodens freiwillig zu verkaufen, weigerte sie sich auch damals, Grund an die Stadt München zu veräußern, womit Zenetti die Ausführung seiner geometrischen Planung ermöglicht worden wäre. Folglich wurde die Breisacher Straße gebogen an dem kirchlichen Grund vorbeigeführt und die spiegelbildlichen Pendants zur Weißenburger Straße, zum Pariser Platz und zum Weißenburger Platz nicht ausgeführt.

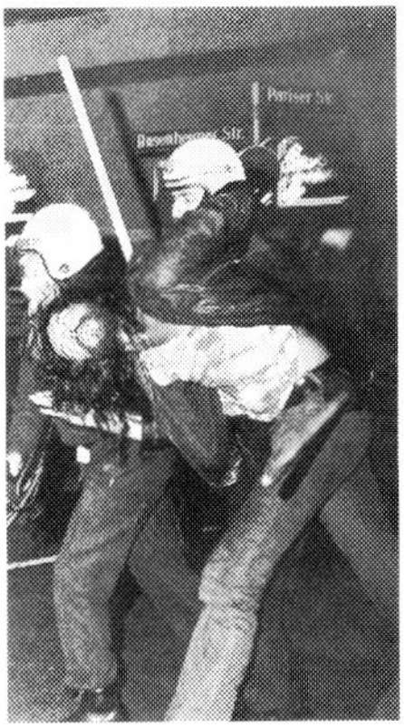
Wackersdorf-Demonstration Pariser-/Rosenheimer Straße

Die Spekulanten ließen ab 1871 die Mietskasernen wie Pilze aus dem Boden sprießen; zum Teil in der sog. Pavillonbauweise, d.h. jeweils zwei Mietshäuser bildeten sozusagen zwei Doppelhaushälften, mit einer Zufahrt und etwas Grün bis zum nächsten »Pavillon«. Weitaus häufiger allerdings war die durchgehende Bebauung, bei der jeder Quadratmeter Bodens genutzt wurde, und Haus an Haus stand. Den Hinterhof, der sein klägliches, lichtloses Dasein zwischen zwei Reihen von Mietskasernen führte, konnte man nur durch eine Hofeinfahrt erreichen. Die Ziegelsteine für den Bau des Franzosenviertels stammten fast ausschließlich aus Bogenhausen, einem benachbarten Stadtviertel.

Diese Bauspekulation war allerdings ein großer Mißerfolg, weil die eilig hochgezogenen Mietshäuser von einer derartig minderwertigen Qualität waren, daß die potentiellen Käufer zuerst eine grundlegende Renovierung der brandneuen Gebäude verlangten. Dadurch wurden sie für lange Zeit unverkäuflich. Während der Industrialisierung nach dem Krieg von 1870/71 wuchs die Haidhauser Bevöllkerung explosionsartig: 1850: 5.000, 1870: 15.000, 1890: 25.000, 1900: 46.000 Bewohner.

Da diese Entwicklung seitens der Hausbesitzer durch höhere Mieten ausgenutzt wurde, waren die Herbergen mit ihren kleinteiligen und relativ preiswerten Eigentumsverhältnissen für viele Menschen die einzige Möglichkeit unterzukommen. Deswegen wuchs neben den Mietskasernen parallel der Herbergenbau.

Haidhausen war eines der Münchner »Glasscherbenviertel«. Auch heute noch wird hier mehr gearbeitet als verdient. Die vielen noch nicht sanierten, einfachen Wohnungen sorgen nicht nur für einen hohen Ausländeranteil (ca. 30%), sondern auch für die in Haidhausen stark vertretene alternative Szene.

Woher der Name »Glasscherbenviertel« kommt, weiß niemand so recht, vielleicht es ist eine Anspielung auf den zerbrochenen Hausrat, der bei den vielen häuslichen Streitigkeiten zu Bruch ging.

Breisacher Straße 9a
9

Die Kirche St. Elisabeth in der Breisacher Straße 9a wurde 1956 von *Kardinal Wendel* eingeweiht. Mit ihrem Bau wollte man moderne Zeichen setzen, auf den ersten Blick gleicht sie eher einem schmucklosen Vorstadtkino in Betonbauweise. Im Jahre 1987 mußte die Kirche wegen Baufälligkeit geschlossen werden, da sich der Beton auflöste. Von der »alten« Kirche wird nur der Turm stehen bleiben.

Pariser Straße 30
⑩

In der Gaststätte an der Pariser Straße 30 gründeten am 16. März 1897 56 sportbegeisterte Turngenossen mit finanziellem Rückhalt der SPD und der Gewerkschaften den »Arbeiter-Turn-Verein München-Ost«. Weil es in Haidhausen keine Turnhalle gab, mußte der Turnbetrieb in den Nebenzimmern von Gastwirtschaften abgehalten werden, wobei man eigene Geräte selber mitbrachte (siehe St. Martin-Straße/Balanstraße).

Pariser Straße 10
⑪

Das Anwesen Pariser Straße 10 (erbaut im Jahre 1898) hat eine »ökologische Sanierung« erfahren, die erste in München. 70% weniger Energie werden in dem Haus verbraucht (Fenster aus Wärmeschutzglas, Sonnenkollektoren auf dem Dach, Wärmepumpe), 50% weniger Frischwasserverbrauch, Müllverringerung durch Altstoffsammeltonnen für Glas, Metall und Papier sowie durch einen Komposthaufen, über den dann wieder Gemüse im Hinterhof gezogen werden kann.

Haidhausen heute: Buchladen »Tramplpfad« im Franzosenviertel, Elsässer Str. 15

Am 12. Oktober 1985 demonstrierten 50.000 (nach Polizeiangaben 26.000) Menschen gegen die Wiederaufbereitungsanlage Wackersdorf, im Großen und Ganzen ohne die erwarteten Ausschreitungen. Abends fand in der Pariser Straße ein Straßenfest statt, an dem auch 150 Autonome teilnahmen. Gegen 23 Uhr bewarf einer von ihnen einen Polizeiwagen mit einer Bierflasche, Polizei und Hundertschaften des Bundesgrenzschutzes riegelten die Pariser Straße zwischen Rosenheimer- und Balanstraße ab und prügelten auf die Eingeschlossenen ein. 155 Festnahmen waren das Resultat. Ein Sprecher der Grünen erklärte anschließend, daß diese Krawalle von der Polizei generalstabsmäßig vorbereitet und provoziert worden seien, der flaschenwerfende Chaot wurde tatsächlich als verkleideter Verfassungsschützer entlarvt.

Balanstraße 47
⓬

Im Haus Balanstraße 47/Ecke Orleansstraße kam es 1917 zu einem aufsehenerregenden Vorfall, der im Zusammenhang stand mit der katastrophalen Lebensmittelversorgung der Zivilbevölkerung und den daraus entstehenden Hungerdemonstrationen, die besonders von Frauen und Kindern durchgeführt wurden. In diesem Haus allein lebten 49 Kinder, die sich — verzweifelt vom Hunger getrieben — zusammentaten und die nächste Bäckerei stürmten und plünderten. Die Polizei war nicht schnell genug, und die Justizbehörden mußten die Täter straffrei laufen lassen, da sie minderjährig waren.

Weißenburger Platz
⓭

Am östlichen Ende der kleinen Haidhauser Fußgängerzone, am Weißenburger Platz, wurde der zentrale Brunnen aus dem 1931 abgebrannten Glaspalast aufgestellt.

Rosenheimer Straße 29
⓮

Der ursprüngliche Bürgerbräu lag an der Burggasse. Ab 1880 wurde die Brauerei schrittweise auf den Gasteig verlegt und nach den modernsten Erkenntnissen der damaligen Technik eingerichtet. Die benachbarte Festhalle bot Platz für 4.000 Menschen. Nach dem 2. Weltkrieg diente der Bürgerbräu als Clublokal für amerikanische Soldaten, teilweise auch als Tennishalle und Schallplattenstudio. Erst 1958 wurde der Bierkeller der biertrinkenden Öffentlichkeit wieder zugänglich gemacht. 1979 wurde der Gebäudekomplex abgerissen und das brachliegende Gelände zum Objekt großangelegter Grundstücksspekulationen. Es wird mit Wohnungen, dem Europäischen Markenamt und einem Hilton-Hotel bebaut werden.

Zeichen des Bürgerbräu

Am 3. Februar 1905 fanden hier und im gegenüberliegenden Münchner-Kindl-Keller parallele Sympathiekundgebungen für die blutig niedergeschlagene russische Revolution in Petersburg (dem heutigen Leningrad) statt. Zu trauriger Berühmtheit als Hochburg des Nationalsozialismus gelangte der Bürgerbräukeller durch den Hitlerputsch vom 8./9. November 1923. Am Abend des 8. November fand hier eine Veranstaltung der monarchistischen Regierung des Gustav von Kahr statt; die Teilnehmer gehörten zu den Schichten, die die Republik bekämpften und später vom Nationalsozialismus zu profitieren hofften: Offiziere, hohe Beamte, Professoren, Vertreter

Gutes Bier und Regimentsmusik-Konzerte: im Bürgerbräu-Keller (hier der Eingang 1935) gabs beides

der Wirtschaft, kirchliche Würdenträger. Die NSDAP unter Führung Hitlers besetzte den Versammlungsort und zwang mithilfe der SA und unter Waffengewalt die Regierung v. Kahr, bei der »nationalen Revolution« mitzumachen, d.h. von München aus dem »demokratischen, jüdischen, marxistischen« etc. »System« in Berlin den Garaus zu machen.

Die bayerische Regierung beugte sich der Waffengewalt, konnte allerdings in der Nacht aus dem Bürgerbräukeller entkommen. Am nächsten Morgen gab Hitler den Befehl zum Marsch in Richtung Feldherrnhalle. 2.000 Bewaffnete, die die Nacht im Bürgerbräu verbracht hatten, zogen zur Ludwigsbrücke, wo eine Abteilung der Landespolizei den Weitermarsch verhindern sollte, allerdings von der SA entwaffnet wurde. So konnte der Marsch bis an die Feldherrnhalle fortgesetzt werden, wo die Landespolizei den Zug zusammenschoß. Hitler und Göring wurden verletzt, 16 Putschisten getötet. Während Göring nach Österreich floh, fand Hitler Unterschlupf im Landhaus des Galeristen Hanfstaengl in Uffing am Staffelsee, wo er später verhaftet wurde. Die Landespolizei befreite im Anschluß an den Putsch im Bürgerbräukeller eine Reihe jüdischer Bürger, die von der SA aus ihren Wohnungen geholt worden waren und als Geiseln dienen sollten. Die Polizei wurde dabei von aufgebrachten Bürgern als »Landesverräter« und »Judenbeschützer« beschimpft.

Hitler-Attentäter Georg Elser, Schreiner aus Augsburg

Rosenheimer Straße 29

Später fanden im Bürgerbräukeller die Traditionstreffen der »Alten Kämpfer« statt, von denen aus alljährlich der Marsch zur Feldherrnhalle nachvollzogen wurde. Bei einem dieser Treffen, am 8. November 1939 (also bereits während des Krieges), versuchte der kommunistische Schreiner *Georg Elser* aus Augsburg, Hitler durch eine Bombe mit Zeitzünder zu töten. Als Begründung für das Attentat führte er später folgende Punkte an:

- das Sinken des allgemeinen Lohnniveaus
- die Abschaffung der freien Wahl des Arbeitsplatzes
- die Einsicht, daß Hitlers Politik zum Krieg führe.

Weil Hitler entgegen seiner Gewohnheit die Versammlung früh verließ, wurden durch die Explosion nur einige seiner Anhänger ge-

Die »alten Kämpfer« im Bürgerbräukeller

Auch diese Traditionsgaststätte mußte weichen: der Münchner Kindl-Keller um 1900

tötet. Kurz vor Ende des Krieges wurde Elser im KZ Dachau ermordet.

Die Nazis wollten nach dem siegreichen Krieg die »Hauptstadt der Bewegung« in ihrem Sinne großzügig ausbauen. Auf dem Gasteig sollte ein riesiges »Haus der Gauleitung« des »Traditionsgaues München-Oberbayern« errichtet werden. Das Gebäude sollte als Achteck ausgeführt werden mit einem ebenfalls achteckigen Innenhof. In diesem Innenhof sollte der Bürgerbräukeller als Denkmal stehen bleiben.

Rosenheimer Straße 30

Das Zeichen der Kindl-Brauerei

Wo heute das Motorama-Gebäude steht, wurde 1883 der Münchner-Kindl-Keller nach den Entwürfen von Thiersch gebaut, der zweitgrößte Saal der Stadt (nach dem Glaspalast) und der viertgrößte im Deutschen Reich mit einem Fassungsvermögen von:

- Saal mit Galerien 6.000
- Garten 5.000
- Bräustüberl 500 Menschen.

Die dafür notwendigen Investitionen konnten nur von einer Aktiengesellschaft aufgebracht werden. Bereits 1905 allerdings mußte diese Aktiengesellschaft ihre Auflösung bekanntgeben und mit der Unionsbrauerei fusionieren, die 1921 von der Löwenbrauerei geschluckt wurde. Der Gaststättenbetrieb fand 1923 sein Ende, und es zog die Nährmittelfabrik Cenovis ein. 1969 wurden die Ruinen der im Kriege zerstörten Gebäude abgebrochen.

Aufgrund seines Fassungsvermögens war auch der Münchner-Kindl-Keller eines der Zentren des politischen Lebens. Hier fanden die 1. Mai-Feiern der SPD statt. Kurz vor »Ausbruch« des 1. Weltkrieges im März 1914 sprach Rosa Luxemburg zum Thema »Militarismus und Volksfreiheit«. Sie forderte dazu auf, die Waffen nicht gegen die ausländischen Klassenbrüder zu erheben. Die Versammlung nahm eine Resolution an, in der Protest erho-

Pferdebahnwagen waren die ersten öffentlichen Verkehrsmittel; hier ein geschlossener Wagen um 1880 in der Rosenheimer Straße

ben wurde »gegen das unsinnige Wettrüsten der Mächte, das das Lebenswerk der Völker verzehrt, unaufhörlich mit einem Weltkrieg droht und die Fortschritte der Kultur hindert«.

Der Arbeiterturnverein München-Ost hielt von 1904 bis zur Fertigstellung seiner eigenen Sportanlagen an der St.-Martin-Straße im Jahre 1927 seinen Turnbetrieb im Schwanensaal des Bierkellers ab. 1906 wurde die Damenturnabteilung gegründet, eine der ersten im Deutschen Reich.

Im August 1922 kam es zu schweren Zusammenstößen zwischen Nationalsozialisten unter der Führung des »Münchner Napoleon« Hitler, die den Bürgerbräukeller besetzen wollten, und etwa 1.000 Mitgliedern der kommunistischen Jugendbewegung, die sich gleich gegenüber vor dem Münchner-Kindl-Keller trafen. Die herbeigerufene Polizei versuchte, die Konfrontation dadurch zu beenden, daß sie die Kommunisten angriff. Im weiteren Verlauf der Auseinandersetzungen kam es zu Schießereien auf dem Ostbahnhof, wo heimfahrende Kommunisten und 400 Nationalsozialisten aus dem Chiemgau auf die Abfahrt ihrer Züge warteten.

Im November 1922 fand im Münchner-Kindl-Keller eine Veranstaltung der NSDAP statt, auf der sich folgendes zutrug (Münchner Post, SPD): »Ein Hakenkreuzjüngling ging mit einer Pappbüchse herum, die die Aufschrift trug: Spendet für Judenmassaker! Als ein junger Mann sich empörte, wurde er von der SA mit Knüppeln niedergeschlagen.«

Erfreulichere, zuweilen zünftige Abende erlebte das Gebäude als Faschingshochburg, »als Treffpunkt und Tummelplatz der Vorstadtkavaliere und ihrer Damen bei den Münchner-Kindl-Redouten... Der alteingesessene Volksadel legt weniger Wert auf gute Umgangsformen als auf g'schmiesiges Auftreten und verbringt so einen Teil des Jahres in dem Luftkurort St. Adelheim (= Gefängnis Stadelheim, d. Verf.)« »Lustiger Führer durch München und Umgebung«, 1922.

Heute stehen auf dem Gelände die eingangs genannten Gebäude: Motorama und Penta-Hotel.

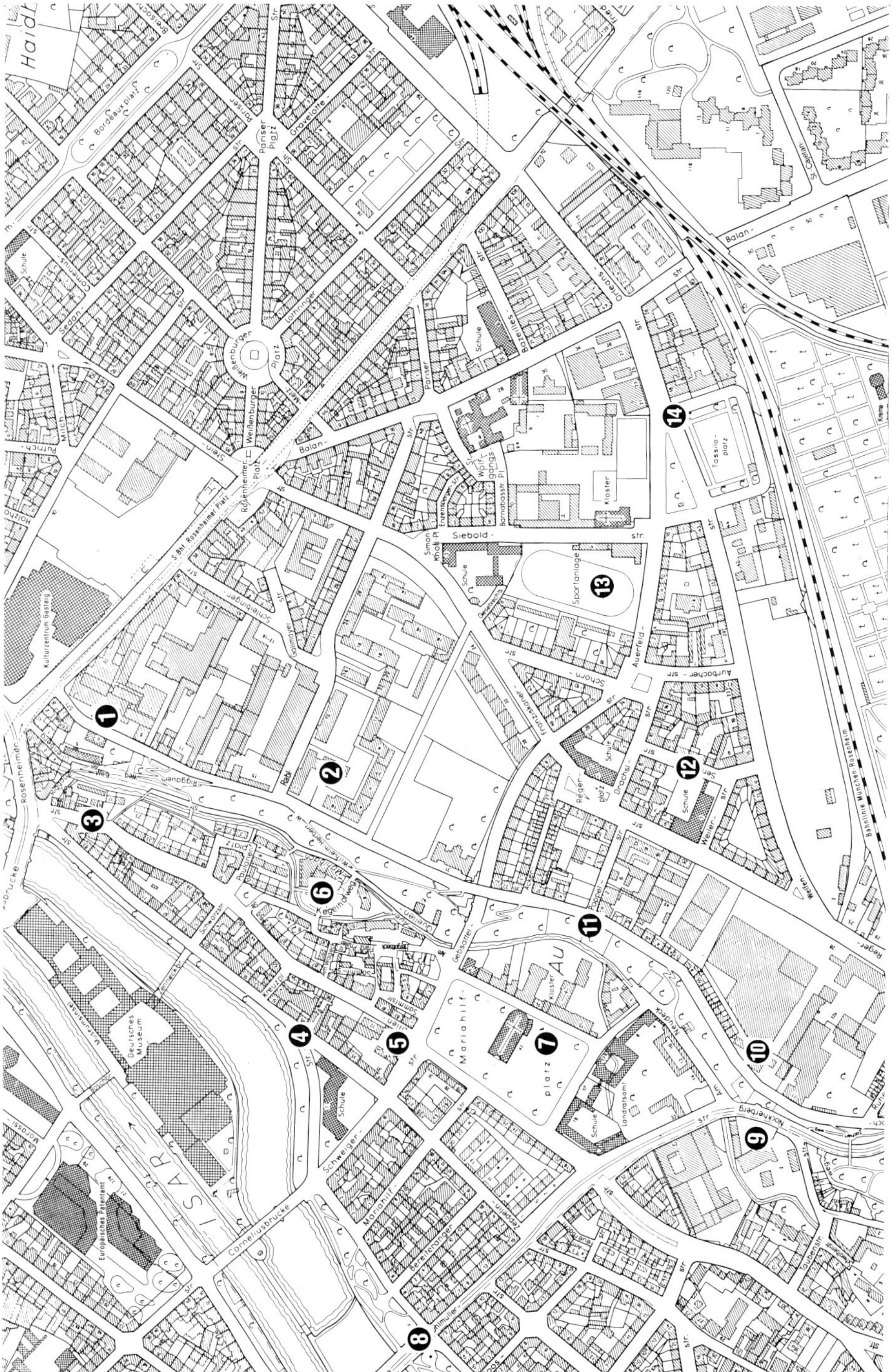

Bordeauxplatz
Pariser Platz
Weißenburger Platz
Rosenheimer Platz
S-Bhf. Rosenheimer Platz
Kulturzentrum Gasteig
Sportanlage
Tassilo-platz
Kloster
Schule
Siebold-str.
Balan-
Orleans-
Mariahilf-platz
AU
Landratsamt
Deutsches Museum
Europäisches Patentamt
ISAR
Corneliusbrücke
Bahnlinie München Rosenheim
Nockherberg
Kegelnd-weg
1
2
3
4
5
6
7
8
9
10
11
12
13
14

Klein-Venedig, Dulten, »Volkssänger, sonst nichts«

Die Au

Ausgangs- und
Endpunkt: *Rosenheimer Platz, S1-7*
Dauer: *2 1/2 Stunden*

Wappen der Au

»Draußen bei der Kirche Maria Hilf in der Au sind die Herbergen vieler alter Bürger unserer Münchnerstadt. Und entlang dem Lilienberg lehnen noch allerhand Hütten und Häuslein, in denen schon die Urväter mancher noblen Palastbesitzer und Wagerlprotzen ihre ärmlichen Hosen zerrissen und die Wänd bekritzelt haben. Ein winziger Geißenstall, ein morscher Holzschupfen, ein alter Röhrlbrunnen oder eine mürbe Holzaltane und ein wilder Holunderstrauch in dem armseligen Wurzgärtlein weist noch dem Beschauer die Genügsamkeit der Bewohner dieser Herbergen mit ihren zwei, drei Kammern und dem Küchenloch.« (Lena Christ: »Rumpelhanni«, 1916)

Diese ärmliche, dörfliche Vorstadt ist fast ganz verschwunden. Nach dem Krieg 1870/71 begann in der Au der Fortschritt. Industrialisierung und Immobilienspekulation gaben ihr nach und nach ein zweites, ein großstädtisches Gesicht. Einige der alten Ecken haben jedoch die beiden Weltkriege, das Wirtschaftswunder und den Autoboom überlebt.

Hochstraße 3
❶

Die Hochstraße verläuft entlang des Hochufers der Isar. An ihrem nördlichen Ende beherrschen zwei Betonklötze, das Motorama und das Penta-Hotel, das Straßenbild. Sie wurden anstelle des im Krieg zerstörten Münchner-Kindl-Kellers gebaut; zusammen mit dem Kulturzentrum am Gasteig haben sie das alte Gesicht des Rosenheimer Berges total »modernisiert«.

Der Auer Mühlbach war als Energie- und Wasserlieferant die Lebensader der Au. Bereits im Jahre 957 wurde die Bedeutung des Mühlbaches als Energiequelle für das Auer und Münchner Gewerbe anläßlich der Beurkundung des ältesten bezeugten Gewerbebetriebes im späteren Münchner Stadtgebiet bestätigt: der Giesinger Getreidemühle am heutigen Candidplatz. Die Au selber war ein ödes wildes Urstromgebiet der Isar, die je nach Wasserstand mal hier mal dort floß: nur der Mühlbach, der beim heutigen Tierpark abzweigte, scheint der einzig konstante Wasserlauf gewesen zu sein, sonst hätte man wohl kaum eine Mühle ans Ufer bauen können.

Schon im 14. Jahrhundert war die Au ein Mühlenvorort Münchens. Außerdem versorgte sie die Stadt mit Fischen. Seit 1511 gab es eine Hoffischerei, später kam eine zweite Hoffischerei in der Falkenau hinzu. Bereits im 15. Jahrhundert legten Münchner Partrizierfamilien Sommersitze und Lustgärten in der Au an.

Am Lilienberg 5

Unterhalb der Hochstraße und über dem Auer Mühlbach liegt das ehemalige Elisabethinerinnenkloster, Am Lilienberg 5, dessen langgestreckter barocker Klosterbau aus dem Jahre 1749/1751 noch vollständig erhalten ist. Im 19. Jahrhundert war hier das Bezirksamt (d.h. Landratsamt) Münchens. Heute beherbergt das Gebäude das »Haus des deutschen Ostens«.

Hoch-/ Rablstraße

❷

Bis 1971 existierte der Franziskanerkeller in der Hoch-/Ecke Rablstraße, dann wurde er abgerissen und auf dem Gelände der sog. »Franziskanerhof« hochgezogen, eine Wohnwabe, die enorme Spekulationsgewinne erbrachte und die Mieten in der Umgebung in die Höhe trieb.

Die ehemalige Franziskanerbrauerei ist als typische Münchner Großbrauerei in technischer und sozialpolitischer Hinsicht interessant. Im Jahre 1896 war »die Brauerei in rationeller Weise den Anforderungen der Neuzeit entsprechend eingerichtet.« Es wurden täglich 1.000 Hektoliter Bier erzeugt, die Gärfässer faßten 13.000, die Lagerbierkeller über 100.000 Hektoliter Bier. Den Betrieb versahen acht Dampfmaschinen mit zusammen 800 PS; fünf Kälteerzeugungsmaschinen System Linde ersetzten täglich 4.000 Zentner Eis; der gesamte Komplex wurde elektrisch erleuchtet.

Die Lilienstraße 7 um 1910

Gebsattelstraße

Weiter in nördlicher Richtung unterquert die Gebsattelstraße die Hochstraße. Als im Jahre 1901 die Corneliusbrücke ihrer Bestimmung übergeben wurde, wollte man eine geradlinige Verbindungsstraße zwischen der Innenstadt und den östlichen Stadtvierteln schaffen. Zur Weiterführung der Schweigerstraße wurde 1908 die Hochstraße durchstochen, einige Häuser haben dieser Verkehrsplanung weichen müssen. Die Brückenanlage erhielt ein monumentales Äußeres mit Treppenaufgängen und einer Art Obelisk.

❸

Lilienstraße 2

Das erste Kino im Osten der Stadt wurde vor dem 1. Weltkrieg im Gebäude der heutigen »Museumslichtspiele« eröffnet. Seit 1976 läuft hier ununterbrochen der Kultfilm »Rocky Horror Picture Show«. Seine Fans kleiden sich während der Vorstellung nicht nur wie die Filmhelden, sondern sprechen im Chor und synchron die Filmtexte, ebenfalls synchron bewegen sie sich auch.

Lilienstraße 2

Schon anno dazumal amüsierte man sich hier: Im Jahre 1830 wurde — in einem grüngestrichenen Holzgebäude — das Schweiger'sche Volkstheater eröffnet. Unter der Führung von *Josef Schweiger* kamen Ritter- und Räuberstücke wie »Abällino« von *Heinrich Zschokke* zur Aufführung oder die Eigenproduktion »Dr. Fausts Höllenfahrt oder die Bluthochzeit in Parma oder Lipperls Wanderung durch die Hölle«: »Ein nach dem weiland extemporierten Faust bearbeitetes, großes, durch den Teufel schrecklich gemachtes, durch Lipperl zum Lachen eingerichtetes, und die Hölle und viele andere Decorationen aufgeputztes Lust-, Schau- und Trauerspiel in 4 Akten.« Der billigste Platz kostete 6 Kreuzer, so viel wie ein Maß dunklen Bieres. Der Andrang der Bevölkerung ins Volkstheater war groß, 1833 konnte Johann Nestroys »Der böse Geist Lumpanzivagabundus« fünfzigmal hintereinander gegeben werden.

Schweigersches Volkstheater in der Au: der billigste Platz kostete 6 Kreuzer

Wegen des großen Erfolges bei allen Bevölkerungsschichten bat 1856 der Hoftheaterintendant Dingelstedt das Innenministerium, die Interessen seines Theaters zu schützen. So kam das Verbot, sogenannte klassische Dramen, d.h. Kotzebue, Grillparzer, Hebbel u.a. zu spielen. Trotzdem riß die Erfolgsserie des Schweiger'schen Volkstheaters nicht ab. Man hatte einen Erfolgsschreiber engagiert, der mit seinen Stücken wie »Der Schmid von Kochel« oder »Der Toni und sein Bürge« die Besucher in Scharen anzog: Franz Prüller, pikanterweise der Souffleur des Hoftheaters. Schließlich brachte 1856 die Münchner Konkurrenz das Schweiger'sche Volkstheater doch zur Strecke. Als das »Aktien-Volkstheater« am Gärtnerplatz, der Vorläufer des heutigen Staatstheaters am Gärtnerplatz (siehe S. 128) eröffnet wurde, mußte das Volkstheater in der Au auf behördlichen Druck für immer seine Pforten schließen. Die Familie Schweiger erhielt eine ansehnliche Entschädigungssumme und eine lebenslange Rente. Den unteren Einkommensschichten aber wurde ein erschwingliches Vergnügen genommen.

In der Lilienstraße stehen allein 26 Objekte auf der Denkmalschutzliste, unter anderem die Häuserreihe Nr. 1—13, die aus dem späten 18. Jahrhundert stammt. Im Haus Nr. 3 gründete *Franz Xaver Meiller* 1850 eine Waffenschmiede, die später zur »kgl. bayerischen Hof-Werkzeugfabrik« aufstieg: Die »F.X. Meiller Fahrzeug- und Maschinenfabrik KG«: Die rasche Entwicklung des Hauses bringt im Jahre 1918 die Verlegung des Betriebes von der Au in ein Fabrikgebäude an der Landshuter Allee (vgl. S. 275). Weitere denkmalgeschützte Gebäude sind die Mietshäuser Nr. 2—8 mit ihren neubarocken Fassaden der Jahrhundertwende und die Nummern 10—14.

Stammhaus Meiller an der Lilienstraße

Lilienstraße 19

Dort wo heute das Haus Nr. 19 steht, wurde 1669 auf Veranlassung des Kurfürsten Ferdinand Maria eine Seidenmanufaktur eingerichtet, um auf den Import von Seidenstoffen aus Paris und Florenz verzichten zu können. Die Seidenraupen wurden auf importierten Maulbeerbäumen am Hochufer der Isar gezüchtet. Das

Ganze war ein Mißerfolg. Stattdessen zog unter *Kurfürst Max Emanuel* eine Tuchfabrik für Militäruniformen ein. Organisiert als (Zwangs-)Arbeitshaus für Arme, die hier ihren Lebensunterhalt verdienen mußten, und als Kriegsgefangenenlager für Türken, die 1683 bei Wien in bayerische Hände gefallen waren, wurden aus den Überschüssen der Tuchfabrik jährlich 12.000 Gulden für den Schloßbau in Schleißheim abgeführt, bis dieser finanzielle Aderlaß 1720 die Fabrik ruinierte.

Zeppelinstraße 41

❹

Wenn man rechts in den Kreuzplatz einbiegt, kommt man zur Zeppelinstraße 41, einem heute leerstehenden Haus. Hier wurde am 4.6.1882 Valentin Ludwig Fey, besser bekannt als *Karl Valentin,* geboren. Nach einer Schreinerlehre und der Arbeit im väterlichen Transportgeschäft wandte er sich ab 1907 »hauptberuflich« der darstellenden Kunst zu. 1911 lernte er Elisabeth Wellano, Liesl Karlstadt, kennen. Mit ihr trat Valentin in den folgenden 25 Jahren in fast allen Münchner Kabaretts und Theatern auf, gab Gastspiele in Berlin. Zusammen mit Liesl Karlstadt schrieb und spielte er über 400 Dialoge und Sketche. Zahlreiche Schallplatten und Filme machten ihn in ganz Deutschland bekannt. Nach 1945 geriet er, der sich »Volkssänger, weiter nichts« nannte, weitgehend in Vergessenheit. Er starb im Februar 1948.

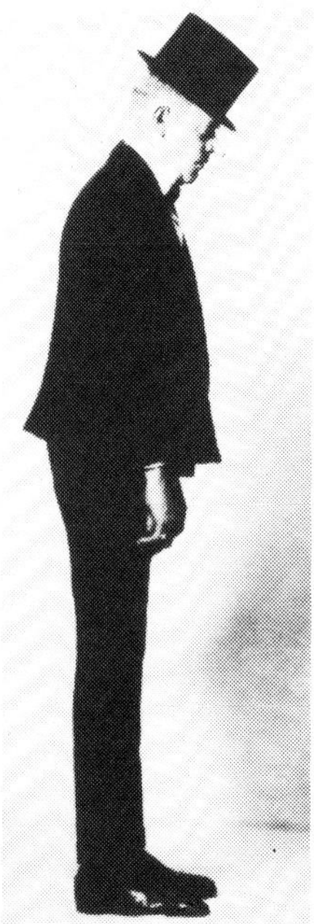

»Volkssänger, weiter nichts«: Karl Valentin

An der Eduard-Schmid-/Ecke Schweigerstraße, heute steht dort das Pestalozzigymnasium, befand sich seit 1908 die Kreislehrerinnenbildungsanstalt für den Kreis Oberbayern. Institutionen dieser Art waren für interessierte und begabte Frauen die einzige Möglichkeit, eine gehobene berufliche Qualifikation zu erwerben, den Beruf der Volksschullehrerin. Die Universitäten wurden damals frauenfrei gehalten. Das Leben als Lehrerin war alles andere als angenehm: der Lohn war geringer als der der männlichen Kollegen, ein dienstlicher Aufstieg ausgeschlossen; nur unverheiratete Frauen durften an den Schulen tätig sein.

Lilienstraße 60-62/ Schweigerstraße 16

❺

Im Hinterhof des ehemaligen Anwesens Lilienstraße 60–62 steht eine der alten Fabriken der Au. Im Bombenhagel während des 2. Weltkrieges verschwand sie fast vollständig. Hier gab es 1925 511 Betriebe aller Art. Bei der Enge des Raumes lagen diese Gewerbestätten dicht an dicht mit den Wohnungen. In der Schweigerstraße 16 befindet sich das Vereinslokal des »FC Münih Türk Gücü von 1975«, der als türkischer Verein mit deutschem Trainer heute zu einem der besten Münchner Fußballvereine zählt.

❻

An der Sammtstraße überlebte das einzige heute noch zusammenhängende Herbergenquartier mit 10 Häusern die Bombenangriffe des 2. Weltkrieges. Eine besondere Vergangenheit hat das Haus Sammtstraße 3. Während des bayerischen Erbschaftskrieges im Jahre 1740 wurden auch in derAu viele Kinder zu Waisen. Obdachlos und hungernd zogen sie umher. Der Faßbindersohn und Schreiber *Michael Pöppel* führte in München und in der Au Sammlungen durch, bis er 1749 das Anwesen Sammtstraße kaufen und zu

Karl Valentin und seine Partnerin Liesl Karlstadt

Karl Valentin

1882	Am 4. Juni wird Valentin Ludwig Fey in der Münchner Vorstadt Au geboren.
1902	Besuch einer Münchner Varietéschule. Gastspiel im Varieté »Zeughaus« in Nürnberg.
1908	Beim »Baderwirt« trägt Valentin zum erstenmal selbstverfaßte Couplets und Monologe vor und hat unerwarteten Erfolg. Valentin wird vom Singspielhallenbesitzer des »Frankfurter Hofs« engagiert.
1911	Valentin lernt im »Frankfurter Hof« Liesl Karlstadt kennen, die erst seine Schülerin, dann seine Partnerin wird. Am 31. Juli heiratet er Gisela Royes, die 1899 im Hause Fey als Dienstmädchen angestellt worden war.
1913	Valentin und Liesl Karlstadt treten zum erstenmal gemeinsam auf.
Ab 1915	Valentin gastiert in allen bekannten Münchner Kabaretts.
1923	Gastspielreisen nach Wien (»chat noir«), Zürich (»Bonbonniere«) und Berlin (»Theater am Schiffbauerdamm«).
1931	Valentin wird der Goethesaal in der Leopoldstraße zur Verfügung gestellt. Ab 16. Mai tritt er wieder im »Kolosseum« auf.
1934	Am 21. Oktober eröffnet Valentin in den Kellerräumen des Hotels »Wagner« sein »Panoptikum«, einen Kuriositäten- und Schauerkeller. In dieses Projekt hatte Valentin sein und Liesl Karlstadts gesamtes Vermögen investiert.
1935	Das »Panoptikum« wird wegen Unrentabilität geschlossen.
1939	Im Färbergraben 33 betreibt Valentin seine »Ritterspelunke«, eine Verbindung von Panoptikum, Kellerkneipe und Kabarett. Zahlreiche Aufführungen des Ritter Unkenstein. Valentins Partnerin ist nunmehr die junge Schauspielerin Annemarie Fischer.
1941-1946	Valentin tritt nicht auf.
1948	Bis 15. Januar Gastspiel im »Simpl«. Bei diesen letzten Auftritten ist Liesl Karlstadt wieder Valentins Partnerin. Anfang Februar zieht er sich eine Erkältung zu, der er am 9. Februar erliegt. Zwei Tage später wird er auf dem Waldfriedhof in Planegg beigesetzt.

Karl Valentin in verschiedenen Masken

»Karl Valentin aus München. Man muß furchtbar lachen über ihn, obschon er gar nicht lustig ist. Wo er hintippt, springen Quellen absoluter Komik. Eine halbe Bewegung, ein Zucken um die strichdünnen Lippen, ein Zwinkern der wasserfarbenen Punkt-Äuglein holt aus der Minute lächerlichsten Inhalt... Valentin ist ein Spaßmacher aus dem Volke. Sein Witz hat das Kindliche, das ein unzerstörbarer Grundstoff der sogenannten Volksseele ist, das Neugierige, Schadenfrohe, Verspielte, Trotzige, Aufgeweckte, Terriblige; und übet in Einfalt, was kein Verstand der Verständigen sieht. Dieser Komiker hat die geschickte Ungeschicklichkeit des dummen August, eine Schulbubenlust an üblen Streichen, ein kostbarstes Phlegma der Narretei. Und dem Schalk sitzt die Melancholie im Nacken... Sein Humor, eine wunderliche Mischung aus Schwachsinn und Tiefsinn, ist metaphysische Clownerie. Seine Antwort auf die Frage, warum er die leere Brillenfassung, in der schon seit vier Jahren keine Gläser mehr sind, immer auf der Nase trage: ›Besser als gar nix is es‹, rührt an eine vierte Dimension der Ulkigkeit. Seine langen, stummen Pausen, bevor der Witz kommt, sind einfach genialisch. So voll Vorausnahme heiterer Wirkung, daß diese sich einstellt, auch wenn der Scherz, der dann laut wird, gar nicht geeignet ist, sie hervorzurufen. Er ist ein Phänomen und spottet der Analyse. Er ist ein Gespenst und doch ein Münchner.« (Alfred Polgar, 1924).

»Er denkt links. Vor Jahren hat er einmal in München in einem Bierkeller gepredigt: ›Vorgestern bin ich mit meiner Großmutter in der Oper ›Lohengrin‹ gewesen. Gestern nacht hat sie die ganze Oper nochmal geträumt; das wann i gwußt hätt, hätten wir gar nicht erst hingehen brauchen!‹ Aber dieser Schreiber, der sich abends sein Brot durch einen kleinen Nebenverdienst aufbessert, wird plötzlich transparent, durchsichtig, über- und unterirdisch und beginnt zu leuchten. Berühren diese langen Beine noch die Erde? Es erhebt sich das schwerste Problem, eine Pauke von einem Ende der Bühne nach dem andern zu schaffen. Der Auftrag fällt auf Valentin. ›I bin eigentlich a Bläser!‹ sagt er. Bläser schaffen keine Pauken fort. Aber, na... latscht hin. Allein geht es nicht. Sein Kollege soll helfen. Und hier wird die Sache durchaus mondsüchtig. ›Schafft die Pauke her!‹ ruft der Kapellmeister ungeduldig. Der Kollege kneetscht in seinen Bart: ›Muß das gleich sein?‹ Der Kapellmeister: ›Bringt die Pauke her!‹ Valentin: ›Der Anderl laßt fragen, wann.‹ — ›Gleich!‹ Sie drehen sich eine Weile um die Pauke, schließlich sagt der Anderl, er müsse dort stehen, denn er sei Linkshänder. Linkshänder? Vergessen sind Pauke, Kapellmeister und Theateraufführung... Linkshänder! und nun, ganz shakespearisch: ›Linkshänder bist? Alles links? Beim Denken auch?‹ Und dann triumphierend: ›Der Anders sagt, er ist links!‹ Wie diesseits ist man selbst, wie jenseits der andre, wie verschieden, wie getrennt, wie weitab! Mitmensch? Nebenmensch. Sicherlich legen wir hier das Philosophische hinein. Sicherlich hat Valentin theoretisch diese Gedankengänge nicht gehabt. Aber man zeige uns doch erst einmal einen Komiker als Gefäß, in das man so etwas hineinlegen kann... Karl Valentin, ein seltener, trauriger, unirdischer, maßlos lustiger Komiker, der links denkt.« (Kurt Tucholsky, 1924) einem Waisenhaus für 30 Kinder ausbauen konnte. 1819 wurden die drei Waisenhäuser Münchens und das der Au zu einer neuen Anstalt vor dem Sendlinger Tor vereinigt.

Franz-Prüllerstraße 12

Das grüngestrichene Gebäude Franz-Prüller-Straße 12/Ecke Am Wageck (fast 500 Jahre alt) diente früher als Pesthaus, in dem die Opfer der Pest eingemauert wurden. An der Hausecke kann man noch das Pestkreuz erkennen. Heute ist es trotz seines schlechten Zustandes bewohnt. Die Stadtverwaltung will das Gebäude renovieren lassen, doch scheitert dieses Vorhaben an den immer noch existierenden traditionellen Eigentumsverhältnissen in den Herbergen. Das Pesthaus ist in 16 Eigentumsteile aufgeteilt und die Besitzer sind mit der Renovierung einverstanden. Nur die Besitzerin eines Sechzehntels ist gestorben, ohne ein Testament und ohne Erben hinterlassen zu haben. Solange die Erbschaftsfrage nicht geregelt ist, kann nicht renoviert werden.

Der Eingang zum Pesthaus

Franz-Prüllerstraße 15

Die Franz-Prüller-Straße 15 ist seit 300 Jahren ein zusammenhängendes Gewerbegebiet, dessen Entstehung durch den Auer Mühlbach als Wasser- und Energielieferant ermöglicht wurde. Es siedelten sich hier Webereien, Färbereien und Spinnereien an. 1786 entstand in einem Teil der Gebäude die erste bayerische Tabakfabrik: in ihr fanden »Weiber und Kinder« sowie »zusammengetriebenes Bettlervolk« Arbeit und ein karges Auskommen. Bereits nach sechs Jahren wurde sie nach Landshut verlegt, wo sie unter dem Namen »Pöschl« bis heute Kau- und Schnupftabake herstellt.

Kegelhof

Ein ähnlicher, früher »Industrieort« war der Kegelhof. *Kaiser Ludwig der Bayer* verlieh einer Mühle am Auer Mühlbach »auf der Insel« (zwischen Mühlbach und einem schmalen Seitenarm) das Recht, als einzige im Umkreis Papier herzustellen. Sie galt als eine der ersten Papiermühlen in Deutschland. Seit dem 15. Jahrhundert war sie im Besitz Münchner Patrizierfamilien. Die Papiermühle wurde von Lumpensammlern mit Rohstoffen versorgt, da Holz erst später als Grundstoff für die Papierherstellung verwendet wurde. »Auf der Insel« befinden sich heute ein Spielplatz, ein Freizeitheim und ein Fabrikgebäude, in dem bis 1928 die MD (Münchner-Dachauer) Papierfabrik produzierte; die Firma zog dann in die Planegger Straße nach Pasing.

Quellenstraße

Die Quellenstraße mit ihren Herbergen (entweder zerbombt oder nach dem Krieg abgerissen) wurde oft wegen ihres malerischen Anblickes gezeichnet und photographiert. Das Leben der BewohnerInnen war weniger malerisch. Ihre Häuser konnten wegen der Feuchtigkeit, die von den vielen aus dem Hochufer hervortretenden Quellen herrührte, meist nur ab dem ersten Stockwerk bewohnt werden. Wasser mußte aus öffentlichen Brunnen geholt werden. Wegen der fehlenden Kanalisation wurden Abfälle und Abwässer jeglicher Herkunft in den Auer Mühlbach geschüttet. Eine städtische Verordnung bestimmte, daß dies nur während der Dunkelheit geschehen durfte, da tagsüber die Frauen die Wäsche im Mühlbach wuschen. Heute befindet sich hier eine Grünanlage.

Die im 16. und 17. Jahrhundert ständig wachsende Residenzstadt München konnte und wollte die vom Lande zuziehende Bevölkerung nicht aufnehmen, so daß die Einwandererbewegung allein die nächstgelegenen Vororte traf. Dieser Bevölkerungsanstieg veranlaßte 1627 den abgedankten *Herzog Wilhelm V.*, der in Neudeck seinen Alterssitz genommen hatte, die Seelsorge an den Paulanerorden zu vergeben.

Im Jahre 1651 erwirkten die Mönche von Kurfürst Ferdinand Maria *die Genehmigung, für den Hausgebrauch während der leidigen Fastenzeit ein besonders kräftiges Bier brauen zu dürfen. Dieses Bier der heiligen Väter, das »Sankt-Vater-Bier«, war das noch heute gebraute »Salvator-Bier«. 1751 wurde die Erlaubnis zu öffentlichem Ausschank erteilt. Um die steigende Nachfrage nach dem Paulanerbier befriedigen zu können, erhielten die Mönche 1755 einen Teil des Schloßgartens, auf dem die Paulanerbrauerei errichtet wurde. Nach der Säkularisation verkaufte der bayerische Staat 1806 die Brauerei an Franz Xaver Zacherl. Um das Paulanerbier ranken sich allerlei Geschichten. Da das Bier nur im Kloster ausgeschenkt werden durfte, Frauen andererseits das Kloster nicht betreten durften, mußten sie kleine Buben beauftragen, für sie das Getränk in Krügen zu besorgen. Als Gegenleistung erhielten diese etwas Geld oder Lebensmittel. Bei Choleraepidemien, die bis zum Ende des 19. Jahrhunderts auftraten, füllte man die Kranken häufig mit dem Starkbier ab, in der Hoffnung, damit die Krankheit auszuspülen.*

Paulanerbräu

Die Kirche St. Karl Borromäus des späteren Paulanerklosters entstand 1621 als Votivkirche der Wittelsbacher. Sie wurde nach der Säkularisation als Lagerraum verwendet und mußte 1902 dem Amtsgericht weichen. Der Turm war bereits 1802 abgerissen worden. Die Architekten des Neubaus (des heutigen Landratsamtes) empfanden die alte Fassade nach und errichteten sogar den Turm neu.

Der Nord-Ost-Flügel des ursprünglichen Klosters steht an der Ohlmüllerstraße gegenüber der Paulanerbrauerei; er ist das älteste Gebäude in der Au. Nachdem jahrelang der Abriß der baufälligen

Die Quellenstraße gegen Norden um 1905

Gebäude beabsichtigt war, hat man sich vor kurzem doch für die Sanierung entschlossen.

Maria-Hilf-Platz

Es erscheint eigenartig, daß inmitten der dichtbesiedelten Au der Maria-Hilf-Platz durch die Jahrhunderte unbebaut blieb; er ist nach der Theresienwiese der größte Platz in ganz München. Drei Gründe gibt es dafür: Der Platz war durch das jahrhundertelang in Anspruch genommene Recht der Obergiesinger Bauern geschützt, hier Viehweide zu betreiben. Seit 1796 dient der Maria-Hilf-Platz jeweils im Mai und im Oktober der Abhaltung vielbesuchter Märkte, den sogenannten »Dulten«. Im Jahre 1905 kam die »Sommerdult« dazu. Auf der Auer Dult kommt noch heute nostalgische Vorstadtstimmung auf. Gemütliche Fahrgeschäfte wie das kleinste Riesenrad der Welt laden ein, ebenso zahlreiche Verkaufsstände für Geschirr, Textilien, Antiquitäten, Krimskrams. Man kann sich mit den üblichen Fischsemmeln, glasierten Früchten und Bratwürsten verköstigen und den kleinen Biergarten aufsuchen.

Geschirr, Textilien, Krimskrams und Genüsse aller Art heute wie früher auf der Auer Dult

Schließlich wurde der Platz seit 1828 aus städtebaulichen Gründen freigehalten, um die Kirche in die Mitte des Platzes stellen zu können und zum Mittelpunkt der Au zu machen.

Im Jahre 1629 brachte der Kammerdiener Sebastian Rottaw *aus Paris eine Marienstatue mit Reliquien mit, der Wunderkraft zugeschrieben wurde. Für sie wurde 1632–1639 eine kleine Kirche gebaut, die wegen der entstandenen Wallfahrt (»Maria, hilf«) 1723–1725 erweitert wurde. 1831–1839 entstand die neue Maria-Hilf-Kirche als erste Monumentalkirche außerhalb des damaligen Burgfriedens unter der Leitung von* Joseph Daniel Ohlmüller. *Ihre Größe entsprach der Bevölkerungszahl von 9500 »Seelen« in der Au im Jahre 1834. Dieses frühe Hauptwerk der Neugotik galt den Zeitgenossen als Sensation. Die an das Freiburger Münster erinnernde Turmfassade, die durchbrochene Turmspitze und das mit bunten Ziegeln gedeckte Dach waren für München eine unerhörte Neuigkeit. Die Glasfenster erlangten internationalen Ruhm und dienten als Vorbild für den Kölner Dom. Das aus Elfenbein geschnitzte Gnadenbild befand (und befindet) sich in der Gnadenkapelle.*

Maria-Hilf-Platz/Franz-Prüller-Straße um 1905

Am Neudeck

Am Ende der Straße »Am Neudeck« ragen zwei Betonklötze aus der Erde. Hier befand sich im 2. Weltkrieg die Luftraumzentrale für München und Umgebung. Informationen aus den Frühwarnstationen liefen hier zusammen und Fliegeralarme wurden ausgelöst. Nach dem Krieg wurde der Bunker zugeschüttet.

Reichenbachbrücke

❽

Seit Erbauung der zweiten Isarbrücke, der Reichenbachbrücke, 1831 besaß die Au eine zweite Hauptverkehrsstraße, die »Auer Fraunhoferstraße«, heute Ohlmüllerstraße. Erst nach dem Bau einer zweiten, stabileren Reichenbachbrücke 1843 fuhr seit 1882 die erste Pferdestraßenbahn auf dem Weg Frauenstraße — Reichenbachstraße — Ohlmüllerstraße — Mariahilfplatz. Damit war die Vorstadt Au auch verkehrsmäßig eng mit München verbunden.

Die Reichenbachbrücke war während der Zerschlagung der Räterepublik heftig umkämpft und diente als Kontrollpunkt für Fahrzeuge und Fußgänger. Das Freikorps »Landsberg« richtete im »Schoberwirt« in der Ohlmüllerstraße 20 sein Quartier und Lazarett ein. Der Schoberwirt wurde 1829 eröffnet und hat seitdem über 7.000.000Liter Bier ausgeschenkt. Im 1. Weltkrieg mußte der Wirt alles Kupfergeschirr abliefern, damit daraus kriegswichtige Güter hergestellt werden konnten. Auch die Inflation ging nicht spurlos an der Gaststätte vorbei: Am 1. November 1923 kostete ein Glas Bier 4.000.000.000 Reichsmark, am 15. November 1923 waren es bereits 50.000.000.000 RM.

Ohlmüllerstraße 20, 40

❾

Schoberwirt Georg Schober

Im Haus Nr. 40 befindet sich die Gastwirtschaft »Zacherlgarten«. Der Brauer *Franz Xaver Zacherl* kaufte dem Staat im Jahre 1806 nach der Säkularisation das Klosterbräuhaus der Paulanermönche ab. Unter seiner Führung wurde die Brauerei zu einer der modernsten ihrer Zeit. Zacherl führte als erster in München den Dampfbetrieb ein und erwarb den Nockherberg, in dessen Innerem große Lagerräume mit natürlicher Kühlung angelegt wurden. Dort wo der Auer Mühlbach die Ohlmüllerstraße unterquert, besitzt die Paulanerbrauerei noch immer ein gut sichtbares, kleines Wasserkraftwerk, das bei Bedarf in Gang gesetzt werden kann.

Nockherstraße

Östlich des Auer Mühlbaches biegt rechts die Nockherstraße ab, an deren östlichen Seite eine Reihe von Herbergen aus dem 18./19. Jahrhundert erhalten sind. Die Häuser sind in den Hang hinein und teilweise terrassenförmig den Hang hinaufgebaut worden. Gegenüber dem Haus Nr. 38 führt ein Treppenaufgang nach oben, von dort hat man einen guten Blick auf einige Hanggrundstücke. Gleich dahinter durchschneidet die 1869 eröffnete Eisenbahn-Südumgehung zwischen Hauptbahnhof und Ostbahnhof den Hang.

Hochstraße 53-73

❿

Die Häuserreihe Hochstraße Nr. 53—73 hat die Bombenangriffe des 2. Weltkrieges überlebt. Dicht an sie heran hat sich die zweite Produktionsstätte der Paulanerbrauerei geschoben. Ihre Starkbierhochburg, der »Salvator-Keller«, bildet den Abschluß der Hochstraße.

Seit dem Frühjahr 1861 wird auf dem Nockherberg das »Salvator«-Starkbier ausgeschenkt. » ...die Starkbierzeit ist die fünfte Münchner Jahreszeit auf dem alten Nockherberg, allwo im März ein sogar ausgepichten Münchnern ebenso gefährliches wie köstliches Starkbier ausgeschanckt wird. Um diese Zeit sind die weiten Hallen Kopf an Kopf besetzt. Alle Menschen werden Brüder ... « (Stadtführer 1922) oder auch nicht, wie wir aus der Geschichte lernen können: Am Freitag, dem 23. März 1888, fand hier die große Salvatorschlacht statt. Sie sorgte in ganz Europa für Schlagzeilen. Wie immer sorgten mehrere Faktoren für die Ausschreitungen:

1. Die Erhöhung des Preises für eine Maß Starkbier um 1 Pfennig seitens der Paulaner-Brauerei; 2. beharrlich schlechtes Einschenken seitens der Schankkellner; 3. erhebliche Alkoholisierung auf Seiten der Gäste. In dieser Situation schlug ein Jugendlicher einem älteren Herrn den Zylinderhut flach. Das war das Signal, die Bierschlacht begann. Prügelten zuerst nur einige Besucher aufeinander ein, so weitete sich der Kreis binnen kürzester Zeit auf die stattliche Zahl von 4.000 Menschen aus. Schwere Reiterei rückte an und stürzte sich mit blanken Säbeln ins Getümmel. Viele Verwundete waren zu beklagen, bis die »Aufständischen« am frühen Morgen unter Kontrolle gebracht waren.

Starkbier-Ausschank auf dem Nockherberg: der Salvator-Keller 1912

Hochstraße 77

Das historische Bierkellergebäude steht noch. Am 21. September 1891 wurde die Gründung des »Arbeitersängerbundes München« im Salvatorkeller feierlich vollzogen. Die Münchner Arbeitersänger gehörten zu den ersten proletarischen Kulturvereinen im Reich, die sich lokal zusammenschlossen; zu den Gründungsvereinen gehörten »Frisch Auf«, »Morgenrot«, »Nicht Verzagt« und »Handschuhmacher«.

Hochstraße 49

⓫

In der Hochstraße 49 befindet sich das Josefshaus. Im Jahre 1891 gründeten etwa 60 Männer den »Katholischen Arbeiterverein München-Au-Giesing«, um die brennenden Sozialprobleme des Viertels anzugehen. Man wollte denjenigen Herbergsbewohnern, deren Häuser bereits damals nicht mehr zu sanieren waren, eine neue, gesunde Bleibe im angestammten Viertel geben.

1898 wurde das Josefshaus mit seinen 130 billigen und komfortablen (WC, elektrische Beleuchtung) Wohnungen eingeweiht. Es enthielt einen Theatersaal, in dem der Cowboy-Club seine Vorstellungen gab, und in dem Klassiker und Volksstücke aufgeführt wurden. Berühmt waren die alljährlichen Passionsspiele (1924 Tournee durch die Niederlande), deren Aufführung am 5. Januar 1934 von der Polizeidirektion verboten wurden, da »Arbeitervereine« außerhalb der NS-Organisationen seit der Zerschlagung der freien Gewerkschaften am 1.Mai 1933 abgeschafft waren. Das Josefshaus war ein Zentrum der kirchlichen Sozial- und Kulturarbeit.

Hoch-/ Pöppelstraße

An der Ecke Hochstraße/Pöppelstraße gründete 1832/1833 der Auer Stadtpfarrer Rabl eine »Armen-Industrie-Schule« und eine Suppenschule für 235 Schüler zwischen 5 und 15 Jahren. Bereits 1833 wurden 52.633 Portionen ausgegeben. Da die Eltern der Kinder meistens Taglöhner waren, wurden sie häufig älteren Geschwistern anvertraut, die wiederum dadurch nicht zur Schule gehen konnten. Diesen Teufelskreis der Armut wollte man im Adelgundenheim durchbrechen. Im »3. Reich« gelang es dem Heimleiter, die Akten von Kindern mit jüdischen Eltern und Großeltern verschwinden zu lassen und sie so vor der SS zu retten.

⓬

Der »Bauverein Haidhausen« besitzt drei Wohnblocks, die in den Jahren 1921–1923 gebaut wurden:

- Schorn-/Giesebrecht-/Auerfeldstraße
- Welfen-/ Reger-/Weiler-/Senftlstraße
- Siebold-/Enzensperger-/Barnabasstraße/Wolfgangplatz.

Das Vereinshaus des Katholischen Arbeitervereins München Au-Giesing

Wer eine sogenannte Bauanlage von 500 RM in die Kasse der Genossenschaft einzahlte, erhielt das Recht auf eine Wohnung — solange das Geld einbezahlt blieb. Die Wohnungen sind nach heutigen Verhältnissen klein und einfach eingerichtet, für die damaligen Zeiten allerdings komfortabel. Eine weitere Annehmlichkeit waren die großen begrünten Innenhöfe, auf die hinaus jede Wohnung einen Balkon besaß.

Schorn-/Giesebrecht-/Auerfeldstraße

Im Block Schorn-/Giesebrecht-/Auerfeldstraße befand sich eine eigene Gaststätte mit einem großen Theatersaal, in dem samstags und sonntags Theater- und Musikveranstaltungen gegeben und auch politische Veranstaltungen abgehalten wurden. Heute werden in diesem Saal die Synchronisationsarbeiten der Bavaria-Filmgesellschaft ausgeführt.

Die Auer Stadtteilgalerie (Drächslstraße 6, Tel.: 485838) veranstaltet Ausstellungen zur Geschichte der Au, und präsentiert Auer Künstler.

Das Vereinszeichen des TSV München-Ost

An der Ecke Auerfeldstraße/Sieboldstraße liegt das Gelände des Turn- und Sportvereins München-Ost. Er wurde im Jahre 1897 als Arbeiter-Turnverein München-Ost gegründet, der seinen Turnbetrieb in den Nebenzimmern von Haidhauser Wirtschaften abhielt. Bereits 13 Jahre nach seiner Gründung war er zu einem Großverein mit vielen Abteilungen geworden. 1919 errichtete der Verein eine großzügige Sportanlage an der St.-Martin-Straße 80 (heute Siemens). In dieser Zeit nahm man den Namen Turn- und Sportverein München-Ost e.V. an. 1933 wurde der TSV München-Ost mit über 1.000 Mitgliedern aufgelöst.

Zu den Mitgliedern des ehemaligen Arbeitersportvereins gehörte eine Gruppe junger Sozialdemokraten, die ab Sommer 1933 eine Widerstandsgruppe im Münchner Osten aufbaute. Um Franz Faltner *sammelten sich An-*

⓭

Mitglieder des TSV München-Ost errichten nach dem Krieg in vielen freiwilligen Arbeitsstunden den Sportplatz an der Sieboldstraße wieder her. Im Rahmen der Wiedergutmachung erhielt der Verein 1951 die Besitzrechte am Grundstück St.-Martin-Str. zurück

tifaschisten, die Kontakt zu politischen Emigranten in der ČSSR herstellten und Berichte über den Autobahnbau und über die Lage in den Betrieben, Bilder aus dem KZ Dachau, von Flugplätzen und Luftschutzübungen lieferten. Umgekehrt bekamen sie illegal Schriften, die sie in München verteilten — z.B. bei einem Fußballspiel im »Sechziger Stadion« an der Grünwalder Straße wurden illegale Flugblätter und Zeitschriften an den Ausgängen deponiert. Im Laufe der Zeit geriet die Gruppe in immer größeren Gegensatz zur Exilleitung der SPD.

Im April 1935 wurde Faltner im Zug auf dem Weg in die ČSSR festgenommen. In den folgenden Prozessen 1936/1937 wurden von 47 Angeklagten 31 zu Zuchthausstrafen verurteilt, Faltner zu 10 Jahren, Josef Feuerer *zu 3 Jahren. Der mitangeklagte* Franz Weber *hatte 1935 im Polizeigefängnis Selbstmord begangen, um während der zu erwartenden Folterung niemanden zu verraten.*

Alte Mitarbeiter gründeten den Verein 1946 neu. Anfang 1957 wurde das neue Sportgebäude an der Auerfeldstraße eingeweiht.

Tassiloplatz 7

⓮

Am Tassiloplatz 7 befindet sich die Firma Rohde und Schwarz. Im Jahre 1933 bildeten drei Wissenschaftler — *Dr. Rohde, Dr. Schwarz* und der Ingenieur *Evertz* — ein Entwicklungsbüro für Hochfrequenztechnik, das in einer Wohnung in der Thierschstraße 36 untergebracht war.

1937 konnte man das große Gebäude am Tassiloplatz beziehen, wo kriegsnotwendige Sende- und Funkanlagen entwickelt und produziert wurden. Nach dem Krieg florierte das Geschäft weiter: Der erste UKW-Sender Westdeutschlands wurde 1949 hier gebaut. Seitdem ist Rohde und Schwarz zu einem der wichtigsten deutschen

Das Magazingebäude des Konsumvereins

Rüstungsfirmen in der Radar- und Elektronikbranche geworden. Der Hauptbetrieb befindet sich heute in der Mühldorfstraße 15 beim Ostbahnhof.

Auerfeldstraße 22-28

In der Auerfeldstraße 22–28 befand sich der Konsumverein München von 1864 eGmbH. Die Idee der Konsumvereine war, den Arbeiterfamilien eine breite Palette von Lebensmitteln und Haushaltswaren unter einem Dach zu möglichst geringen Preisen anzubieten. Deshalb kaufte man große Mengen ein, um die Ware billiger als die Krämer und Kolonialwarenhändler an die Kunden abgeben zu können.

Gegen eine geringe Aufnahmegebühr erhielt man eine Mitgliedskarte, die zum Einkauf berechtigte. Eine neuartige Erfindung der Konsumvereine waren die Rabattmarken, die neben den günstigen Preisen die Hausfrauen anlockten. War das Rabattmarkenheft vollgeklebt, gab es dafür bares Geld, das im Familienbudget nicht eingeplant war. Im Fabrikgebäude des Anwesens Nr. 22 befanden sich eine eigene Dampfbäckerei, eine Kaffeebrennerei und eine Dampfspalterei für Brennholz sowie das Hauptlager für die zahlreichen Filialen. Im Jahre 1933 wurden die Betriebe und Geschäfte des Konsumvereins von 1864 geschlossen, und der Verein selber enteignet. Seit 1935 hieß der neue Besitzer »Schutzgemeinschaft Bayerischer Bäcker und Müller GmbH«. Die genossenschaftliche Bäckerei hieß seit 1935 »Brotfabrik Anton Hellstern«. Kurz darauf nutzte die Bäckerei Bernbacher die Gunst der Stunde und übernahm das Gelände des Konsumvereins. Man mußte versichern, kein Brot mehr herzustellen, und verlegte sich auf die Teigwarenherstellung. Heute ist die Firma Bernbacher (Tassiloplatz 5) einer der größten Teigwarenhersteller der BRD.

Werbung von Konsumvereinnachfolger Eiernudelfabrik Bernbacher

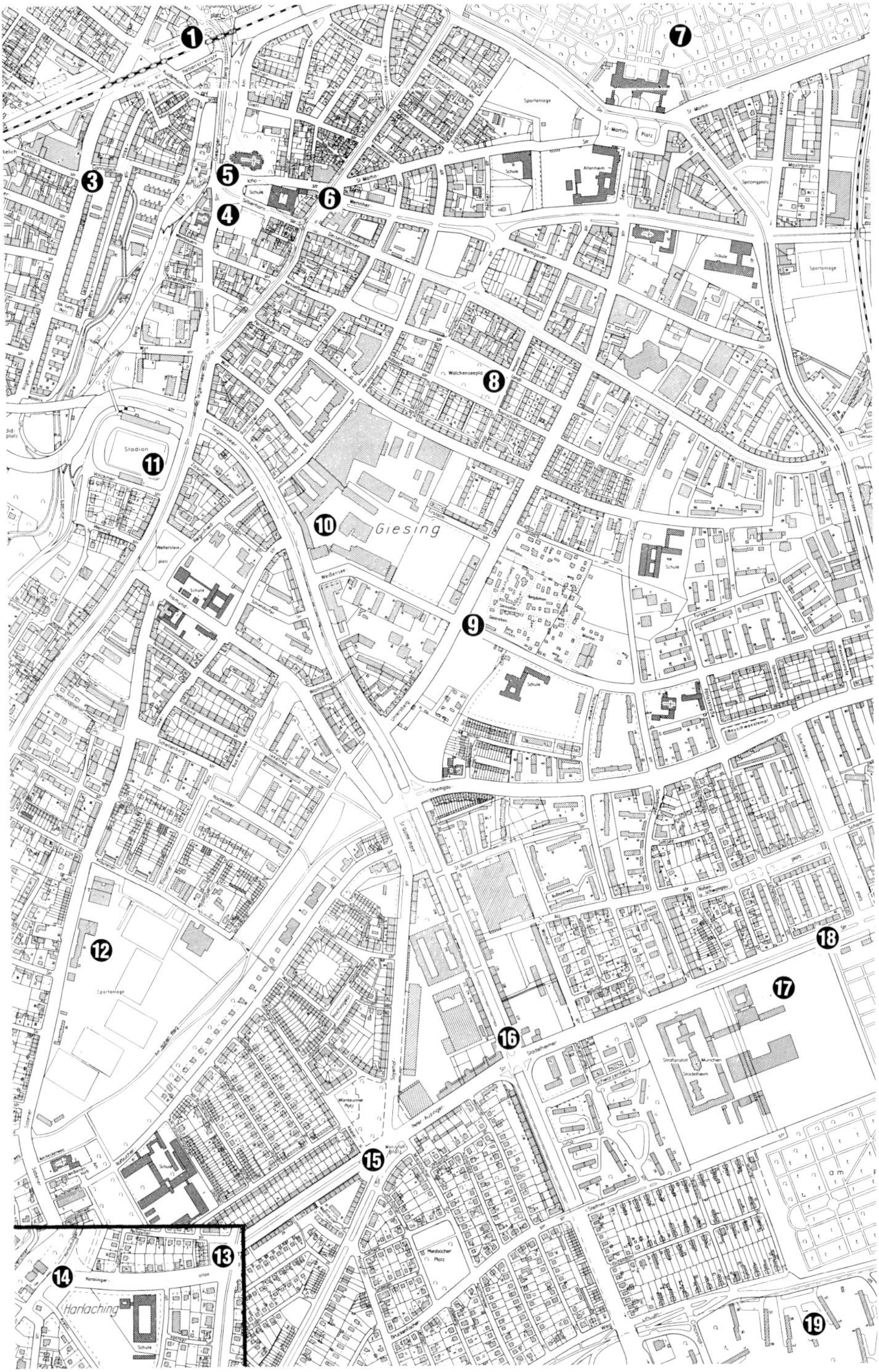
1
3
4
5
6
7
8
9
10
11
12
13
14
15
16
17
18
19
Sportanlage
Schule
Altenheim
Walchenseepla
Stadion
Giesing
Weißensee
Wetterstein platz
Strafanstalt München Stadelheim
Miesbacher Platz
Harlaching

Wo des »Kaisers« Karriere begann

Rundgang 11

Giesing

Ausgangspunkt: *Kolumbusplatz, U1 und 8*
Endpunkt: *Schwanseeplatz, Trambahn 27*
Dauer: *4 Stunden*

Der Primus-Palast, als es noch Filme hier zu sehen gab

Giesing gehört wie Au und Haidhausen zu den alten Vorstädten im Osten, die sich als Wohngegend und »Szene-Viertel« zunehmender Beliebheit erfreuen. Allmählich wird die angestammte Bevölkerung, eine Münchner Mischung aus Kleinbürger und kämpferischem Arbeiter, verdrängt. »Hochgelegen, gesunde Luft, gesunde oder auch runde Bevölkerung. Im allgemeinen wie jeder Münchner gutmütig, ist der Giesinger in gereiztem Zustand in einer ziemlich gefährlichen Körper- und Geistesverfassung. Die Giesinger sind in der Regel nicht in politisch konservativen Parteien zu suchen, sondern sie sind von Natur aus revolutionär...«, so äußerte sich der Verfasser des Buches »Rund um die Frauentürme. Ein lustiger Führer durch München und Umgebung« (1922) noch über den »sprichwörtlichen Giesinger«. Die einstige »rote Hochburg« wird gemütlich.

Columbusplatz **❶**

An der Ecke Humboldt-/Pilgersheimer Straße stand einst der Primus-Palast, eines der vielen Vorstadt-Kinos der fernsehfreien Zeit. Heute ist im Erdgeschoß ein Supermarkt, im ersten Stock residierte eine Firma besonderer Art: Die Firma C. Wiedmeier »beschäftigt« Schwarze Sheriffs, die als sogenannte »Ordnungs«-hüter in der U-Bahn immer wieder unangenehm auffallen. Auch das Kernkraftwerk Ohu bei Landshut wird von ihnen »bewacht«; im Rahmen von Schießübungen wurden dabei 1981 Einrichtungen des AKW beschädigt. Außerdem soll die Firma Söldner nach Afrika vermittelt haben.

Pilgersheimer Straße

Die Eisenbahnbrücke über die Pilgersheimer Straße wurde 1963 als Ersatz für eine Schweißeisen-Fachwerkkonstruktion aus dem Jahre 1869 gebaut. Mit ihrem auffallenden Äußeren ist sie fast schon ein Industriedenkmal.

Claude-Lorrain-Straße **❷**

An der Claude-Lorrain-Straße, gegenüber einer der Gärtnereien, die früher die Stadt mit erntefrischem Obst und Gemüse versorgten, liegt die Birkenau, die um 1840 in der fast menschenleeren »Oberen Falkenau« auf landwirtschaftlich nicht nutzbarem Boden als Tagelöhnersiedlung angelegt wurde. Viele der alten niedrigen Häuser stehen noch.

Pilgersheimer/ Kühlbachstraße
❸

Ecke Pilgersheimer-/Kühbachstraße steht der große, leerstehende Komplex der Thiemig-Graphische-Kunstanstalt. Dieser Betrieb mit ca. 1.000 Beschäftigten wurde 1983 das Opfer einer »Sanierung«, bei der die Hypo-Bank eine Rolle spielte. Obwohl modern ausgerüstet und trotz voller Auftragsbücher, legte die Bank die Firma wegen angeblichen Bankrotts still und verkauften die Produktionsmittel. Auf der Strecke blieben die Beschäftigten.

Waldeckstraße

Der Mietsblock Pilgersheimerstraße

Untergiesing wurde seit 1808 durch die beginnende Industrialisierung geprägt: Damals entstand in der Nachbarschaft des Edelsitzes Pilgramsheim (daher der Name der Straße) eine Lederfabrik. Der Mühlbach lieferte die Antriebskraft für die Maschinen und das Wasser für die Färberei und die Gerberei. Seit 1837 war sie im Besitz des Hofbankiers und Großspekulanten *Simon Freiherr von Eichthal* (siehe S. 11), der sie 1850-1856 zu einer der größten Lederfabriken Münchens ausbaute. Die Fabrik wurde 1930 abgebrochen und auf ihrem Gelände 1930-1931 die Wohnsiedlung der Münchner Siedlungsbau GmbH errichtet, deren Hauptachse die Waldeckstraße ist.

Der Mietsblock zwischen Pilgersheimer-/Cannabich- und Voßstraße umschließt einer Burg gleich einen großen Innenhof. Es gibt einen vergitterten Zugang zu diesem Innenhof (an der Pilgersheimer Straße). Die Fenster in der Vorderfront gleichen in ihrer länglichen, schmalen Form eher Schießscharten.

Lohstaße/ Am Mühlbach

Ab 1450 entstand am Mühlbach die Taglöhnersiedlung »Lohe«, deren bescheidene Reste heute noch an der Lohstraße zu besichtigen sind und unter Denkmalschutz stehen (Nr. 18, 24a, 64, Am Mühlbach 4a, 4b, 4c als Herbergen). Gegenüber dem Anwesen Lohstraße 60a befindet sich ein öffentlicher Brunnen, aus dem sich die Bewohner ihr Wasser holen mußten.

Auf dem moorigen, landwirtschaftlich wertlosen Grund ließen sich Bauhandwerker und Taglöhner nieder, die auf den Großbaustellen des damaligen München (Frauenkirche und Stadtbefestigung) Arbeit fanden. Da Stadtrat und Zünfte den herbeiströmenden Menschen eine Ansiedlung innerhalb der Münchner Stadtmauern verwehrten, mußten sie sich in der Umgebung der Stadt nach einer Bleibe umsehen. Mit der Zeit wuchsen die » wilden Siedlungen « östlich der Isar stark an, so daß in Ermangelung besseren Baugrundes die Neubauten die Hänge des Isarhochufers hinaufkletterten. Die zum Teil schon jahrhundertealten Bauten wurden ständig umgeändert, aufgestockt und angebaut, was ihnen, vorsichtig ausgedrückt, ein verwegenes Aussehen gab.

Lohstraße 23 Herbergen am Steilhang

Mondstraße 14

Ein erfreulicheres Beispiel für die Wohnverhältnisse vergangener Zeiten ist die Mondstraße. Zur Straße hin bilden die zweistöckigen Häuser eine gemeinsame Front, während ihre Hinterhöfe an den Mühlbach grenzen. Ein besonders sehenswertes Haus beherbergt die Mariannenapotheke (Mondstraße 14).

Ichostraße
❹

Der ursprüngliche Obergiesinger Dorfkern befand sich zwischen den heutigen Icho-, Berg-, Zehentbauer-, Tegernseer Landstraße.

Schon im Jahre 790 ist ein Priester namens Icho beurkundet, dessen Pfarrei zur Pfarrei Bogenhausen und damit zum Bistum Freising gehörte. Aus-

Herbergen in der Lohstraße 24 um 1905

Herberge

Herbergen waren Behausungen, in denen eine Vielzahl von Anteilseignern ein mehr oder minder behagliches Heim eigentümlich besitzen konnten,das ebensowohl nur eine Stube wie ein ganzes Stockwerk umfassen konnte. Gewöhnlich bestanden solche Herbergshäuser aus einem Holz- oder Fachwerkbau, der in mehrere Quartiere abgeteilt war. Diese Quartiere wurden vom Besitzer zu Eigentum gekauft. Dabei gehörten das Dach, die Außenwände und das Grundstück allen gemeinsam. Die dadurch entstehenden Dauerstreitigkeiten sorgten nicht nur für häufig unerquickliche Nachbarschaftsverhältnisse, sondern auch für viele Rechtsstreitigkeiten. Vorteile waren unkündbarer und billiger Wohnraum.

Ein Beispiel aus Giesing Das Haus Lohstraße 13 (existiert nicht mehr) enthielt 1889 drei Herbergen, eine in jedem Stockwerk. 30 m^2 Wohnfläche, verteilt auf drei Zimmer und Küche, hatte die Parterrewohnung. Die beiden anderen umfaßten 28 m^2 und 16 m^2. Im Erdgeschoß lebten 4 Menschen, im ersten Obergeschoß ebenfalls 4, im Dachgeschoß 2. Die lichten Raumhöhen maßen in den unteren Etagen 2 m, im Dachausbau 1,80 m. Der ursprünglich erdgeschossige Bau erhielt später ein Obergeschoß, danach noch eine Aufstockung des Daches. Um die oberen Stockwerke zu erreichen, wurden zwei getrennte Stiegenhäuser angelegt; letzter Anbau war 1889 eine provisorische Holzhütte an der Westseite. Im ganzen Haus gab es nicht einen Abort. Die Fäkalien wurden mit großen Tonkübeln in den Mühlbach befördert, das Wasser mußte aus öffentlichen Brunnen geholt werden. Diese hygienischen Mißstände, die Überbelegung der Räume sowie der schlechte Bauzustand der Gebäude bewogen die Stadt München nach 1900, sukzessive einzelne Herbergen aufzukaufen. Nach Erwerb ganzer Anwesen wurden sie für unbewohnbar erklärt, später zwangsgeräumt und abgebrochen. Da manche Häuser zwanzig und mehr Eigentümer hatten, vergingen Jahrzehnte, bis die Loher Herbergen verschwanden. Einzelne stehen noch heute.

Franz Peter

Silberhorn-/ Martin-Luther-Straße

grabungen auf dem Gelände der Icho-Schule brachten einen der größten Bajuwarenfriedhöfe Südbayerns mit ca. 300 Gräbern zutage, folglich war dieses Gebiet bereits seit dem 7. Jahrhundert besiedelt. Seit ca. 1200 existierte die im romanischen Stil aus Felssteinen aufgemauerte 12 m lange und 12 m breite Steinkirche Hl. Kreuz. Erst 1888 wurde sie abgebrochen, da sie der Regulierung des Giesinger Berges im Wege stand. Der Knollhof an der Ecke Silberhorn-/Martin-Luther-Straße ist der letzte Bauernhof und überhaupt das letzte erhaltene Gebäude aus dem vorindustriellen Giesing. Er stammt aus dem Jahre 1799, brannte 1866 nieder, wurde wieder aufgebaut, 1944 zerbombt und erneut originalgetreu aufgebaut. Heute steht das Anwesen leer.

Martin-Luther-Straße 4

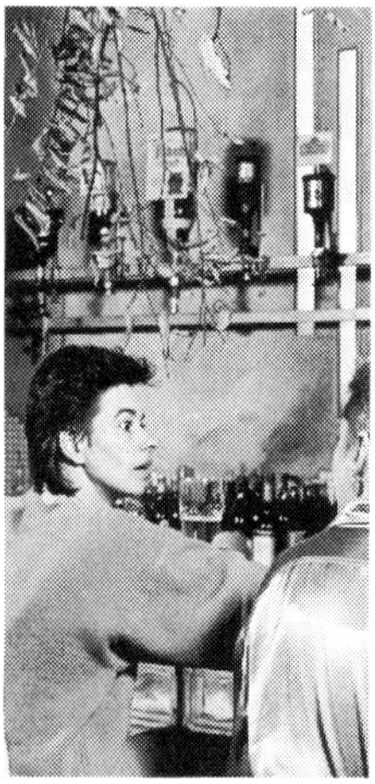

In der Musikkneipe Café Giesing, die heute dem Liedermacher Konstantin Wekker gehört; Lesungen und Musik gehören zum Programm

Am 1. November (Buß- und Bettag) 1927 wurde die Lutherkirche (Architekt Hans Grässel) eingeweiht. Die Platzwahl gegenüber der katholischen Hl. Kreuz-Kirche sollte betonen, daß auch die evangelische Gemeinde in Giesing gegenwärtig war. Ende 1920 bildete sich im Cafe Giesing (Berg-/Weinbauernstr.) der »Evangelische Verein«, der sich den Bau einer protestantischen Kriche zur Aufgabe machte.

Während der Wirtschaftskrisen wuchsen die politischen Unruhen. Ab Ostern 1930 mußten mehrmals Gottesdienste gegen kommunistische Störer geschützt werden; viele Gemeindemitglieder gehörten zu jenen Deutschen, die den Nationalsozialismus als Retter religiöser Werte sahen. Nach dem Regierungswechsel im Januar 1933 erschienen treue Gemeindemitglieder in Partei- bzw. SA-Uniformen zu den Gottesdiensten. Der am 5. Juli 1933 gewählte Kirchenvorstand bestand zu 50% aus NS-Parteigenossen.

Mit der Lutherkirche war die Gefängnisseelsorge in Stadelheim verbunden. Da die Zahl der Hinrichtungen zwischen 1934 und 1945 ständig stieg, mußte Pfarrer Alt zweimal pro Woche den Verurteilten tröstend beistehen, u.a. den Geschwistern Scholl. Im September 1943 entstanden schwere Bombenschäden an Kirchen und Pfarrhaus, fünf weitere Male erlitten die Gebäude Treffer, die jedesmal nur notdürftig unter Mithilfe von Stadelheim-Gefangenen repariert werden konnten. Am Ende des Krieges hatte die Luthergemeinde 120 Kriegstote und 28 Fliegeropfer zu beklagen (bei 5.600 Gemeindemitgliedern).

Giesinger Berg

❺

Die Landstraße von Tegernsee nach München führte bei Obergiesing mit halsbrecherischem Gefälle zur Isarfurt hinunter. Die Eingemeindung nach München 1854 und die Verstädterung der Vororte in der Gründerzeit ließen das Verkehrsaufkommen derart anwachsen, daß der Giesinger Berg mit 12% Steigung reguliert werden mußte. 1890/1892 verringerte man die Steigung auf 4%. Jetzt konnte eine Trambahnlinie eingerichtet werden, die Obergiesing mit dem Stadtzentrum verband. 1934/1935 ließ der NS-Stadtrat den Giesinger Berg im Rahmen der Arbeitsbeschaffungsmaßnahmen auf die heutige Breite vergrößern. Das Kopfsteinpflaster dieser Hauptverkehrsstraße stammt noch aus dieser Zeit.

Die katholische Hl. Kreuz-Kirche wurde nach 20jähriger Bauzeit im Jahre 1886 eingeweiht. Diese von Georg von Dollmann geplante neugotische Hallenkirche prägte vor allem durch ihren 95 m über die Giesinger Anhöhe emporragenden Turm das gesamte Stadtpanorama.

Im April/Mai 1919, als die »Weißen Truppen« auf der Tegernseer Landstraße gegen die rote Hochburg Giesing vorrückten, postierte die Rote Armee auf dem für sie strategisch günstig gelegenen Turm jenes Gotteshauses Maschinengewehre. Am Giesinger Berg wurden die »Weißen« mit MG-Feuer und Handgranaten empfangen.

Es folgten erbitterte Straßenschlachten besonders an der Martin-Luther- und Ichostraße. Eine spezielle Kampfart der Roten Armee (durch das Kanalisationssystem hinter die Linien der Feinde zu gelangen, dort aus den Kanaldeckeln herauszuschießen und sofort wieder zu verschwinden) führte dazu, daß es trotz der Überlegenheit der Weißen und des Einsatzes eines Panzerzuges bei der Pilgersheimer Eisenbahnbrücke 3 Tage dauerte, bis der Widerstand der Verteidiger gebrochen war: in den Augen der Konterrevolutionäre die »Schmach von Giesing«. Diese Schmach hatte im März/April 1933 ein Nachspiel: In Erinnerung an die Ereignisse wurden die männlichen Erwachsenen ganzer Giesinger Straßenzüge verhaftet und ins KZ Dachau gebracht.

Der eingerüstete Turm der Hl.-Kreuz-Kirche während des 1. Weltkrieges

Aignerstraße

Um 1840 begann man mit der Regulierung der Isar, um die alljährliche Hochwassergefahr zu dämmen. Für die dort beschäftigten Arbeiter baute die Stadt die »Feldmüllersiedlung« — nordöstlich der Hl. Kreuz-Kirche (Untere und Obere Grasstraße, Kiesstraße, Aignerstraße) — auf einem Gebiet, das landwirtschaftlich nicht genutzt wurde: dem Pestacker, auf dem die Toten der Pest von 1636 begraben waren. Die Häuser stehen heute unter Denkmalschutz, sind aber trotzdem zum Teil vom Verfall bedroht.

❻

Die Tegernseer Landstraße ist das Geschäftszentrum von Giesing. Als Kontrast zum modernen Verkehrsaufkommen haben sich hier noch einige der früher für Giesing typischen niedrigen Häuser erhalten. Eine richtige Sehenswürdigkeit fiel 1964 dem Bau des

Der Giesinger Berg um die Jahrhundertwende; links der Knollhof, der noch immer steht

Die Straßenfront des Postamts an der Tegernseer Landstraße: nicht nur »Postkiste«; es enthielt Mieträume für eine Bankfiliale und ein Café, das später in eine Kantine umgewandet wurde

Kaufhauses der Karstadt AG zum Opfer: eines der ältesten Gasthäuser Giesings, der »Schweizerwirt«, mit seinem Biergarten sowie der traditionelle Hundemarkt, auf dem nicht nur Hunde ihren Besitzer wechselten, sondern auch illegal arbeitende Hundemetzger ihre Opfer erstanden.

Kistler-/ Sägstraße

In der Kistler- und Sägstraße stehen mehrere Tagelöhnerhäuser aus der Mitte des 19. Jahrhunderts. Die Straßennamen verraten die Berufe der ehemals dort Wohnenden. Die Häuser sind keine Bauernhäuser mehr, aber auch noch keine Mietskasernen; ihre Bewohner waren zugereiste Hand- und noch nicht Industriearbeiter, mit denen die alteingesessenen Bauern möglichst wenig zu tun haben wollten.

Kistlerstraße 1

Im Gebäude Kistlerstraße 1 hat die Netzwerk Selbsthilfe München e.V. ihren Sitz. Sie ist die Dachorganisation der selbstverwalteten Münchner Betriebe, in denen kollektiv und in nicht hierarchischen Strukturen gearbeitet wird. Einer dieser Betriebe ist der *Trikont-Verlag* (gleiche Adresse). 1967 hervorgegangen aus einem »Arbeitskreis Dritte Welt«, brachten das Tagebuch von Che Guevara (Auflage: 60.000) und der Vertrieb der Mao-Bibel (100.000) eine finanzielle Grundlage. Seitdem lebte man mit ständigen Hausdurchsuchungen, Beschlagnahmen, Ermittlungsverfahren. Höhepunkt des Ärgers mit der Staatsgewalt war 1976 das Verbot des Buches »Wie alles anfing« des Ex-Terroristen Bommi Baumann. Heute steht der Name Trikont für die Herausgabe guter Schallplatten, hauptsächlich ursprüngliche volkstümliche, d.h. auch moderne Volksmusik. Leute wie der Eibl Sepp, Rudi Zapf, Uschi Laar und Georg Ringsgwandl arbeiten mit Trikont — laut Süddeutscher Zeitung vom September 1987 eine »Insel im Sumpf« der Plattenindustrie.

»Inmitten einer Vorstadtumgebung von phantastischer Häßlichkeit erhebt sich der Staatsbau von strenger, bedeutender Haltung aus dem Rahmen wilder Ritterburg-Mietskasernen mit zerzausten Giebelsilhouetten«, schrieb 1930 der Architekturkritiker J. Bier über das Postamt an der Tegernseer Landstraße 57. Es wurde als zentrales Postdienstgebäude mit Wohnungen und Werkstätten 1928/1929 nach Plänen von *Robert Vorhölzer* und *Walther Schmidt* errichtet. Robert Vorhölzer (1884-1954) arbeitete seit 1911 als Professor für Architektur an der TH München. 1933 wurde er als Vertreter des »Neuen Bauens« seines Postens enthoben und ging als beratender Architekt der türkischen Regierung nach Ankara. Nach seiner Rückkehr nach Deutschland 1946 nahm er seine Tätigkeit an der TH wieder auf.

Tegernseer Landstraße 57

Der Bau steht in seiner funktionalen Gestaltung in krassem Gegensatz zur Heimattümelei und der »bodenständigen« Architektur vieler anderer Gebäude derselben Zeit. »Postkiste«, »typisches Beispiel hypermodernen Baustils« und »kümmerliche Nacktheit« lauteten noch die harmlosesten Angriffe der Ewiggestrigen. Das Gebäude wurde im 2. Weltkrieg zerstört und originalgetreu wiederaufgebaut. Als Beispiel modernen funktionalen Bauens steht es unter Denkmalschutz.

Die Gemeinde Au ließ 1821 den heutigen Ostfriedhof errichten. Anläßlich der Eingemeindung von Au und Giesing 1854 wurde der Friedhof von der Stadt München übernommen und erweitert. Der Ostfriedhof ist die »letzte Heimat« vieler, die dem Terror von Rechts zum Opfer fielen.

St.-Martins-Platz 1

7

Kurt Eisner *wurde hier am 26. Februar 1919 beigesetzt. Seine Überreste wurden 1933 in den Israelitischen Friedhof an der Ungererstraße überführt. Den »Opfern der Revolution 1919« wurde ein Denkmal errichtet, das 1933 entfernt und nach dem 2. Weltkrieg in gleicher Form wieder aufgebaut wurde (beim Gräberfeld 51). Wie und warum die 4.000 Urnen, die am Ende des 2. Weltkrieges in den Kellerräumen gefunden wurden, sortiert und beschriftet zum Ostfriedhof gekommen waren, ist unklar. Sie stammten zumeist aus dem KZ Dachau, aber auch aus den Konzentrationslagern Auschwitz, Buchenwald und Flossenburg sowie aus den Anstalten Fürstenberg, Grafeneck, Hartheim, Sonnenstein und Steyr, wo die »Euthanasie« an den Opfern vollzogen worden war. Die Urnen wurden 1950 im KZ-Ehrenhain I im Perlacher Friedhof beigesetzt.*

Die Leichen der in den Nürnberger Prozessen 1945 zum Tode verurteilten Nazikriegsverbrecher wurden im Krematorium des Ostfriedhofes verbrannt und ihre Asche in die Isar geschüttet.

Die Siedlung am Walchenseeplatz, die in den Jahren 1928 bis 1930 von der Gemeinnützigen Wohnungsfürsorge AG München mit 1.170 Wohnungen auf 11 ha geplant war, sollte den infolge des (kurzen) Wirtschaftsaufschwunges 1924-1929 nach München Zugezogenen eine Bleibe bieten. Außerdem sollten Bewohner der Innenstadt, deren Wohnungen der gewerblichen Umnutzung zum Opfer fielen, hier angesiedelt werden. Wegen der Weltwirtschaftskrise konnten bis 1930 nur 862 Wohnungen mit einer durchschnittlichen Fläche von 58 m^2, 26 Geschäfte und eine Gaststätte errichtet werden. Die meisten Blocks sind mit hohen Mauern umgeben, Einfahrten ermöglichen den Zugang zu den Innenhöfen. Den Bewohnern standen eigene Dusch- und Wannenbäder sowie eine eigene (inzwischen abgebrochene) Zentralwäscherei zur Verfügung.

Walchenseeplatz

8

Untersberg-/ Perlacher Straße

9

Beiderseits der heutigen Untersbergstraße, die damals an der Perlacher Straße endete, zwischen Perlacher und Chiemgaustraße dehnte sich 1945 eine riesige Kiesgrube aus. Nach dem Einmarsch der US-Armee am 30. April 1945 wurde der gesamte Abfall der Stadt mit Armeelastwagen hierher gefahren. Während der Hungerzeit waren auf der Mülldeponie die sogenannten »Müllhalden-Krattler« aktiv, die den Abfall (besonders den der US-Befreier) nach Brauchbarem durchwühlten. Nachdem die Grube aufgefüllt worden war, entstanden westlich der Untersbergstraße die Erweiterungen des Agfa-Werkes. In der Kiesgrube lag vor 1942 westlich der Untersbergstraße an der Weißenseestraße ein Außenlager des KZ Dachau, in dem ca. 500 meist holländische Frauen inhaftiert waren. Am 20. September 1942, bei einem der ersten schweren Luftangriffe auf München, wurde das Lager dem Erdboden gleichgemacht, da man es irrtümlich für eine Ausbildungsstätte der Wehrmacht hielt; es brannte zwei Tage und Nächte lang, über die Zahl der Opfer ist nichts bekannt.

Trotz der schweren Schäden gleich nach dem Krieg wieder Sportstätte: das 60er Stadion an der Grünwalder Straße

Untersbergstraße 70

Nach der »Sanierung« der Firma Agfa im Jahre 1983 stand das Arbeiterwohnheim an der Untersbergstraße 70 leer. Heute ist es das größte Münchner Lager für Asylanten.

Weißenseestraße 77-79

An der Weißenseestraße 77–79 wurden 1970 Mietwohnungen für 1000,–/m^2 gebaut. Die bayerische Rückversicherungsgesellschaft kaufte 1979 den Komplex für 1500,–/m^2 und veräußerte ihn an den Spekulanten *Roland Holly.* Dieser Mann war damals der hauptsächliche Sponsor des in akuten Finanzschwierigkeiten steckenden Sportvereins 1860 München. Holly wandelte die Wohnungen in Eigentumswohnungen um und verkaufte sie für 3000,–/m^2. Ja mei, so geht's.

Tegernseer Landstraße 161

⑩

Das ehemalige Kamera-Werk der »Allgemeinen Gesellschaft f. Anilinfarben« (Agfa) steht an der Tegernseer Landstraße. In Berlin gegründet, kaufte man 1920 hier die vormalige H.Ritschel Kamerafabrik, zog 1945 endgültig aus dem sowjetisch »bedrohten« Berlin nach München und baute es in der Wirtschaftswunderzeit groß aus. Bis zum Jahr 1982 war Agfa der größte Arbeitgeber in Giesing mit ca. 4.600 Arbeitsplätzen. Dann verlagerte der Aufsichtsrat die Kamerafertigung nach Belgien, angeblich um einen Bankrott abzuwenden. In München blieben die Filmentwicklung, die Reparaturabteilung sowie 2.500 Arbeitslose zurück.

Genannt »Theo« oder »Onkel Max«: Spitzel Max Troll

Im Agfa-Werk gab es während der Nazi-Zeit die wohl aktivste und am längsten bestehende kommunistische Widerstandsgruppe der Münchner Betriebe. Sie wurde von Ludwig Heigl *1934 aufgebaut. Heigl war vor 1933 nicht offizielles KPD-Mitglied und deshalb der Gestapo unbekannt. 30 Mitglieder, in drei Gruppen aufgeteilt, konnten so noch bis 1937 arbeiten, z.B. Beiträge für die »Rote Hilfe« sammeln und illegales Material verbreiten. Der Gestapo gelang es, einen Spitzel in die KPD einzuschleusen:* Max Troll, *alias »Theo«. 1931 in die Giesinger KPD eingetreten, brachte er es dort zum Stadtteilleiter der Roten Hilfe und zum Organisator einer KPD-Betriebszelle bei Agfa. Am 10. März 1933 wurde er ins KZ Dachau gebracht, wo es der Gestapo gelang, Trolls Ängste um Frau und zwei kleine Kinder zum »Umdrehen« einzusetzen.*

Eine weitere Widerstandsgruppe existierte 1943/44 bei Agfa: die »Antinazistische Deutsche Volksfront« ADV, die von Ferdinand Baader *geführt wurde und Kontakte zu vielen Widerstandsgruppen in Münchner Betrieben und zur BSW in der Schwanseestraße (**siehe S. 184**) hatte. Sie war überparteilich* und orientierte sich an der Volksfrontpolitik. Mitte 1944 wurde Baader verhaftet und zu 5 Jahren Zuchthaus verurteilt.

Grünwalder Straße 4

⑪

Am Anfang der Grünwalder Straße steht die wohl traditionsreichste Münchner Sportanlage, das 60er-Stadion. 1911 wurden ehemals landwirtschaftlich genutzte Flächen an der Grünwalder Straße gepachtet, auf denen die Sportanlage gebaut wurde. Von der Turnabteilung wurde die erste kleine Sitztribüne, von der Fußballabteilung eine größere Stehtribüne errichtet. 1921 wurde das Gelände erworben, im September 1926 war das 60er-Stadion mit einem Gesamtfassungsvermögen von 40.000 Zuschauern erstellt. 1937 ging das Stadion in den Besitz der Stadt über. Der 2. Weltkrieg hat ihm schwere Schäden zugefügt.

Auch schon im Finale eines Europacup-Turniers gewesen: die »Löwen« vom TSV 1860 München

Der TSV 1860 München wurde 1848 als »Münchner Verein« gegründet und kann als der erste Turn- und Sportverein Münchens gelten. Allerdings erregte er in seiner Frühzeit das Mißfallen der staatlichen Obrigkeit und wurde bereits 1850 verboten. Unter der Bezeichnung »Verein zur körperlichen Ausbildung« entstand der »Münchner Verein« 1860 neu. Die Turnabteilung übte in Hinterzimmern von Gastwirtschaften, die Fußballabteilung trainierte auf der Schyrenwiese in Untergiesing.

1965, als die 60er DFB-Fußballmeister wurden, war der Verein das sportliche Aushängeschild Münchens. Ganz groß raus kamen die »Löwen« im Europacupturnier, in dem sie das Finale gegen Westham United erreichten. 15.000 Fans machten sich auf den Weg

Die Gründungsmannschaft der »Löwen« auf dem Schyrenplatz in Untergiesing; stehend von links: Petry, Fritzsche, Sporer, Leistl, Guttmann, Sattler; sitzend: Stöhr, Rosenfeld, Bauer, Wagner, Moos. Linienrichter in Zivil: Zisch, Dr. Haggenmüller

nach London, wo sie aber am 19. Mai 1965 eine 2:0 Niederlage miterleben mußten. Trotzdem wurde die Elf im Rathaus wie eine Siegerin empfangen. Dann trat der Konkurrent FC Bayern an die Stelle der 60er. Dazu kam eine finanzielle Misere, die in 8 Millionen Mark Schulden endete. Der DFB entzog dem TSV 1860 die Bundesligalizenz und deklassierte ihn in die Bayernliga. Damaliger Vorsitzender des Vereins war der CSU-Bundestagsabgeordnete *Dr. Riedl.*

Säbener Straße 51

⓬ Ganz in der Nähe an der Säbener Straße 51 hat der ewige Lokalkonkurrent FC Bayern heute sein Vereinsheim und seine Trainingsplätze. Einer der bekanntesten ehemaligen Bayern-Spieler, der heutige DFB-Teamchef »Kaiser« *Franz Beckenbauer,* stammt übrigens aus den Gefilden der 60er: er begann seine Karriere in Giesing beim SC 1906 am St. Martins-Platz.

⓭ Die bekannte Baufirma, seinerzeit auch Immobilienspekulantin, Heilmann und Littmann errichtete ab 1895 auf dem Gebiet Altharlaching, Menterschwaige, und Geiselgasteig die sogenannte »Gartenstadt«. Aus der Kritik an der ungesunden Großstadt wurde um 1890 in England und Deutschland die Idee einer neuen Siedlungsform geboren: es sollten in Großstadtnähe weiträumige, in Gartenland eingebettete Siedlungen entstehen. Ab dem 12. August 1910 ermöglichten die Straßenbahnlinien 25 (Schwabing-Grünwald) und 35 (Neuhausen—Grünwald) den gewünschten Anschluß an die Stadtmitte.

Im Mai 1945 besetzte die US-Armee das gesamte Villenviertel und umzäunte das Gebiet mit Stacheldraht. Erst nachdem 1956 die amerikanische Siedlung im Perlacher Forst (siehe S. 185) fertiggestellt worden war, wurden die Häuser wieder für zivile Zwecke freigegeben. Heute verschwindet die Gartenstadt Stück für Stück durch den Abbruch der älteren Villen und den Neubau großer Eigentumsanlagen auf den parkähnlichen Grundstücken.

Karolingerallee

⓮

Entlang der Karolingerallee befand sich die mittelalterliche Rodungsinsel Harlaching. Schon in der frühen Bronzezeit (ca. 1800 v.u.Z.) lebten hier Menschen, deren Skelette und Hausgeräte man in Höckergräbern fand. Später ließen sich die Kelten in dieser waldreichen Gegend nieder. Um 1150 erschien Harlaching in den Urkunden des Klosters Tegernsee. Ein großer Meierhof stand bei der damals romanischen St. Anna-Kirche (Mitte des 18. Jahrhunderts wurde sie im Rokokostil neuerbaut) und um ihn herum gruppierten sich am Hochufer vier kleinere Ökonomien sowie im Isartal eine Mühle mit Wehr.

Die St. Anna-Kirche heute

Am 22. April 1700 überschrieb Kurfürst *Max II. Emanuel* seinem Geheimen Rat Baron Max Christoph von Mayr das Gut. Dieser ließ ein kleines Schloß neben St. Anna anlegen, von Zeitgenossen schwärmerisch mit Schloß Belvedere in Wien verglichen. Ein Brand vernichtete Schloß und Park am 18. September 1800.

Unter Denkmalschutz steht die Gaststätte »Harlachinger Einkehr«, die früher eine Poststation war.

Nauplia-/Steingadenerstraße

⓯

Noch Mitte des letzten Jahrhunderts reichte der Wald bis an die eiszeitliche Terrassenkante Kuntersweg/Am Hohen Weg/Quirinsplatz. Er wurde dann Stück für Stück gerodet und zu landwirtschaftlichen Flächen umgewandelt, die zu den großen Einzelhöfen Soyerhöfe, Warthof und Gut Stadelheim gehörten. In den 20er Jahren begannen Wohnungsbaugesellschaften das Gebiet zu »erschließen«. 1928/1929 entstand die Siedlung der Gemeinnützigen Wohnungsfürsorge AG an der Rotbuchen-, Nauplia-, Oberbibergerstraße. 1937 baute die Gemeinnützige Heimstätten AG an der heutigen Friedrich-Ebert-, Stresemann- und Vollmarstraße, 1936-1940 die Allianz-Stuttgarter Lebensversicherung an der Nauplia- und Oberbibergerstraße. In der Zeit des »Dritten Reiches« wurde 1935/1936 die Siedlung der Nationalsozialistischen Kriegsopferversorgung an der Steingadener- und Eichthalstraße errichtet; in den 68 Einfamilien-Kleinhäusern wohnten seinerzeit 50% Arbeiter, 16% Rentner und 34% Angestellte und Beamte.

Heute Kernstück der Mc-Graw-Kaserne, in der Nazi-Zeit Reichszeugmeisterei, eine Art technischer Hilfsdienst

Peter-Auzinger-Straße

⓰

Auf dem Gebiet der Mc-Graw-Kaserne stand seit Anfang des 19. Jahrhunderts der Warthof. Er kam 1830 in den Besitz des Professors, Ministers, Fabrikanten und Erfinders *Joseph von Utzschneider*, der einen landwirtschaftlichen Musterbetrieb einrichtete und dafür große Waldbestände roden ließ. Spezialisiert war der Betrieb auf den Zuckerrübenanbau. (Die Zuckerrübe hatte erst seit der Kontinentalsperre von 1806 Bedeutung erlangt, weil damals der Import von Rohzucker aus Mittel- und Südamerika unterbunden wurde.) Auf dem Warthof entstand die erste Zuckerrübenfabrik Bayerns. Da sich jedoch die Giesinger Bauern nicht von der Rentabilität des Zuckerrübenanbaus überzeugen ließen, fehlte der Fabrik die Grundlage, und sie wurde nach Schleißheim verlegt. Utzschneider starb am 31. Januar 1840 an den Folgen eines Verkehrsunfalls, als sich seine Kutsche auf dem steilen Giesinger Berg überschlug.

Im sogenannten »Mc-Graw-Graben« durchquert die Tegernseer Landstraße den Kasernenbereich. Die Straße war seit 1945 für den öffentlichen Verkehr gesperrt, mußte aber wieder geöffnet werden, als zur Entlastung der Autobahn Salzburg ein Zubringer zwischen Giesing und dem Brunnthal-Kreuz entstand.

Stadelheimer Straße 12

⑰

Die »Justizvollzugsanstalt München« (Stadelheimer Straße 12), volkstümlich auch »Stadelheim« oder »St. Adelheim« genannt, liegt auf dem Grund des ehemaligen Gutes gleichen Namens; sie wurde 1892 bis 1894 als Strafanstalt und Hinrichtungsstätte gebaut. Die Außenmauer ist 6 m hoch und 1.460 m lang.

Kurt Eisner saß hier ein, nachdem er im Januar 1918 zum Generalstreik aufgerufen hatte. Im Mai 1919 wurden Hunderte von Menschen im Gefängnishof erschossen; so wurde der Sozialphilosoph und Mitglied der Räteregierung Gustav Landauer *nach grauenvollen Mißhandlungen hier ermordet. Der Mörder erhielt Jahre später 5 Monate Gefängnis, allerdings nicht wegen des Mordes, sonder weil er die Uhr des Toten an sich genommen hatte. Am 5. Juni 1919 wurde hier* Eugen Leviné, *der Führer der KPD in München, erschossen. In der Nazizeit waren in Stadelheim viele Antifaschisten inhaftiert, so u.a.* Erwein von Aretin *(Monarchist). Viele Hinrichtungen wurden hier vollstreckt, z.B. 1943 an den führenden Mitgliedern der »Weißen Rose«.*

»Hier sind 4.092 Opfer nationalsozialistischer Willkür zur letzten Ruhe bestattet«: der Gedenkstein auf dem Friedhof am Perlacher Forst

Der Friedhof am Perlacher Forst (Stadelheimer Straße 24) wurde 1931 für Bestattungen freigegeben. Am 10. September 1950, dem »Tag der Opfer des Nationalsozialismus«, wurde der KZ-Ehrenhain eingeweiht (im Bereich der Gräberfelder 58–61 und 77). 4.029 Opfer des NS-Regimes — KZ-Opfer und durch »Euthanasie« Ermordete, deren Urnen sich vorher hauptsächlich im Krematorium des Ostfriedhofs befunden hatten — sind hier bestattet.

⑱

Ein einfacher Gedenkstein mahnt an der Stelle, die durch 44 Steinplatten und 72 Linden gestaltet ist. Gegenüber liegen die Grabstätten von 94 Menschen, die im benachbarten Zuchthaus Stadelheim während der Zeit des Faschismus hingerichtet worden waren, unter ihnen die Studenten Hans K. Leipelt, Hans Quecke, Alexander Schmorell und die Geschwister Scholl von der »Weißen Rose«. Neben vielen anderen sind die Gräber von Heinrich Pecack und Ohlrich Seps zu nennen, die wegen »Rundfunkverbrechen«, d.h. wegen »Abhörens von Feindsendern«, zum Tode verurteilt wurden. Im Bereich des Gräberfeldes 88 befindet sich die DP-Grabanlage (DP: Displaced Persons). Während des 2. Weltkriegs starben in München viele Ausländer, die aus ihrer Heimat als Zwangsarbeiter hierher verschleppt worden waren. Ihre Beisetzung erfolgte auf verschiedenen Friedhöfen in Reihengräbern; 1960 erfolgte die Zusammenbettung im Friedhof am Perlacher Forst. Hier ruhen 1.122 Tote aus 12 Nationen.

Stadelheimer/ Schwanseestraße

Südlich der Stadelheimer Straße zwischen der Schwansee-, der Lincolnstraße und der Bahnlinie befand sich ab November 1942 eines der vielen Münchner Lager für Zwangsarbeiter und Kriegsgefangene, in dem zunächst fast ausschließlich sowjetische Offiziere zusammengefaßt waren. Dieses Lager mit über 1.200 Inhaftierten wurde zum Ausgangspunkt für die wohl zahlenmäßig größte Widerstandsorganisation von ausländischen Zwangsarbeitern. Im Mai/Juni 1943 gründeten die Offiziere die Organisation »Brüderliche Zusammenarbeit der Kriegsgefangenen« (russische Abkürzung BSW).

Die Hauptwerkstätte der Münchner Verkehrsbetriebe in der Städlerstraße östlich der Bahnunterführung

Ziele waren: 1. die Zusammenarbeit der Zwangsarbeiter und Kriegsgefangenen aller Nationen und Lager. Nach Gestapoberichten bestanden Verbindungen nach Hamburg, Berlin, Wien, Stuttgart, Ulm und Augsburg. 2. die Zusammenarbeit mit deutschen Antifaschisten. Allein in München wurden so ca. 20 Betriebsgruppen gegründet. Besonders enge Verbindungen bestanden zur »Antinazistischen Deutschen Volksfront« ADV, mit der die BSW z.B. bei BMW, Krauss-Maffei, Deckel, Dornier und bei den Bayerischen Leichtmetallwerken zusammenarbeitete. 3. die Vorbereitungen und Durchführung von Sabotageaktionen in Rüstungsbetrieben und die Vorbereitung einer großen Befreiungsaktion. Dazu wurden einige Waffenlager angelegt. Von Januar bis Juni 1944 verhaftete die Gestapo einen Teil der Widerstandskämpfer. Davon wurden 93 sowjetische Offiziere am 4. September 1944 im KZ Dachau erschossen und schätzungsweise 500 meist sowjetische Kriegsgefangene nach Mauthausen geschafft und dort ermordet. Trotzdem gelang es der Gestapo nicht, die Organisation völlig zu zerschlagen.

Cincinnati-/Minnewitstraße

⑲

Die Amerikanische Siedlung am Perlacher Forst wurde 1954 bis 1956 für 8.000 Amerikaner gebaut, die erste »autogerechte« Wohnanlage in München mit einigen Kirchen, eigenen Geschäften, eigenem Kino, eigener Müllabfuhr, eigener Polizei, sowie Radio- und Fernsehsender.

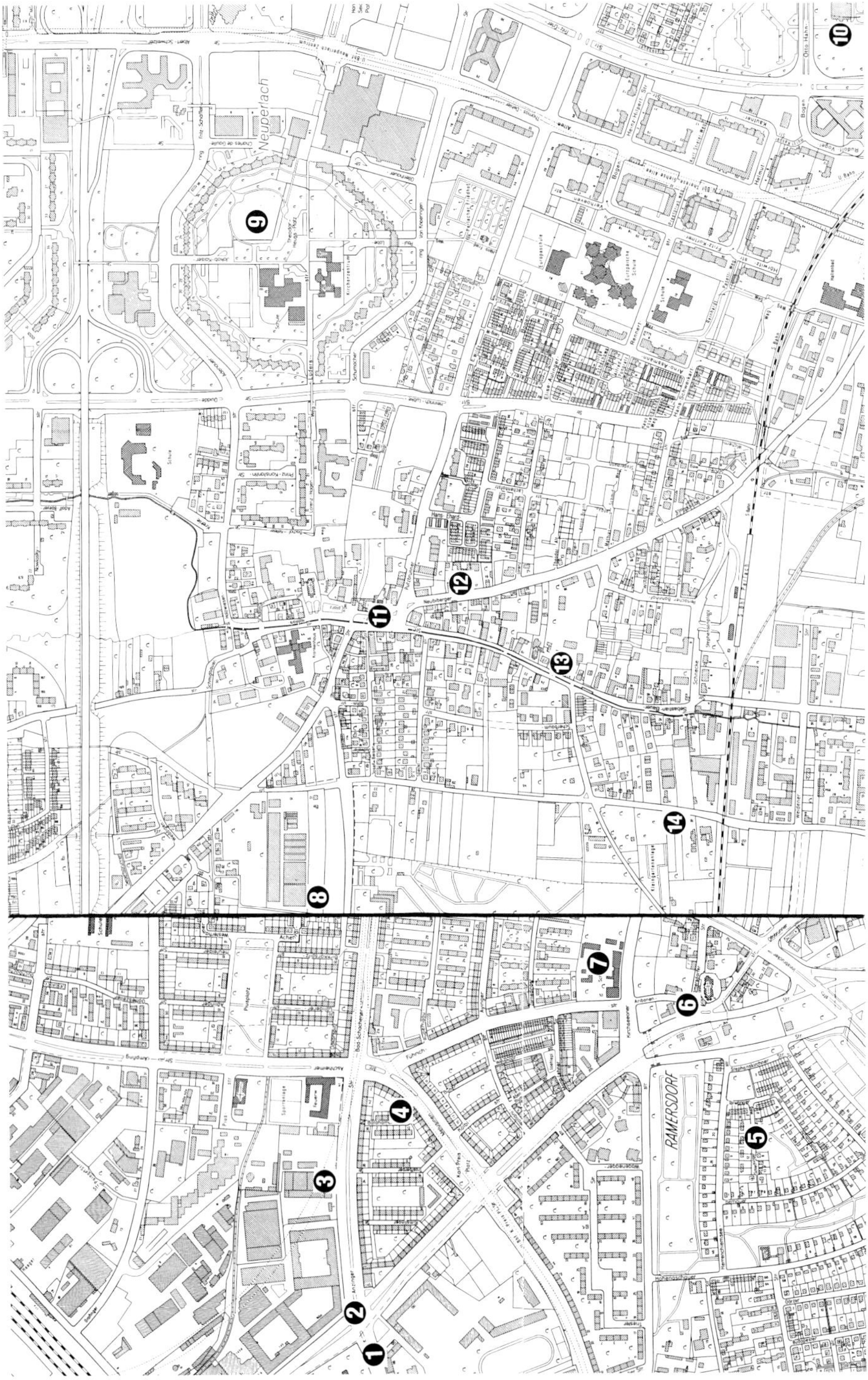
Neuperlach
RAMERSDORF
1
2
3
4
5
6
7
8
9
10
11
12
13
14

Verschwundene Glocken, kühne Straßennamen

Eine Radtour durch Ramersdorf, Neuperlach und Perlach

Ausgangspunkt: *St. Martin-Straße, S1 und 2*
Endpunkt: *Bahnhof Perlach, S1*
Dauer: *3 Stunden*

Während der Jahre des Wirtschaftswunders wurde Ramersdorf zu dem, was es heute ist: Ein Zentrum der Münchner Industrie mit ca. 1.200 Arbeitsstätten und 22.000 Beschäftigten, davon 9.500 Frauen, und ein von Verkehrsproblemen geplagtes Viertel, durchzogen von vierspurigen Straßen, die alle bereits in den 20er Jahren geplant, aber erst in unserer Zeit mit »Leben« erfüllt wurden.

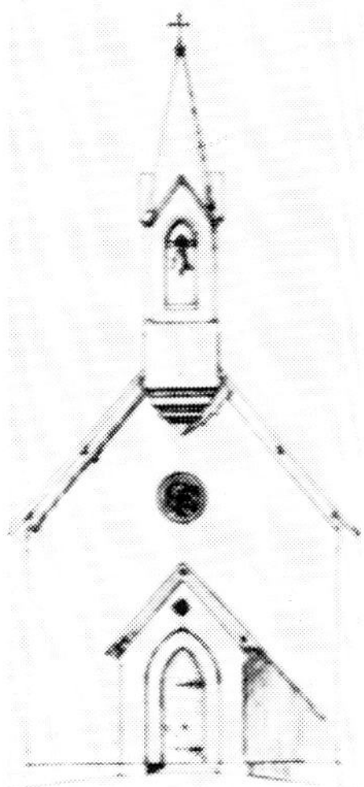

Die Evangelische Kirche in Perlach auf einer Federzeichnung

Vor und im 2. Weltkrieg wurden in diesem Viertel Waffen hergestellt, und zwar von der später von Siemens übernommenen Firma »Steinheil und Sohn Optische Werke« in der St. Martin-Straße 76, wo Zielgeräte für Bomber produziert wurden. Bei Steinheil arbeitete während der NS-Zeit eine Widerstandsgruppe, die u.a. auch Waffenlager anlegte; sie zählte 1944 68 Mitglieder. Die wichtigsten Männer waren *Ludwig Liebl* und *Alex Rath*, die Verbindung zur »Freiheitsaktion Bayern« hatten. ❶

Auf dem Grundstück St. Martin-/Balan-/Claudius-Keller-Straße (heute Siemens) lag das Sportgelände des TSV München Ost (St. Martin-Straße 80), eines Arbeitersportvereins.

An der Rosenheimer Straße 126 steht das große Gebäude des Altenheims »St. Maria«. Errichtet wurde es 1927 als »Heim für erwerbstätige Frauen und Mädchen«; das »Haus Elisabeth« mit 270 Ein- und Zweibettzimmern gehörte dem »Bauverein München-Haidhausen e.G.m.b.H.«. ❷

Im Juli 1934 kaufte die Stadtgemeinde München das Gebäude und wandelte es in das »Altenheim Ramersdorf« um, heute das Altenheim St. Maria.

Rosenheimer/St.-Martin-Straße

Die ehemalige Polizeikaserne aus der NS-Zeit ist heute die Kaserne der Bereitschaftspolizei an der Rosenheimer/St. Martin-Straße, ein großer und ständig wachsender, mit Stacheldraht gesicherter Komplex.

Anzinger/Rosenheimer Straße

Im Hochbunker an der Anzinger/Rosenheimer Straße, der für das dortige Industriegebiet errichtet worden war, befand sich nach dem Krieg eine Volksküche. Im Winter 1949/1950 kam es hier zu

Auf dem ersten außerordentlichen Verbandstag der IG Metall Bayern stand auch die Forderung nach Wirtschaftsdemokratie zur Diskussion ❸

»Vom Start weg vorn« — Zündapp-Mopeds und Motorräder — Anzeige von 1955; nach der Schließung im Jahr 1985 (Besitzer Dieter Neumeyer hatte sein Vermögen in Sicherheit gebracht, so daß aus der Konkursmasse nicht alle Gläubiger befriedigt werden konnten; zu ihnen gehörten die übriggebliebenen 550 »Mitarbeiter«, denen die Firma Lohnzahlungen schuldete) wurden die Produktionsanlagen an die Volksrepublik China verkauft

Unruhen von hungernden Arbeitslosen, die von der Polizei niedergeprügelt wurden, wie man es seit den Anfängen der NS-Zeit nicht mehr erlebt hatte. Die Volksküche war vom 28.—30. Januar 1947 Schauplatz des ersten außerordentlichen Verbandstages der IG Metall Bayern. Hauptdiskussionsthema war die Schaffung einer Einheitsorganisation. 1946 sprach hier Walter Ulbricht zu Delegierten der KPD Bayern.

Wo heute der Hochbunker steht, befand sich im 18. Jahrhundert die königliche Sternwarte. Im Jahre 1947 wurde auf dem Bunker die Münchner Volkssternwarte eröffnet (Rosenheimer Straße 145 a).

Die Zündapp-Werke in der Anzinger Straße 1-3 wurden 1985 geschlossen. Die Firmengründung erfolgte 1917 in Nürnberg unter dem Namen »Zünder- und Apparatebau GmbH«. 1950 siedelte sich Zündapp in Ramersdorf an und stellte Mopeds, Motorräder, Motorroller und Bootsmotoren her; in der BRD mit ca. 2.000 Beschäftigten marktführend.

Die Regierung der Volksrepublik China kaufte die gesamten Produktionseinrichtungen für 16 Millionen DM, ließ sie von chinesischen Fachleuten demontieren, auf der Transsibirischen Eisenbahn nach China transportieren und dort wieder aufbauen. Das Markenzeichen von Zündapp hat den Ortswechsel überdauert und schmückt nunmehr chinesische Produkte. Beim späteren Abbau der Gebäude stellte man eine chemische Verseuchung des Erdreichs fest.

Anzinger-/ Rosenheimer/ Melusinenstraße ❹

In den Jahren 1928 bis 1930 entstand die Siedlung Neu-Ramersdorf als die größte von fünf neuen Münchner Siedlungen der Gemeinnützigen Wohnungsfürsorge AG (GEWOFAG) mithilfe amerikanischer Kredite. Von den 3.500 geplanten Wohnungen wurden bis 1930, als die amerikanischen Banken ihre Kredite kurzfristig zurückzogen, nur 1343 mit 49 Geschäften und vier Gaststätten tatsächlich gebaut.

Der Grundriß der Siedlung ist interessant: Da das Gelände im Münchner Osten noch relativ billig war, wurde mit Hofabständen von 50 m großzügig gebaut, was den Wohnwert erhöhte. Auf der anderen Seite aber durchschnitten die Siedlung vierspurige Verkehrsadern. Die Rosenheimer Straße war als Autobahnzubringer gedacht, die Melusinen- und Aschheimer Straße als Teil der Ringstraße, die Anzinger und Bad-Schachener-Straße als Zubringer zum geplanten Ostpark und dem Industriegebiet Süd-Ost (heute Neuperlach). Ziel der Stadtverwaltung war, »mit dieser Großsiedlung der Stadt München in wohnungsstruktureller und städtebaulicher Hinsicht die ihr zukommende führende Stellung zu erhalten.« Brunnen wurden zur Verschönerung aufgestellt, der »Fischer-«, « »Enten-«, »Fisch«- sowie »Mutter-mit-Kind-Brunnen.« Eine Bergarbeiterplastik am Melusinenplatz (heute Karl-Preis-Platz) wurde im September 1933 entfernt, da »das aus bolschewistischer Kunstauffassung geschaffene Denkmal einer Verhöhnung des Arbeitertums gleichkommt.«

Abenthumstraße 3

Einer der Ramersdorfer Sportvereine war der »Rad- und Kraftfahrer-Bund Solidarität«, der 1893 auf Reichsebene als Arbeitssportverein gegründet worden war. Im Jahre 1919 befand sich die Geschäftsstelle für Ramersdorf in der Abenthumstraße 3.

Der Bau der »Mustersiedlung Ramersdorf« wurde im Zusammenhang mit der Deutschen Siedlungsausstellung München 1934 vom Stadtrat beschlossen und im Juni offiziell eröffnet: zwischen der (heutigen) Wilram-, Hohenaschauer-, Chiemgau- und Rosenheimer Straße wurden auf 17,5 ha 60 Häuser und die protestantische Gustav-Adolf-Kirche errichtet. Diese Siedlung sollte programmatisch die Vorstellungen der NSDAP über das neue »volksgemäße« Wohnen zeigen, die Straßen wurden nach den an der Feldherrnhalle am 9. November 1923 erschossenen »Blutzeugen der Bewegung« benannt.

»Quell innerer neuer Lebensfreude ... für den deutschen Menschen und die deutsche Familie« sollte die Mustersiedlung Ramersdorf sein, die die Nazis im Rahmen der Deutschen Siedlungsausstellung München 1934 bauen ließen

Hohenaschauer Straße

❺

Es entstanden Häuser für niedrige, mittlere und höhere Einkommen, denn: »Es geht im Staate der Volksgemeinschaft nicht an, daß der alte Bau- und Wohngrundsatz: Hier Villenkolonie — dort Mietskasernen, hier vornehme Zurückgezogenheit, dort das profanum vulgus bestehen bleibt... Die Umweltgestaltung in Ramersdorf steckt voll von politischen Grundsätzen der neuen Zeit — Volksgemeinschaft bedeutet ein räumliches und geistiges Beieinandersein Zusammengehöriger — nicht zwangsweise Gleichmacherei natürlicher und berechtigter Eigenwesen.«

Zeitgleich mit der erweiterten Schule an der Führichstraße, die Freude und Schönheit des nationalsozialistischen Alltags zeigen sollte, entstand die Autobahn Salzburg, die ab dem 31. März 1934 angelegt wurde und unter rein militärischen Gesichtspunkten konzipiert war (Anschluß Österreichs).

Ramersdorfer/ Aribonenstraße

❻

Das alte, bäuerliche Ramersdorf gruppierte sich um die Kirche St. Maria, dort, wo heute die Ramersdorfer-, Aribonen- und das Ende der Rosenheimer Straße zusammenführen. Abgesehen von der Kirche und dem »Alten Wirt« blieb so gut wie nichts übrig. Ramersdorf fiel nicht wie z.B. Haidhausen, Giesing, Laim etc. der Immobi-

Maria Ramersdorf 1927 mit dem »Alten Wirt«; dieser und das Wohnhaus rechts stehen noch

lienspekulation der Gründerjahre zum Opfer, sondern dem Straßenverkehr. Das Ende der Autobahn Salzburg, der Mittlere Ring, die geteilte Rosenheimer Straße sowie der ADAC-Parkplatz zeugen davon.

1833 war Ramersdorf ein Dorf mit 18 Hausnummern, 90 »Seelen«, 30 Pferden, 65 Stück Rindvieh, 1 Bock, 1 Ziege; die Bauern bauten Roggen, Kartoffeln, Klee, Gerste und Hafer an. Mitte des 19. Jahrhunderts entstanden zahlreiche Ziegeleien auf den lehmhaltigen Äckern von Ramersdorf, die Ziegel für die Neubauten der Landeshauptstadt, namentlich die Ludwigs I., lieferten. Bereits 1840 zählte die Gemeinde 335, 1855 390, 1861 558 Einwohner. Am 1. Januar 1864 wurde Ramersdorf gegen den Willen seiner Bewohner von der Stadt München eingemeindet, wo es zum 15. Stadtbezirk (»Haidhausen-Süd«) gehörte, obwohl es durch den Ostbahnhof (eröffnet 1871) und die Gleisanlagen von Haidhausen abgeschnitten war.

Ramersdorfer Straße 6

Die spätgotische, im Inneren barockisierte Kirche St. Maria mit ihrem ummauerten, erhöhten Friedhof und seinen Gebäuden wirkt idyllisch. Rechts vom Hochaltar hängt ein Votivbild, das 20 weltliche und 20 geistliche Männer knieend im Gebet zu Maria und Jesus zeigt.

An der äußeren westlichen Friedhofmauer steht der Kennedy-Brunnen mit den Flachrelief des Benediktinerpaters *Ildephons Kennedy*. 1722 in Muthel in Schottland geboren, verließ der Pater wegen der dortigen Glaubenskämpfe seine Heimat. Kennedy, ein erfolgreicher Forscher in Mathematik, Physik, Mechanik und Geschichte, Gründungsmitglied der Bayerischen Akademie der Wissenschaften, wohnte lange Zeit in der Klause am Ramersdorfer Kirchturm.

Den Nazis ein Dorn im Auge: Prälat Georg Kifinger, Stadtpfarrer von Maria Ramersdorf seit 1938

Der Ramersdorfer Pfarrer *Georg Kifinger* war den Nazi-Behörden ein Dorn im Auge, seitdem er 1942 die vier alten Glocken hatte verschwinden lassen, anstatt sie für den Endsieg einzuschmelzen. Die Gestapo führte fünf Hausdurchsuchungen durch, belegte ihn mit zweijähriger Briefzensur und lud ihn zwölfmal in das Wittelsbacher Palais in der Brienner Straße vor.

Aribonenstraße 6

Gleich neben der Kirche befindet sich die Gastwirtschaft »Alter Wirt«. Seit 1663 steht sie unverändert am selben Platz und diente früher Wallfahrern, Fuhrleuten und Reisenden, die die Salzstraße von Salzburg nach Augsburg entlangzogen, als Rast- und Einkehrstätte. Die Gebäude stehen heute unter Denkmalschutz.

Sieggewohnter Geher in Bajuwaren-Glanzzeiten: der Reichel Franz

Hinter dem »Alten Wirt« legte der Sportverein S.C. Bajuwaren von 1910 in den Jahren 1931/1932 einen Sportplatz an. Der S.C. Bajuwaren begann als Lauf- und Gehverein, er brachte es 1913 zur Bayerischen Meisterschaft im 50-km-Gehen. Sein bekanntester Sportler war *Franz Reichel,* 1931 deutscher Meister über 50 km Gehen in Weltbestzeit und bei internationalen Wettbewerben immer an der Spitze. Seit 1910 kamen noch andere Abteilungen dazu, von denen die Fußballer die erfolgreichsten waren. 1943 wurde der frischgebackene deutsche Pokalmeister TSV 1860 München sensationell mit 1:0 geschlagen. Heute hat der Verein nur noch lokale Bedeutung; seine Sportanlage liegt seit 1960 an der Ecke Chiemgau-/Görzer Straße.

Ramersdorf besaß bei seiner Eingemeindung 1894 keine eigene Schule, so daß die 40 schulpflichtigen Kinder zu Fuß nach Perlach gehen mußten.

Führichstraße 53

7

Dieser unhaltbare Zustand wurde durch den Bau der Schule an der Führichstraße beendet. Kurz vor Kriegsende, am 1. September 1918, bezogen 435 Schüler das neue Gebäude. Chaos und Not der Nachkriegszeit führten dazu, daß die Schülerzahl 1925 auf 285 Kinder zurückging; die Schule stand zu zwei Dritteln leer und wurde teilweise für schulfremde Zwecke vermietet. 1931 betrug die Zahl der Ramersdorfer Schulkinder wieder 1.200, von denen 300 ausgeschult werden mußten. Der notwendige Erweiterungsbau wurde am 24. Mai 1934 eingeweiht. Umgeben war die Schule mit 5 Tagwerk Wiesen und Gärten für Sport, Spiel und Selbstversorgung. Der Schulneubau im Grünen stand in engem Zusammenhang mit der im Juni 1934 eröffneten »Mustersiedlung Ramersdorf«.

Der umstrittene Gedenkstein erinnert an das Ghetto in Berg-am-Laim

Clemens-August-Straße 6

8

Vom U-Bahnhof »Innsbrucker Ring« führt unser Weg auf einem Abstecher nach Berg-am-Laim, zu Kloster und Kirche St. Michael. In den im 18. Jh. errichteten Gebäuden lebten 1941 auf zwei Etagen des Klosters eng zusammen mehr als 300 Juden aus München, überwiegend Alte und Kranke, aber auch 13 Kinder. Das Lager war offiziell als »Heimanlage« deklariert, aber in Wirklichkeit eines der beiden Sammellager für Münchner Juden (siehe Milbertshofen, Lindwurmstraße 125). Die meisten Insassen mußten ohne Rücksicht auf Alter oder ihre Gebrechlichkeit körperlich schwer arbeiten. Wohlwollende Nonnen boten die Kirche für den jüdischen Gottesdienst an. Die Selbstmordrate war hier besonders nach Beginn der Deportationen im November 1941 sehr hoch. Das Ghetto wurde im März 1943 aufgelöst. 1987 wurde ein Mahnmal im ehemaligen Eingangsportal des Nordflügels an der Clemens-August-

Straße enthüllt. Dieser Gedenkstein enthält keine Inschrift; ein kleiner Davidsstern an einer Ecke soll an das Leiden der ehemaligen Insassen erinnern. Entwürdigend die Streitereien, die der Aufstellung vorangingen: im April 1986 bemängelte *Gerhard Krug* (CSU-Mitglied des zuständigen Bezirksausschusses) »die Summe von 25.000 DM, die für das Mahnmal im Raum steht. Das könnte man doch auch günstiger machen«.

Für die einen Hoffnung auf bessere Wohnungen, für die anderen Wohnmaschinen: Wohnring Neu-Perlach. Ein Wort zur »Neuen Heimat« und ihrem Zusammenbruch. Außer der »Neuen Heimat« gab und gibt es noch eine Reihe anderer Baugesellschaften in Neuperlach; die »Neue Heimat« verwaltet nur die gesamte Trabantenstadt. Insofern betrifft der NH-Skandal nicht alle Bewohner, sondern die unteren Einkommensgruppen in den Sozialwohnungen. Ein anderer Teil der Neuperlacher Wohnungen wurde als Eigentumswohnungen gebaut, meistens von nicht gemeinnützigen Baugesellschaften und erst in den späteren Bauabschnitten.

»Im Osten Münchens entstand innerhalb von 15 Jahren ... der Stadtteil Neuperlach auf einer Fläche von ca. 1000 ha. ... Den 21.000 Wohneinheiten für 60.000 Einwohner stehen 20.000 Arbeitsplätze, fünf Einkaufszentren, zwei Schulzentren, zwei Altenheime, ein Krankenhaus, Sportanlagen und kulturelle Einrichtungen gegenüber.« — so heißt es in »München und seine Bauten« von 1984. Die größte Trabantenstadt Europas war von Beginn an umstritten; für die einen bedeutet sie eine deutliche Verbesserung der Wohnverhältnisse, für die anderen steht sie für Boden- und Grundstückspekulation und entfremdetes Wohnen in anonymen Hochhausblocks. Fest steht, daß sich hier heute leben läßt; fest steht aber auch, daß soziale Infrastruktur erst nachträglich (bis 1970 gab es z.B. kein einziges Lebensmittelgeschäft) und in den meisten Fällen erst aufgrund der Eigeninitiative von Bewohnern entstand. Zu Beginn bestimmten eine »Psychosoziale Arbeitsgemeinschaft« (gegründet 1974) und die Kirchengemeinden das soziale Leben; inzwischen hat insbesondere das Engagement der Frauen dazu geführt, daß Nachbarschaftshilfe und kulturellen Einrichtungen existieren: Kinderläden, Altenbetreuung, Frauentreffs (mit politischen und anderen Themen), Filmvorführungen, Mieterberatung und ein sehenswerter Aktivspielplatz (Albert-Schweitzer-/Heinrich-Wieland-Straße). Auch der Ostpark bietet den Bewohnern der Siedlung aktive und »passive« Freizeitgestaltung: Biergarten, Eislaufbahn, Freibad und See. Zu bestimmten Zeiten ist allerdings das Freizeitvergnügen durch alle zwei Minuten startende und landende Flugzeuge geschmälert. ⑨

Einen Blick wert sind die Straßennamen in Neuperlach. Im künstlerisch-literarischen Bauabschnitt leistete man sich eine Linkslastigkeit: Bert Brecht, Gerhart Hauptmann, Kafka, Tucholsky, Annette Kolb, Oskar Maria Graf, Alfred Döblin, Klabund. Im Bauabschnitt der »Schreibtischtäter« war man besonders kühn: Karl Marx, Friedrich Engels und Kurt Eisner. Im Politikerabschnitt schließlich herrscht Ausgewogenheit zwischen CDU/CSU, SPD und FPD: Lübke, Adenauer, (de Gaulle), Hans Seidel, Jakob Kaiser, Theodor Heuss, Thomas Dehler, Ollenhauer, Schumacher, von Knoeringen. Südlich der Putzbrunner Straße, im »feineren« Neuperlach, bewegen sich die Straßennamen im neutralen Theatermilieu: Therese Giese, Fritz Kortner, Olga Tschechowa etc. kamen hier zu Ehren.

Otto-Hahn-Ring

⑩

Am Otto-Hahn-Ring steht das Forschungs- und Verwaltungszentrum der Siemens AG, in dem u.a. die Superchips zusammen mit der Firma Philips erdacht werden, die die amerikanischen und japanischen Firmen das Fürchten lehren sollen. Der von der RAF ermordete *Kurt Beckurts* leitete die Einrichtung bis zu seinem Tod 1986. Der bewachte und gesicherte Gebäudekomplex wurde mit staatlichen Subventionen von 1975 bis 1982 errichtet. Neben den direkten Subventionen hat die »öffentliche Hand« dem Konzern den kombinierten S- und U-Bahnhof Neuperlach-Süd vor die Haustür gebaut.

Pfanzeltplatz/Sebastian-Bauer-Straße

⑪

Der alte Dorfkern von Perlach hat seine Bausubstanz zu einem großen Teil erhalten, seine bäuerliche Funktion jedoch fast völlig verloren. Der größte Teil der Höfe wurde — nach rentablen Grundverkäufen an die »Neue Heimat« und andere Baugesellschaften — einer »Sekundärnutzung« durch Werkstätten, Getränkeabholmärkte, Auslieferungslager, Speditionen etc. zugeführt. Die meisten stehen noch und machen Perlach laut »Dorfkernuntersuchung« des Baureferats vom Juli 1975 zu einem der eindrucksvollsten und besterhaltenen »Dörfer« in München.

Der Ort »Peralohe« (Perlach) wurde urkundlich zum ersten Mal im Jahre 788 erwähnt, zur Zeit Karls des Großen, als der Priester Icho und sein Neffe Kerolt ihre Güter in Kyesinga (Giesing) und Peralohe dem Dom zu Freising schenkten. »Peralohe« setzt sich aus den althochdeutschen Worten pero = Bär und loh = Wald zusammen. In Perlach besaßen seit etwa 800 außer der Freisinger Kirche auch die Klöster Tegernsee, Ebersberg, Schäftlarn und St. Veit Ländereien. Perlach wurde 1180 zur selbständigen Pfarrei ernannt, die damals den größten Teil des heutigen Münchner Ostens umfaßte.

Die Geschichte Perlachs ist arm an größeren Ereignissen. 1730, als die St. Michaels-Kirche gebaut wurde, zählte Perlach 550 Einwohner und war ein rein bäuerliches Dorf. Am 1. Januar 1930, als Perlach (unfreiwillig und unter vergeblichen Protesten) der Stadt München, die auf der Suche nach Baugrund und damit höheren Einnahmen war, eingemeindet wurde, zählte das Dorf 3.254 Einwohner und betrieb noch immer vorwiegend Landwirtschaft.

St.-Kolsman-Straße 9

Die Wandlung des Dorfes zeigt sich deutlich am Pfanzeltplatz, dem Zentrum Alt-Perlachs. Seine Gebäude, Bäume und der heute einbetonierte Hachinger Bach sind die Zeugen der Vergangenheit.

Am Pfanzeltplatz steht die Kirche St. Michael, erstmals urkundlich erwähnt Anfang des 11. Jahrhunderts. Die alte romanische Kirche wurde im Jahre 1725 wegen Baufälligkeit abgerissen und durch einen barocken Neubau ersetzt, dessen Fertigstellung sich aus Geldmangel immer wieder verzögerte; so konnte z.B. der Hochaltar erst 1796 aufgestellt werden. Das heutige Geläut, bestehend aus vier Glocken, erhielt St. Michael erst 1881, organisiert von Pfarrer Martin Pfanzelt, der von 1865 bis 1912 die Pfarrei leitete.

Der Pfanzeltplatz mit St. Michael um 1895. Die Wahl des heiligen Michael als Patron der Kirche erinnert an die Zeit, in der die Bajuwaren christianisiert wurden (7./8. Jahrhundert) und St. Michael an die Stelle der germanischen Gottheiten Donar und Wotan trat. Obwohl noch nicht fertiggestellt, wurde die Kirche 1932 geweiht. Im Juli 1944 wurde St. Michael durch einen Bombenvolltreffer schwer beschädigt und konnte erst 1968 vollständig wiederhergestellt werden

Vor der Kirche befindet sich das Kriegerdenkmal »Zum steten Gedächtnis und in Dankbarkeit den in den Kriegen 1914-18 und 1939-45 gefallenen Perlacher Bürgern. Zum Gedenken der Opfer aus den Revolutionsjahren 1918/19.« Wer in den Revolutionsjahren wen denunziert und dann ermordet hat, bleibt unerwähnt. Ein Gedenkstein hinter dem Kriegerdenkmal gemahnt »Zum Gedenken an unsere gefallenen Kameraden, den Opfern des Luftkrieges und des nationalsozialistischen Terrors 1939-1945«.

Ein Überbleibsel aus der altbayrisch-katholischen Zeit sind die Perlacher Feldkreuze an der Bischof-Ketteler-Straße und der Schmidbauer-/Hofangerstraße. Diese für Altbayern typischen »Marterln« wurden häufig an Stellen errichtet, an denen Menschen bei Unfällen umgekommen waren.

Neubiberger Straße 28

⓬

Als Wohnexperiment entstand 1977/1978 in Altperlach ein Wohnhaus für sechs Familien an der Neubiberger Straße 28 im Selbstbau. Die nebeneinander liegenden Wohnungen sind im Bereich der Küchen- und Familienräume durch ein im Süden vorgelagertes gemeinsam genutztes Glashaus miteinander verbunden, das gleichzeitig als interner Erschließungsweg dient. Das Obergeschoß dient als Rückzugsbereich. Dort liegen die Schlafräume und private, sichtgeschützte Terrassen. Eine konventionelle zentrale Heizung sowie Warmwasseraufbereitung mit Gasfeuerung werden ergänzt durch die Kombination von passiver und aktiver Nutzung der Sonnenenergie, Kollektoren sind an der südlichen, 60° geneigten Dachfläche des Hauses integriert.

Sebastian-Bauer-Straße 21

⑬

Die St. Paulus-Kirche an der Sebastian-Bauer-Straße 21 ist das älteste heute noch existierende evangelische Gotteshaus in München; sie wurde am 9. September 1849 eingeweiht.

Ökologisches Wohnexperiment in der Neubiberger Straße 28

Die ersten Protestanten, die sich schon seit 1815 in dem Bauerndorf Perlach ansiedelten, waren vertriebene Pfälzer aus der Gegend von Edenkoben. Statt — wie viele ihrer Landsleute — nach Amerika auszuwandern, waren sie einer Einladung der bayerischen *Königin Karoline,* die ebenfalls Pfälzerin und evangelisch war, gefolgt. Bei den Gottesdiensten und der »Seelsorge« waren die 200 »Überrheiner«, wie sie genannt wurden, anfangs jahrelang auf München angewiesen; sie besuchten von 1832 ab die neuerbaute St. Matthäus-Kirche in der Sonnenstraße — ein Fußmarsch von eineinhalb Stunden hin und eineinhalb Stunden zurück. 1849 erhielten die Perlacher Protestanten ihre eigene Kirche. 9.000 Gulden kostete die St. Paulus-Kirche, 500 davon kamen aus der Privatschatulle des Preußenkönigs Friedrich Wilhelm IV. In ganz Bayern, vor allem in den protestantischen fränkischen Landen, hatten evangelische Gemeinden gesammelt.

Als Ende April 1919 das Freikorps Lützow in Perlach einmarschierte, um die Münchner Räterepublik niederzuschlagen, denunzierte der Pastor der St. Paulus-Kirche 25 Perlacher Bürger, weil sie angeblich bewaffnet und als Mitglieder der Roten Armee im Dorf aufgetreten waren. In Wirklichkeit waren es SPD-Mitglieder, die mit ihrer Distanz zu den christlichen Kirchen den Groll des Pastors auf sich gezogen hatten. 13 der »verdächtigen Personen« wurden ohne Untersuchung an die Wand gestellt und erschossen. Die 12 restlichen Denunzierten wurden auf einem Lastwagen zum Hofbräukeller am Wiener Platz gefahren, schwer mißhandelt, und dort standrechtlich erschossen,

Starkbier für die Fastenzeit: die Forschungsbrauerei mit Bräustüberl

Bräustüberl der Forschungsbrauerei

Unterhachinger Straße 76

An der Unterhachinger Straße 76 liegt die Forschungsbrauerei Perlach, die kleinste der Münchner Brauereien. Bekannt ist sie wegen ihres Starkbier-Ausschanks in der Fastenzeit nach Fasching.

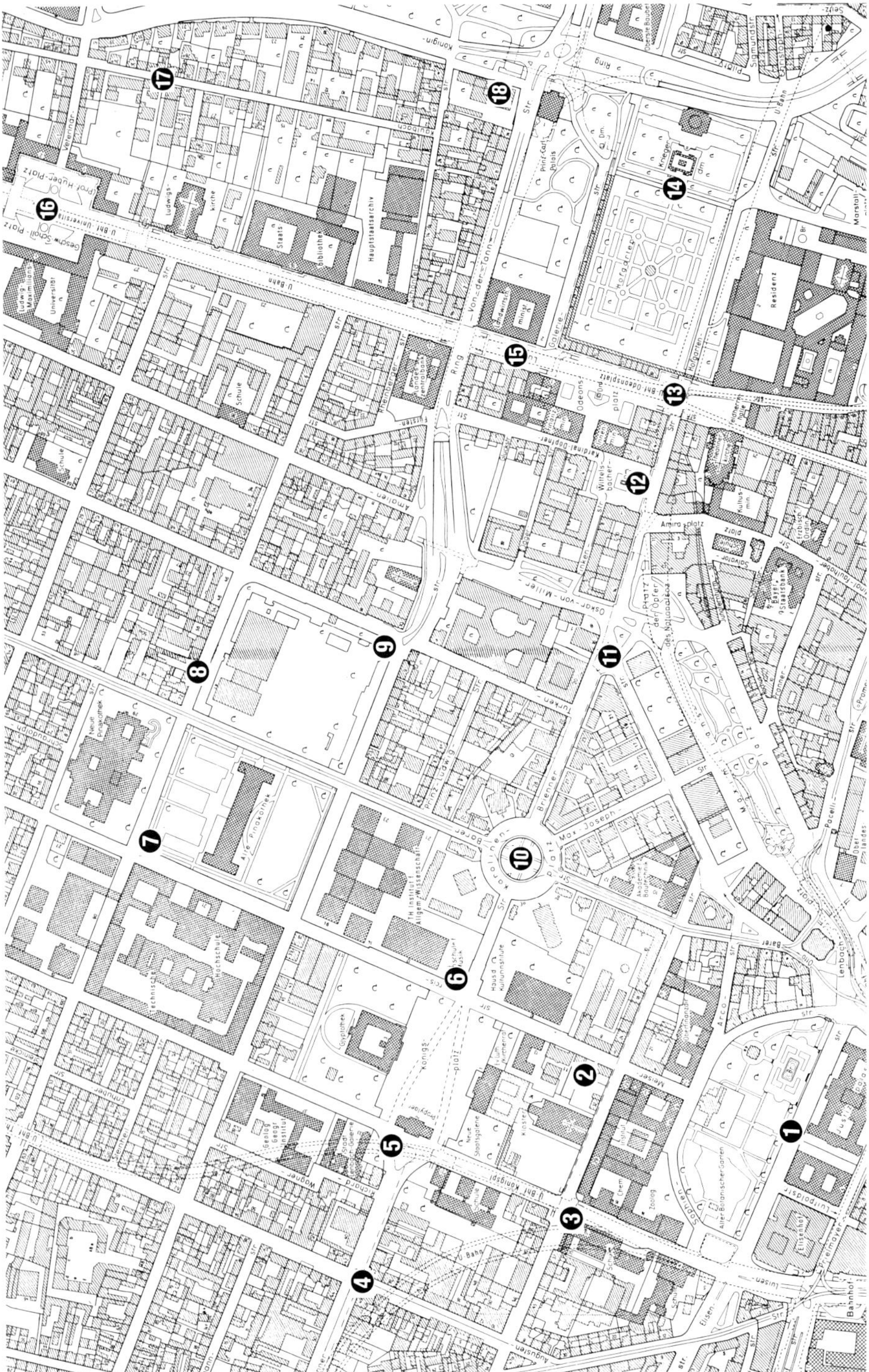

1
2
3
4
5
6
7
8
9
10
11
12
13
14
15
16
17
18
Residenz
Hofgarten
Universität
Staatsbibliothek
Hauptstaatsarchiv
Ludwigskirche
Neue Pinakothek
Alte Pinakothek
Technische Hochschule
Glyptothek
Königsplatz
Propyläen
Neue Staatsgalerie
Alter Botanischer Garten
Karolinenplatz
Amiraplatz
Odeonsplatz
Feldherrnhalle
Kultusmin.
Bayer. Staatsbank
Elisenhof
Zoolog.
Chem. Institut
U-Bahn
Geschw.-Scholl-Platz
Prof.-Huber-Platz
Prinz-Carl-Palais
Luisen
Bahnhof

Palais und »Saukerle« in der »Hauptstadt der Bewegung«

Max-Vorstadt

Ausgangspunkt: *Karlsplatz, S1-7, U5*
Endpunkt: *Odeonsplatz, U3, 5 und 6*
Dauer: *3 Stunden*

Die »Hauptstadt der Bewegung«: Stadtwappen Münchens während der NS-Zeit

»Seit mehr als einem Jahrhundert haben die Löwen nur die Ludwigstraße und in einem Kilometer Entfernung das Siegestor vor sich. Einmal habe ich im Herzensüberschwang geschrieben, diese Aufreihung kasernenhafter öffentlicher Bauten der Herren Klenze und Gärtner, die sich den Anweisungen Ludwig I. fügen müßten, sei die schönste Straße der Welt. Das würde mir nicht mehr in den Sinn kommen — daß aber München nach den mit Olympiade-Zuschüsen bezahlten Verbesserungen mehr denn je eine der schönsten Städte Europas ist, glaube ich noch immer.«

Die Löwen stehen vor der Feldherrenhalle und die Rede bei *Erich Kuby* ist von der Max-Vorstadt. Hier hat die Geschichte, insbesondere jene Zeit, in der die Nationalsozialisten München zur »Hauptstadt der Bewegung« machten, tiefe Spuren hinterlassen. Ein Großteil der alten Gebäude war zerstört; sie wurden originalgetreu wiedererrichtet. Kein Wunder also, daß wir bei diesem Rundgang hauptsächlich auf Politik stoßen. Wo sich Überschneidungen zum benachbarten Schwabing ergeben, hat das kulturelle Flair indes auch in die Max-Vorstadt hineingestrahlt.

Sophienstraße

❶

Der erste Botanische Garten in München wurde als Einrichtung der Bayerischen Akademie der Wissenschaften 1812 gegründet und nach Plänen von Friedrich Ludwig von Sckell, dem Gartenarchitekten des Englischen Gartens, im Jahre 1813 vollendet. Von den ursprünglichen Gebäuden ist nur noch das Eingangstor an der Südostecke erhalten. Durch die Errichtung des Glaspalastes (Architekt: *August Voit)* 1853/1854 wurde der Garten teilweise überbaut. Der Glaspalast wurde am 17. Juli 1854 für die Allgemeine Deutsche Industrieausstellung eröffnet; er war 234 m lang, sein Mittelbau 88 m breit, und das Ganze war dem Londoner Glaspalast (eröffnet 1851) nachempfunden. Während einer der seit 1858 alljährlich stattfindenden Kunstausstellungen brannte das Gebäude aus ungeklärter Ursache vollständig aus; von 3.000 ausgestellten Bildern konnten nur 100 gerettet werden; es verbrannten mehr als 100 Werke der Romantiker von Kaspar David Friedrich bis Moritz von Schwind.

Der Glaspalast: mehr als 100 Romantiker verbrannt

Die Herrscher des »3. Reiches« ließen das »Haus der Deutschen Kunst« in der Prinzregentenstraße als Nachfolgerin des Glaspalastes bauen. Im alten Botanischen Garten selber entstanden das Parkcafé und der Neptunbrunnen, der seine Entstehungszeit nur schwer verleugnen kann. Der Justizpalast beherrscht als mächtiger Baublock den Stachus. Knapp vor der Jahrhundertwende (1891-1897) wurde er nach Plänen des Geheimrates Dr. Friedrich von Thiersch erbaut.

Justizpalast

Das rasche Anwachsen der Münchner Justizbehörden erforderte die Anlage eines Erweiterungsbaues, der 1906-1908 westlich des Justizpalastes ebenfalls nach Plänen von Friedrich von Thiersch erbaut wurde. Der berüchtigte »Volksgerichtshof« der Nazis unter Roland Freisler tagte hier wiederholt und verurteilte — neben vielen anderen — Angehörige der Widerstandsgruppe »Weiße Rose« im Schnellverfahren zum Tode. Staatsanwalt Walter Römer, *der am Todesurteil gegen Alexander Schmorell und Prof. Kurt Huber beteiligt war (nach 1945 nicht wegen seiner Mitwirkung an den Nazi-Terrorurteilen belangt) wurde Ministerialdirektor und Leiter der Abteilung öffentliches Recht beim Bundesjustizministerium.*

Karlstraße 34
❷

Kirche und Kloster St. Bonifaz wurden im Auftrag *König Ludwig I.* 1835-1850 als geistiger Mittelpunkt des noblen Neubauviertels errichtet, und der Orden der Benediktiner mit der Seelsorge betraut. Gegen Ende des Krieges wurde die Basilika fast vollständig zerstört. Was an Bausubstanz zu retten war, wurde restauriert, der Rest abgetragen und 1970/1971 durch eine Betonkonstruktion ersetzt. Am rechten Seiteneingang befindet sich das Grabmal *Ludwig I.* Seine Frau, Therese Charlotte Luise, Prinzessin von Sachsen-Hildburghausen, »ruht« in der Krypta.

Luisenstraße 7

Das Städtische Luisengymnasium entstand 1899 als »Städtische Höhere Töchter-Schule«. Bis heute gab es verschiedene Namens-

Aufführung im Volkstheater: »s'Wies'n-Hendl«; auf den Portraits Anspielungen zur aktuellen Politik (links: Hirsemann, SPD, rechts: Franz-Joseph Strauß, CSU)

änderungen der Schule: seit 1910 Städtische Höhere Töchter-Schule mit Gymnasialabteilung, seit 1924 Humanistisches Mädchengymnasium und Mädchenrealgymnasium, seit 1928 Städtisches Mädchenlyzeum. Nach dem 2. Weltkrieg blieb als spezifisch weiblich nur noch die Namenspatronin der Schule, Prinzessin Ludovika Wilhelma von Bayern (gest. 1892), übrig — die Schülerschaft ist inzwischen gemischt.

Luisenstraße 21
❸

Im Gartenhaus des Gebäudes Luisenstraße 21 befand sich von 1924 bis 1936 die Günther-Schule, eine Stätte der von Mary Wigman mitbegründeten »Neuen Tanzbewegung«. Dorothee Günther, Leiterin der Schule, Carl Orff, zuständig für die Musikausbildung, die Tänzerin Maja Lex und Gunild Keetmann, Mitautorin Orff's am »Schulwerk«, begründeten hier den Ruf der im In- und Ausland auftretenden Tanzgruppe der Schule. 1944 wurde die Günther-Schule (sie war inzwischen in die Kaulbachstraße umgezogen) von den Nationalsozialisten beschlagnahmt.

Augustenstraße 31
❹

Im November 1983 wurde das Münchner Volkstheater nach Umbau des »Theaters an der Brienner Straße« wiedereröffnet. Nachdem z.B. im Fernsehen zur Genüge Volkstheater à la Komödienstadl gesendet wird, durch das die Oberbayern den Ruf leicht unterbelichteter, ewig schuhplattelnder, weichherziger Grobiane abbekommen haben, steht hier ernstzunehmendes Volkstheater auf dem Programm: von Johann Nestroy, Ludwig Anzengruber und Ludwig Thoma bis zu Martin Sperr und Franz Xaver Kroetz. Spiegelbild einer in sich widersprüchlichen Wirklichkeit, die sowohl komisch, aber nicht minder tragisch ist.

In den im Krieg zerstörten Anwesen Briennerstraße 37 lebte laut Gedenktafel *Richard Wagner* von 1864-1965 im Rückgebäude

Brienner Straße 37

(nach ihm ist gegenüber die Richard-Wagner-Straße mit ihren sehenswerten Häuserfassaden benannt). Interessanter ist indes, daß in diesem — damals zweistöckigen — Haus der »Verein für Fraueninteressen und Frauenarbeit e.V.« und der »Künstlerinnenverein« ihre Räume hatten. Gegründet um die Jahrhundertwende »zur Förderung der geistigen Interessen der Frau«, gehörten ihre Mitglieder der gemäßigten, bürgerlichen Frauenbewegung des beginnenden 20. Jahrhunderts an; ihre Ziele waren die Gleichstellung der Frauen im Bildungswesen, insbesondere an den Universitäten, Rechtsschutz bei Ehescheidungen und Unterhaltsforderungen, Gleichstellung der Frauen in bürgerlichen Berufen. Vorsitzende war u.a. *Luise Kiesselbach*, von 1919-1927 für die Deutsche Demokratische Partei (DDP) im Münchner Stadtrat.

Luisenstraße 33

Das Haus Lenbach diente dem damaligen »Malerfürsten« *Franz von Lenbach* als Wohnhaus und Atelier. Das Gebäude wurde 1887 nach Plänen von *Gabriel von Seidl*, als florentinische »Villa urbana« mit asymmetrischem Grundriß und Äußerem und einem zur Straße hin offenen reizvollen »Renaissancegarten« errichtet. 1924 erwarb die Stadt von der Witwe Lenbachs diese Villa und erhielt die Lenbach-Sammlung gestiftet, den Grundstock für die heutige Städtische Galerie im Lenbachhaus, in der Münchner Malerei von der Gotik bis zur Gegenwart (z.B. Werke von Münter, Kandinski, Marc (Blauer Reiter), ausgestellt ist (Öffnungszeiten: täglich außer Montag 10.00 - 18.00 Uhr).

Königsplatz

❺

Franz von Lenbach

Der Königsplatz wurde ab 1810 einer der Zielpunkte der Stadterweiterung außerhalb der abgerissenen mittelalterlichen Stadtbefestigungen. Mit seinen klassizistischen Gebäuden (Antikensammlung, Königsplatz 1: griechische, etruskische und römische Kleinplastiken etc. Öffnungszeiten: Di und Do-So 10.00 - 16.30 Uhr, Mi 12.00 - 20.30 Uhr. Glyptothek, Königsplatz 3: Sammlung griechischer und römischer Skulpturen. Öffnungszeiten: Di, Mi, Fr — So 10.00 - 16.30 Uhr, Do 12.00 - 20.30 Uhr. Propyläen) stellt er einen der berühmtesten Plätze des 19. Jahrhunderts dar. Die weißleuchtenden Gebäude erhoben sich ursprünglich auf grünem Rasen vor parkähnlichen Baumgruppen.

Der Königsplatz war seit Ende des 1. Weltkrieges Schauplatz von politischen Versammlungen. Ein Jahr nach der Niederschlagung der Münchner Räterepublik fand im September 1920 die Kundgebung zum 1. Landesschießen der Bayerischen Einwohnerwehren hier statt. 60.000 hatten sich unter dem Motto » Wir wollen sein ein einig Volk von Brüdern« zusammengefunden und erhoben immer wieder »spontan« ihre 60.000 Gewehre zum »Rütlischwur« gegen das »marxistische System« in Berlin.

Im August 1922 wurde eine große Kundgebung des in München stattfindenden Katholikentages abgehalten. Kardinal Faulhaber sagte bei dieser Gelegenheit: » Wehe dem Staat, der seine Rechtsordnung und Gesetzgebung nicht auf dem Boden der Gesetze Gottes stellt, (...) der seine Theaterseuche und die Kinoseuche nicht fernhält von seinem Volk, der die Ehescheidung erlaubt, der die uneheliche Mutterschaft in Schutz nimmt! Gottesrecht bricht Staatsrecht! Die Revolution war Meineid und Hochverrat und bleibt in der Geschichte erblich belastet und gezeichnet mit dem Kainsmal!« Der 1. Präsi-

dent des Katholikenrates, der Kölner Oberbürgermeister Konrad Adenauer, wandte sich in seiner anschließenden Rede scharf gegen diese antidemokratischen Ausfälle des Kardinals und provozierte damit einen Skandal sondergleichen.

Die NSDAP wollte den Königsplatz zu ihrem Münchner Hauptaufmarschplatz machen, sie ließ 1934 den Rasen und die Bäume unter 20.000 Granitplatten verschwinden (Bauleitung: Paul Ludwig Troost). *Alljährlich am 9. November wurden in den folgenden Jahren Totenfeiern für die beim Hitlerputsch von 1923 ums Leben gekommenen »Blutzeugen der Bewegung« abgehalten.*

Protest auf dem Königsplatz: Hungerdemonstration gegen den Preiswucher nach dem 2. Weltkrieg

Auch nach 1945 fanden und finden auf dem Königsplatz viele Kundgebungen statt: so endete der Ostermarsch 1961 hier. Erich Kästner formulierte in seiner Begrüßungsansprache: »Ost und West spielen einen Dauerskat mit Zahlenreizen, als ginge es um ein Achtel. Aber es geht ums ganze!« Im Herbst 1980 findet eine öffentliche Rekrutenvereidigung der Bundeswehr statt, geschützt von einem starken Polizeiaufgebot. Bis 1987 war der Königsplatz eine trostlose Steinwüste, vollgeparkt mit Autos und Bussen. Dieser Schandfleck verschwand; das neue Gesicht lehnt sich an die ursprüngliche Konzeption Leo von Klenzes *an.*

Arcisstraße 12
6

Die heutige Staatliche Hochschule für Musik wurde 1933-1937 nach Plänen von Paul Ludwig Troost als »Führergebäude« für Adolf Hitler gebaut. Hier fand am 29. September 1938 die »Münchner Konferenz« statt, auf der die Regierungschefs Italiens (Mussolini), Englands (Chamberlain), Frankreichs (Deladier) und Deutschlands (Hitler) über das Schicksal der ČSSR berieten, nachdem die deutsche Regierung mit Krieg gedroht hatte. Im abschließenden »Münchner Abkommen« einigten sich die vier Seiten darauf, die ČSSR territorial und industriell so stark zu verkleinern, daß sie als Staat nicht überleben konnte. Das Sudetenland kam »heim ins Reich«.

Meiserstraße 10

Gegenüber steht der Bau an der Meiserstraße 10, der äußerlich völlig identisch mit seinem Pendant gestaltet wurde. Er beherbergte die Reichsleitung der NSDAP. Heute sind hier verschiedene Kulturinstitute, u.a. die Staatliche Graphische Sammlung, untergebracht. Diese beiden Gebäude waren zusammen mit dem Haus der Deutschen Kunst programmatischer Ausdruck der NS-Architektur.

Brienner Straße

Zwischen den zwei ehemaligen NS-Gebäuden standen beiderseits der Briennerstraße zwei offene »Ehrentempel«, in denen die 16 »Blutzeugen der Bewegung« (= die 16 von der Polizei erschossenen Teilnehmer des Hitler-Putsches vom 9. November 1923) mit »Ewiger Wache« aufgebahrt waren. Die Tempel wurden 1945 von der US-Armee gesprengt, die Sockel stehen heute noch. Diese vier Gebäude waren als monumentaler östlicher Abschluß des Königsplatzes gedacht. Gleichzeitig sollten sie der westliche Endpunkt der Briennerstraße sein, die als »Straße der Bewegung« und »nationale Via triumphalis« bezeichnet wurde.

Arcisstraße 21

Die Technische Universität öffnete ihre Hörsäle im Jahre 1868 unter dem Namen »Polytechnische Schule München«; seit 1877 hieß sie »Technische Hochschule« und hatte fünf Abteilungen: Allgemeine, Mechanisch-Technische, Ingenieur-, Hochbau- und Chemisch-Technische Abteilung. Heute studieren ungefähr 22.000 Studenten an der Technischen Universität, zu der auch die Fakultät Bauwesen und Landwirtschaft in Freising-Weihenstephan und die Forschungsanlagen in Garching gehören. Nach dem 1. Weltkrieg wurden an den beiden Eckplätzen zur Arcisstraße zwischen 1923 und 1928 zwei Erweiterungsbauten (Architekt: German Bestelmeyer) errichtet.

Erste Widerstandsaktionen gegen die Nazis entwickelten sich an der TH 1939 gegen den im Rahmen der Kriegsvorbereitungen angesetzten studentischen Ernteeinsatz in Ostpreußen. So wurden Fachschaftsversammlungen gesprengt, z.T. unter Einsatz von selbsthergestelltem Reizgas. An den Außenwänden der TH erschienen Parolen wie: »Der deutsche Bauernsohn geht zur SS, der deutsche Student macht die Erntearbeit«. Während des Krieges bildete sich eine gut organisierte Widerstandsgruppe mit Namen »Wasser und Gas« und umfaßte Arbeiter, Angestellte, Studenten und Lehrkräfte. Zu ihren Aktivitäten gehörte die Versorgung Illegaler mit Lebensmittelkarten und die Entwicklung wissenschaftlicher Methoden der Wehrsabotage.

Die meisten Dürer- und Rubensbilder: die Alte Pinakothek

Neben dem Haupteingang der TU steht ein nackter »Roßbändiger« von *Berhard Bleeker*, gegenüber ein ebenfalls nackter »Rosselenkter« von *Hermann Hahn.*

Der »Völkische Beobachter« vom 8. Juli 1930 lobte zum Anlaß der »Enthüllung«: »Des Gedankens kühner Flug findet Erfüllung in jäher Steigerung zu majestätischem Höhepunkt, als Denkmal von Hoheit und Kraft, im ›Pferdelenker‹ von B. Bleeker.« Dagegen das klerikal orientierte »Bayerische Vaterland« zu gleichem Anlaß: »... zwei Kerls — die mit halb erigiertem Glied frontal zur Straße stehen. Wir verlangen, daß diese beiden ›Saukerle‹ von der Straße entfernt und dem Anblick der zartesten Jugend entzogen werden.«

Saukerl mit halb erigiertem Glied: der Rosselenker

Barer Straße 37

Die Alte Pinakothek wurde im Jahre 1836 (nach Plänen von Leo von Klenze) eröffnet; sie war eines der Hauptgebäude der von den Königen Maximilian I. und Ludwig I. geplanten und ausgeführten Stadterweiterung und der erste Museumsbau der Welt, der von Anfang an für ein öffentliches Publikum konzipiert war. Ihre 800 Gemälde der europäischen Malerei von 1320-1800 machen sie zu einer der bedeutendsten Gemäldesammlungen der Welt; hier hängen weltweit die meisten Dürer- und Rubensbilder in einem Museum (Öffnungszeiten: tägl. außer Montag 9.00 - 16.30 Uhr, Abendöffnung Di und Do 19.00 — 21.00 Uhr).

Barer Straße 39

❼

Die Neue Pinakothek war als architektonisches Pendant zur Alten Pinakothek gedacht; sie wurde im Krieg zerstört. Der 1980 eröffnete Neubau (Architekt *Alexander von Branca)* beherbergt eine große Zahl von Gemälden des 19. Jahrhunderts (Öffnungszeiten wie Alte Pinakothek, Abendöffnung nur Di 19.00 - 21.00 Uhr).

Im Haus Heßstraße 5, das im Krieg zerstört wurde, wurde der Antifaschist und Dichter *Johannes R. Becher* 1891 geboren (siehe S. 222).

Theresien-/Türkenstraße

1951/1952 entstand der Wohnblock an der Theresien-/Türkenstraße nach den Plänen von *Sep Ruf*, mit dem in der Stadtplanung Akzente für die Zukunft gesetzt werden sollten. Alle Wohnungen besitzen Wohnräume mit großen Fensterflächen und Balkonen nach Süden hin, während Küchen, Bäder und Treppenhäuser an der

»Denkmal von Hoheit und Kraft«: der Roßbändiger von Bernhard Bleeker

nördlichen Seite liegen. Leider macht der ständige Verkehrslärm diese Vorteile inzwischen zunichte.

Theresienstraße 24

8

»Café Stephanie«, »Café Größenwahn«, später »Café Universität« lauteten die Bezeichnungen jenes legendären Cafés an der Theresienstraße 24/Ecke Amalienstraße. Hier saß und dichtete *Erich Mühsam*, hier war ein Treffpunkt der lebendigen Schwabinger Szene: »Es wird wohl 1905 gewesen sein, daß ich zum ersten Male einige Zeit angemeldeter Einwohner Münchens und selbstverständlich Schwabings war. Zum Stammlokal wurde das Café stefanie gewählt, an der Peripherie des Künstlerviertels, im Münchner Quartier latin gelegen.« (Erich Mühsam)

Auf dem Areal zwischen Theresien-, Türken-, Gabelsberger und Barerstraße befand sich die im Krieg zerstörte Türkenkaserne (eigentlich: Prinz-Arnulf-Kaserne), von der nur mehr ein Eingangstor an der Türkenstraße steht. Der Name »Türkenstraße« erinnert an einen Kanal, der hier von türkischen Kriegsgefangenen ausgehoben wurde, die während der Türkenkriege 1683-1688 der bayerischen Armee in die Hände gefallen waren.

9

Im Rahmen der Umgestaltung der »Hauptstadt der Bewegung« plante die NSDAP, die Türkenkaserne abzureißen und auf dem Gelände den »Platz der NSDAP«, u.a. mit einem »Museum für Zeitgeschichte« zu errichten. Die Abrißarbeiten erledigten dann die alliierten Bombenverbände. Heute stehen dort Institutsgebäude der Universität. Die große Freifläche dient als Parkplatz und als Standort für Zirkusse (auch genannt: Roncalliplatz).

Zwischen der Musikhochschule und dem Karolinenplatz stand bis zu seiner Zerstörung 1944 das »Braune Haus«. Im Mai 1930 konnte die NSDAP dank großzügiger Spenden mitten in der Weltwirtschaftskrise das dreistöckige Gebäude für 700.000 Mark kaufen und für mehrere Millionen umbauen und ausstatten lassen. **Brienner Straße 45**

Ein Teil der Presse spottete: »Der Palast einer Arbeiterpartei«, »Vom Antikapitalisten zum Schloßherrn«. Untergebracht war hier ein weiterer Teil der Reichsleitung NSDAP.

Der Obelisk auf dem Karolinenplatz (1833 nach einem Entwurf von Leo von Klenze aufgestellt) soll an die 30.000 bayerischen Soldaten erinnern, die 1812 auf Napoleons Rußlandfeldzug umkamen. Bayerns König Max Joseph mußte ein Kontingent von 33.000 Soldaten zur Verfügung stellen. Die Bronze des Obelisken stammt von türkischen Kanonen, die in der Seeschlacht bei Navarino 1827 erobert worden waren, als Griechenland mit Hilfe Englands, Frankreichs, Rußlands und Bayerns von der türkischen Vorherrschaft befreit wurde. **Karolinenplatz** ⑩

Das Amerikahaus (1946 eröffnet) mußte seit 1967 häufig von dichten Polizeiketten gegen Demonstranten geschützt werden und steht noch heute unter unauffälligem Objektschutz. Es ist das größte ausländische Kulturinstitut in München. Von 1933 bis 1944 befand sich unter derselben Adresse das Reichsrevisionsamt der NSDAP. **Karolinenplatz 3**

Das Oberste Parteigericht der NSDAP residierte am Karolinenplatz 4. SA-Führer Ernst Röhm wurde hier nach seiner Ermordung durch die SS am 1. Juli 1934 posthum aus der Partei ausgeschlossen. Das »Palais Törring-Seefeld« fiel den Bomben zum Opfer. Nach dem Krieg zog die Staatliche Lotterieverwaltung in den an dieser Stelle errichteten Neubau ein. **Karolinenplatz 4**

Im Keller des ehemaligen Prinz-Georg-Palais, wurden im Mai 1919 21 Mitglieder des katholischen Gesellenvereins St. Joseph von »weißen« Freikorps erschossen. Da diese Menschen keinerlei Verbindung zu revolutionären Kreisen hatten, erhoben sich damals erstmal Stimmen gegen den »weißen« Terror in München. In den zwanziger Jahren wohnte hier die Verlegerfamilie *Bruckmann.* **Karolinenplatz 5**

Im Verlag Hugo Bruckmann erschienen neben »schöngeistiger« Literatur auch rassistische Bücher (u.a. des englischen Antisemiten und Wagner-Schwiegersohns Houston Stewart Chamberlain). *Bei Bruckmanns, insbesondere bei Elsa Bruckmann fand Adolf Hitler in seinen frühen Jahren bis 1923 entscheidende Förderung: In ihrem Haus fanden Treffen statt, bei denen die politische und finanzielle Förderung der NSDAP organisiert wurde. Im Haus Nr. 5 führten* Cosima Wagner, Margarethe Hanfstaengl *und die Frau des Berliner Klavierfabrikanten Bechstein,* Helene Bechstein, *den »Rohling aus den unteren Volksetagen« in die »bessere« Gesellschaft ein (mitunter indes rieselte den vornehmen Herrschaften ein Schauer über den Rücken, wenn Hitler seinen Revolver demonstrativ an den Garderobenhaken hängte): Kontakte zur Industrie, zu höchsten kirchlichen Stellen, zu den Wittelsbachern, zum ehemaligen General Ludendorff und zum spanischen*

Hauptstadt der Bewegung

Von allen München zugedachten oder selbstgewählten Titeln ist der der »Hauptstadt der Bewegung« sicherlich derjenige, von dem die Stadt heute am wenigsten wissen will. Dennoch gehört es zum bewußten Umgang mit der Geschichte, auch diese Seite aufzuhellen: München gehört zu den Städten, die der frühe und späte Nationalsozialismus am stärksten geprägt hat — ihre Spuren sind noch heute schmerzlich und überall zu finden.

Ein Zitat eines Robert Krötz von 1942 soll die Beziehung der Nazis zu München illustrieren: eine Zeittafel die wichtigsten Daten festhalten. »In München stießen die ersten Soldaten des großen Krieges zu Adolf Hitler und traten an gegen den verlorenen Frieden. Es sind nicht die glänzenden Viertel der alten Residenz, in denen die ersten Kapitel dieses neuen Lebens sich abspielten. In Schwabing regieren die Kunstjuden, die satten Bürger. Die bessere Stadt träumt gute, alte Träume. Aber das kleine, heimlich-verwinkelte München hat Raum für seinen großen Sohn. Im Hofbräuhauskeller, im Eberlbräu, im Gasthof ›Deutsches Reich‹ treffen sich die Pioniere der Deutschen Arbeiterpartei und schmieden ihre Pläne. Hitler hat sich längst an die Spitze der Gruppe gestellt. Sein Geist ist es, der München zu bewegen beginnt. Wir anderen, die wir früher oder später in uns das Echo der jungen Bewegung vernahmen, sahen von Berlin, von Hamburg, von den Städten des Ruhrgebietes aus sehnsüchtig und voller Glauben nach München. Diese Stadt wurde die Mitte all unserer Wünsche und Kämpfe. München und der Führer waren uns eines.«

5. Januar 1919	Gründung der Deutschen Arbeiterpartei in München.
21. Februar 1919	Ermordung des bayerischen Ministerpräsidenten Kurt Eisner.
7. April 1919	Ausrufung der Räterepublik in Bayern.
1. Mai 1919	Beginn der Besetzung Münchens durch Regierungstruppen.
12. September 1919	Hitler nimmt als Beobachter der Reichswehr an der Versammlung der Deutschen Arbeiterpartei in München teil; er tritt ihr wenige Tage später bei.
5. Januar 1920	Anton Drexler wird erster Vorsitzender der Deutschen Arbeiterpartei.
24. Februar 1920	Verkündung des Parteiprogramms der Deutschen Arbeiterpartei in München.
21. April 1920	Die in NSDAP umbenannte DAP gründet in Rosenheim die erste Ortsgruppe außerhalb Münchens.
17. Dezember 1920	Die NSDAP erwirbt den »Völkischen Beobachter«.
21. Januar 1921	Generalmitgliederversammlung der NSDAP in München. 1. Vorsitzender: Anton Drexler, 2. Vorsitzender: Oskar Körner.
3. Februar 1921	Erste Massenversammlung der NSDAP im Zirkus Krone in München.
3. August 1921	Die NSDAP gründet eine eigene Turn- und Sportabteilung, die später als Sturmabteilung (SA) bezeichnet wird.
13. Dezember 1922	Zehn nationalsozialistische Massenkundgebungen in München.
27.-29. Januar 1923	1. Reichsparteitag der NSDAP in München.
1. Mai 1923	Der bewaffnete Aufmarsch der SA auf dem Oberwiesenfeld in München verstärkt die Gerüchte, Hitler plane einen Putsch.
15. Juli 1923	Die NSDAP veranstaltet anläßlich des 13. Deutschen Turnerfestes in München Demonstrationen.
8./9. November 1923	Hitler-Putsch: Hitler ruft die »nationale Revolution« aus. Der Demonstrationszug wird vor der Feldherrnhalle in München mit Waffengewalt aufgelöst. Verbot der NDSAP.
1. Januar 1924	Als Ersatz der verbotenen NSDAP werden die »Großdeutsche Volksgemeinschaft« und der »Völkische Block in Bayern« gegründet.
26. Februar 1924	Beginn des Hitler-Prozesses
1. April 1924	Urteilsverkündung im Hitler-Prozeß.
20. Dezember 1924	Entlassung Hitlers aus der Festungshaftanstalt Landsberg am Lech
4. Januar 1925	Ministerpräsident Held empfängt Hitler zu einer Aussprache.
26. Februar 1926	Wiedererscheinen des am 9. November 1923 verbotenen »Völkischen Beobachters«.
27. Februar 1926	Neugründung der NSDAP.
9. März 1926	Die bayerische Regierung erläßt gegen Hitler ein Redeverbot.
18. Juli 1926	Der erste Band von Hitlers »Mein Kampf« erscheint im Eher-Verlag.
9. November 1926	Gründung der Schutzstaffeln (SS).
10. Dezember 1926	Der zweite Band von Hitlers »Mein Kampf« erscheint.
5. März 1927	Bayern hebt das Redeverbot für Hitler auf.
9. März 1927	Hitler spricht zum erstenmal wieder in München.

Das Ende der »Hauptstadt der Bewegung«: GIs vor dem Justizpalast in der Max-Vorstadt

Königshaus wurden hier geknüpft. Im großräumigen Hause Bruckmann konnte Hitler vor zahlreichen geladenen Gästen in »geschlossener Gesellschaft« wieder auftreten — trotz Redeverbots nach dem Novemberputsch; sein Comeback in die Politik ab 1925 und seine großen Auftritte vor Industriellen wurden hier geplant und organisiert.

Barer Straße 12 und 14

In den im Krieg zerstörten Häusern Barerstraße 12 und 14 befand sich das Gaubüro der NSDAP. Diese Dienststelle war damit beschäftigt, die Enteignung der verbotenen Organisationen abzuwickeln: das Vermögen des ADGB (Allgemeiner Deutscher Gewerkschaftsbund) wurde Grundlage für den Aufbau der DAF (Deutsche Arbeitsfront); die Fahrräder des Arbeiterradfahrerbundes »Solidarität« kamen der Hitlerjugend zugute, die Berghütten der »Naturfreunde« ebenfalls, etc. Besitzerin dieser beiden Häuser war die saarländische »Handelsgesellschaft Gebr. Röchling«.

Barer Straße

Der NSDAP gehörten ganze Straßenzüge in dieser Gegend, viele Dienststellen waren hier untergebracht. Zum Beispiel die Barerstraße: Nr. 5, Nr. 7, 9 und 11: Oberste SA-Führung, Nr. 13: Reichsleitung der NSDAP, Nr. 14: Rudolf Jungmayr: SA-, SS- und HJ-Ausrüstung, Nr. 15: Reichsleitung der NSDAP. Oder die Karlstraße Nr. 10 und 12: Reichsführung der SS, Nr. 14: Reichsjugendführung, Nr. 16: NSD-Studentenbund, Nr. 18: Reichspressestelle, Auslandspressestelle, Nr. 20: Reichspropagandaleitung, Nr. 21: Hauptamt für Volksgesundheit der NSDAP, Nr. 22: Baubüro der NSDAP, Stab des Stellvertreters des Führers, Nr. 24: Stab des Stellvertreters des Führers, Abteilung für Beamtenfragen, Nr. 26: Reichsleitung der NSDAP.

Brienner Staße 11

Dem »Münchner Ärzteverein für freie Arztwahl« gehört das Ärztehaus München, das 1938 als »Haus der Deutschen Ärzte« (damals Brienner Straße 11) eröffnet wurde. Hier wurden die Interessen der »deutschen Ärzte« vertreten, zu denen »marxistische« und »jüdische« Ärzte nicht gehörten; ihnen wurde die Kassenzulassung und damit ihre Existenzgrundlage entzogen.

Brienner-/ Türkenstraße

⑪

Das 1944 zerstörte Wittelsbacherpalais stand auf dem Areal Brienner-/Türkenstraße, dort wo heute die Bayerische Landesbank ihre Macht ausübt. Das neugotische Palais aus der Mitte des 19. Jahrhunderts erlebte eine kurze revolutionäre Episode: Im April 1919 hatte hier die Räteregierung ihren Sitz. Finsterer wurden die Zeiten nach 1933: die Bayerische Politische Polizei und die Gestapo zogen ein. Tausende von politisch Verfolgten wurden hier verhört und in den Kerkerkellern gefoltert. An die Gestapozentrale soll Münchens eigenartigster Platz erinnern, der »Platz der Opfer des Nationalsozialismus«. Ein unscheinbarer Gedenkstein mit Blumenschmuck und Sparflamme mahnt an die Opfer des NS-Terrors. Der Platz existiert als Adresse nicht; selbst Taxifahrer kennen den Namen dieses Verkehrsknotenpunkts in der Innenstadt oft nicht.

Wittelsbacher Platz 2

Im Haus Wittelsbacher Platz 2 befindet sich die Konzernleitung der Siemens AG. Siemens verlegte seinen Hauptsitz nach dem Krieg aus dem sowjetisch »bedrohten« Westberlin in die amerikanische Besatzungszone nach München. Mit über 300.000 »Mitarbeitern« ist der Siemenskonzern mit seinen vielen Beteiligungen und Tochterunternehmen eines der größten Unternehmen der Bundesrepublik.

Brienner Straße 55

⑫

In der Galerie von Hans Goltz in der Brienner Straße 55 (heute ist hier kein Eingang mehr) fand die erste Kollektivausstellung Paul Klees statt. Der Kunsthändler Goltz lebte mit eigentümlichen Widersprüchen. Schriftsteller Leopold Zahn erinnert sich: »Alles, was nur von ferne an Sozialismus oder gar Kommunismus erinnerte, erregte die Galle dieses hochgradigen Cholerikers. Ganz anders verhielt sich Goltz in aesthetics. Hier fühlte er revolutionär und scheute auch nicht vor den kühnsten Experimenten der modernen Kunst zurück. Es machte ihm gar nichts aus, daß George Grosz in seinen Werken dem radikalsten Spartakismus huldigte. Als Künstler gefiel er ihm eben, und er setzte sich mit der ganzen Wucht seiner Persönlichkeit für diesen Satiriker ein, der alles verhöhnte und bekämpfte, was der Politiker Goltz hochhielt.«

Feldherrenhalle

Wir kommen zu zwei weiteren Orten, die hauptsächlich Spuren der politischen Geschichte tragen: der 1841-1844 nach Plänen von Friedrich von Gärtner (Vorbild: Florentiner Loggia dei Lanzi) als monumentaler Abschluß der Ludwigstraße erbauten Feldherrnhalle und dem davorliegenden Odeonsplatz. König Ludwig III. verkündete hier im April 1914 als Kriegsziel, daß Belgien an Bayern zu kommen habe.

Odeonsplatz

⑬

Am Vormittag des 9. November 1923, dem Jahrestag der deutschen Kapitulation im 1. Weltkrieg, zogen faschistische Marschkolonnen mit Hitler und Ludendorff an der Spitze vom Marienplatz zum Odeonsplatz mit Ziel Kriegsministerium und Universität, um von hier aus eine »vom Parlament freie, nationale Diktatur« auszurufen. An der Feldherrnhalle erwartete sie die Landespolizei. Nach einer Schießerei war der Putsch niedergeschlagen: 16 tote Nazis, 3 tote Polizisten. Göring floh anschließend nach Österreich, Adolf Hitler wurde im Ferienhaus der Familie Hanfstaengl in Uffing/Staffelsee versteckt. An der Stelle der Schießerei (östliche Seite der Feldherrn-

halle) ließen die NS-Machthaber 1933 eine Gedenktafel anbringen, von der heute noch der Sockel an der Ostseite der Halle übriggeblieben ist; eine SS-Wache hielt »ewige« Wache, Passanten waren zum Hitlergruß verpflichtet.

1947 sprach auf dem Odeonsplatz anläßlich einer gesamtdeutschen Ministerpräsidentenkonferenz Otto Grotewohl, der spätere Ministerpräsident der DDR. Er wurde von einer großen Menge Münchner Bürger begrüßt, denen er als ein Garant der deutschen Einigung galt. Hungerdemonstrationen nach dem Krieg gab es hier: noch heute ist der Odeonsplatz Ort politischer Kundgebungen.

Ort politischer Kundgebungen bis heute: der Odeonsplatz. Hier bei einer Demonstration gegen die Wiederaufbereitungsanlage in Wackersdorf am 12. Oktober 1985

Ludwigstraße

Die Ludwigstraße (im Auftrag Ludwigs I. und nach Plänen von Leo von Klenze und Friedrich von Gärtner 1816-1852 gebaut) mit ihren repräsentativen klassizistischen Bauten gehört zu den schönsten architektonischen Einheiten Europas, wenngleich der heutige Autoverkehr einiges von diesem Gesamtkunstwerk nimmt. Als sie angelegt wurde, standen die voluminösen Gebäude auf freiem Feld; sie sollten der Entwicklung der Stadt nach Norden hin als Achse dienen. Anfangspunkt ist die Feldherrnhalle, die anstelle des abgerissenen Schwabinger Tores errichtet wurde, Abschlußpunkt das Siegestor.

Odeonsplatz 3 u. 4

Zwischen dem Bayerischen Staatsministerium des Inneren (Odeonsplatz 3) und dem der Finanzen (Odeonsplatz 4) steht das Reiterdenkmal für König Ludwig I. aus dem Jahre 1862.

Der Hofgarten wurde 1613-1615 unter Herzog Maximilian I. als Renaissancegarten außerhalb des Stadtgrabens angelegt. Während

»Sie werden auferstehen?«: Ewig Gestrige am Volkstrauertag im Hofgarten

Hofgarten

⓮

der zentral gelegene Brunnentempel aus dem 17. Jahrhundert stammt, entstanden die Arkaden 1826 nach Plänen von Leo von Klenze. Das Armeemuseum wurde erst von 1900-1905 errichtet; der Mittelbau, der als Ruine nach dem 2. Weltkrieg übrigblieb (und dessen 71 m hohe Kuppel von 1968 bis 1984 die Inschrift »Vietnam« trug), soll nun in den Neubau der Bayerischen Staatskanzlei integriert werden.

Vor dem Kriegsmuseum liegt das Münchner Kriegerdenkmal (1923-1926). Unter einer 250 Tonnen schweren Deckplatte ruht ein überlebensgroßer Soldat, der von Bernhard Bleeker geschaffen wurde. Der Kryptabau wird eingefaßt von einem Ehrenhof, dessen Mauern mit den Namen der 13.000 Münchner Gefallenen der beiden Weltkriege versehen waren. Die Inschrift auf der Deckplatte lautet: »Sie werden auferstehen«.

Von-der-Tann-Straße

Das Prinz-Carl-Palais (1804-1806 nach Plänen von *Karl von Fischer* entstanden, seinen Namen hat es von Prinz Carl, dem Bruder Ludwig I., der es 1825 kaufte) diente von 1875 bis 1919 als Sitz der k.u.k. österreichisch-ungarischen Gesandtschaft. Seit 1968 ist das Gebäude der Amtssitz des bayerischen Ministerpräsidenten mit bayerischer Flagge auf dem Dach. Daß das Prinz-Carl-Palais keinen festen Grund unter sich hat, da es über dem sechsspurigen Altstadtringtunnel steht, hat wohl weniger symbolischen Charakter.

Finanzgarten

Im Finanzgarten kann man die einzigen Überbleibsel der spätmittelalterlichen Befestigungsanlagen Münchens bewundern. Diese Anlagen wurden um 1800 abgetragen, die moderne Artillerie machte alle Stadtmauern und vorgeschobenen Forts überflüssig, außerdem drohte die Stadt innerhalb der Mauern an Überfüllung zu ersticken.

Vor 1820 bauten Karl von Fischer und Leo von Klenze Wohnhäuser in offener Bauweise, d.h. sie ließen zwischen den Häusern Zwischenräume für Gärten. Da München als Residenzstadt eines durch den Reichsdeputationshauptschluß 1803 stark vergrößerten Landes (Flächenvergrößerung um 144%, Bevölkerungszuwachs um 142%) ständig wuchs, und damit das Bauland knapper wurde, erlebt die Spekulation ihre erste Blüte. Eine Folge: man fing an, Mietshäuser mehrstöckig und in geschlossener Reihe zu bauen. In den 20er und 30er Jahren des 19. Jahrhunderts waren die Fassaden der Florentiner Renaissance nachempfunden. Ein solches Mietshaus im klassizistischen Klenze-Stil ist die von-der-Tann-Straße 7.

Von-der-Tann-Straße 7

Galeriestraße 10

In den Galerieräumen des Kunstvereins am Hofgarten fand 1937 die Ausstellung »Entartete Kunst« statt. Ausgestellt waren Werke von van Gogh, Chagall, Picasso, Kokoschka, Barlach und vielen anderen. Die Ausstellung nutzte in der Bevölkerung vorhandene Vorurteile und wurde zu einem großen Erfolg: im Durchschnitt zählte man 20.000 Besucher pro Tag; die von den Nazis als Gesamtbesucherzahl angegebenen 2 Mio. stimmt indes nachweislich nicht.

Ludwigstraße 2

⑮

Das heutige Bayerische Staatsministerium für Landwirtschaft und Forsten wurde 1937-1939 als »Zentralministerium«, d.h. als Amtssitz des Gauleiters *Adolf Wagner* und seit 1942 seines Nachfolgers *Paul Giesler* gebaut. Um für den Neubau Platz zu schaffen, wurden zwei Mietshäuser, die unter Leo von Klenze 1820-1825 im Stil der Neurenaissance errichtet worden waren, abgerissen. Im Keller ließ man ausgedehnte Bunkeranlagen entstehen. Als die US-Armee Ende April 1945 von Norden auf München vorrückte, ergingen von den Bunkern aus die letzten Wahnsinnsbefehle der Naziführung, der SS und der sogenannten Wehrwolfverbände, alle Brücken, Kraftwerke und Fabriken Münchens und Umgebung zu zerstören. Im Hof wurden noch am 29. April 1945 Leutnant *Maximilian Roth* und Major *Caracciola-Delbrück,* beide Mitglieder der »Freiheitsaktion Bayern«, erschossen. Bis heute gibt es keine Gedenktafel an dem Gebäude, das zwischen 1946 und 1952 stilgetreu wieder aufgebaut wurde.

Ludwigstraße 14

Das ehemalige Kriegsministerium (erbaut 1827 bis 1830 unter Leo von Klenze) zeigt an der Fassade: Kriegstrophäen, Rüstungen und Waffen in Reliefs. Am 22. April 1919 fand vor dem Kriegsministerium eine große Truppenschau sämtlicher bewaffneter Arbeiter und Soldaten der revolutionären Stadt München statt. Ungefähr 14.000 bewaffnete Mitglieder der Roten Armee Bayern bekräftigten ihren Willen, die Revolution bis zum letzten Blutstropfen mit Waffengewalt zu verteidigen. Neun Tage später hatten Regierungstruppen und Freikorpsverbände die Räterepublik niedergeschlagen.

In der Nazizeit war hier das Wehrkreiskommando VII untergebracht. Nach der Niederlage von Stalingrad im Februar 1943 bildete sich in München eine Widerstandsorganisation, die sich »O-7« nannte, »Organisation im Wehrkreis VII.« Peter Göttgens, *zu Anfang der Nazizeit bis 1937 im KZ Oberlangen an der Ems inhaftiert, gehörte zu ihren Organisatoren. Ähnlich der »Freiheitsaktion Bayern« wollte die Gruppe sinnloses Blutvergießen und Zerstörungen in München verhindern. Der Kern bestand aus 20-30 Männern (u.a. dem Kompaniefeldwebel* Hans Brocksieper, *dem Schreiner* Hans

Demonstrativ nachdenkende Herren an der Staatsbibliothek

Stelzer, in dessen Werkstatt Flugblätter abgezogen wurden, und Fritz Hofmann, *der seit Jahren von der Gestapo gesucht wurde und versteckt lebte), die Flugblätter herstellten, Hausinschriften anbrachten, Unterschlupf für desertierte Soldaten und von der Gestapo gesuchte rassisch und politisch Verfolgte organisierten und Lebensmittelkarten fälschten. Gegen Kriegsende wurden größere Waffenlager angelegt; so konnte die »O-7« an die »Freiheitsaktion Bayern« einen ganzen Lastwagen voller Waffen liefern.*

Ludwigstraße 16

Durch die Aufhebung der Klöster und Stifte während der Säkularisation 1803 wurden die Bücherschätze des bayerischen Hofes und Staates auf einen Schlag zu den umfangreichsten und kostbarsten Deutschlands. Um sie an einem Ort zentral lagern zu können, erhielt Leo von Klenze den Auftrag, den Bau der Bayerischen Staatsbibliothek (Ludwigstraße 16) zu planen und zu leiten. Friedrich von Gärtner ließ die Fassade der Bibliothek im Sinne des Renaissance-Palazzo Strozzi aus Florenz erbauen. Die vier demonstrativ nachdenkenden Herren am Eingang sollen die griechischen Weisen Thykydides, Homer, Aristoteles und Hippokrates sein. *Lenin* schrieb 1901 bis 1902 in den heiligen Hallen sein Werk »Was tun?«. Die Staatsbibliothek ist heute mit fast 7 Millionen Bänden die größte Bibliothek im deutschsprachigen Raum und eine der größten der Welt.

Die Universität

Geschwister-Scholl-Platz
16

Die heutige Ludwig-Maximilian-Universität wurde durch König Ludwig II. 1826 von Landshut nach München verlegt. Die dafür notwendigen Gebäude entwarf Friedrich von Gärtner; sie sollten den Abschluß der Ludwigstraße bilden. Die »Alma Mater« (lat. »nährende Mutter«) hatte bis zum Anfang des 20. Jahrhunderts nur Söhne, denn Frauen war bis dahin ein akademisches Studium verwehrt.

Die Münchner Universität war in den zwanziger Jahren stets ein Zentrum konservativer bis reaktionärer Elemente, das scharfe Akzente im politischen Leben Münchens setzte. Sofort nach der Niederwerfung der Räterepublik begannen ab Sommer 1919 »Aufklärungskurse« für Offiziere, Unteroffiziere und Mannschaften der Reichswehr und Freikorps. Die Münchner Polizei schätzte Ende 1923 die Studentenschaft zu 70% als Befürworter des Hitler-Putsches ein, und nach dessen Scheitern mußte die Universität wegen schwerer Krawalle am 13. November 1923 für mehrere Tage geschlossen werden.

1928 brachen an der Universität Unruhen aus. NS-Studenten agierten mit Erfolg u.a. für einen totalen Numerus Clausus für ausländische jüdische Studenten. Im Sommer 1931 stand der jüdische Professor Nawiasky im Kreuzfeuer nationalsozialistischer Kritik. Mit den Rufen »Jude verrecke!« und »Haut Nawiasky« wurden seine Vorlesungen massiv gestört und hörwillige Studenten zusammengeschlagen. Der Rektor ließ die Universität durch Polizei räumen und für eine Woche schließen.

Die Bücherverbrennung am 10. Mai 1933 fand beim größten Teil der Studentenschaft begeisterte Zustimmung. Die Liste der Verbotenen und Verbrannten stellte eine nahezu vollständige Aufzählung der bedeutenden deutschen Schriftsteller jener Zeit dar. Als Oskar Maria Graf *im Wiener Exil erfuhr, daß seine Werke nicht dabei seien, forderte er öffentlich seine »Nachverbrennung«.*

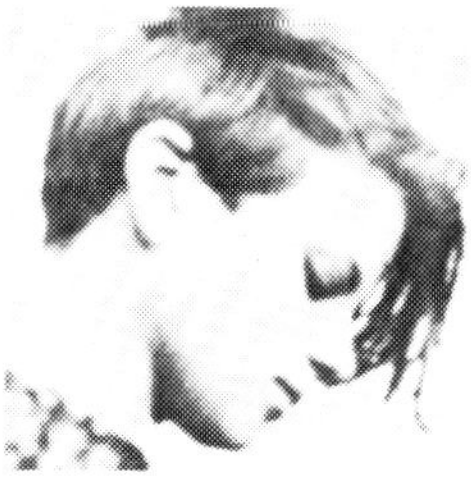

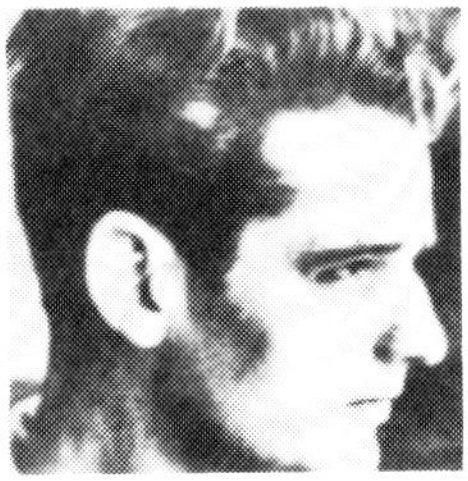

Sophie Scholl
Hans Scholl

Im Lichthof der Universität erinnert eine Gedenktafel an die bekannteste Münchner Widerstandsgruppe, die »Weiße Rose«. Am 18. Februar 1943 warfen Mitglieder der »Weißen Rose« Flugblätter in den Lichthof, wurden dabei vom Hausmeister beobachtet und so-

Angeregte Diskussion im Lichthof der Universität nach der Sprengung einer Rektorenwahl im Juni 1971

fort festgenommen. In den anschließenden Prozessen vor dem »Volksgerichtshof« unter *Roland Freisler* wurden sie zum Tode verurteilt und hingerichtet: *Hans und Sophie Scholl, Christoph Probst, Alexander Schmorell, Prof. Kurt Huber, Willi Graf.*

1968 kam es auch an der Münchner Universität zu massiven Unruhen und Polizeieinsätzen. Inzwischen studieren 60.000 Studenten an der Universität.

Kaulbachstraße 15

Das Haus Kaulbachstraße 15 ließ sich der Professor und Direktor der Akademie der Bildenden Künste, *Fritz August v. Kaulbach,* als »Einfamilienhaus« bauen. Das Rückgebäude der Kaulbachstraße

Kaulbachstraße 12a
⑰

Anita Augspurg und Lida G. Heymann

12a war ein Zentrum der Münchner Frauenbewegung in der Weimarer Republik und davor. Hier wohnten *Anita Augspurg, Toni Pfülf, Lida Gustava Heymann,* die Kunstmalerin *Tini Rupprecht* und die Photographin *Marga Lutteroth.*

Dr. jur. Anita Augspurg *(1857-1943) war die Gründerin des bayerischen und Präsidentin des Deutschen Verbandes für Frauenstimmrecht und eine der führenden Persönlichkeiten des radikaldemokratischen Flügels der deutschen Frauenbewegung.* Antonie — genannt Toni — Pfülf (1877-1933) *arbeitete als Hauptlehrerin und war Vorsitzende des Bundes sozialistischer Frauen und des Lehrer(!)-Rates in München. Von 1920-1933 saß sie für die SPD im Berliner Reichstag.*

Lida Gustava Heymann (1868-1943) *war eine der Vorsitzenden des Bayerischen Vereins für Frauenstimmrecht. Ebenso wie Anita Augspurg setzte sie sich für gleichberechtigte Bildungsmöglichkeiten für Mädchen ein; gleichzeitig betreute sie alleinstehende Frauen und Mütter, agierte für eine sinnvolle Sexualaufklärung, für die Abschaffung des § 218. Seit 1918 gab sie mit Anita Augspurg die radikal-liberale Zeitschrift »Die Frau im Staat« heraus. Von 1918-1919 gehörte sie dem provisorischen Nationalrat des Volksstaates Bayern an.*

Von-der-Tann-Straße 15
⑱

Auf dem Areal des Generalkonsulats der USA befand sich früher das Photoatelier Elvira (ehem. Von-der-Tann-Straße 15). Im Auftrag der Frauenrechtlerinnen Anita Augspurg und Sophia Goudstikker wurde es 1896/1897 errichtet und von August Endell mit einer grotesk-phantastischen Jugendstilfassade versehen. Dieses Kunstwerk wurde im »Dritten Reich« als entartete Kunst gebrandmarkt und abgeschlagen; der Bombenkrieg vernichtete später das Gebäude vollständig.

Als entartete Kunst gebrandmarkt und abgeschlagen: die Jugendstilfassade am Photoatelier Elvira

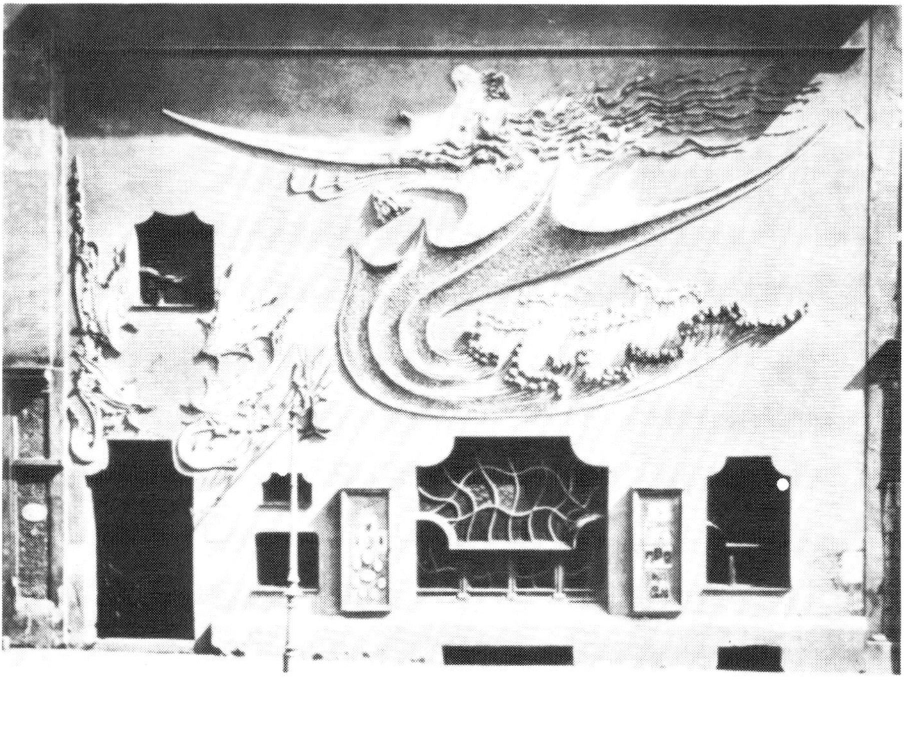

Filmstadt — Schlaglichter

»Bilder werden bewegt und setzen in Bewegung. Das ist Kino.«

Am 11. Juli 1896 veranstaltet der Schausteller Carl Gabriel in seinem Panoptikum in der Neuhauserstraße die ersten Vorführungen »lebender Bilder« in München. Der Eintrittspreis beträgt 1 Mark, für Kinder und Militärs die Hälfte. Die Titel der gezeigten Filme sind Programm: *Ein heranbrausender Eisenbahnzug, Eine Schlangendompteuse, Ein Kettensprenger* und *Das Aufziehen der Hauptwache.* Das erste ortsfeste Kino ist, 1906, der WELTKINEMATOGRAPH in der Liebfrauengasse. Und bereits 1908 heißt es: »Ein polizeilicher Kinematograph soll demnächst zur Unterstützung des Zensors im Polizeigebäude in Amtstätigkeit treten. Die Neuerung ist damit begründet, daß es der Polizeibehörde nachgerade unmöglich geworden ist, alle kinematographischen Vorführungen an Ort und Stelle zu überwachen.« Ein Jahr später, 1909, wird die *Münchner Kunstfilm Peter Ostermayr* gegründet. Wieder ein Jahr später, 1910, der erste Spielfilm abgedreht: *Die Wahrheit,* Beginn einer langen Reihe von Ostermayr-Filmproduktionen.

Von da an bezeichnen unzählige Kinogründungen, aber auch diverse Filmverbote den unaufhaltsamen Aufstieg des Mediums Film: 1912 gibt es in München bereits 35 Kinos und eine Landesstelle für die Prüfung von kinematographischen Bildern. Lustbarkeitssteuer und Zensurkarte sind denn auch die beherrschenden Themen dieser Jahre.

Am 12. September 1917 gründen August Arnold und Robert Richter in der Türkenstraße ihre Firma für Filmtechnik, deren Name Weltklang wurde: ARRI. Und 1919 erwirbt Peter Ostermayr ein Gelände in Geiselgasteig und errichtet dort ein Studio. Als BAVARIA-Studio der EMELKA (Münchner Lichtspielkunst) geht es in die Filmgeschichte ein, schreibt sie fort bis heute. Ob Walther Ruttmann und Oskar Fischinger, ob Karl Valentin und Alfred Hitchcock, die Liste der in München arbeitenden Regisseure ist lang und beliebig fortsetzbar. Ebenso die der technischen Errungenschaften: 1930 sind bereits 25 von 73 Münchner Kinos auf Tonfilm umgestellt, und 1935 kann August Arnold auf der Leibziger Messe die von ihmm erfundene erste Spiegelreflex-Filmkamera vorstellen. Aber auch eine andere Liste wird in dieser Zeit begonnen. Sie nennt die Filmkünstler, die München und Deutschland ab 1933 verlassen müssen, etwa Max Ophüls. Aus einer Ansprache des Gauleiters Staatsminister Wagner: » Der Bavaria-Film AG und dem Film in unserem lieben München Sieg Heil!«

Waren es 1939 78 Filmtheater, sind es Ende 1945 immerhin wieder 16 Kinos, zusammengeschlossen im Verband Bayerischer Filmtheater e.V. Und auch die Bavaria-Studios nehmen bereits unmittelbar nach dem Krieg wieder ihre Arbeit auf.

Heute sind weit über 10.000 Menschen im Bereich Film beschäftigt. Das Umsatzvolumen wird auf zwei Milliarden Mark geschätzt. Weit mehr als 300 Produzenten arbeiten zudem in München regelmäßig für Film und Fernsehen, darunter so erfolgreiche und die filmwirtschaftliche Landschaft der Bundesrepublik beeinflussende wie Franz Seitz *(Die Blechtrommel),* Bernd Eichinger *(Der Name der Rose)*, Luggi Waldleitner *(Lili Marleen)*, Eberhard Junkersdorf *(Rosa Luxemburg),* Günther Rohrbach *(Das Boot).*

Nicht zuletzt waren es insbesondere Münchner Regisseure wie Volker Schlöndorf, Wim Wenders, Werner Herzog, Margarethe von Trotta, Rainer Werner Fassbinder, Reinhard Hauff, Peter Lilienthal, die der deutschen Filmkunst international anerkannte Maßstäbe gesetzt haben. Weitere Stichworte: 20 Jahre Hochschule für Fernsehen und Film, Bayerisches Fernsehen, Bayerische Filmförderung, Filmfest München, Filmmuseum München, belegen zudem die vielfältige und zukunftsorientierte Filmpolitik des Freistaates und der Landeshauptstadt München. Und zwar sowohl was die Filmproduktion (die Bavaria Atelier GmbH etwa ist der bedeutendste Studiobetrieb Westeuropas) als auch was das Kinoleben angeht (mittlerweile wieder weit über 70 Kinos und diverse nichtkommerzielle Abspielstellen).

All das, diese Verquickung von künstlerischen und wirtschaftlichen Faktoren, hat in München ein produktives Amalgam ergeben und den Ruf Münchens als *Filmstadt* eindrücklich festgeschrieben.

Genaueres im *Münchner Film- und Kino-Buch,* erschienen in der edition 8 1/2 (Lothar Just).

Michael Farin

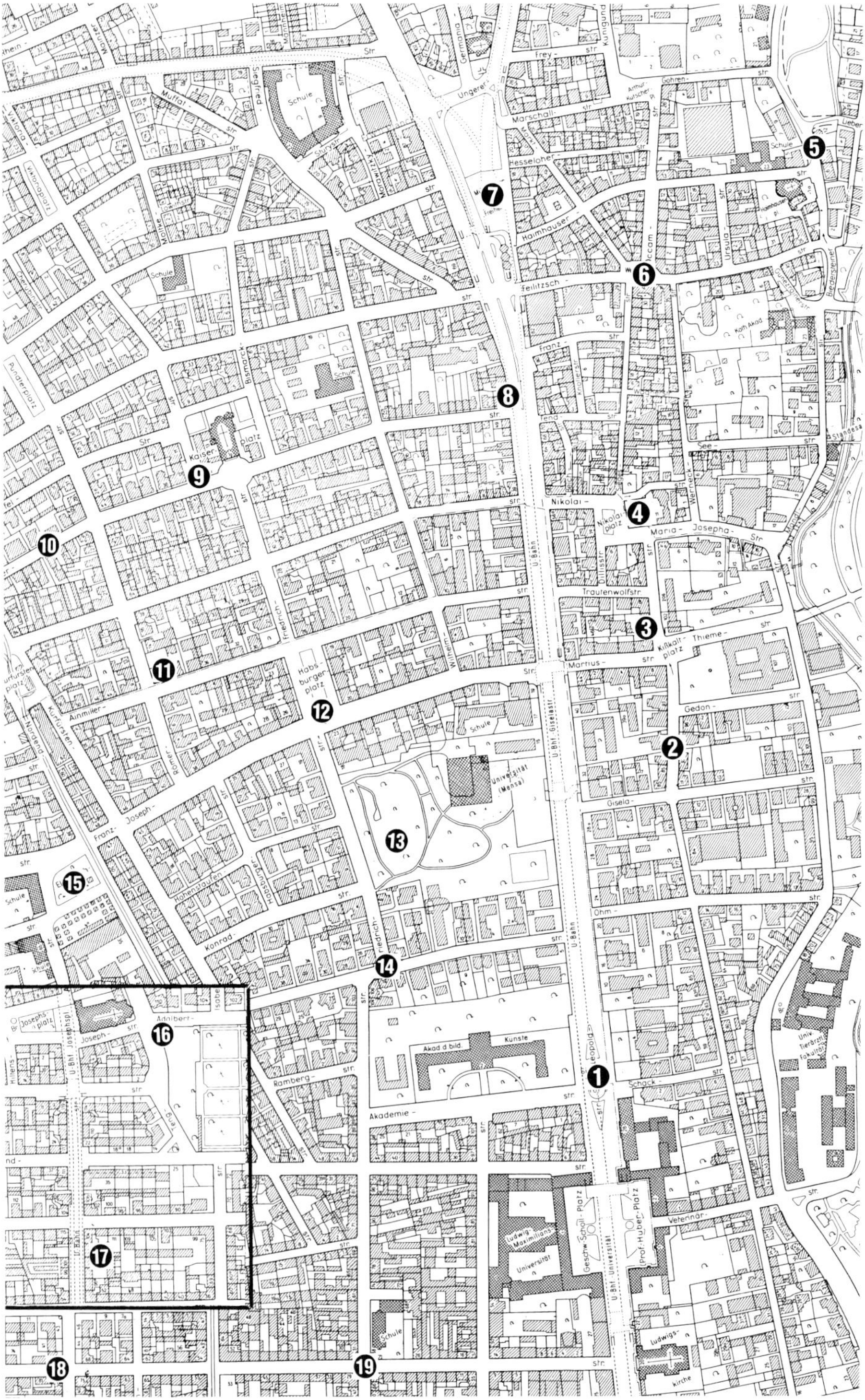
Rhein-
Mainzer
Siegfried-
str.
Muffat
Schule
Germania
Ungerer
Frey-
Kunigund
Gohren-
Marschall-
Hesseloher-
Arthur-Kutscher-Pl.
Schule
Lieber
Hainhauser
Occam-
Ursula
Biedersteiner
Feilitzsch
Viktoria
Viktoriaplatz
Moltke
Schule
Franz-
Kath. Akad.
Schule
Pündterplatz
Bismarck-
Fendt
Kaiser-
Platz
Nikolai-
Nikolai-
platz
See-
Werneck-
Maria-
Josepha-
Str.
Trautenwolfstr.
Friedrich-
Kurfürsten-
platz
Wilhelm-
Kißkalt-
platz
Thieme-
Martius-
Habs-
burger-
platz
Ainmiller-
Gedon-
Schule
Universität
(Mensa)
U-Bhf. Giselastr.
Nordend-
Kurfürsten-
Römer-
Franz-
Joseph-
Gisela-
Hohenstaufen-
Habsburger-
Schule
Konrad-
Ohm-
U-Bahn
Friedrich-
Akad. d. bild.
Künste
Leopold-
Adalbert-
Josephs-
platz
Joseph-
U-Bhf. Josephspl.
Hiltens-
Ramberg-
Schack-
Univ.
Tierärztl.
Fakultät
Akademie-
Veterinär-
Geschw.-Scholl-Platz
Prof.-Huber-Platz
Ludwig-
Maximilians-
Universität
U-Bhf. Universität
Schule
Ludwigs-
kirche
1
2
3
4
5
6
7
8
9
10
11
12
13
14
15
16
17
18
19

An den »Brutstätten der Münchner Kultur«

Rundgang 14

Schwabing

Ausgangs- und
Endpunkt: *Universität, U3 und 6*
Dauer: *3 1/2 Stunden*

Erich Mühsam

»Im allgemeinen war die Langhaarigkeit der Schwabinger Männer so wenig wie die Kurzhaarigkeit vieler Schwabinger Frauen — Lotte Pritzel und Emmy Hennings brauchten den Bubikopf nicht erst von der Mode geschnitten zu bekommen — noch die Samtkittel der Schwabinger Maler ein wichtiges Kennzeichen Schwabings. Kennzeichen war nur, daß jeder seine Aufmachung selbst bestimmte, einer von Eitelkeit, ein anderer von Bequemlichkeit, der dritte von Stilgefühl und mancher auch von seinem Schneider beraten. Uniformität gab es höchstens in dem Ästhetenzirkel um Stefan George.« Der Versuch Erich Mühsams in seinen »Unpolitischen Erinnerungen«, gegen das Klischee dieses Stadtteils anzuschreiben, hatte wenig Erfolg; noch heute leuchten viele Augen, wenn das Wort Schwabing fällt. Sein Ruf indes stammt aus einer längst vergangenen Zeit. Hier wohnten sie alle, die Kandinskys, die Klees, Lenin und Trotzki, die Manns (Thomas und Heinrich), die Brechts, die Grafs, Nazigrößen und Widerstandskämpfer — wollte man alle Orte ansteuern, alle Namen nennen, man erhielte ein Lexikon der modernen Literatur, Kunst und Politik. Dies kann unser Streifzug durch Schwabing nicht leisten. Wir erheben keinen Anspruch auf Vollständigkeit, wollen andere Akzente setzen.

Heute ist Schwabing in mehrfacher Hinsicht ein Klischee, selbst als Szene-Viertel kaum mehr in. Ein Grund mehr, auch das »normale« Viertel mit den »normalen« Bewohnern nicht aus den Augen zu verlieren.

Signet des Simplicissimus

Vorweg ein wenig Geschichte: im Jahr 520 unserer Zeitrechnung soll sich ein Swapo hier niedergelassen haben, von dem die Ortsbezeichnung Swapingen stammt. 782 wird der Ort erstmals urkundlich erwähnt — 1982 feierte Schwabing den 1200. Geburtstag mit Straßenfesten, Lampions und Musik auf den Fahrbahnen. Im 18. Jahrhundert entstehen im Fischer- und Milchbauerndorf vor den Toren Münchens eine Reihe von Schlößchen und Landhäusern. Ab Mitte des 19. Jahrhunderts ziehen, bedingt durch die Nähe der Universität und Kunstadademie Studenten, Künstler und »Bohèmiens« zu. Es entsteht jene Mischung aus Kultur und Weltoffenheit, die zumindest bis zum Anfang der 20er Jahre Schwabings Attraktivität auf viele große Geister der Kultur ausmachte.

Leopoldstraße

Die Leopoldstraße ist benannt nach *Prinz Leopold von Bayern* (1846–1930). Sie ist heute zwischen dem Siegestor und der Münchner Freiheit das Zentrum dessen, was als »Schwabing« bekannt ist, Münchens »Künstlerviertel«: Straßenkünstler, Kneipen, Menschenmassen, hohes Verkehrsaufkommen, Nepp und Langeweile (wenn man etwas genauer hinschaut). In der ersten Hälfte des 19. Jahrhunderts wurde sie vom Hofarchitekten *Friedrich von Gärtner* als Verlängerung der Ludwigstraße in 75 m Breite und als Pappelallee geplant und gebaut.

Das Siegestor in einer Luftaufnahme (freigegeben durch die Regierung von Oberbayern GS 300/14/88)

Siegestor

❶

Das Siegestor war der letzte Großauftrag, den *Friedrich von Gärtner* von Ludwig I. erhielt; letzterer wünschte als Abschluß der monumentalen Ludwigstraße ein »Monument für das bayerische Heer«: Der Bogen sollte ein genaue Kopie des Konstantinbogens in Rom werden; außerdem bestimmte der König die Thematik der Reliefs: sie sollten an die Befreiungskriege (1813–1815) erinnern. Die Krönung des Bauwerkes wurde eine Bavaria, die auf einem von vier (bayerischen) Löwen gezogenem Triumphwagen stand. Die Quadriga wurde von der Erzgießerei Ferdinands von Miller (s. S. 284) hergestellt. Das Siegestor wurde 1944 zerstört und 1958 wiederhergestellt; die Quadriga krönt das Tor sogar erst wieder seit 1972.

Akademiestraße 2

Die Akademie der Bildenden Künste wurde 1886 eröffnet, errichtet im Renaissance-Stil nach Plänen von Gottfried von Neureuther. Berühmte Direktoren wie der Historienmaler *Wilhelm v.*

Kaulbach (1805—1874) begründeten schnell den internationalen Ruf der Akademie; ein Weiteres taten die relativ niedrigen Mieten im damaligen Neubaugebiet: Studenten aus aller Welt kamen nach München.

Die »Akademie« zog Bevölkerungsschichten nach Schwabing, die ein Stadtführer aus dem Jahr 1922 wie folgt charakterisierte: »Schwabing besteht in der Hauptsache aus Malern, Spirituskochern, Dichtern, Keilrahmen, Batikschlipfen, Weltanschauungen, Tee, Expressionismen, freier Liebe, unbezahlten Schusterrechnungen, Kleinkunstbühnen, revolutionären, großen Rosinen, aus Foxtrott, Studentenbuden, Modellen aus Fasching, Ölfarbe, Kunstbeflissenen beiderlei Geschlechts, Religionsstiftern, Traumtänzerinnen, der Akademie der Bildenden Künste.«

Akademiestraße 15

Gegenüber der Akademie wohnte 1922, als »Untermieter« in der winzigen Wohnung seines Freundes Arnolt Bronnen, der junge Dramaturg der Kammerspiele, *Bertolt Brecht.* Sein Entrée in die Münchner literarische Szene beschreibt ein anderer Freund, Brechts erster Entdecker und eigentlicher Förderer Lion Feuchtwanger: »Um die Jahreswende 1918/19 kam in meine Münchner Wohnung ein junger Mensch, schmächtig, schlecht rasiert, verwahrlost in der Kleidung. Er drückte sich an den Wänden herum, sprach schwäbischen Dialekt, hatte ein Stück geschrieben, hieß Bertolt Brecht. Das Stück hieß Spartakus.« Feuchtwanger brachte »Trommeln in der Nacht« — Brecht hatte das Stück auf sein Anraten hin umbenannt — an die Kammerspiele, wo es am 3. September 1922 seine Uraufführung erlebte.

Bertolt Brecht

Leopoldstraße 4

Das Wohnhaus Leopoldstraße 4 wurde im Jahre 1895 nach Plänen von Prof. *Martin Dülfer* erbaut. Es ist ein »Herrschaftshaus, wie es den Bedürfnissen der Erbauungszeit entsprach«. Das elegante und luxuriöse, auf alt gemachte Gebäude war in Wirklichkeit für damalige Verhältnisse hochmodern: aus Stahlbeton gebaut, ausgestattet mit Zentraldampfheizung etc. Vom Herbst 1899 bis 1902 gaben hier *Alfred Walter Heymel, Rudolf Alexander Schröder* und *Otto Julius Bierbaum* die exklusive Literatur- und Kunstzeitschrift »Die Insel« heraus, aus der später der Insel-Buchverlag hervorging. Zu den Mitarbeitern der Zeitschrift, die »in Deutschland Epoche machen sollte«, zählten Dehmel, Liliencron, Rilke, Wedekind, Hoffmansthal, die graphische Gestaltung wurde beeinflußt u.a. von Max Liebermann und Thomas Theodor Heine.

Leopoldstraße 28

Das Verwaltungsgebäude Leopoldstraße 28 ließen 1929/1930 *Jakob Pfaller* und *Theodor Fischer* für die Rhein-Main-Donau AG errichten. Der Forderung der Auftraggeber nach Sparsamkeit und Monumentalität entspricht der strenge kubische Block mit dem für München in dieser Zeit ungewöhnlichen Flachdach. Das Portal und die Fensterumrahmungen wurden in hellem Donaukalkstein ausgeführt. Die Rhein-Main-Donau AG hat noch heute ihren Firmensitz hier und wurde bekannt durch den dritten Anlauf, einen Schifffahrtskanal zwischen Main und Donau zu bauen. Der erste Versuch (zu Zeiten Karls des Großen) scheiterte; der zweite unter König Ludwig I. gelang, doch hatte die Eisenbahn den Binnenkanälen als

Leopold-/ Giselastraße

Versteigert und verschwunden: die goldene Hand mit den Gebrüdern Samy

Transportmittel längst den Rang abgelaufen. Heute wird an dem dritten Kanal gebaut, von der bayerischen Staatsregierung ebenso stur durchgezogen wie von Ludwig I. (Strauß: »Mein geistiger Vater«), gegen den Widerstand von Anwohnern und Naturschützern.

Das ehemalige Citta 2000 (Leopold-/Ecke Giselastraße) mit seiner berühmten »Goldenen Hand« wurde 1969 als Vergnügungszentrum eröffnet. Es symbolisierte das »neue« Schwabing aus Schockfarben, Beat und Pop, Flower Power, Freiheit und Anti-Establishment. Genauso wie diese Aufbruchzeit ist das Citta 2000 als Institution den Weg alles Irdischen gegangen: Bereits 1973 meldeten die Besitzer, die Gebrüder Samy (die »Könige von Schwabing«) Konkurs an; die goldene Hand wurde versteigert und verschwand.

In der Giselastraße 7 wohnte — wie die Gedenktafel berichtet — von 1891-1897 der Maler *Lovis Corinth* (1858-1925).

In der Giselastraße 23 wurde im Jahre 1911 in der Wohnung der Malerin Werefkin im 3. Stock die expressionistische Künstlergemeinschaft »Der Blaue Reiter« gegründet, benannt nach einem Bild Kandinskis. Mitglieder waren u.a. *Kandinski, Marc, Macke, Münter, Kubin, Klee, Jawlenski* und *Werefkin.*

Blauer Reiter

»Der Blaue Reiter« ist wohl die entwicklungsgeschichtlich wichtigste deutsche Künstlergemeinschaft vor 1914. Sie ist benannt nach einem Gemälde von *Wassily Kandinsky,* der 1896 nach München gekommen war, um seine Studien zu vollenden, die er in Odessa und Moskau begonnen hatte. Etwa um die gleiche Zeit studierten oder malten eine ganze Reihe weiterer später berühmter Künstler dieser Generation in München, die zumindest anfangs kaum voneinander wußten: *Alfred Kubin, Alexander Jawlensky, Paul Klee, Marianne von Werefkin, Franz Marc* usw. Eine große Rolle spielten hier die vielen russischen Künstler und Studenten; die russischen Studenten stellten damals die zahlenmäßig größte ausländische Studentengruppe an der Münchner Universität.

1901 wurde *Kandinsky* Vorsitzender einer neuen Künstlerveinigung »Phalanx«, und dieser Gemeinschaft schloß sich eine Reihe wichtiger Malerinnen und Maler an, so *Gabriele Münter, Adolf Erbslöh, Alexander Kanoldt, Christian Rohlfs, August Macke* und *Franz Marc.* Von der 1909 von ihnen gegründeten »Neuen Künstlervereinigung München« spaltete sich mit einer Ausstellung 1911 die Gruppe »Blauer Reiter« ab, die 1912 mit einem Almanach unter dem gleichen Titel an die Öffentlichkeit trat. Dabei hatte die Kenntnis der Einfachheit und Ausdrucksfähigkeit der bayerischen Volkskunst (Kochel, Murnau) für sie eine große Rolle gespielt.

Mit diesem Almanach »Der Blaue Reiter« wollte man einer fortlaufenden Kunstdiskussion dienen, aber der Kriegsbeginn 1914 beendete dieses Projekt. Dennoch sind dieser Almanach und die Bilder des »Blauen Reiter« aus den Jahren 1910-1914 wichtigste Dokumente des Beginns der »modernen Kunst« des 20. Jahrhunderts überhaupt. Zur gleichen Zeit überdachten in Paris *Picasso, Gris* und *Braque* die bisherigen Sehgewohnheiten und entwickelten den Kubismus, *Delaunay* wollte Ähnliches mit eigenen und eigenwilligen Farbskalen; in Dresden suchte die Künstlervereinigung »Die Brücke« durch archaisierende Deformierungen des Bekannten, der bürgerlichen Sicht der Dinge eine z.T. verzweifelte Anti-Stimmung entgegenzusetzen.

Oskar Maria Graf *schildert in einer Episode, wie diese neue künstlerische Entwicklung von einem Teil des Münchner Publikums beurteilt wurde: »›Ha, jetzt do schaut's ... A blau's Roß macht der, a blau's Roß!‹ rief einer hämisch: ›Schaugt's nur grad —. Der muaß ja faktisch farb'nblind sei, der Aff, der saudumme!‹ Die zwei Maler drinnen ließen sich nicht stören. ›Du, und der do, der ... Wos patzt denn der do hin —? Do kennt sich überhaupt koana mehr aus, solln dös Berg werdn oder ausgelaufene Därm'?‹ kicherte ein fetter Rentier und zeigte auf den linken Maler: ›Dö zwoa müassn, mir scheint, aus'm Irrenhaus davonglaufn sein —‹ ›Und so wos hoaßt ma heutzutog Kunscht! Pfui Teifi!‹ schimpfte ein hagerer Stehgeiger.«*

Und Franz Marc, *einer der Künstler selbst, beklagt ein großes »Übel, an dem der ›Blaue Reiter‹ vielleicht sterben wird: die allgemeine Interesselosigkeit der Menschen für neue geistige Güter.«*

Vignette von Franz Marc: »Der Blaue Reiter«

Kaulbachstraße 91
❷

Der Verlag Albert Langen residierte in der Kaulbachstraße 91; er gab die Zeitschrift »Simplicissimus« heraus, gegründet 1896 von *Albert Langen* und *Th. Th. Heine.* Der Simplicissimus gab sich bürgerlich-liberal, auch aufmüpfig und bissig; die namhaftesten Zeichner und Karikaturisten arbeiteten für die Zeitschrift: *Gulbransson, Thöni, Paul, Schulz, Arnold,* u.a. Mit Anbruch des 1. Weltkrieges wurde der Simplicissimus zu einer annexionistischen Propagandazeitschrift. In der Weimarer Zeit steuerte man einen eigenartigen, z.T. kritisch-liberalen z.T. rechts-konservativen politischen Kurs;

In München dagegen strebten die Künstler des »Blauen Reiter« danach, grundsätzlich »die bisherigen Grenzen des künstlerischen Ausdrucksvermögens zu erweitern« (aus der Ankündigung zur Ausstellung »Der Blaue Reiter« 1911).

Statt wie die Dresdner »Brücke« die Reduktion auf das für den Ausdruck Wesentliche zu suchen (*Kirchner, Hecke, Schmidt-Rottluff),* wollten die Maler des »Blauen Reiter« das absolut eigengesetzliche Bild, das mit der Welt der sichtbaren Erscheinungen nur noch »korrespondieren« sollte (*Marc, Macke)* und durch eine multiplizierte Konzentration der Einzeleindrücke wirken sollte. Für sie war es zum Hauptthema geworden, den Stimmungsklang zu treffen, der im Menschen beim Sehen, Erfühlen und Bedenken der Dinge entsteht. Hier trafen sie sich mit Künstlern, die auf ihrem Gebiet Ähnliches, wenn auch in völlig anderen Medien wollten, so mit Arnold Schönberg, der ihnen eng verbunden war und neben seiner Kompositionstechnik malte.

Von diesem theoretischen Grundanliegen her ist es verständlich, daß hier in München, im »Blauen Reiter«, das wahrscheinlich erste rein abstrakte Bild *(Kandinsky* 1910) und eine der wenigen grundlegenden theoretischen Schriften der modernen Kunst *(Kandinsky,* »Über das Geistige in der Kunst«) entstanden. Wenn in so vielen Kunstzentren Europas gleichzeitig, z.T. unabhängig voneinander, z.T. in engem Kontakt, in den Jahren vor dem 1. Weltkrieg die bisherigen Kunsttheorien, die bisherigen Wahrnehmungstraditionen in Frage gestellt werden, dann zeigt sich darin, wie stark in intellektuellen bürgerlichen Kreisen die Entfremdung des Individuums in der Gesellschaft wahrgenommen wurde, wie stark aber auch aus dieser Erkenntnis schöpferische Fähigkeiten erwachsen konnten. So war der »Blaue Reiter« für die den 1. Weltkrieg überlebenden Hauptvertreter der Gruppe (*Macke* war schon 1914, *Marc* 1916 gefallen) eine wichtige Station auf dem Weg zu einer modernen Kunst, die auch auf die Masse der Bevölkerung positiv einwirken konnte (Bauhaus: *Kandinsky, Klee* usw.). Kein Wunder, daß die Nazis in ihrer Hetzausstellung »Entartete Kunst« (München 1937) auch die Kunst des »Blauen Reiter« als »entartet« denunzierten!

Einen einmaligen Überblick über die Entwicklung der Malerei des »Blauen Reiter« von 1900-1914 ermöglicht die Städtische Galerie im Lenbachhaus, Luisenstraße 33.

Frieder Köllmayr

ab 1933 lag man auf Regierungskurs, 1944 wurde die Zeitschrift eingestellt, von 1954 bis 1967 erschien sie dann noch einmal.

Königinstraße 107

Das Verwaltungsgebäude der Münchner Rückversicherungs-Gesellschaft (Königinstraße 107) entstand von 1911–1913 und ist bemerkenswert wegen seines ganz von Säulen umgebenen »Schmuckhofes«. Die »Münchner Rück« gehört neben der katholischen und evangelischen Kirche und den Brauereien zu den größten Immobilienbesitzen der Stadt.

Martiusstraße

An der Nordseite der Martiusstraße entstand 1906 ein Ensemble »vornehmer« und jetzt renovierter Jugendstilhäuser. Schwabing war das Zentrum des deutschen Jugendstils, bis der 1. Weltkrieg dieser Kunstrichtung endgültig den Garaus machte.

Trautenwolfstraße 6
❸

Im Haus Trautenwolfstraße 6 wuchs der Dichter *Johannes R. Becher* auf (geb. 1891 in der Heßstraße 5, Vater: Oberlandesgerichtspräsident Dr. Heinrich Becher). Er schrieb zunächst expressionistische Gedichte. Unter dem Eindruck der Greuel des 1. Weltkriegs trat er in die SPD, dann in den Spartakusbund, schließlich in die KPD ein. Wegen seiner Antikriegsschriften bereits in der Weimarer Republik als »Hochverräter« gerichtlich verfolgt, zählten seine Schriften ab 1933 zu den »verbrannten Büchern«. Er mußte 1933 ins Exil gehen; seit 1935 lebte er in Moskau. Ab 1943 arbeitete er im »Nationalkomitee Freies Deutschland« mit. Die Stadtverwaltung weigert sich bis heute, eine Straße nach Johannes R. Becher zu benennen: Von 1954 bis zu einem Tod 1958 war Becher Minister für Kultur der DDR; er schrieb den Text der DDR-Nationalhymne »Auferstanden aus Ruinen.«

»Ihr meine lieben Münchner«: die Liebe beruht nicht auf Gegenseitigkeit – Johannes R. Becher

Aus den Sympathien gegenüber seiner Heimatstadt machte Becher kein Hehl: »Luisenschule, in der ich in die erste Schule meines Lebens ging; Stachus, wo der Zauberladen stand; Oktoberfest: du wahrer Volkshimmel auf Erden; Pinakothek, wo sich mir das erste Mal das Wunder der Kunst offenbarte; Sendlinger Kirche, wo mir das Bild vom Kochelschmied heroisches Freiheitsbegehren so eindringlich darstellte, und an der Michaelskirche war es das Ringen St. Michaels mit dem Drachen, worin sich mir der Kampf des Guten mit dem Ungeheuer der Finsternis versinnbildlichte; Fronleichnamsprozession mit Hartschieren und knieenden Spalieren; Max-Gymnasium und Wilhelms-Gymnasium, ihr humanistischen Pflanzstätten, voll lieber Erinnerung, trotz aller Strafzettel und schlechten Noten; Gabelsberger Kirche, in der ich konfirmiert wurde und du, Basilika, in der ich, der Protestant, heimlich jedes Jahr die Weihnachtsmesse besuchte: zu euch allen, ihr Häuser, Straßen und Plätze, spreche ich, zu euch allen spreche ich, ihr meine lieben Münchner, wie zu einem großen, allumfassenden Wesen, das mich geboren hat und das wiederum aus meinem Wesen gewachsen ist.« (J.R. Becher, Anrede).

Nikolaiplatz

Entlang der heutigen Hohenzollernstraße und des Nikolaiplatzes verlief der Münchner Burgfriede. An der Stelle, wo die Fernverkehrsstraße aus dem Norden kommend Münchner Gebiet ereichte, ließ die Stadt um 1380 ein Siechen- und Leprosenhaus errichten, vermutlich eine Erweiterung der Leprosenhausanlage am Gasteig. Hier wurden Menschen mit ansteckenden Krankheiten in Quarantäne genommen und behandelt: Leprakranke, Pilger und Rückkehrer aus den Kreuzzügen. Zur Anlage gehörte die Kirche St. Nikolai. Das Leprosenhaus wurde 1856 abgerissen, die Kirche mußte 1898 einem Mietshaus weichen.

Nikolaiplatz 19

4

Im Haus Nr. 1a wohnte von 1903 bis 1907 die Schriftstellerin *Ina Seidl* mit ihrer Mutter und ihrem Bruder. »Streng zu Hause festgehalten, schaute sie sehnsüchtig durch die Gardinen nach uns jungen Dichtern, die bereits von sich reden machten, und zu denen sie sich gern gesellt hätte.« (Hans Brandenburg).

Östlich des Nikolaiplatzes stehen einige kleine Häuser in großen Gärten. Diese Grundstücke zogen das Interesse von Spekulanten auf sich. Im Jahre 1973 erfuhr die Öffentlichkeit von den Plänen, hier einen Bürokomplex mit Kaufhaus zu errichten. Um das zu verhindern, bildete sich eine der ersten Bürgerinitiativen, die 1976 16.000 Protestunterschriften im Rathaus ablieferte. Dennoch nahm der Stadtrat den Baubeschluß mehrheitlich an. Erst der immer stärker werdende Protest der Bevölkerung führte schließlich dazu, daß die Stadt das Gelände erwarb und damit vor der Zerstörung bewahrte. Ein zweites großes Anliegen des Bürgerinitiative war es, eines der ersten Stadtteilzentren in Deutschland in der Seidl-Villa (Maria-Josepha-Straße 3) unterzubringen. Der Stadtrat bevorzugte den Einzug einer Polizeiwache.

Maria-Josepha-Straße 3

Werneckstraße 10

Wir kommen auf unserer Tour in den Teil, der zurecht »Alt-Schwabing« genannt wird. Am Anfang der Werneckstraße stehen einige idyllische, kleinstädtische Gartenhäuser. Weiter nördlich sind eher »hochherrschaftliche« Adressen zu finden. Das eingeschossige ehemalige Handwerkerhaus Nr. 10 (ca. 1800) wurde am Rande des alten Bauerndorfes errichtet; es beherbergte keine Bau-

Der Nikolaiplatz in früheren Zeiten

ern, sondern sogenannte »Häusler«, die als Taglöhner oder Handwerker beschäftigt waren.

Seestraße 3

Das Anwesen Seestraße 3 schräg gegenüber ist das sogenannte »Bäckerhäusl«, erbaut um 1800 und seit 1876 eine Bäckerei. Das Haus Nr. 14 (eine »Bausünde« von 1971/1972), beherbergt das Oberdeutsche Provinzialat der Jesuiten. Im Haus Nr. 16 wohnte von Juni 1919 bis zu seinem Tod am 14. Juni 1920 der Soziologieprofessor *Max Weber* (u.a. »Die protestantische Ethik«). Er war kurz nach der blutigen Niederschlagung der Räterepublik an die Universität München berufen worden mit dem ausdrücklichen Auftrag, eine antimarxistische Wirtschaftstheorie zu entwickeln und wissenschaftlich darzustellen. Weber selbst war liberal eingestellt und wandte sich gegen die extremen, reaktionären Tendenzen an der Münchner Universität.

Mandlstraße 28

Eine Gedenktafel am Haus Mandlstraße 28 erinnert daran, daß hier der Student *Willi Graf* als Mitglied der Widerstandsgruppe »Weiße Rose« am 18. Februar 1943 von der Gestapo verhaftet und einige Tage später im Gefängnis Stadelheim ermordet wurde.

Keferstraße 10

In der Keferstraße 10 (erbaut 1865) wohnte der Zeichner und Mitarbeiter des Simplicissimus *Olaf Gulbransson* (1873–1958). Die benachbarte ehemalige Mühle pachtete er als Atelier. Als ein großer Freund der Natur fühlte Gulbransson sich auf seinem idyllischen Grundstück erst dann richtig wohl, wenn er nackt in den Bäumen am Schwabinger Bach herumstieg, was ihn für die Spaziergänger im Englischen Garten zu einer interessanten Sehenswürdigkeit machte. Das Haus wurde 1984 abgerissen und durch eine Anlage mit Eigentumswohnungen ersetzt.

Olav Gulbransson: ein früher »Blitzer«

Die Kirche St. Sylvester (Biedersteinerstraße 1a) hieß bis zur Eröffnung der neuen St. Ursula-Kirche am Kaiserplatz 1897 St. Ursula. Sie ist die alte Schwabinger Dorfkirche und entstand um das Jahr 1200; ältester Zeuge dieser ersten Kirche ist der 12 m hohe, massive quadratische (6mx6m) Turm, der gleichzeitig als Wehrturm am erhöhten Isarufer diente.

Haimhauserstraße 13 und 17
5

Die Haimhauserstraße ist eine Straße der Schulen und damit Ausdruck des rasanten Bevölkerungswachstums in Schwabing seit der Gründerzeit. Das erste Schwabinger Schulhaus befand sich seit 1843 auf dem Anwesen Nr. 13. Die zweite Schule war das Haus Nr. 17, erbaut im Jahre 1875 im Stil eines Renaissancepalastes. Die dritte Schule schließlich ist das Haus Nr. 23. Sie wurde 1897/1898 nach Plänen von *Theodor Fischer* großzügig erbaut; ihre aufwendig gestaltete Fassade mit den großen Fenstern ist ein Ausdruck dafür, daß München mit seinem Stadtschulrat *Georg Kerschensteiner* bis zum 1. Weltkrieg die fortschrittlichste Schulstadt des Deutschen Reiches war. Der Neubau war ausgestattet mit zwei Turnsälen, einer Schülerwerkstätte, einer Brausebadanlage und einer »Gruppenküche«, und »Räumen für die Armenpflege«.

Zwischen den Häusern Nr. 13 und Nr. 17 fand am 26. Februar 1889 ein Volksfest statt anläßlich der Einführung der elektrischen

Die Hausbar auf der Straße: Occamstraße – das Vergnügungszentrum Schwabings

Straßenbeleuchtung; es waren 172 Glühlampen und 8 Bogenlampen installiert worden. Bereits nach einem Jahr wurde die Polizei angewiesen, nach Steinwerfern zu fahnden, die die Lampen systematisch beschädigten. Bei dieser Gelegenheit sollte auch der »Unfug des Beschreibens der Häuser und Zäune« abgestellt werden. Die Stadt München stellte ihre Straßenbeleuchtung erst seit 1893 von Gas auf Strom um.

Occamstraße

Die Occamstraße ist das Vergnügungszentrum Schwabings: in jedem Haus ein Lokal: Anlaufstelle für Leute, die »endlich einmal etwas erleben wollen«. Der »Erlebniswert« dieser Etablissements indes ist inzwischen umstritten.

Wedekindplatz ❻

Der Wedekindplatz war der Marktplatz des alten Dorfes. Zum Zentrum des »neuen« Schwabing wurde es erst in den 50er Jahren. Hier trafen sich Rock'n'Roller und Studenten, die das ständige Krawattentragen und Gesieze der »Kommilitonen« satt hatten, sowie die ersten Gammler. Und hier war das Zentrum der ersten großen Jugendunruhen nach dem Krieg, die berühmten Schwabinger Krawalle vom Juni 1962.

»Drei Tage und drei Nächte lang lieferten sich Tausende und aber Tausende von Demonstranten, unter ihnen ein unbekannter junger Mann namens Andreas Baader, *eine Straßenschlacht mit der Polizei, wie man sie auf deutschem Boden seit der Weimarer Republik nicht mehr gekannt hatte. Die Einrichtungen der Straßencafés gingen zu Bruch. Hunderte von Demonstranten*

wurden von der Polizei brutal zusammengeknüppelt, Hunderte wurden festgenommen, aber auch unzählige Polizeibeamte mußten ärztlich behandelt werden und durch brennende Zeitungen aufgeschreckte Polizeipferde gingen durch. Begonnen hatte alles mit drei Straßenmusikanten, die vor der Gaststätte Leopold auf dem Schwabinger Renommier-Boulevard zu mitternächtlicher Stunde ein Ständchen gaben. Als eine Polizeistreife aufkreuzte und die ›nächtlichen Ruhestörer‹ inmitten des Autolärms mitnehmen wollte, setzten sich Passanten zur Wehr und verhinderten die Festnahme.

Schwabinger Krawalle im Juni 1962: Straßenmusikanten provozieren Straßenschlacht

Aus diesem harmlosen Zwischenspiel entwickelten sich bürgerkriegsähnliche Zustände, die ein Nachspiel auslösten. Der Polizeipräsident der Stadt mußte seinen Hut nehmen, einige Polizisten wurden verurteilt und der neue Chef der Polizei, Hermann Schreiber, SPD-Mitglied mit einem Gewerkschaftsausweis in der Tasche, gelobte Besserung. Er verkündete die ›Münchner Linie‹, eine Polizeitaktik der sanften Konfliktlösung und ließ die Münchner Polizisten Nachhilfeunterricht bei einem Psychologen nehmen.« (Peter Schult, Panoptikum der Exoten?)

Feilitzschstraße 5

Im Haus Feilitzschstraße 5 wohnte *Thomas Mann*; er beendete 1899 hier sein Werk »Die Buddenbrooks«, bevor er 1913 nach Bogenhausen (Poschingerstraße 1) umziehen konnte. Heute beherbergt das (neuerbaute) Haus ein Sammelsurium aus allem, was man unter »Schwabing« versteht. Die »Schwabinger 7« (Haus Nr. 7) ist eines der wenigen Lokale, die seit den 50er Jahren, dem Anfang des Schwabinger Vergnügungszeitalters, unverändert bestehen — ebenso wie das »Käuzchen« (Haus Nr. 23).

Schloß Suresnes

Von der Werneckstraße aus fällt der Blick auf das Schloß Suresnes mit seinem Park im englischen Gartenstil und Barockelementen. Dieses kleine Schloß an der Peripherie der Residenzstadt wurde im Jahre 1717 nach Plänen von *Johann Paptist Gunezreiner* fertiggestellt; es war der Landsitz des Kabinettsekretärs der Kurfürsten Max Emanuel, *Herr v. Wilhelm auf Jarzt.* Der Sohn Max Emanuels, der Kölner Erzbischof *Clemens August*, nutzte das abgelegene Schloß gelegentlich zu amourösen Aktivitäten. Das Gebäude wechselte häufig den Besitzer. 1855 zogen die Optischen Werke Seinheil und Söhne ein, 1870 hatte die Bildhauerin *Elisabeth Ney* hier ihr Atelier, von 1919 bis 1921 der Maler *Paul Klee*. Im Jahre 1936 hieß der Besitzer der Anlage Generaldirektor Samuel Weiß, der als Jude das Land verlassen mußte. Sein Eigentum wurde an die Dresdner Bank versteigert, die auf dem Gelände »eine neuzeitliche Wohnanlage« errichten wollte. Seit 1937 gehört das Grundstück der Katholischen Kirche, die es seit 1969 als Katholische Akademie nützt.

Das Schloß Suresnes: Revolutionär hinter der Tapetentür versteckt

Am 4. Juli 1919 wurde der steckbrieflich gesuchte Revolutionär *Ernst Toller*, auf dessen Ergreifen 10.000 Mark Belohnung ausgesetzt waren, in diesem Gebäude hinter einer mit Bildern verhängten Tapetentür von der Polizei entdeckt und festgenommen. Er hatte bei dem Maler *Hans Reichel* und seiner Frau *Olga* Unterschlupf gefunden und war verraten worden. Toller erhielt 5 Jahre Festungshaft, während der er die Werke »Masse Mensch« (1921) und »Die Maschinenstürmer« (1922) sowie Gedichte schrieb. 1939 beging er in New York Selbstmord.

Der Viereckhof (Ecke Feilitzsch-/Gunezrainerstraße) ist der einzige noch erhaltene Bauernhof des ehemaligen Dorfes; sein Vorhandensein läßt sich seit der Mitte des 15. Jahrhunderts gesichert nachweisen und er wurde bis Anfang des 20. Jahrhunderts bewirtschaftet. Jetzt gehört er zur Katholischen Akademie.

Schwabing war seit Ende des 19. Jahrhunderts ein Zentrum der Grundstücks- und Wohnungsspekulation. An der Gunezrainerstraße kann man noch heute erkennen, wie sich die Mietshäuser gegen die alten, niedrigen und dörflichen Gebäude vorschoben. Die Bebauung dieser Straße war bereits geplant, doch brach um 1910 der Wohnungsmarkt zusammen: die teuren Wohnungen waren nicht mehr abzusetzen.

»Seit Mitte der achtziger Jahre haben Gründer und Bauschwindler ihr Unwesen treiben dürfen, haben ganze Stadtviertel von schlecht gebauten,

häßlichen Häusern errichtet, und keine vorausschauende Politik hat sie daran gehindert. In meiner Schulzeit lag vor dem Siegestor ein behäbiges Dorf mit einer netten Kirche; heute dehnen sich dort fade Straßen in die Länge, die genau so aussehn, wie überall, wo sich das Emporblühen in Geschmacklosigkeit ausdrückt ... « (Ludwig Thoma)

Münchner Freiheit
7

Die Münchner Freiheit gehörte schon immer zu den wichtigen Straßengabelungen: die Landstraße nach Freising und nach Nürnberg verzweigten sich hier und bis 1806 standen hier Schlagbäume; für die Reisenden und die Fuhrleute sorgten die »Schwabinger Brauerei« und der »Große Wirt« (zwischen der heutigen Leopold- und Ungererstraße), für Reparaturen war die Fürmaier-Schmiede (Herzog-/Leopoldstraße) zuständig. Im Jare 1891 ließ die Stadtverwaltung ein kleines Zollstationsgebäude errichten.

Flohmarkt an der Münchner Freiheit

Bis in die 20er Jahre hieß der Platz offiziell »Feilitzschplatz«, benannt nach dem Staatsrat, Staatsminister des Inneren und Ehrenbürger der Stadt München *Dr. Max Graf von Feilitzsch* (1834–1913). Dann wurde er in »Danzinger Freiheit« umgetauft, in Erinnerung der Tatsache, daß Danzig seit 1919 nicht mehr zum Deutschen Reich gehörte, sondern vom Völkerbund verwaltet wurde. Seit 1946 heißt der Platz »Münchner Freiheit«. Dieser Name erinnert an die »Freiheitsaktion Bayern«, ein Kreis von Münchner Bürgern, die schon vor Kriegsbeginn in lockerer Gesprächsverbindung gestanden hatten.

Nach der Niederlage von Stalingrad und mit dem Sichtbarwerden des endgültigen Zusammenbruchs des Naziregimes begann man, Formen des militärischen Widerstandes für die letzten Kriegstage zu diskutieren. Dr. Ruprecht Gerngroß *(Chef der Dolmetscherkompanie)*, Major Caracciola-Delbrück, *Rechtsanwalt* Ottheinz Leiling *und andere planten die Absetzung der politischen und militärischen Führung in der unmittelbaren Phase vor dem Heranrücken der amerikanischen Truppen, die Absetzung des »Berufsoffiziers« und Reichsstatthalters Ritter von Epp und die Besetzung der Sender Freimann und Erding, um sich an die Bevölkerung zu wenden und mit ihrer Hilfe die kampflose Übergabe der Stadt an die Amerikaner zu erreichen. Sie hatten zuletzt Verbindung zu zahlreichen anderen Widerstandsgruppen. Zwar konnten am 28. April 1945 die Sender kurz besetzt und eine Botschaft wiederholt gesendet werden, aber bald mußten sich die Soldaten wieder zurückziehen. Caracciola und der Leutnant Roth wurden erschossen. Trotzdem ist es u.a. auch der »FAB« zu danken, daß München die einzige Großstadt in Deutschland war, in der es gelang, alle Brücken und Versorgungseinrichtungen für Elektrizität etc. teils mit Waffengewalt vor der vorbereiteten und befohlenen Sprengung zu bewahren. Außerdem konnte München den Amerikanern am 30. April 1945 kampflos übergeben werden. Am 28. April 1981 wurde eine erklärende Inschrift an der Ostwand des Forums angebracht.*

Major Caracciola-Delbrück

Schwabinger Bräu und Kaufhaus Hertie gehören zu den schlimmsten Bausünden der 60er Jahre. Demnächst soll das Hochhaus wieder abgerissen werden.

Germaniastraße 2-4

Die protestantische Erlöserkirche (Germaniastraße 2–4) ist der wahrscheinlich erste Kirchenneubau, der den dogmatischen Historismus, d.h. die strenge Bindung an einen bestimmten einheitlichen Stil der Vergangenheit überwand. Sie wurde 1900–1901 nach Plänen von *Theodor Fischer* im Jugendstil gebaut; ihr Inneres ist sehenswert.

Leopoldstraße 59

Gegenüber dem Schwabinger Bräu wohnte von 1914 bis 1928 *Heinrich Mann* (1871–1950) zusammen mit seiner Frau Mimi. Zu den Gästen in seinem Haus gehören Erich Mühsam, Max Oppenheimer, Gustl Waldau, Tilly Wedekind und Arthur Schnitzler. Bruder Thomas gehört in den ersten Jahren nicht dazu. Erst 1922, nach einer schweren Krankheit Heinrichs, wird der Bruderzwist beigelegt. In der Leopoldstraße entsteht u.a. der Roman »Der Untertan«. 1928 verläßt Heinrich Mann München und zieht nach Berlin, von wo er dann 1933 (seine Bücher werden ebenso wie die seines Bruders verbrannt) in die USA emigriert. Heinrich Mann stirbt 1950 in Los Angeles.

Im Bruderzwist: Heinrich Mann

Das Cafe Noris (Leopoldstraße 41, heute Tengelmann) war vor dem 1. Weltkrieg einer der Schwabinger Treffpunkte schlechthin. Zahlreiche russische Emigranten verkehrten hier. *Lenin, Trotzki* (damals noch Bronstein), der Redaktionsstab der revolutionären Zeitschrift »Iskra« (»Der Funke«) tragte regelmäßig in dem Cafe. Ihm gehörte auch *Vera Sassulitsch* an, eine Schwabinger Berühmtheit.

❽

Eine Gedenktafel erinnert heute daran, daß auch *Franziska Gräfin zu Reventlow* (1871–1918) hier wohnte. Sie gehörte zu den bekanntesten Erscheinungen in der damaligen Schwabinger »Szene«

»Maßloses Sehnen und Streben nach Freiheit«: Gräfin zu Reventlow mit ihrem Sohn

und war eine der ersten emanzipierten Frauen überhaupt. »Ich will und muß frei sein, es liegt nun einmal in meiner Natur, dieses maßlose Sehnen und Streben nach Freiheit.« Ihr unehelicher Sohn Rolf galt ihr deshalb in jener Zeit militantester Prüderie auch nicht als Stigma, sondern als Ausdruck ihrer Freiheit. In ihrem Buch »Herrn Dames Aufzeichnungen« warnte sie — ebenso wie Thomas Mann — vor rechtsradikalen Tendenzen innerhalb der Schwabinger Schickeria.

Leopoldstraße 23

Ein Stück weiter südlich stoßen wir auf die Buchhandlung Lehmkuhl (Leopoldstraße 23), 1903 von *Georg Steinicke* und *Fritz Lehmkuhl* gegründet, war sie schon früher kein normaler Buchladen, sondern — wie auch heute noch — ein kultureller Treffpunkt mit ausgesuchtem Sortiment und Autorenveranstaltungen.

In einer Mitteilung des Verbandes Bayerischer Verlage und Buchhandlungen aus dem Jahr 1947 heißt es bereits: »Rilke, Wolfskehl, Regina Ullmann gingen hier ein und aus ... Die ›Kuhle‹ war anders als eine Buchhandlung drinnen in der Stadtmitte, schon rein äußerlich betrachtet. Ein Flügel machte sich unter dem Glasdach breit und zeitweise war ihm noch ein Spinett beigesellt. Man kaufte hier nicht wie anderswo kurz und bündig ein Buch, sondern man plauderte, diskutierte, schwärmte, schmökerte und wählte genießerisch und voll Sachkenntnis nach langem Prüfen. Hin und wieder konnte man hier am Abend schöne Musik hören, alte.«

Wilhelmstraße 41

Die Autorenbuchhandlung — unterstützt von (nicht nur) Münchner Autorinnen und Autoren — ist nicht nur eine der avanciertesten literarischen Buchhandlungen der Stadt; ihre zahlreichen Veranstaltungen und Autorenlesungen gehören zu den kulturellen Bereicherungen des heutigen Schwabing.

Kaiserplatz

9

Auf dem Kaiserplatz steht die St. Ursula-Kirche. 1894–1897 nach Plänen von *August Thiersch* gebaut, ist sie in mehrfacher Hinsicht Symbol für die schnelle Entwicklung des neuen Stadtteiles: 2.600 Menschen hatten in ihr Platz. Das Äußere des Gebäudes dokumentiert die Wertnormen und das Selbstverständnis des gehobenen Bildungsbürgertums, als altchristliche Basilika in venezianischer, antikisierender Renaissance ausgeführt, träumen hier die »ewigen Werte« in einem Stück »Bildungs«-Architektur.

Viktor-Scheffel-Straße 9

Das Restaurant »Zur Erholung« (Viktor-Scheffel-Straße 9) diente bis 1933 dem Arbeiterradfahrbund »Solidarität« als Vereinslokal.

Kaiserstraße 45

Das Haus Kaiserstraße 45 steht als ein Beispiel für »Sanierungspolitik« der jüngsten Zeit: angestammte Mieter, die sich weigern, ihre relativ billigen Wohnungen zu verlassen, nur weil eine Spekulationsfirma das Haus »sanieren«, neuvermieten oder verkaufen will, werden mit jahrelangen Schikanen (Zerstörung der sanitären Anlage, Entfernung der Treppengelände usw.) aus dem Viertel gedrängt. »Luxussanierte« Mieten und Mieter sind die Folge.

Kaiserstraße 46

Kaiserstraße 46 (ehemals 53) und später Siegfriedstraße 14 lauteten von September 1900 bis April 1902 die Adressen W.I. Uljanow alias Meyer alias Dr. Jourdanoff alias *Lenin* und seiner Frau *Nadeshda Krupskaja.* In dieser Zeit planten die russischen Sozial-

Literatur und München — ein Streifzug

»Welche Stadt! Welche Stadt!« Oskar Panizza

Daß München ab Mitte des 19. Jahrhunderts zu einem bedeutsamen kulturellen Zentrum geworden ist, daran haben nicht zuletzt auch die ›Nordlichter‹ entscheidenden Anteil: Dichterfürst Paul Heyse etwa oder Emanuel Geibel. Aber auch die sogenannten Volksschriftsteller bayerischer Herkunft von Ludwig Ganghofer über Lena Christ bis zum Münchner Urgenie

»Gruppenaufnahme aus München« von Herbert Marxen. Reihe oben von links: Max Halbe, Oskar v. Miller, Ricarda Huch, Gustav Waldau; zweite Reihe: Hans Knappertsbusch, German Bestelmeyer, Oswald Spengler, Karl Voßler; dritte Reihe: Thomas Mann

dieses Jahrhunderts, Karl Valentin, schrieben Literaturgeschichte über die engen Stadtgrenzen hinaus. Einer Stadt im übrigen, über die Frank Wedekind 1884 an seine Mutter schrieb: »München ist eine pompöse Stadt, in der ich die ersten drei Tage ein Träumender umherirrte und vor lauter Eindruck nicht zum Ausdruck kam.« Das sollte sich schon bald ändern. Durch sein Kaberett *Die Elf Scharfrichter,* seine Theaterskandale, man denke nur an *Lulu,* und seine Mitarbeit am 1896 gegründeten *Simplicissimus* bestimmte Wedekind das literarische Klima im München der Jahrhundertwende in entscheidender Weise.

Verleger dieser satirischen Zeitschrift war Albert Langen. Ihm gelang namhafte Zeichner und Autoren zur Mitarbeit an dieser satirischen Zeitschrift zu bewegen. So etwa Thomas Mann, der sich noch 1930 stolz dazu bekannte, dieser »kecken und in Wahrheit künstlerischen Sphäre« angehört zu haben, oder, wie er sagt, »dem ›besten München‹, das es je gegeben hat.« Dennoch, die Bohème blieb Thomas Mann fremd. Dabei waren gerade in Schwabing alle Facetten dieses durch und durch bürgerlichen Phänomens zu studieren: etwa in Gestalt von Oskar Panizza, Ludwig Thoma, Wassily Kandinsky, Franziska zu Reventlow, Stefan George, all die anderen. Den alteingesessenen Münchnern waren diese Künstler und ihre Kreise zutiefst suspekt. Sie empfanden die frivolen Künstlerfeste und das Leben der Brettl- und Cafékultur als reine Provokation. Orte geistigen Aufbruchs erblickte man darin erst später.

Die Bewertung der Münchner Räterepublik ist dagegen bis heute umstritten. Als dilettantisches Eingreifen einiger versprengter, lebensferner Dichter in die Politik, als dummdreiste Einflußnahme wertezersetzender Schriftsteller wurde sie — und damit auch Oskar Maria Graf, Ernst Toller, Erich Mühsam und Gustav Landauer — immer wieder denunziert. Das Programm dieser nur einen Monat währenden und äußerst blutig niedergeschlagenen Revolte formulierte Landauer so: »Wir brauchen den Frühling, den Wahn und den Rausch und die Tollheit, wir brauchen — wieder und wieder und wieder — die Revolution, wir brauchen den Dichter.« Doch selbstverständlich brauchte man die Dichter nicht. Hanns Johst 1922 an Thomas Mann: »Das Schwert ist uns sakral, wie Ihnen und Ihresgleichen der Federhalter.« Oswald Spenglers *Untergang des Abendlandes* war längst, 1918, erschienen.

Das Abendland ging zwar in den folgenden Jahren nicht unter, es erklärte aber Bankrott. Und München hatte nicht unwesentlich Anteil. Das Ausmaß der Zerstörung jedenfalls sprengte bisherige Vorstellungskraft. Lion Feuchtwangers Roman *Erfolg,* der München-Roman schlechthin, ist geblieben und mit ihm eine flotte Kolportage Münchner Schwächen: Spezlwirtschaft, Biertischrevolutionen, Reaktion. Thomas Mann und viele andere auch erfahren letztere am eigene Leibe: »Ich habe es mir nicht träumen lassen, es ist mir nicht an der Wiege gesungen worden, daß ich meine höheren Tage als Emigrant, zu Hause enteignet und verfemt, in tief notwendigem politischem Protest verbringen würde.« Erst 1949 wird er wieder in München sein — auf Besuch. Oskar Maria Graf und Lion Feuchtwanger sterben in Amerika, zwei Autoren auf einer langen Liste aus München Vertriebener.

Heutzutage steht München wieder gut da. Noch ist es nicht New York, aber immerhin bereits die zweitgrößte Verlagsstadt der Welt — nach New York. Mehr als 400 Verlage und über 200 Buchhandlungen produzieren und präsentieren hier Schrift und Wort in ihrer je eigenen Weise. Ob Carl Hanser, Artemis/Winkler, der Deutsche Taschenbuch Verlag, die Verlagsgruppe Bertelsmann oder der Verlag Das persönliche Geburtstagsbuch, das Produktionsvolumen steigt beständig, die Orte, an denen Bücher angeboten werden, nehmen zu.

Ebenso agil ist die Zeitungs- und Zeitschriftenbranche in dieser Stadt, von der *Süddeutschen Zeitung* bis zu *Bild,* vom *Playboy* bis zum *Merkur.* Günstige Bedingungen also für die vielen Autoren, Aufträge zu erhalten, denn auch Fernsehen und Rundfunk suchen nach Wortbeiträgen. Nichtsdestotrotz ist der Konkurrenzkampf hart. Nur wenigen gelang der Durchbruch: Herbert Achternbusch, Gerhard Polt, Franz Xaver Kroetz, Rainer Werner Fassbinder seien stellvertretend genannt. Ein Glücksfall, daß sie und ihre Werke — der Stadt zum Wohl — das »andere München« verkörpern, bisweilen quer, aber voller Leidenschaft.

Michael Farin

demokraten die Herausgabe einer Zeitschrift (»Iskra« — der Funke), die im Ausland gedruckt und illegal nach Rußland geschmuggelt werden sollte. Das liberale Münchener Klima veranlaßte den in der Schweiz gebildeten Redaktionsstab, dem Lenin und Krupskaja angehörten, im Herbst 1900 nach München überzusiedeln.

»Als ich nach München kam, lebte Wladimir Iljitsch bei dem bereits genannten Rittmeyer, ohne bei der Polizei gemeldet zu sein, und nannte sich Meyer. Rittmeyer war zwar Besitzer einer Gastwirtschaft, aber Sozialdemokrat, und gewährte Wladimir Iljitsch in seiner Wohnung Unterkunft. Wladimir Iljitsch hatte ein ärmliches Zimmerchen. Er lebte wie ein Junggeselle. Zu Mittag aß er bei einer Frau, die ihm dauernd Mehlspeisen vorsetzte. Den Tee trank er morgens und abends aus einem Blechbecher, der er selbst sorgfältig säuberte und an einem Nagel über dem Ausguß aufhängte ... Nach meiner Ankunft zogen wir zu einer deutschen Arbeiterfamilie. Die Familie war recht groß, sie bestand aus sechs Personen. Sie hatten nur eine Küche und eine kleine Kammer. Aber es herrschte überall peinliche Sauberkeit, die Kinder waren sehr sauber und gut erzogen.« (Nadeshda Krupskaja)

Die erste Nummer der »Iskra« erschien in München und wurde in kleiner Schrift auf Zigarettenpapier gedruckt, um das Schmuggeln zu erleichtern. Lenin ging regelmäßig in die Staatsbibliothek an der Ludwigstraße, wo er an seiner Broschüre »Was tun?« arbeitete. Dort und im Café Noris war es warm, während die Räume in der Kaiser- und Siegfriedstraße nur in Ausnahmefällen beheizt wurden.

Eine zum 100. Geburtstag Lenins 1970 am Haus Kaiserstraße 46 angebrachte Gedenktafel wurde später von Neonazis vernichtet. Bislang gibt es keine zweite Tafel.

Literarisches Leben: Signierstunde in der Bücherstube Horst Stobbe am Siegestor um 1930. Es signierten: J.M Wehner, G. Kölwel, K. Tremel-Eggert, E. Roth, R. Schaumann, H. Brandenburg, W. Seidel, E. Penzoldt, P. Alverdes

⑩ Zwischen Belgrad-/Fallmerayer- und Zittelstraße wurde 1973 der Kurfürstenhof eröffnet. 171 teure Eigentumswohnungen, zahlreiche Büros, Läden, Arztpraxen und »Künstlerateliers«. Wo ganz früher eine geruchsintensive Fett- und Seifenfabrik die Anwohner belästigt hatte, etablierte sich zwischenzeitlich ein Flohmarkt mit kleinen Werkstätten, Geschäften und Cafés; die alten Fabrikgebäude waren bemalt und bewachsen. Irgendwie klar, daß ein solcher »Schandfleck« in bester Lage nicht lang unbebaut bleiben konnte.

Römerstraße 16

Im Haus Römerstraße 16 hatte in der Wohnung des Schriftstellers *Karl Wolfskehl Stephan George* ein für ihn reserviertes, verdunkeltes Zimmer; das selbsternannte Genie lehnte einen festen Wohnsitz ab.

Wolfkehls *Wohnung war das Zentrum des Georges-Kreises, den der Egozentriker um sich geschart hatte. Er propagierte ein Elitedenken. Die Menschheit bestand aus 99% »Normalen« und 1% »Enormen«; viele fühlten sich zu diesen 1% gehörig. George schwebte ein neues Reich vor, in dem unter der elitären Herrschaft der Enormen der Rationalismus, die Industriegesellschaft und deren »jüdisch-bolschewistische« Ausgeburt, der Kapitalismus, verschwinden sollten. Gleichmacherei, Demokratie sowie Christen- und Judentum hatten in diesem Reich nichts zu suchen. Man wollte zurückkehren zu den Ursprüngen der antiken Römer, hielt sich für »Kosmiker«. Später gingen viele George-Anhänger schon früh zum Faschismus über. Der Meister selber sympathisierte nicht mit den Nazis, sie waren ihm zu ordinär und normal.*

Wassily Kandinsky, ein Holzschnitt von Gabriele Münter

Ainmillerstraße 32, 34

⑪

Die Ainmillerstraße war Wohnstätte einer Reihe berühmter Maler und Schriftsteller, die vor dem 1. Weltkrieg den kulturellen Ruf von München als einer Brutstätte fortschrittlicher Kultur mitbegründet hatten: Im Rückhaus Nr. 36 wohnten 1908–1922 *Gabriele Münter* und *Wassily Kandinski*, nachdem sie nach ihrer Künstlerromanze in der Friedrichstaße Nr. 1 und nach einer längeren Kunst- und Liebesreise nach München zurückgekehrt waren; im Rückhaus Nr. 32 *Paul Klee*, von 1906 bis 1920 zusammen mit seiner Frau Lily und Sohn Felix. Klee führte den Haushalt, damit seine Frau Geld verdienen konnte, denn die wenigen Aufträge des Malers reichten für den Lebensunterhalt der Familie kaum hin. Im Vorderhaus Nr. 34 schließlich wohnte und arbeitete von 1918 bis 1919 der Dichter *Rainer Maria Rilke*, an dessen Münchner Erfahrung sich das ganze Dilemma der kulturellen Entwicklung nach der Niederschlagung der Räterepublik nachzeichnen läßt:

»Wegen seiner Bekanntschaft mit Toller und anderen Revolutionsmännern fing die Münchner Polizei an, den Dichter zu beschnüffeln. Daß er nebenbei noch »Landfremder«, tschechischer Staatsbürger war, schien besonders verdächtig. Niemand erhob Einspruch. Das verekelte Rilke die Stadt völlig, von der er einmal bezeugte, er habe sich »nie gut aufgehoben« in ihr gefühlt. Ohne Wort und Klage reiste er 1919 in die Schweiz, und es wurde fast so etwas wie eine freiweillige Emigration, denn er betrat — soviel mir bekannt ist — nie wieder deutschen Boden. München nahm keine Notiz davon. Das damalige Deutschland vermißte ihn nicht.« (Oskar Maria Graf)

Die sehenswerte, preisgekrönte und denkmalgeschützte Fassade des Hauses Nr. 22 hat, aus welchen Gründen auch immer, die jugendstilvernichtenden 50er Jahre überdauert; ob Irrtum oder Geldmangel, ist nicht bekannt.

Habsburger Platz 2

Am Habsburger Platz 2 wohnte *Alexander Schmorell*, Mitglied der studentischen Widerstandsgruppe »Weiße Rose«. Schmorell, dessen Vater Russe war, propagierte einen christlichen, »vernünftigen« Sozialismus. Als er am 18. Februar 1943 von der Gestapo verhaftet werden sollte, konnte Schmorell untertauchen und mit einem bulgarischen Paß nach Tirol reisen. Nach 14 Tagen kehrte er zurück, um einige persönliche Dinge zu regeln. Bei einem Bombenangriff wurde er im Luftschutzkeller erkannt, denunziert, verhaftet und anschließend im Gefängnis Stadelheim hingerichtet. Bis jetzt fehlt eine Gedenktafel.

Alexander Schmorell

Franz-Joseph-Straße 36

In der Franz-Joseph-Straße 36 hatte der Verlag des russischen Emigranten *Isreal Alexander Helphand* (Deckname: Parvus) seine Geschäftsräume. In dem Bemühen, russische und polnische Autoren dem deutschen Publikum nahezubringen, hatte dieser Verlag mit der Erstveröffentlichung des Dramas »Nachtasyl« von Maxim Gorki in deutscher Sprache einen sensationellen Erfolg. Über den Verlag lief auch der illegale Vertrieb der revolutionären Zeitschrift »Iskra« (»Funke«) nach Rußland. In den Verlagsräumen — ein Treffpunkt der Revolutionäre aus dem Zarenreich — lernten sich Lenin und die polnische Sozialistin *Rosa Luxemburg* kennen.

Franz-Joseph-Straße 13-17 ⓬

Die Anwesen Franz-Joseph-Straße 13—17 besitzen idyllische Hinterhäuser, die eine Oase der Ruhe im hektischen Schwabing sind. Im Hinterhaus Nr. 13 lebten *Hans und Sophie Scholl*, als sie nach ihrer denunzierten Flugblattaktion (siehe S. 212) von der Gestapo am 18. Februar 1943 verhaftet wurden. Bereits am 22. Februar 1943 fand ihre Hinrichtung im Gefängnis Stadelheim statt. Eine Gedenktafel am Vorderhaus erinnert an die Geschwister Scholl.

Leopold-/ Friedrichstraße ⓭

Der Leopoldpark (zwischen Leopold- und Friedrichstraße) ist eine der wenigen grünen Lungen im Schwabinger Häusermeer. Trotz dieser Funktion wurde er in den letzten 20 Jahren zum Teil zugebaut; die Universitätsmensa und das Studentenwerk haben sich hier niedergelassen, ebenso die katholische Kirche, die einen Teil ihres Gebäudes an die Universität vermietet. Das einzige Haus, das sich dem Park unterordnet, ist der Universitätskindergarten mit seinen kindergerechten Beracken und Spielgeräten. 1971 wurden der Öffentlichkeit Pläne der Universität und des Erzbischöflichen Ordinariats vorgelegt, nach denen der Leopoldpark völlig überbaut werden sollte. Der Sturm der Entrüstung führte zur Gründung einer der ältesten Münchner Bürgerinitiativen, der Aktion Maxvorstadt, die dies verhindern konnte; sie hat bis heute alle Hände voll zu tun.

Georgenstraße 4

Nr. 4 der Georgenstraße könnte auch in Florenz stehen: das Gebäude, der Garten und die kleine Statue strömen den Flair der Toskana aus. Nr. 8 fällt dagegen (1902 fertiggestellt) durch seinen historisierenden, teilweise völlig unfunktionalen Protz auf: kräftige Säulen ragen nach oben, ohne irgendwas tragen zu müssen.

Nr. 10 (1903 fertiggestellt) hingegen wurde wieder bewußt von

Georgenstraße 10

der anderen Haushälfte abgesetzt, seine Jugendstilelemente sind an bayerische Traditionen angelehnt. Es berherbergte einst eine Privatsammlung ägyptischer Kunst, die ihr Besitzer Bissing der Öffentlichkeit zugänglich machte.

⑭

Friedrichstraße 3

Das Anwesen Friedrichstraße 3, das 1903–1904 erbaut wurde, was das erste große Mietshaus in München, das im Jugendstil gehalten ist.

Friedrichstraße 1a

Gleich nebenan hat der deutsche Taschenbuchverlag (dtv) seinen Sitz. Er führt umsatzmäßig die über 600 Verlage an, die in München ansässig sind und es zu einer der größten Verlagsstädte der Welt machen.

Elisabethplatz

⑮

Auf dem Elisabethplatz findet man eine kleine, gemütliche Version des Viktualienmarktes. Die »Schauburg« an seiner Ostseite hat eine bewegte Geschichte als Vergnügungsort hinter sich. Bis 1933 gaben die Arbeitersportler der Freien Turner hier ihr Können zum Besten. In den 60er Jahren befand sich das »Blow-Up« in dem Gebäude, damals angeblich die größte Diskothek der Welt. Mit Blitzlichtgewittern, Lichteffekten und ohrenbetäubender, harter Musik lag sie ganz im Trend der Zeit und war ein »Muß« eines jeden Schwabing-Touristen. Heute befindet sich hier das Theater der Jugend. Es wurde 1953 gegründet und ist damit das älteste eigenständige Theater für Kinder und Jugendliche in der BRD. Es begreift das Kinder- und Jugendtheater als ernsthafte Auseinandersetzung mit der Wirklichkeit – natürlich unterhaltend und fröhlich. Motto: Kindertheater muß man genauso machen wie Erwachsenentheater, nur besser!

Arcisstraße 45

Auf dem Alten Nördlichen Friedhof (Arcisstraße 45) fanden von 1868–1939 Beerdigungen statt. Im 2. Weltkrieg wurde er durch Bomben schwer beschädigt, und die Gebäude fast völlig zerstört. Die zweite Zerstörung fand zwischen 1959 und 1965 statt, als etwa 350 Grabplätze eingeebnet wurden, weil sie für die gärtnerischen »Instandsetzungsarbeiten« hinderlich waren. Trotzdem ist der Friedhof eine Idylle inmitten der Stadt geblieben.

⑯

Josephplatz

Die Kirche St. Joseph (Josephplatz) erlangte 1919 Berühmtheit: 20 Mitglieder des katholischen Gesellenvereins St. Joseph und der Herbergsvater wurden Opfer des »Weißen Terrors«. Bei der Besprechung einer geplanten Theateraufführung im Mai 1919 waren 25 Gesellen durch hereinstürmende Soldaten verhaftet, mißhandelt, in das ehemalige Prinz-Georg-Palais am Karolinenplatz 5 verschleppt und bis auf vier Mann im Keller ermordet worden. Die einzigen Verdachtsmomente: sie waren Arbeiter und hatten sich gegen Abend getroffen.

Augustenstraße 98

⑰

Im Rückgebäude der Augustenstraße 98 befand sich die Wohnung von *Wilhelm Olschewski* sen. Zusammen mit *Hans Hartwimmer* und *Beppo Römer* gründete er 1939 eine Widerstandsgruppe, die hauptsächlich aus Kommunisten bestand, aber überparteilich an der Strategie der »Volksfront« orientiert war. Fast alle führenden Mitglieder waren bereits 1933 für Monate oder gar Jahre inhaftiert worden, meist im KZ Dachau. Die Widerstandstätigkeit bestand in der Gründung von illegalen Betriebszellen, der Vorbereitung von Sabotageakten gegen kriegswichtige Einrichtungen und in der ideologischen und organisatorischen Vorbereitung einer künftigen Staatsführung nach dem zu erwarteten Zusammenbruch der NS-Regierung. Als 1942 die Organisation aufflog, wurden am 4. Februar 1942 morgens um 5 Uhr im Haus Augustenstraße 98 Wilhelm Olschewski, seine Tochter Rosa und sein Schwiegersohn Otto Binder verhaftet, in München insgesamt 42 Mitglieder der Organisation.

Hans Hartwimmer, Gustav Straub, Johann Reisinger, Otto Binder, Karl Huber und *Wilhelm Olschewski jun.*, sein Vater war schon am 1. Mai 1943 in der Untersuchungshaft im Gefängnis Stadelheim ermordet worden, wurden 1944 zum Tode verurteilt und hingerichtet. Das Haus Augustenstraße 98 wurde im Krieg zerstört und später neu errichtet.

Schellingstraße 78

In dem Haus Schellingstaße 78, 2. Stock, wohnte *Hermann Frieb*, neben *Gottlieb Branz* das aktivste Mitglied der Widerstandsgruppe »Neu beginnen«, 1933 eine der vielen kleinen Splittergruppen zwischen SPD und KPD, ab 1935 nach kommunistischem Vorbild als Kaderorganisation in Süddeutschland und Österreich ausgebaut.

Sie hielt engen Kontakt mit dem SPD-Politiker Waldemar von Knoeringen in der ČSSR, und zu anderen Münchner Widerstandsgruppen. Frieb wurde 1942 an der Ostfront festgenommen, am 27. Mai 1943 mit acht weiteren Antifaschisten zum Tode verurteilt und am 12. August 1943 in Stadelheim hingerichtet. Die Mutter Hermann Friebs wurde zu 12 Jahren Zuchthaus verurteilt. Gottlieb Branz, der nach 1945 SPD-Stadtrat in München und Direktor der Städtischen Büchereien wurde, hat in der Nazizeit insgesamt fast sieben Jahre im KZ und Zuchthaus verbracht. Nach Hermann Frieb ist eine Realschule (Hohenzollernstraße 140) benannt.

Schellingstraße 70
18

»Was zusammengehörte und zueinanderstrebte, fand sich in den Caféhäusern, Weinstuben und Bierkellern an den Tischen, welche zu verschiedenen Tageszeiten die verschiedenen Sammelpunkte der verschiedenen Freundes- und Kollegenkreise abgaben.« So charakterisiert Erich Mühsam die »Brutstätten der Münchner Kultur«. Eine solche war auch das Café Elite in der Schellingstraße. Hier tagte u.a. die »Sturmfackel«, ein Künstlerfreundeskreis mit Vereinsstatut, in dem die »Unterdrückung der Individualität« als Hauptaufgabe festgeschrieben war.

Schellingstraße 62

Das Speiselokal »Osteria Bavaria« (heute heißt es »Osteria Italiana«) war in den 20er Jahren das Stammlokal des »Königs von München«, Adolf Hitler, der hierher seine Gäste aus »besseren« Kreisen ausführte. Abhängig von den Wahlerfolgen seiner Partei betrat er entweder kopfnickend und in Zivil das Lokal oder aber mit ausgestrecktem Arm und einem kernigen »Sieg Heil« auf den Lippen.

»Oberbayer und, mit seinem dialekthaft gefärbten Deutsch, ein so bodenständiger, wie man es sich nur wünschen kann. Dennoch, die Bodenständig-

Barer Straße 37

Oskar Maria Graf

keit Ganghofers, Ruederers, Thoma's ist das nicht mehr! Die Münchner bürgerlicher Presse wird sein Buch [›Wir sind Gefangene‹] nicht loben, obwohl sie aus Versehen schon dies und das daraus gedruckt hat. Dazu ist seine Urwüchsigkeit zu gründlich infiziert von internationaler Literatur und internationalem Sozialismus, und sein Volksbegriff zu revolutionär. Auch ist er nicht Bauer, Jäger, Holdrio-Gebirgler, sondern Städter, was an und für sich gefährlich ist, — ein halbländlicher Bäckerjunge von Haus aus und beruflich auch als Bäcker tätig.«

schreibt Thomas Mann 1927 über *Oskar Maria Graf*, dessen Atelierfeste im Hinterhaus des Anwesens Barer Straße 37 Anfang der 20er Jahre berühmt und berüchtigt waren: »Hier herrscht Sexualdemokratie, bitte!« Graf, 1894 in Berg am Starnberger See geboren, riß von der elterlichen Backstube aus, um in München Schriftsteller zu werden. Seine, wie es hieß, »ländlichen Sachen« wurden von den Kulturrichtern des 3. Reiches zunächst nicht verboten und verbrannt. Graf ist empört und fordert in der Wiener »Arbeiterzeitung« am 12. Mai 1933 »Verbrennt mich!«, was umgehend mit seinen Büchern nachgeholt wid. O.M. Graf wird ausgebürgert und gelangt 1938 nach New York, wo er 1967 stirbt.

Schellingstraße 49

In der Schellingstraße 49 wurde am 6. September 1915 dem Metzger *Franz Strauß* ein Sohn geboren, der ebenfalls Franz getauft wurde. Um sich aus der Masse seiner Namensvetter hervorzuheben, und auch um seine eigene Existenz in große geschichtliche Kontinuitäten zu stellen, nannte sich dieser Sohn später *Franz-Joseph.*

Schellingstraße 50

Im Gartengebäude des Anwesens Schellingstraße 50 befand sich seit 1930 der Nationalsozialistische Deutsche Arbeiterverein. Im gleichen Gartengebäude hatte im 1. Stock der Photograph *Heinrich Hoffmann* sein Atelier. Durch den Schriftsteller *Dietrich Eckert* kam er mit Adolf Hitler in Verbindung. Seine Sekretärin *Eva Braun* lernte in diesem Atelier ihren späteren Ehemann kennen, der hier Posen für seine Reden einstudierte und sich dabei photographieren ließ. Zum »Reichsbildberichterstatter« der NSDAP aufgestiegen, legte Hoffmann sein Amt als Münchner Stadtrat 1933 nieder. Für Verdienste um die Deutsche Kunstausstellung verlieh ihm Hitler den Professorentitel. Er starb unbehelligt 1957 in München.

Stationen einer Karriere: »innere Emigration«, Bundesverteidigungsminister, Finanzminister in der Großen Koalition, Kanzlerkandidat

Wo heute die Bildzeitung gedruckt wird, im Münchner Buchgewerbehaus, wurde früher der *»Völkische Beobachter«* hergestellt. Die Zeitung existierte als »Münchner Beobachter« seit 1887. 1918 wurde sie in »Völkischer Beobachter« umbenannt und kam in den Besitz der rechtsradikalen »Thule-Gesellschaft«. Von der »Thule-Gesellschaft« kauften im Dezember 1920 einige NSdAP-Mitglieder und der Partei Nahestehende die Zeitung.

Schellingstraße 39

Nach der Zerschlagung des Nazi-Faschismus redigierten in diesen Räumen Erich Kästner und Alfred Andersch den Kulturteil der »Neuen Zeitung«.

Am 15. April 1968 zogen 1.000 Demonstranten nach dem Ostermarsch vor das Buchgewerbehaus um ihren Protest gegen die Rolle der Bildzeitung beim Attentat auf Rudi Dutschke zum Ausdruck zu bringen. Sie wurden von der Polizei in zwei Kesseln eingeschlossen. Barrikaden wurden errichtet,

Wurfgeschosse folgen. In dem Geschoßhagel, der der Polizei zugedacht war, starben der Pressephotograph Klaus Frings und der Student Rüdiger Schreck.

Der heutige Klatschkolumnist der Bildzeitung, Michael Graeter, übrigens war das Vorbild für Baby Schimmerlos in der Fernsehserie »Kir Royal«, die einen Einblick in die Münchner Schickeria gab.

Bekannter als die satirische Zeitschrift gleichen Namens war in Schwabing das Restaurant »Simplizissimus-Künstlerkneipe« der *Kathi Kobus.* Der Dichter, Maler und Kabarettist *Joachim Ringelnatz* (1883–1934), der 1909 ganz in der Nähe in der Schellingstraße 23 einen Tabakladen kaufte (auf dem Ladenschild stand: »Tabackhaus: Zum Hausdichter«) und im gleichen Jahr damit pleite ging, hat den »Simpl« ein für alle Mal charakterisiert:

»Der ›Simpli‹ war der Mittelpunkt der Bohême und war weltbekannt geworden. Wer in München lebte oder studierte, ging dorthin. Wer durch München reiste, kehrte bei Kathi ein. Ja, es kamen Leute aus Amerika und anderen Ländern weit her, nur um sie und ihre Künstlerkneipe kennenzulernen. Die jungen Künstler sangen zur Laute oder zum Klavier. Andere tanzten, führten Theaterszenen, Zauberkünste vor, jede Art künstlerischer Unterhaltung ward geboten. Anfangs geschah das improvisiert, später, als die Kathi dadurch viel Geld gewann, nach Vereinbarung und gegen Bezahlung, allerdings sehr spärliche Bezahlung. Auch Wedekind hat dort vorgetragen. ... Man erzählte sich, einmal wäre der deutsche Kronprinz inkognito im ›Simpli‹ gewesen, und die Kathi hätte nach Polizeistunde zu ihm und ein paar anderen Säumigen gesagt: ›Werd's hoam gehn, Saupreiß'n verdammte.‹ Häufig wurden Studenten, die im Suff skandalierten, von Kathi eigenhändig und gewaltsam an die Luft gesetzt.«

Joachim Ringelnatz, Karikatur von Stengel

Türkenstraße 57

⑲

Der »Simpl« um 1910: mit erhobenem Glas: Kathi Kobus.

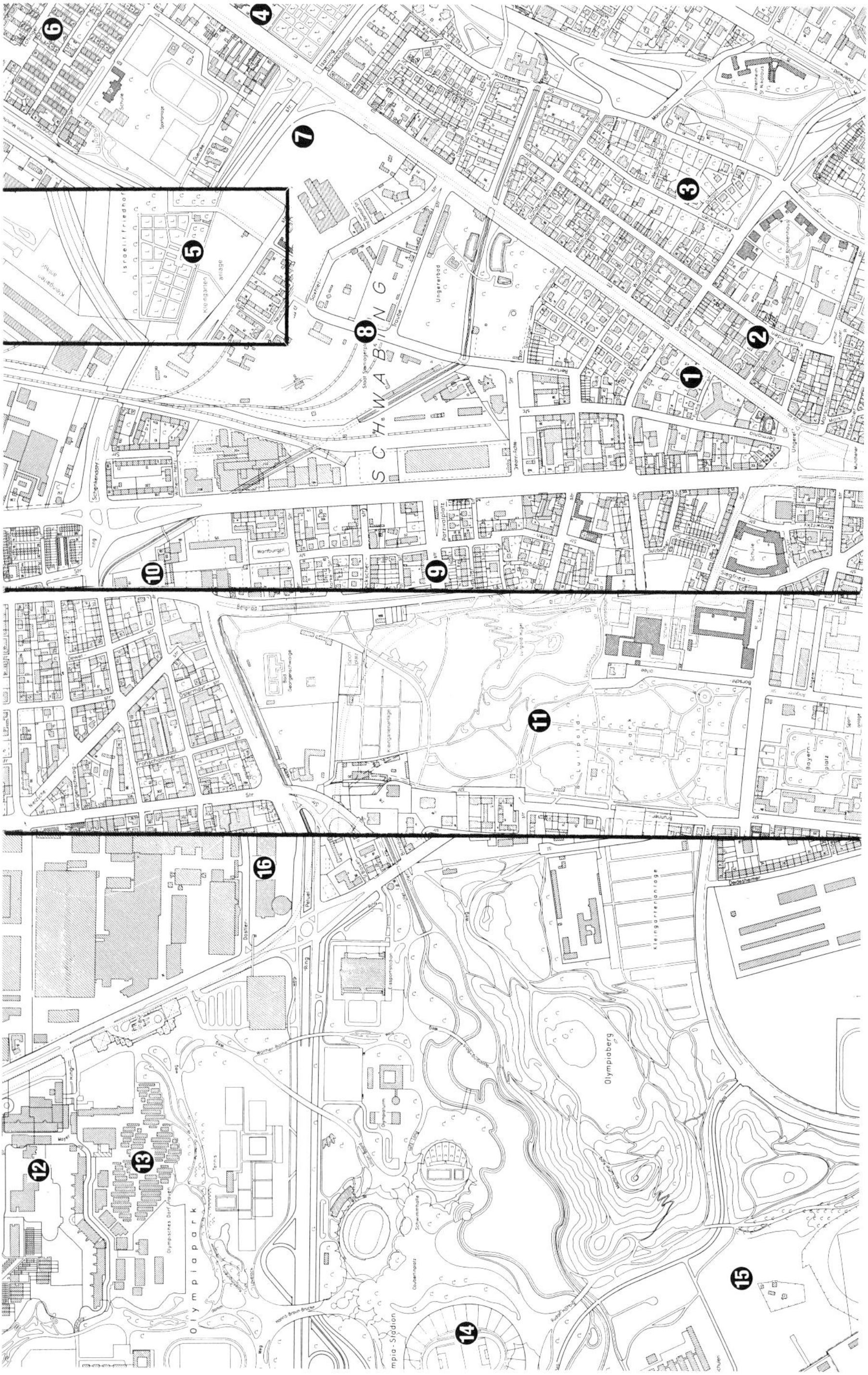

SCHWABING
Luitpold-park
Olympiaberg
Olympiapark
Olympia-Stadion
1
2
3
4
5
6
7
8
9
10
11
12
13
14
15
16

Alte Heide, ein neues Dach und Propeller in weiß-blau

Schwabing-Nord

Ausgangspunkt: *Münchner Freiheit, U3 und 6*
Endpunkt: *Olympiazentrum U3 und 8*
Dauer: *3 Stunden*

Wir verlassen das Klischee-Schwabing und begeben uns in den Norden des Stadtteils. Wir werden Erich Kästner begegnen, einem jüdischen Friedhof, werden Sport und Kultur im Luitpold- und Olympiapark treiben, ein wenig auf den FC Bayern schauen und schließlich feststellen, daß in Schwabing auch hart gearbeitet wurde und wird. Alles in allem weniger Szene in Gegenwart und Geschichte, dafür nicht minder interessant.

Der Vater vom »Doppelten Lottchen« und »Emil und die Detektive«: Erich Kästner

❶

Der Vater des »Doppelten Lottchen« und von »Emil und die Detektive«, *Erich Kästner* (1899-1974) zog Anfang 1946 in die Fuchsstraße 2. Kästner, von 1945 bis 1947 Feuilletonredakteur der »Neuen Zeitung« in München und gleichzeitig Herausgeber der Jugendzeitung »Pinguin« lebt hier, schreibt aber — da die Wohnung »nicht übermäßig groß« ist — hauptsächlich in den Redaktionstuben und in Schwabinger Cafes und Gasthäusern. 1953 schließlich zieht er in den Herzogpark um, wo er bis zu seinem Tode wohnt.

Antonienstraße 7

❷

Wir überqueren die Ungererstraße und kommen zur Antonienstraße. Dort befand sich unter der Nummer 7 das »Kinderheim der Reichsvereinigung der Juden in Deutschland«, das bis in die späte Nazi-Zeit hinein betrieben wurde. Fast alle dort untergebrachten Kinder kamen in Vernichtungslagern um. Überlebende berichten: »Die Insassen des Heims waren überwiegend elternlose Kinder oder Kinder von Eltern, die ausgewandert waren und die ihre Kinder nachkommen lassen wollten. Am 20. November 1941 ging der erste Transport von München weg, bei dem einige Kinder vom Heim mitgingen. Beim Abschied hieß es dann, wir sehen uns ja wieder, denn wir gehen ja auch auf Transport. Schon damals war klar, daß sie nie mehr zurückkommen würden.«

Biedersteiner-/Kunigundenstraße

❸

Wo heute ein Studentenheim steht, und der Mittlere Ring die Landschaft zerschneidet, befand sich das Schloß Biederstein. Biederstein bestand aus zwei Schlössern: das Alte Schloß entstand Ende des 18. Jahrhunderts; es war umgeben von einem großen Park mit einem See, der nach dem 2. Weltkrieg mit Schutt aufgefüllt wurde. Das

Schloß selber erlitt starke Bombenschäden und steht heute nicht mehr. Das Neue Schloß wurde 1828–1830 nach Plänen von *Leo von Klenze* erbaut. Es wurde bereits 1934 abgebrochen, da das Haus Wittelsbach das Areal zu Immobilienspekulationen nutzen wollte: das Gelände wurde mit Wohnhäusern überbaut (Klementinen-/Kunigunden-/Gundelindenstraße). Das Neue Schloß stand an der Stelle, wo heute die Klementinenstraße 8 ist.

Klementinenstraße 8

Ungererstraße 130

4

Der Nordfriedhof (Ungererstraße 130) wurde 1884 von der damals noch selbständigen Gemeinde Schwabing angelegt. Im Bereich der Gräberfelder 144 bis 149 befindet sich ein Hain für die Luftkriegsopfer. Von den 6.500 Münchner Toten des Bombenkrieges liegen hier 2.099 begraben, darunter 159 nicht Identifizierbare. Außerdem sind auf dem Nordfriedhof u.a. bestattet: *Gustav Ritter v. Kahr*, rechtsradikaler Generalstaatskommissar, der im November 1923 den Hitlerputsch niederschlagen ließ und aus Rache dafür 1934 in Zusammenhang mit dem »Röhmputsch« von der SS ermordet wurde; *Paul Ludwig Troost*, NS-Architekt, gestorben 1934; *Hermann Frieb*, Mitglied der Widerstandsgruppe »Neu beginnen«, im Gefängnis Stadelheim 1943 hingerichtet; *Oswald Spengler*, Autor des Werkes »Der Untergang des Abendlandes«, 1880–1936.

Garchinger Straße 37

5

Neuer Israelischer Friedhof von der Ungererstraße aus (um 1910)

Der Neue Israelitische Friedhof (Garchinger Straße 37) wurde 1908 eröffnet, da der Alte Israelitische Friedhof (Thalkirchner Straße 240) nicht mehr ausreichte (samstags geschlossen). Im Gegensatz zu den Synagogen wurden in der Nazizeit die jüdischen Friedhöfe Münchens wie fast alle jüdischen Friedhöfe im Deutschen Reich vollkommen verschont. Nach jüdischem Recht dürfen Friedhöfe nicht eingeebnet werden, auch nicht, wenn sie nicht mehr genutzt werden; eigenartigerweise hielten sich die Nazis meistens daran. Auch in Zeiten schlimmster Verfolgungen fanden hier Bestattungen statt; an vielen Lebensdaten ist zu erkennen, wie grauenvoll das NS-Regime diesen Bevölkerungsteil verfolgte: Selbstmorde, um den zu erwartenden Qualen der Ghettos und Lager zu entgehen. Während des »3. Reiches« hatten die nicht-jüdischen Bürger *Katharina und Karl Schoerghofer* die Friedhofsverwaltung inne. Sie mußten den Einsatz von Kriegsgefangenen überwachen, die auf den Freiflächen des Friedhofes Gemüse für die benachbarte Funkkaserne anbauten. Das Ehepaar hielt während der ganzen Zeit fünf untergetauchte Juden versteckt, die tagsüber als Kriegsgefangene getarnt im Friedhof arbeiteten. Obwohl die Gestapo mehrmals die Gebäude durchsuchte, blieben die Juden unentdeckt und überlebten das Jahr 1945. Die Kinder des inzwischen verstorbenen Paares pflanzten zu ihrem Gedenken 1969 in Jerusalem einen Baum in der dortigen »Allee der Gerechten«. Auf dem Friedhof liegen begraben *Kurt Eisner* (der erste Ministerpräsident des Freistaates Bayern 1918/1919, USPD), *Gustav Landauer* (»Volksbeauftragter für Volksaufklärung« der ersten [anarchistischen] Bayerischen Räterepublik im April 1919) und *Eugen Leviné* (Führer der zweiten [kommunistischen] Bayerischen Räterepublik). Außerdem ist ein Denk-

Schloß Biederstein: frühen Immobilienspekulationen zum Opfer gefallen

mal »Den Gefallenen des 1. Weltkrieges« gewidmet, ein zweites »Den Opfern der schweren Verfolgungszeit 1933–1945 zum Andenken«.

Echinger Straße
❻

Die Alte Heide wurde unmittelbar nach dem 1. Weltkrieg 1919 bis 1929 nach Plänen von Theodor Fischer von der Baugenossenschaft Alte Heide gebaut. Die 700 Kleinwohnungen mit Wohnflächen zwischen 48 und 60 qm sind einfach ausgestattet. Unter städtebaulichen Gesichtspunkten war die Siedlung wegweisend; mit ihr wurde zum ersten Mal in Deutschland eine reine Zeilenbebauung verwirklicht, während die Gebäude selber traditionelle Architekturformen aufweisen. Die Freiflächen zwischen den Wohnzeilen dienten den Mietern als Kleingärten, zur Selbstversorgung mit Obst und Gemüse. Während der Weltwirtschaftskrise entstand südlich der Alten Heide eine »wilde« Siedlung aus Baracken und Erdlöchern, in denen arbeitslose und obdachlose Familien hausten.

Notunterkunft in der Alten Heide: aus dem »Illustrierten Beobachter« von 1929

U-Bahn-Anschluß und günstige Verkehrslage am Mittleren Ring haben an der Schenkendorf- und Ungererstraße Industrieunternehmen angezogen, u.a. die Computerfirma Nixdorf, die einen Teil ihrer Verwaltung und Entwicklung von Paderborn nach München verlegt hat. ❼

Berliner Straße
❽

Der ehemalige Güterbahnhof Schwabing (zwischen Berliner und Leopoldstraße) war als Endpunkt des Marsches der NSDAP am 9. November 1923 gedacht. Man wollte vom Bürgerbräukeller am Gasteig aus durch die Innenstadt zur Universität marschieren, wo man sich einen starken Zulauf erhoffte (eine Umfrage nach dem »Hitlerputsch« ergab, daß 70% der Münchner Studenten den Putsch begrüßten). Der Marsch sollte zum Güterbahnhof Schwabing führen, von wo aus man nach Berlin wollte, um das »marxistische-jüdische« »System« aus den Angeln zu heben. Heute ist das Bahnhofsgelände mit Wohnhäusern überbaut.

Kölner Platz 1

9

Das Krankenhaus Schwabing wurde in den Jahren 1904-1913 mit 1.000 Betten gebaut. In dem geometrisch angelegten Gebäude waren die Patienten streng nach Geschlecht aufgeteilt: in der westlichen Hälfte die Männer, in der östlichen die Frauen. Ein eigenes Kraftwerk mit Gleisanschluß an der Isoldenstraße (heute andere Verwendung) versorgte die Gebäude mit Dampfwärme und Elektrizität.

Rümannstraße 60

10

Unter den zahlreichen Erweiterungsbauten fällt das Altersheim an der Rümannstraße auf, das 1936 eröffnet wurde und im Rahmen der Kriegsvorbereitungen von vornherein als Lazarett geplant war.

Luitpoldpark und Olympiagelände: Stätten für Freizeitgestaltung und Kultur; links während des Theater-Festivals 1982, rechts: Olympia-Badewiese vom Fernsehturm aus

Belgrad-/Karl-Theodor-Straße

11

Der Luitpoldpark entstand in den Jahren 1910 bis 1911 und wurde nach dem Prinzregenten Luitpold benannt, der 1911 90 Jahre alt wurde. Aus gleichem Anlaß wurden um das Denkmal an der Karl-Theodor-Straße 90 Linden gepflanzt. Nach dem 2. Weltkrieg wurden im nördlichen Bereich des Parkes 3 Millionen m^3 Trümmer zu einer 37 m hohen Halde aufgeschüttet und anschließend begrünt. Von ihrem Gipfel bietet sich ein eindrucksvoller Rundblick über die ganze Stadt, der bei Föhn bis zu den Alpen reicht. An den Park grenzen zwei Gymnasien an, die nach Mitgliedern der studentischen Widerstandsorganisation »Weiße Rose« benannt sind: Willi Graf und Sophie Scholl.

Olympiapark

Das Olympiagelände hieß bis 1972 Oberwiesenfeld. Bis 1929 war es ein ausgedehntes Ödland, das als Exerzierplatz diente. Um das Oberwiesenfeld herum waren zahlreiche Kasernen entstanden, die z.T. noch heute militärischen Zwecken dienen. Seine Rolle als Militärzentrum wurde durch die Ansiedlung von Rüstungsfirmen verstärkt: BMW, gegründet 1916 als Bayerische Flugzeugwerke AG, Chemische Werke Bärlocher (Riesstraße), Knorr-Bremse und Hurth-Maschinenfabrik (beide Moosacher Straße).

1929 wurde das Oberwiesenfeld Münchner Verkehrsflughafen, bis schließlich im Jahr 1939 der Flughafen Riem weit draußen vor den Toren der Stadt eröffnet wurde.

Oberwiesenfeld

Nach dem Krieg wurde ein Teil des Trümmerschuttes der Stadt auf dem Oberwiesenfeld zum »Schuttberg« aufgetürmt und begrünt. Von hier oben hat man einen tollen Blick über die Stadt, auch bei Dunkelheit oder für Unentwegte während der Morgendämmerung. Außerdem kann man insbesondere im Winter jede Menge Sport treiben: Vom Skilanglauf bis zu halsbrecherischen Rodelabfahrten. Im Jahr 1966 bewarb sich München um die Sommerspiele

der XX. Olympiade; es erhielt den Zuschlag unter anderem wegen der Vorteile des stadtnahen, 280 ha großen Oberwiesenfeldes, das zum Olympiagelände umgestaltet werden sollte. Dabei war der Stadt auch die »nacholympische« Nutzung des Gesamtbereiches wichtig: die Chance, im städtebaulich noch wenig entwickelten Münchner Norden eine große öffentliche Fläche zu erschließen. Das Olympiagelände ist das Freizeitgelände Münchens schlechthin und einer der größten Touristenmagneten der Stadt. Es wird durch den Mittleren Ring in eine nördliche und eine südliche Hälfte geteilt. Auf der nördlichen Hälfte wurde das Olympische Dorf gebaut, aufgeteilt in die Hochhäuser des Männerdorfes und die südlich daran angrenzenden Bungalows des Frauendorfes. Während der Olympiade wohnten hier in ca. 5.000 Wohnungen ungefähr 10.000 Menschen, genauso viele wie heute. Das Olympiaviertel ist ein Stadtviertel für sich, mit Kirche, Kindergarten, Volksschule, Diskothek, Ladenzentrum und allen notwendigen Ärzten; gleichzeitig ist es mit der U-Bahn schnell von der Stadtmitte her zu erreichen.

Erst Exerzierfeld, dann Flughafen bis 1939: das Oberwiesenfeld, hier um 1935

⓬

Connolly-/Nadistraße

Die Hochhäuser des ehemaligen Männerdorfes stehen an überdachten Straßen (Connolly-, Nadi-, Straßbergerstraße sowie Helene-Mayer-Ring). Dieses Tunnelsystem hat außerdem den Vorteil, daß Autoverkehr und der Fußgänger- und Fahrradverkehr voneinander getrennt sind. Bei einem Spaziergang zwischen den zwei- bis dreizehngeschossigen Gebäuden läßt sich die Idee erkennen, die den Häusern ihre charakteristische Terrassenform gab: Es sollten die Vorteile des Wohnens im Einfamilienhaus (Privatheit und Freiraum) mit denen des Wohnens im Hochhaus (Aussicht und städtische Dichte) verbunden werden. Die Wohnungen wurden außerdem größtenteils nach Süden ausgerichtet. Ein politisches Ereignis trübte am frühen Morgen des 5. September 1972 die Spiele. Ein palästinensisches Kommando drang in die Unterkünfte der israelischen Mannschaft in der Connollystraße 31 ein und nahm die Sportler als Geiseln. Nach ergebnislosen Verhandlungen u.a. mit Außenminister Genscher wurden die Geiselnehmer mit ihren Geiseln zum Militärflughafen Fürstenfeldbruck gebracht, von wo aus sie mit einem Hubschrauber nach Riem fliegen sollten. Die Polizei eröffnete das Feuer auf die Hubschrauber, die Terroristen zündeten Handgranaten. In dem Blutbad starben 11 israelische Sportler, ein Polizist und fünf Palästinenser, drei Palästinenser überlebten. Mit der Entführung einer Lufthansa-Maschine am 29. Oktober 1972 nach Beirut erreichten Angehörige der Organisation »Schwarzer September« die Freilassung der drei. Die »fröhlichen, heiteren Spiele« wurden zwar fortgesetzt, hatten aber ihren beabsichtigten Charakter verloren.

Connollystraße 31

Helene-Mayer-Ring

Die Olympiade löste in München einen Bauboom auf dem Gebiet von Eigentumswohnungen aus. Nach den Spielen dauerte es Jahre, bis alle Wohnungen des Olympischen Dorfes Käufer gefunden hatten. Nur das Hochhaus Helene-Mayer-Ring 5-7 war von Anfang an voll belegt: es dient seit 1972 als Studentenheim.

Auch das Frauendorf wurde in ein Studentenheim umgewandelt. Die zweistöckigen Wohneinheiten sind flach und sehr dicht zusammen gebaut, was das Ganze einem arabischen Dorf ähnlich macht. Sehenswert ist die Anlage aber besonders wegen ihrer Wandmalereien und dem Pflanzenschmuck, die von den Bewohnern in Eigeninitiative angebracht wurden.

Das Olympische Dorf leidet unter zwei Umweltverschmutzern: Bei Westwind durchzieht der bleihaltige Gestank der Chemischen Werke München Otto Bärlocher GmbH (Riesstraße 16) das Viertel, bei Ostwind die Abluft der Lackiererei von BMW.

Die südliche Hälfte des Olympiageländes beherbergt die Sportanlagen, die wegen ihres legendären Zeltdaches zu einem Münchner Wahrzeichen wurden. Das Olympiastadion mit seinen 80.000 Plätzen dient dem FC Bayern München als Kulisse, während der traditionsreiche FC 1860 München im Stadion an der Grünwalder Straße seine Amateurliga-Spiele abhalten muß.

⑬

Aus Schwabing zog 1946 der 1900 gegründete FC Bayern nach Neuharlaching um: sein Vereinsheim und seine Trainingsplätze befinden sich an der Säbener Straße 51. Die anfänglich 40 Mitglieder waren hauptsächlich Stu-

denten, Künstler und Kaufleute — die heutige Bonzigkeit der »Bayern« nahm offenbar damals bereits ihren Anfang. Am 12. Juli 1923 hatte der Verein seinen ersten Höhepunkt: mit 2:0 gegen Eintracht Frankfurt holte man sich in Nürnberg die deutsche Fußballmeisterschaft.

Olympiastadion
⓮

Als 1963 die Bundesliga gegründet wurde, waren die »Bayern« noch nicht dabei, der FCB schaffte erst 1965 den Sprung. Mit dieser Saison begannen die großen Erfolge: nach Abschluß der Meisterschaft 1965/1966 stand der FCB hinter dem Meister 1860 München punktgleich mit Borussia Dortmund an dritter Stelle. Danach reihten sich Erfolge an Erfolge; Beckenbauer, Müller, Sepp Maier etc. waren weltweit bekannter als der jeweilige Bundeskanzler. Heute ist der FC Bayern mit rund 9.000 Mitgliedern der größte Sportverein der BRD. In der Lokalkonkurrenz mit 1860 München ist der FCB der »edlere«, die 60er der »echt münchnerische« Club.

Die Elf, die Fußballgeschichte geschrieben hat (Meisterschaft 1972): hinten von links: Kapitän »Kaiser« Franz Beckenbauer, Hoffmann, Uli Hoeness, Trainer Lattek, »Katsche« Schwarzenbeck, Gerd Müller, Krauthausen, »Bulle« Roth; vorne von links: Zobel, Hansen, Sepp Maier, Paul Breitner

Spiridon-Louis-Ring
⓯

Unter der großen, öden Kiesfläche liegt das Regenrückhaltebekken Oberwiesenfeld der Wasserwerke, das von 1973 bis 1976 gebaut wurde. Das Becken ist 105 m lang, 28 m breit und 6 m hoch; sein Nutzvolumen beträgt 80.000 m^3.

Weiter westlich existiert seit Kriegsende ein Klein-Rußland. Ein gewisses Väterchen Timofei Prochorow, dessen Alter ihm selber unbekannt ist, hat hier aus Altmaterial eine kleine russische Kirche und ein bescheidenes Haus gebaut, die beide in einem malerisch verwilderten Garten liegen. Gegen ein kleines Entgeld ist der Hausherr bereit, Besucher durch seinen Besitz zu führen. Ein weiteres Überbleibsel früherer Zeiten sind die überwucherten Reste einer Motorradrennbahn am südlichen Zipfel des Geländes.

Petuelring 130
⓰

Das Stammwerk der Bayerischen Motorenwerke AG (BMW) liegt unübersehbar im Nordosten des Olympiageländes. Das futuristische Verwaltungsgebäude wurde rechtzeitig zur Olympiade 1972 fertig. Allerdings durfte die Firma ihr Kennzeichen, das heute an dem Büroturm prangt, erst nach den Olympischen Spielen anbringen. Das Gebäude hat einen kleeblattartigen Grundriß, der vier Zylinder eines Motors symbolisieren soll. 2.500 Menschen arbeiten

Betriebsschluß bei BMW 1955: im Hintergrund der Parkplatz voller Isettas

hier in der Verwaltung. Die Suppenschüssel westlich des Büroturmes enthält das sehenswerte BMW-Museum, in dem die Firma nicht nur ihre Produkte von gestern und heute ausstellt, sondern auch ihre eigene Geschichte kritisch darstellt.

Im Jahre 1913 gründete ein Karl Rapp *die Rapp-Motoren-Werke, die im 1. Weltkrieg die österreichische Armee mit Flugmotoren belieferten. 1916 gingen aus dieser Firma die Bayerischen Flugzeugwerke AG hervor, die sich an der Lerchenauer Straße am Oberwiesenfeld ansiedelten, in Nachbarschaft der zahlreichen Kasernen. Das Firmenzeichen deutet heute noch auf die anfängliche Produktion hin: ein sich drehender Propeller, dessen Bewegungsschatten in den bayerischen Farben Weiß und Blau gehalten ist.*

Seit 1923 produzierte die in »Bayerische Motoren Werke« umgetaufte Firma Motorräder, im Jahr 1928 wurden die Fahrzeugwerke Eisenach aufgekauft, in denen der Kleinwagen Dixi gebaut wurde. Die Weltwirtschaftskrise seit 1929 traf BMW weniger hart als die meisten anderen deutschen Firmen, da sich der billige Kleinwagen weiterhin gut verkaufen ließ. 1932 lief die Fertigung von Autos in München an. Nach 1933 wurde das Unternehmen zum Rüstungskonzern, zum Spezialisten für Flugmotoren, die die neue, rapide wachsende Luftwaffe forderte. Natürlich diente in dieser Zeit auch die Produktion von Automobilen und Motorrädern der Aufrüstung. Vertrauensleute aus der Belegschaft berichteten der Exil-SPD in Prag, daß die Kapazitäten für Flugmotoren stark ausgebaut, und daß gepanzerte Motorräder mit Beiwagen, die für Maschinengewehre vorgesehen waren, produziert würden. Die Zeit von 1933-1939 war aber auch eine Zeit der großen sportlichen Erfolge für BMW, die von der NS-Propaganda zu Erfolgen des »erwachten« Deutschland umgewandelt wurden. Namen wie Ernst Henne, Schorsch Meier und Prinz Schaumburg-Lippe erinnern daran. Im Herbst 1940 produzierte BMW noch 201 Automobile und einige Motorräder, ansonsten ausschließlich Flugmotoren. Seit Ende 1944 wurde das Strahltriebwerk 003 als erstes seiner Art in Serie gebaut; auch Raketen wurden entwickelt und seit 1944 hergestellt.

Erfolge für das »erwachte Deutschland«: BMW-der Alpenfahrt-Sieger 1934

Während des Bayernstreiks der IG Metall im August 1954: BMW-Arbeiter vor den Werkstoren

1943/44 bestand bei BMW eine Widerstandsgruppe, die Teil der größeren Organisation ADV (»Antinazistische Deutsche Volksfront«) war und von dem Kommunisten Georg Jahres *gegründet worden war. Die überparteiliche ADV hatte Gruppen in vielen Münchner Betrieben. Sie arbeitete mit der BSW (russische Abkürzung für »Brüderliche Zusammenarbeit der Kriegsgefangenen«) zusammen, der durch sowjetische kriegsgefangene Offiziere gegründeten Widerstandsorganisation der Zwangsarbeiter und Kriegsgefangenen in Münchner Lagern und Betrieben. Als ADV und BSW ab Anfang 1944 durch die Gestapo teilweise aufgerollt wurden, wurde Jahres verhaftet; er verübte in der Untersuchungshaft Selbstmord. Ab Mai 1944 wurde von* Sepp Karl *(BMW) und* Hans Weber *(Bereitschaftspolizei) eine illegale Betriebsgruppe von 10 bis 20 Leuten gegründet. Sie hatte als Kennzeichen runde Scheiben mit einem eingekerbten »V«. Im Februar 1945 verteilten sie Flugblätter und legten Waffenlager an, um die sinnlose Verteidigung Münchens zu verhindern. Über den Kommunisten* Ludwig Ficker, *der 1934 in die Schweiz emigrierte, aber Ende 1943 illegal nach München zurückgekehrt war, wurde der Versuch unternommen, diese Gruppe als Teil des »Nationalkomitees Freies Deutschland« aufzubauen. Ficker organisierte auch die Zusammenarbeit mit dem militärischen Widerstand der Gruppe »O-7« und der Freiheitsaktion Bayern, ebenso enge Kontakte zu Widerstandsgruppen in anderen Münchner Betrieben, so bei der Firma Steinheil. Wie bei allen Münchner Rüstungsbetrieben bestand auch bei BMW ein Nebenlager des KZ Dachau; vom 19. März 1943 bis zum 14. April 1945 waren hier 3.800 Häftlinge unter katastrophalen Bedingungen im Arbeitseinsatz.*

Kraftwagen, Krafträder, Flugzeugmotoren, Plakat von 1940

Nach Kriegsende wurde das gesamte Werk demontiert; mit den verbliebenen Einrichtungen stellte man Kochtöpfe aus alten Flugmotorenzylindern, Fahrräder etc. her. Erst 1951 begann wieder die Produktion von Automobilen, darunter der Kleinstwagen »Isetta«. BMW ist in den 70er Jahren in der Automobilbranche der westlichen Welt von allen vergleichbaren Firmen am schnellsten gewachsen. So wird außer in München auch in Dingolfing, Regensburg, Landshut, Berlin (Motorräder), Steyr (Österreich/Motoren) und Südafrika (im Werk Pretoria fertigen 2.600 »Mitarbeiter« jährlich etwa 13.000 Autos) produziert.

1 Zylinder, 13 PS, 85 km/h: die Isetta; international galt der Kabinenroller eher als Witz, verkauft wurden mehr als 160.000 Exemplare

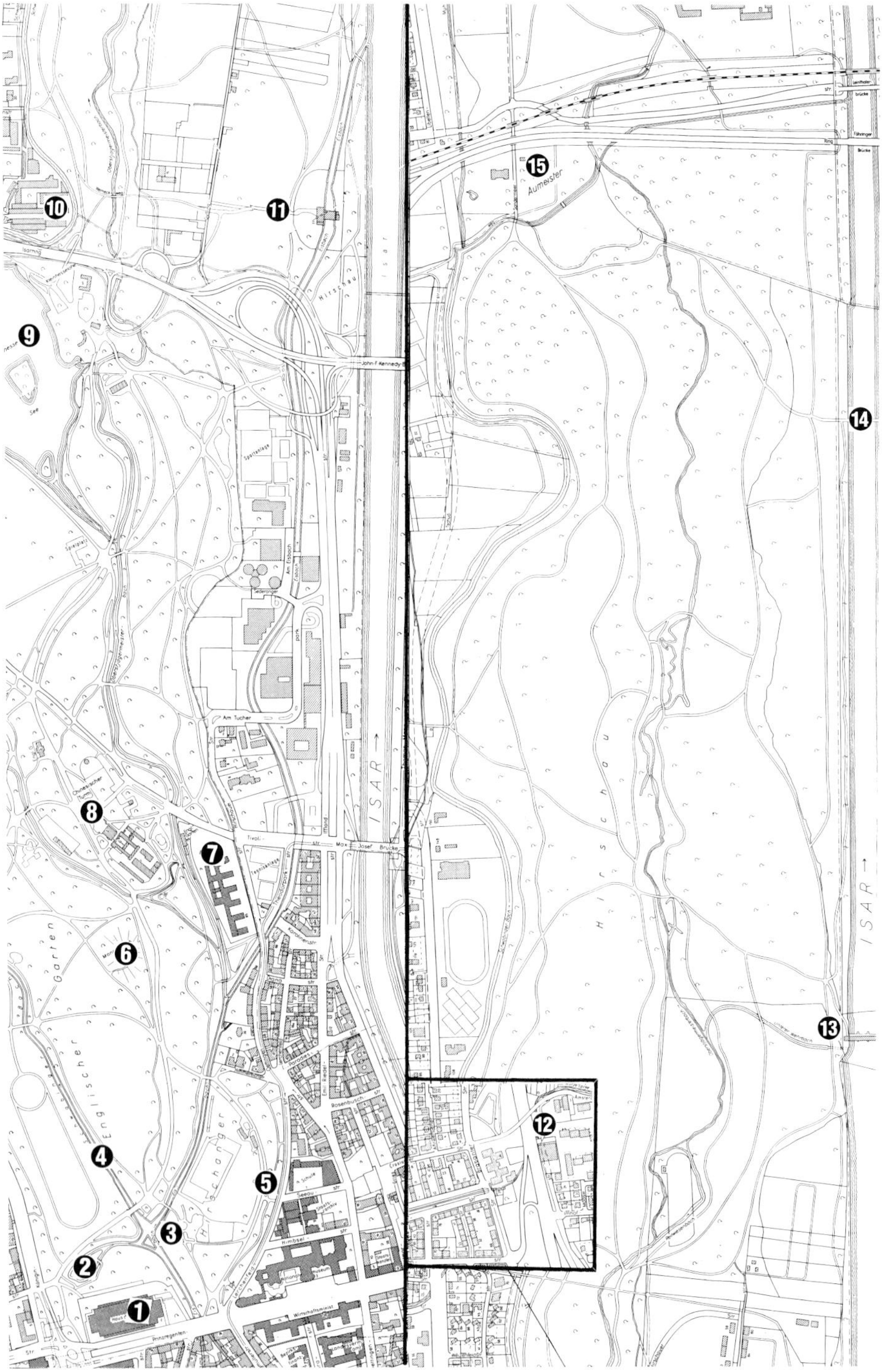
1
2
3
4
5
6
7
8
9
10
11
12
13
14
15
Aumeister
Englischer Garten
Hirschau
ISAR →
John-F.-Kennedy-Brücke
Max-Josef-Brücke
Tivoli-str
Am Tucher
Sederanger
Am Eisbach
Sportanlage
Chinesischer Turm
Paradies-str
Rosenbusch-str
Seeau-str
Himbsel-str
Prinzregenten-
Wirtschaftsminist
Ring
Brücke

Von der »Weißwurst-Allee« zum Biergarten mit Tanz

Der Englische Garten

Ausganspunkt: *Haus der Kunst, Bus 55*
Endpunkt: *Studentenstadt, U6*
Dauer: *2 1/2 Stunden*

Sir Benjamin Thompson, der »Erfinder« des Englischen Gartens

»Hier prangt eine weitgedehnte Wiese im saftigsten Grün, welche ein Kranz von Gebüschen in malerischer Schattierung umschließt; dort führt ein tiefschattiger Weg am Ufer eines pfeilschnell dahinschießenden Baches entlang. Seine kräuselnden Wellen werfen die blitzenden Sonnenstrahlen zurück und lassen uns hier labende Kühe doppelt dankbar genießen. Alles wimmelt, besonders an schönen Sonntagen, von fröhlichen, geschmückten Wanderern, von Wagen und Reitern, die den hie und da zerstreuten Belustigungsplätzen zueilen, unter denen an gewissen Tagen der vierstöckige, chinesische Turm noch immer neben dem entfernten Aumeister die meiste Anziehungskraft ausüben.« Was *Carl von Spruner* in seinen 1878 veröffentlichten Charakterbildern der bayerischen Geschichte beschreibt, könnte — wenngleich die Wanderer vielleicht weniger geschmückt sind, die Wagen zu jenen teueren Fahrten in einer offenen victorianischen Kutsche gehören, die betuchtere Touristen unternehmen, und auch Reiter in der Minderheit sind — die Szenerie des Englischen Gartens von heute charakterisieren. Die Münchner haben Besitz ergriffen von diesem Riesenstück Grün inmitten der Stadt, dessen Ende wegen der nördlich angrenzenden Isarauen kaum auszumachen ist: 375 ha Grünfläche, 63 km Fuß- und Fahrwege, 12 km Reitwege.

Was heute nicht nur an Samstagen und Sonntagen als eine der beliebtesten Freizeitstätten genutzt wird, entstand als Militärgarten. Am 21. Februar 1789 gab Kurfürst Karl Theodor Anweisung, nördlich der Residenz auf dem Gebiet des sumpfigen »Hirschangers« einen »Militärgarten« anzulegen, der auch der »Ergötzung« der Münchner Bevölkerung dienen sollte. Die Idee für die Anlage eines solchen Gartens stammte von *Sir Benjamin Thompson* (1753—1814), eines intelligenten, gebildeten und ebenso opportunistischen Konjunkturritters aus den USA, der 1784 an den Münchner Hof kam, 1788 zum Kriegs- und Innenminister avancierte und 1792 zum *Reichsgrafen von Rumford* ernannt wurde.

Kuriositäten aller Art sah der Englische Garten als einer der beliebtesten Münchner Parks oft: 1950 ein Sattelschlepper-Omnibus als öffentliches Verkehrsmittel; heute fährt hier die Buslinie 54

Was war der Zweck eines »Militärgartens«? Die Soldaten der bayerischen Armee langweilten sich und konnten nicht jeden Tag mit Exerzieren ermüdet werden. Die Folge waren Trinkgelage, Schlägereien etc.

In dem Militärgarten nun sollten die Soldaten entwässern, Dämme errichten, Bäume pflanzen und ähnlichen unsoldatischen Aufgaben nachgehen. Der Garten sollte auch als landwirtschaftlicher Musterbetrieb dienen, auf dem die ländliche Bevölkerung und die Soldaten für ihr späteres Zivilleben Wissen erwarben. Geplant (und ausgeführt) wurden: Vieharzneischule zur Bekämpfung von Viehseuchen, Schweizerei zur Zucht von Milchkühen, Schäferei, Ackerbauschule und Baumschule. Auch ein »Großer Platz der Kriegskunst und des Manoevres« wurde angelegt.

Kurfürst Karl Theodor mußte den Bürgern Zugeständnisse machen

Intendiert war zugleich ein »Volkspark«, dessen Anlage nicht hauptsächlich höfischen Zwecken, sondern auch »zum traulichen geselligen Umgang und Annäherung aller Stände« dienen sollte — die französische Revolution warf ihre Schatten bis nach München voraus und Kurfürst Karl Theodor — als »Zugereister« aus Mannheim eh nicht sonderlich beliebt — und seine Höflinge mußten den Bürgern Zugeständnisse machen. Im August 1789 wurde der Schwetzinger Hofgärtner *Friedrich Ludwig Sckell* nach München berufen.

Bereits 1792 wurde der »Karl-Theodor-Park«, wie der Park damals hieß, »zur allgemeinen Ergötzung der Residenz-Stadt München« der Allgemeinheit freigegeben. Er endete südlich des später angelegten Kleinhesseloher Sees. Ab 1800 dann wurde der »Karl-

Von der Schwesterstadt Sapporo geschenkt bekommen: das Teehaus mit Teegarten und Teezeremonien

Theodor-Park« unter der Leitung des Obersten *Reinhard Freiherr von Werneck* nach Norden hin bis zum Aumeister erweitert.

Prinzregentenstraße 1

❶ Unser ausgedehnter Spaziergang in einem der größten Parks Europas beginnt im Süden. Das Haus der Kunst sollte als »Haus der Deutschen Kunst« den 1931 abgebrannten Glaspalast (s. S. 197) ersetzen. Hauptsächlich durch Spenden Münchner Großfirmen finanziert, war dieser »Tempel der Kunst« (Hitler) einer der ersten Nazi-Repräsentierbauten (Architekt: Paul Ludwig Troost). Als Hitler am 15. Oktober 1933 bei der Grundsteinlegung persönlich die drei taditionellen Hammerschläge ausführen wollte, brach der Stiel des Hammers ab. Die Einweihung am »Tag der Deutschen Kunst«, (18. Juni 1937) wurde als riesige Propagandaveranstaltung theatralisch inszeniert. Volkstümliche Bezeichnungen für das in massivem Haustein ausgeführten Gebäude waren »Weißwurst-Allee« und »Bahnhof Athen« (wegen der Säulenreihe aus hellem Stein). Eine Reihe der hier zu Ehren gekommener Künstler erwiesen sich dank kontinuierlicher Förderung finanzstarker Mäzene (Adenauer, Erhard, Springer) über das Jahr 1945 hinaus als erfolgreich — Namen wie Breker und Kaspar stehen für viele andere. So malte Paul Mathias Padua damals Mussolini, später Flick, Horten, Goppel und Strauß.

❷ Auf der Insel hinter dem Haus der Kunst wurde ein Japanisches Teehaus mit Teegarten errichtet, das die japanische Stadt Sapporo (Olympische Winterspiele 1972) ihrer Schwesterstadt München anläßlich der Olympischen Sommerspiele 1972 schenkte. Das Haus wurde in Einzelteilen aus Japan hierher transportiert und von fünf japanischen Schreinern zusammengesetzt. Von Mai-Oktober finden an jedem zweiten und vierten Wochenende nachmittags Demonstrationen der Teezeremonie durch einen japanischen Teemeister statt.

Prinzregentenstraße
❸

Mit Urgewalt stürzt der Schwabinger Bach unter der Prinzregentenstraße hervor; diese Wasserkraft wird hauptsächlich durch die Enge des langen unterirdischen Wasserlaufs erzeugt, aber auch durch das natürliche Gefälle. Dort, wo heute der Große Wasserfall ist, standen eine Säge- und eine Getreidemühle, deren Betrieb die Stimmung im Karl-Theodor-Park beeinträchtigten; sie wurden deshalb 1806 abgerissen. An dieser Stelle plante Sckell einen »natürlichen Wasserfall«, mit großen Felsstücken, schönen überhängenden Bäumen und anderen romantischen Versatzstücken. Auch das Tosen und Schäumen der Wassermassen wurde durch strömungstechnische Kunstgriffe erreicht und noch gesteigert durch eine »hydraulische Maschine« (zerbombt 1944).

Nackerte am Eisbach – vor wenigen Jahren noch erregten sie »öffentliches Aufsehen«, heute werden die Naturfreunde toleriert

❹

Daß der Englische Garten einst eine sumpfige Auenlandschaft war, zeigen heute noch die drei Bäche, die ihn durchziehen: der Schwabinger Bach, der Oberst-Jägermeister-Bach und der Eisbach. Auf den Wiesen beidseitig des Eisbaches traten vor Jahren die ersten halb- und später splitternackten Sonnenhungrigen an die bundesdeutsche Öffentlichkeit. Um Ordnung zu schaffen, schickte der damalige Kreisverwaltungsreferent *Peter Gauweiler* (CSU) bekleidete Polizisten mit Hunden unter die Naturfreunde, um sie unter Androhung von Geldstrafen zum Anziehen zu zwingen. Seitdem trägt der heute wegen seiner AIDS-Politik noch berüchtigtere

Staatssekretär Gauweiler zuweilen den Spitznamen Waugeiler. Aber seine Anstrengungen fruchteten wenig, die »Nackerten« wurden immer dreister und die textilfreie Bewegung in München gewann immer neue Anhänger. Im Sommer 1985 erreichten ihre Aktivitäten einen vorläufigen Höhepunkt: Nackte ließen sich den Eisbach hinuntertreiben und benutzten anschließend die Straßenbahnlinie 20 von der Lerchenfeldstraße zurück zum Haus der Kunst. Hiergegen schritten nun die Stadtwerke erfolgreich ein: *erstens* hatten die nackerten Fahrgäste keine Fahrkarten gelöst (eine/ein nackte/r Mann/Frau kann sich bekanntlich nicht in die Tasche fassen, um zur Geldbörse zu greifen und einen Fahrschein zu lösen), *zweitens* waren insbesondere die unbekleideten Damen angeblich für die übrigen Tramgäste ein öffentliches Ärgernis. Inzwischen wird die Anwesenheit von »Nackerten« zumindest im Englischen Garten toleriert.

Das Rumford-Denkmal

Lerchenfeldstraße
5

Wichtig für die Parkbesucher ist die Bedürfnisanstalt (Anfang der Lerchenfeldstraße), im Landhausstil für 9494 Mark im Jahre 1904 gebaut. »Die Anstalt enthält ein Wärterinnenzimmer, eine Frauenabteilung mit 3 Aborten, eine Männerabteilung mit 2 Aborten und einen Pißort mit 10 Standplätzen«.

Schräg gegenüber steht ein Denkmal für Rumford, das noch zu seinen Lebzeiten 1795 nach Entwürfen von *Franz Schwanthaler d.Ä.* errichtet wurde. Das Steinmal zeigt auf der einen Seite ein Alabasterrelief Rumfords, auf der Gegenseite die Bavaria, geführt von der römischen Göttin Abundantia (»Überfluß«, »Wohlstand«).

Monopteros
6

Der Monopteros (25 m hoch) wurde im Auftrag König Ludwigs I. von *Leo von Klenze* im damals modernen altgriechischen Stil geplant und 1836 vollendet. Das Ziegelfundament ist mit 15 m genauso tief wie der künstliche Hügel (aufgeschüttet mit dem Boden, der für die Anlage des Kleinhesseloher Sees ausgehoben wurde) hoch ist. Von hier aus hat man einen schönen Blick auf die Gartenlandschaft und die Stadt. Seit Mitte der 60er Jahre war hier das Hoheitsgebiet von Beatnik-, Hasch- und Pennercliquen , sozusagen abgehoben von der platten Welt des »Establishments«, doch sind diese Zeiten längst vorbei. Das Wort »Monopteros« wurde damals eines der Synonyme für das »Flair« Münchens.

Synonym für das »Flair« Münchens: der Monopterus

Am Nachmittag des 7. November 1918 machte trotz der bedrohlichen Friedensdemonstrationen der *König Ludwig III.* mit seiner Zigarre, die zu seinem Gesicht gehörte wie seine Nase, einen Spaziergang durch den Englischen Garten (allein und ohne Leibwächter!). Als er gerade unter dem Monopteros vorbeikam, trat ein Arbeiter auf ihn zu und teilte ihm mit, daß die Revolution in München gesiegt hätte. Im Schutze der Nacht verließ daraufhin die königliche Familie heimlich München in Richtung Schloß Anif bei Salzburg. Ludwig III. hatte nur seine Zigarrenkiste dabei, Unterwäsche und andere Dinge des täglichen Bedarfs wurden ihm später von der Regierung Eisner nachgesandt. Die (offizielle) Herrschaft der Wittelsbacher, die seit 1180 bestanden hatte, war damit beendet.

Oettingerstraße 67

❼

Östlich des Monopteros stehen die Studios der amerikanischen Sender »Radio Free Europe« und »Radio Liberty« (»Radio Freies Europa«). Im Jahre 1949 wurde in New York das »Nationalkomitee für ein freies Europa« gegründet, um mittels Propaganda und Subversion im russisch beherrschten Teil Europas Aufstände zu provozieren. Der deutsche Ableger dieses sauberen Vereins kam nach München. 1950 ließen die Behörden auf Befehl der US-Besatzungsmacht ein großes Stück Wald am Rand des Englischen Gartens abholzen und die Gebäude des RFE erbauen: Klein-Amerika, abgeschirmt und scharf bewacht. Die riesige, ringförmige Sendeanlage steht unübersehbar bei Holzkirchen, südlich von München.

❽

Gleich nordwestlich von Radio Free Europe finden wir die ehemalige Schwaige mit ihren Ökonomiegebäuden, die das alte Mustergut beherbergten. Die eingeschossigen Trakte mit ihren Satteldächern verströmen eine ungewöhnliche Stimmung inmitten der Großstadt. Noch bis 1973 gab es hier 43 Kühe und 6 Pferde; heute befindet sich in den Gebäuden die Parkverwaltung und der Betriebshof des Englischen Gartens.

Chinesischer Turm/ Englischer Garten 3

Die Gaststätte und der Biergarten am Chinesischen Turm ist einer der weltweit bekanntesten Orte in München. Zu recht – denn es ist in der Tat ein faszinierender Anblick, wenn man (insbesondere bei Dunkelheit) bei einem Spaziergang plötzlich vor tausenden von Biergartenbesuchern steht. So wie der Englische Garten insgesamt ist auch der Biergarten am Chinesischen Turm Ziel der ganz normalen Münchner. Dennoch gilt hier mehr als anderswo das »Sehen und gesehen werden«. Auffällige Kleidung wird besonders gern zur

Vorwiegend von Hausbediensteten und Soldaten besucht: der »Dotschentanz«, der jeden Sonn- und Feiertag von 5 bis 7.30 Uhr morgens am Chinesischen Turm stattfand (Zeichnung von Paul Hey)

Schau getragen, und wers dann unbedingt braucht, der kann sich hier seinen Hals nach Prominenten verrenken. Und auch einer anderen Erscheinung der neuesten Zeit wird man hier immer häufiger begegnen: die oft nur halbleer gegessenen Brotzeitteller sind Ziel von jungen Obdachlosen und anderen Hungrigen.

Der Chinesische Turm gehörte zu einer Gruppe exotischer Bauten (ähnlich dem Asiatischen Ensemble im Westpark), deren andere Gebäude bald wieder abgerissen wurden. Das ganz aus Holz hergestellte Gebäude wurde 1790 errichtet; eine Wendeltreppe verbindet die einzelnen Etagen, von denen man früher einen Rundblick nach allen Seiten hatte. Den Entwurf lieferte der damals noch in Mannheim ansässige Architekt (Ingenieur-Oberleutnant) *Joseph Frey;* als Vorbild diente die Pagode im königlichen Schloßgarten Kew im Westen Londons. Der Chinesische Turm brannte am 13. Juli 1944 nach einem Bombentreffer aus und wurde 1951/1952 originalgetreu wiederaufgebaut. Das Kinderkarussel in der Nähe stammt aus dem Jahre 1913. Die Drehbühne ist aus Holz gefertigt un des Turmes mit bemalten Tieren und Gegenständen ausgestattet. Eine Spielorgel vervollkommnet dieses nostalgische Überbleibsel aus der »guten, alten Zeit«. Es gehört zu den beliebtesten Spielplätzen des Parks.

Rumford-Haus/ Englischer Garten 5

Das Rumford-Haus wurde 1791 als Offizierskasino fertiggestellt mit einer Küche im Keller und einem Speisesaal für 150 Personen; es ist der klassizistischen Kolonialarchitektur Englands nachempfunden. Heute wird es vom Kreisjugendring als Freizeitstätte genutzt.

Sehen und gesehen werden bei Brotzeit und Maß: der Biergarten am Turm

Kleinhesseloher See

9

Weiter nördlich, jenseits der Straße, liegt der Kleinhesseloher See, zwischen 1800 und 1812 angelegt. Drei Inseln sollen die Künstlichkeit des Sees vergessen machen und doch wieder hervorheben, gemäß dem Motto: »Alles erscheint Natur, so glücklich ist die Kunst versteckt«.: Königsinsel (in der Mitte), Kurfürsteninsel (westlich) und Prinzregenteninsel (südlich). 1891 und 1906 fanden auf dem See die deutschen Meisterschaften im Eiskunstlauf und Eisschnelllauf statt, ebenfals 1906 noch eine Weltmeisterschaft im Eiskunstlauf, die der Münchner Gilbert Fuchs gewann. An der Südostseite des Kleinhesseloher Sees ließ König Max I. Joseph für seinen Hofgartenintendanten *Friedrich Ludwig von Sckell* ein etwa 9 m hohes Monument in Säulenform errichten. Es wurde 1823 — im Todesjahr Sckells — entworfen und 1824 durch den Bildhauer Ernst von Bandel (Hermannsdenkmal im Teuteburger Wald) erbaut. Das ursprünglich aus Grünsandstein bestehende Denkmal verwitterte rasch und mußte 1932 abgetragen werden. Der Bildhauer Georg Penzold schuf die Kopie in Kalktuff, die 1939 enthüllt wurde.

Das Seehaus wurde 1882/1883 nach Plänen von Gabriel von Seidl als schlößchenartiges Gebäude aus Holz an der Stelle errichtet, an der seit 1791 Bier für Spaziergänger und Arbeiter ausgeschenkt wurde. Das baufällige erste Seehaus mußte 1935 einem etwas größerem Neubau weichen, der dann 1970 wegen Baufälligkeit abgebrochen wurde. Das jetzige Gebäude öffnete 1985 seine Pforten; sein Biergarten liegt direkt am See und ist ausgesprochen idyllisch.

In der Nähe steht auf einer kleinen Anhöhe das Werneck-Denkmal, das König Ludwig I. 1838 errichten ließ und von Leo von Klenze entworfen wurde. Auch *Reinhard von Werneck* war, wie alle maßgeblichen Gestalter des Englischen Gartens außer Ludwig I., kein Münchner und kein Bayer. Er wurde 1757 in Ludwigsburg geboren und 1799 zum hauptamtlichen Direktor des Englischen Gartens ernannt.

Mittlerer Ring

Der Mittlere Ring durchschneidet seit 1963 brutal den Englischen Garten und erfüllt die Umgebung mit Lärm und Gestank des Autoverkehrs. Verkehrsmäßig mag er notwendig sein, da der Engli-

Loden-Frey im Englischen Garten: »fürs Vaterland weben!«

In der Gyßlingstraße 7 einer der ungewöhnlichsten Münchner Biergärten: Tanz im Freien und geöffnet bis ein Uhr nachts – die Hirschau

sche Garten die Stadt wie ein Keil durchzieht, aber ein Tunnel hätte schon sein dürfen.

Osterwaldstraße 10

⑩

Nördlich des Mittleren Ringes kommen wir in den unberührteren Teil des Englischen Garten, die *Hirschau.* An der Osterwaldstraße liegt die Firma Loden-Frey, die 1842 als Wollfabrik Frey gegründet wurde. Sie liegt auf einer künstlichen Insel des Schwabinger Baches. Die Lage des Betriebes macht die Rolle der Wasserkraft für die damalige Industrie deutlich, hier als Antriebskraft für die mechanischen Webstühle und die Spinnerei, aber auch in der Färberei. Von Anfang an spezialisierte sich die Firma auf die Herstellung wasserabweisenden Lodenstoffes, für den sie 1854 auf der Pariser Weltausstellung einen I. Preis erhielt. Damit begann der weltweite Siegeszug des praktischen Stoffes, der heute in seiner degenerierten, schicken sowie derben, volkstümlichen Ausgabe für den Begriff »Bayern« schlechthin steht. Da auch Uniformen aus praktischen Erwägungen heraus häufig aus Loden hergestellt werden, machten sich die verschiedenen Kriege im Geschäftsverlauf der Firma Frey günstig bemerkbar. In der Festschrift anläßlich des 125jährigen Bestehens heißt es z.B. über den Krieg von 1870/1871: »1870 beginnt der Krieg gegen Frankreich. Auch die Weberei Frey muß (!) ihre Lodenstoffe nun vorübergehend ›fürs Vaterland‹ weben. Es kommen schwierige Zeiten, mehr als einmal gerät der Unternehmer Frey in Geldnöte. Dennoch (?!) findet im Jahr 1870 auch die Grundsteinlegung zu einer großzügigen Fabrikanlage an der Osterwaldstraße statt«. Und über 1914: »500 Arbeitslose demonstrieren vor dem Münchner Rathaus. Aber: bei Frey laufen die Webstühle auf vollen Touren!« Der 2. Weltkrieg kommt in der Festschrift nur in Form von Bombenschäden vor. Heute arbeiten ca. 2000 Menschen, meist Frauen, bei Loden-Frey.

Gyßlingstraße

⓫

Östlich von Schwabinger und Oberjägermeister Bach, an der Gyßlingstraße, stand ein Hammerwerk, das seine Energie aus dem Eisbach bezog. Im Jahre 1838 kaufte *Anton Ritter von Maffei* dieses Hammerwerk und baute es zur Maschinenfabrik Maffei (zwischen Gyslingstraße und Isar) aus. Das Know-How englischer Ingenieure ermöglichte es, daß 1841 die erste Lokomotive das Werk verlassen konnte. 1847 hatte die Firma 500 Beschäftigte. Ein bemerkenswertes technisches Bauwerk ist das 1895 von den Maffei-Eisenwerken über den Eisbach gebaute Tivolikraftwerk, das als kombiniertes Wasser-Dampf-Kraftwerk zunächst Strom für den Eigenbedarf erzeugte und noch heute in Betrieb ist. Bis zum Jahr 1902 mußten die Produkte der Firma auf Pferdefuhrwerken z.B. zum Hauptbahnhof transportiert werden. Erst 1902 erbrachte der Bau eines Gleises durch den Englischen Garten zum Schwabinger Güterbahnhof eine

Auf Pferdefuhrwerken durch den Englischen Garten zum Hauptbahnhof: Lokomotiven von Maffei

bessere Transportmöglichkeit. An diesen Gleisanschluß erinnert der Ernst-Penzold-Weg, der einzige gerade Weg im Englischen Garten, der von der Gyßling- zur Schwedenstraße führt. Im Munitionsarbeiterstreik (Januar 1918) spielten die Arbeiter der Maffeiwerke eine entscheidende Rolle. Rechtzeitig vor Weihnachten 1930 wurden 2.500 von 3.600 Arbeitern auf einen Schlag fristlos gekündigt; die Folge war eine Welle von Familientragödien, bei denen einige der jetzt brotlosen Ernährer zuerst ihre Familien und dann sich selber umbrachten.

Im Jahre 1931 fusionierten die Firmen Maffei und Krauß; die Produktionsanlagen wurden 1933 nach München-Allach (s. S. 307) verlegt, da die Aufrüstung ein erweitertes Betriebsgelände erforderte. Das 30 ha große Maffei-Gelände diente während des Krieges als Militärlager; es wurde 1952 abgeräumt und mit 10.000 m^3 Schlamm aus den Bächen und dem Kleinhesseloher See für die Begrünung vorbereitet. Ein wenig seltsam mutet es schon an, daß wir bei unserem Streifzug durch den heutigen Park hier auf einem Gelände stehen, wo früher tausende von Arbeitern eine große Maschinenfabrik betrieben.

Ein weiterer Industriebetrieb, der auf Wasserkraft angewiesen war, war die Lederfabrik Gebr. Hesselberger, die dort lag, wo heute die Amsterdamer Straße und der Mittlere Ring zusammentreffen.

Die Fabrik bezog ihre Energie aus dem Nymphenburger Kanal, der vom Schloß Nymphenburg kommend den heutigen Olympiasee mit Wasser versorgt und hier in den Schwabinger Bach fließt.

Die Stauwehranlage und das Kraftwerk an der Isar wurden 1920-1923 von der damaligen Mittleren Isar AG, jetzt Bayernwerk AG, gebaut. Es war das erste Kraftwerk dieser Gesellschaft, die heute als Betreiberin mehrerer Kernkraftwerke eine wichtige Rolle in der Energie- und Atommafia spielt. Dadurch, daß der größte Teil des Isarwassers in den »Mittleren-Isar-Kanal«, der die großen Ismaninger Fischteiche mit Wasser versorgt, abgeleitet wurde, sank der Grundwasserspiegel und ein großes Baumsterben fand in den folgenden Jahrzehnten statt. Das abgeleitete Isarwasser fließt erst wieder bei Moosburg in den Fluß, nachdem es mehrere Kraftwerke durchflossen hat.

Flußabwärts wurde 1979 eine überdachte Fußgängerbrücke in Holzausführung genau an der Stelle errichtet, an der bis zum Jahre 1158 die Salzstraße die Isar überquerte, und der Bischof von Freising Zölle erhob. *Herzog Heinrich der Löwe* ließ diese Brücke zerstören und verlegte den Übergang auf sein Territorium bei der heutigen Ludwigsbrücke.

Wir beenden unsere Tour durch den Englischen Garten ein wenig erschöpft (obwohl nur 6 km Luftlinie vom Haus der Kunst bis hierher) in der Wirtschaft »Zum Aumeister«. Im Biergarten oder im Speiserestaurant mit Südterrasse erholen wir uns bei einer Maß und Wildgerichten und bewundern das 1810/1811 als »Aujägermeisterhaus« errichtete Gebäude.

Amsterdamer Straße/Mittlerer Ring

⓬

Max-Halbe-Weg 10

⓭

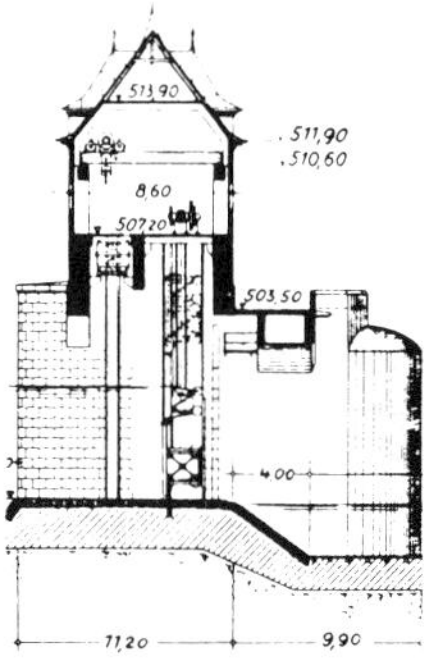

Querschnitt durch das Stauwehr an der Isar

⓮

Sondermeierstraße 1

⓯

Das Aujägermeisterhaus von 1810/11: heute Speiserestaurant mit Biergarten

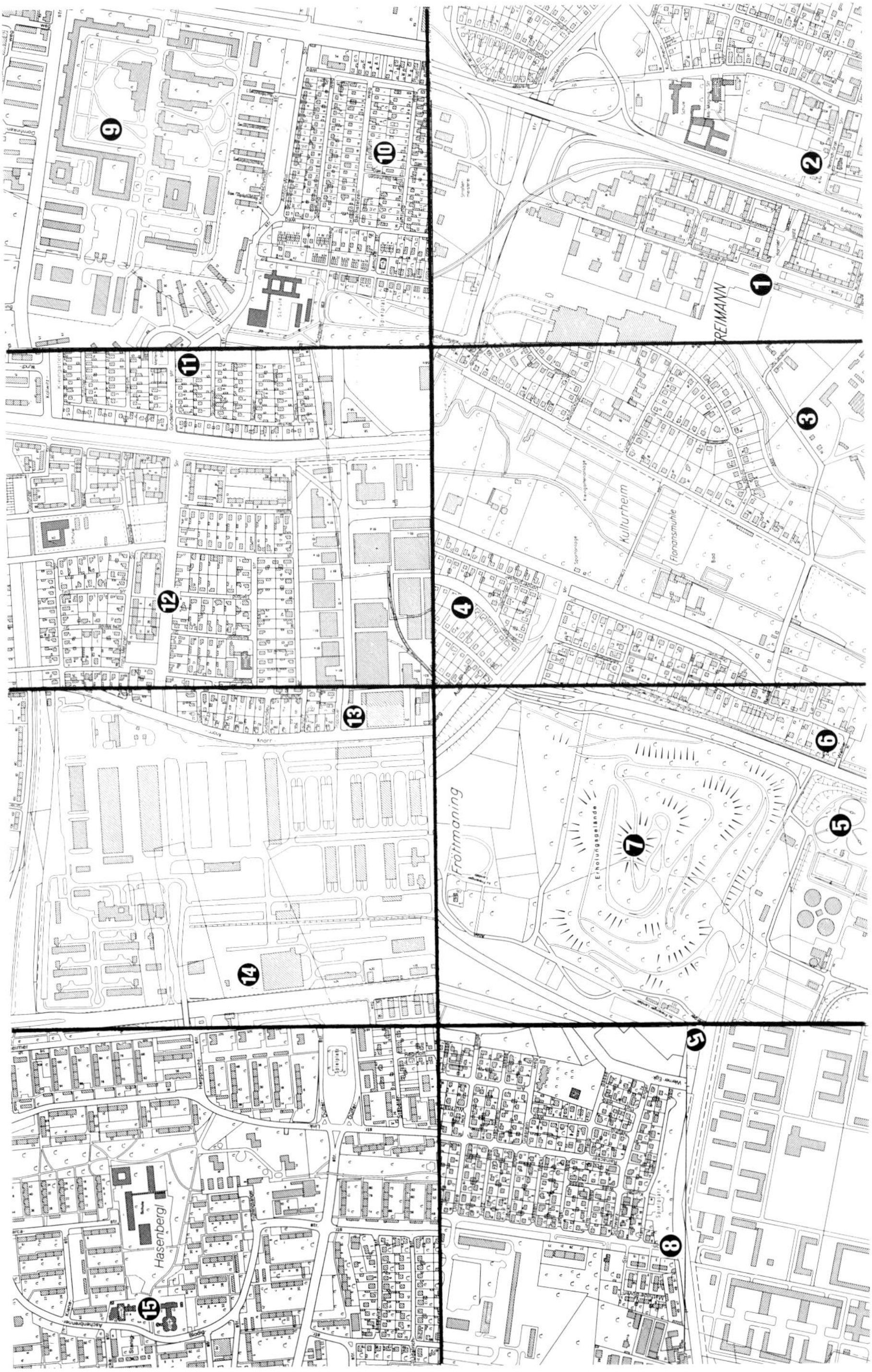
1
2
3
4
5
6
7
8
9
10
11
12
13
14
15
REIMANN
Kulturheim
Floriansmühle
Fröttmaning
Erholungsgelände
Knorr
Hasenbergl
Schule

Kleinsiedlungen und ein Schlüssel für den Oberst

Eine Radtour von Freimann über Milbertshofen zum Hasenbergl

Ausgangspunkt: *Freimann, U6*
Endpunkt: *Goldschmiedplatz, Hasenbergl, Trambahn 13*
Dauer: *4 Stunden*

Der Münchner Norden, um 1900 eine weite Heidelandschaft, hat seit dem Bau der Ringbahn (1903–1906) eine komplette Veränderung erfahren. Große Industriebetriebe und Militäreinrichtungen, Kläranlage und Müllberg prägen heute das Bild. Das Verkehrsaufkommen sieht entsprechend aus, wobei die vielen Bundeswehrfahrzeuge besonders auffallen. Die Proteste der Bewohner wegen der starken Belastung ihrer Viertel fruchteten nichts, denn hier wohnen die »Großkopferten« nicht. Der Münchner Norden paßt beim besten Willen nicht zum Bilderbuchimage der »Weltstadt mit Herz«.

Auf dem Weg zum Euro-Industriepark

Wenn wir dennoch eine Tour durch den Münchner Norden vorschlagen, dann deshalb, weil wir auch diejenigen Ecken ansteuern wollen, an denen die ganz »normalen« Leute wohnen und arbeiten.

Frankplatz 19

1

Das Reichsbahn (heute Bundesbahn)-Ausbesserungswerk zog in den Jahren 1927 bis 1931 aus der ehemaligen Reichsbahn-Zentralwerkstätte an der Donnersbergerstraße hierher. Heute wird hier gemeinsam mit dem Ausbesserungswerk Opladen der gesamte Bestand an elektrischen Lokomotiven der Bundesbahn gewartet (1.200 Beschäftigte).

Ein Teil der Gebäude des Ausbesserungswerkes gehörte zu den »Bayerischen Geschützwerken« der Firma Krupp. Die Rüstungsindustrie trieb im industriell unterentwickelten Oberbayern den Bau neuer Fabriken voran. *König Ludwig III.* bemühte sich bei *Kaiser Wilhelm II.* persönlich um die Ansiedlung der Geschützwerke, die dann ab Winter 1916 gebaut wurden und bereits im Sommer 1917 die Produktion aufnahmen. Die »Münchner Illustrierte Zeitung« vom Juni 1916 schreibt dazu: »In München errichtet nun Krupp eine Betriebsfiliale bei Freimann, einesteils um die bayerische Armee direkt mit Ausrüstungsmaterial zu versorgen, andernteils um die neuen Beziehungen zum Balkan und dem Türkenreiche geschäftlich auszunützen, wird doch die Donau die große Zukunft nach Osten sichern und aussichtsvolle Verbindungen bringen. München wird also viel dabei gewinnen, denn neben Krupp sind weitere Großfabriken für Militärfahrzeuge und Luftschiffbauten als Ergänzung geplant, eine Menge Arbeiterfamilien werden somit unterkommen, und München selbst wird sich von der ›Kunststadt‹ zur ›Schwerindustriestadt‹ entwickeln.«

»Bayerische Geschützwerke« der Firma Krupp um 1918: heute befindet sich auf dem Gelände das Bundesbahn-Ausbesserungswerk

Die Arbeiter für das neue Werk konnten in München nicht gefunden werden. Rund 3.000 Menschen aus dem Ruhrgebiet und Sachsen kamen nach München — und mit ihnen sozialistische und revolutionäre Ideen, hauptsächlich alleinstehende Männer ohne Familie. Noch einmal die »Münchner Illustrierte Zeitung«: »Gewiß, der Reichtum der Krupps häuft sich, es finden aber auch die Verdienstsuchenden in großen Massen lohnende Arbeit. Trotzdem fehlte und fehlt es nicht an Nörglern und Unzufriedenen, allein ihre Zahl ist klein, und die sozialistische Bedeutungsform großer Industriewerke muß erst noch ihre Leistungsfähigkeit beweisen. Schöne Reden haben hierbei keinen rechten Wert, die Macht des Geldes ist bestimmend.«

Am Morgen des 31. Januar 1918 kam es auch in den »Bayerischen Geschützwerken« zu Arbeitsniederlegungen — von 1.400 Schichtarbeitern erschienen nur 400 zur Ablösung. Das Motto dieses Rüstungsstreiks lautete: »Sofortiger allgemeiner Friede ohne Annexionen und Kontributionen. Vollständige Presse- und Versammlungsfreiheit. Aufhebung des Belagerungszustandes. Entmilitarisierung der Betriebe. Aufhebung des Zuchthausurteils von Karl Liebknecht sowie Freilassung sämtlicher politischer Gefangenen.«

Der Streik brach nach vier Tagen am 3. Februar zusammen. Die Krupp-Werke in Freimann waren aber zum Ausgangspunkt eines Umsturzversuches geworden.

Da als Folge des Versailler Vertrages die Rüstungsproduktion eingestellt werden mußte, wurden die Geschützwerke für die Krupp AG uninteressant. 1919 verkauften sie ihr Werk an eine Nürnberger Firma, die hier von 1.000 Arbeitern landwirtschaftliche Maschinen und Werkzeuge herstellen ließ. 1927 zog dann das Ausbesserungswerk der Reichsbahn ein.

Die geplante Reichsbahnsiedlung Freimann: alle Wege führen zum Werkseingang

Die kämpferische Tradition der Belegschaft überdauerte die Verfolgungen der NS-Zeit: von den 13 Betriebsräten, die im September 1951 gewählt wurden, gehörten 11 der KPD an; das brachte das Werk Freimann in der gesamten BRD auf die erste Zeitungsseite. Auch im fast vierwöchigen bayerischen Metallarbeiterstreik im August 1954 war Freimann eines der Zentren des Ausstandes.

Die Reichsbahnsiedlung entstand 1928—1930 in nächster Nähe

des Ausbesserungswerkes für die dort Beschäftigten. Der Punkt, auf den die gesamte Anlage ausgerichtet wurde, war der Werkseingang mit einer großen Uhr.

Harnierplatz

Auf dem Weg zur Isar werfen wir einen Blick auf das, was die moderne Zeit vom bäuerlichen Freimann, dem »idyllischen Heidedörfchen« der Jahrhundertwende, übriggelassen hat: den Anwesen rund um die Kirche St. Nikolaus an der Heinrich-Groh-Straße.

Heinrich-Groh-Straße

❷

In den Isarauen bei Freimann stehen die Sendeanlagen und Fernsehstudios des Bayerischen Rundfunks: eine Stadt für sich — wenn man so will — mit eigener Infrastruktur und »Fernsehmacher«-Flair. Was hier im Rahmen der ARD produziert wird, wird in der Regel im gesamten Bundesgebiet ausgestrahlt. Umgekehrt gilt dies nicht immer. Gelegentlich schaltet sich der Bayerische Rundfunk schon mal aus — so z.B. bei einer »Scheibenwischer«-Sendung von *Dieter Hildebrandt* im Jahre 1985. Bis 1945 diente der Sender den Bedürfnissen der Luftwaffe. Am 27. April 1945 besetzte die »Freiheitsaktion Bayern« die Anlagen und forderte die Bevölkerung auf, sich selbst zu befreien. Nach wenigen Stunden mußten die Aufständischen der militärischen Übermacht der SS weichen und flohen. Drei Tage später übernahm die US-Armee den Sender.

Floriansmühlstraße

❸

Die Heidemannstraße war ein Teilstück des im »3. Reich« geplanten und schon begonnenen Autobahnringes um München. Die Fahrbahn und die heutige Autobahn-Anschlußstelle München-Freimann deuten noch auf die geplante Funktion hin.

Heidemannstraße

❹

Im Rahmen der Arbeitsbeschaffungsmaßnahmen Ende der Weimarer Zeit entstand 1931/1933 die Reichskleinsiedlung Freimann (Heidemann-/Freisinger Landstraße/Josef-Wirth-Weg) für arbeitslose Familien. Kleintierhaltung, Eigenversorgung mit Obst und Gemüse und Imkerei sollten sowohl Beschäftigung bringen als auch das Familienbudget entlasten. Verkehrsmäßig war die Sied-

Heidemann-/Freisinger Landstraße

Kleintierhaltung, Obst und Imkerei sollten Entlastung fürs Familienbudget bringen: die Reichskleinsiedlung Freimann

Im Familienbad Floriansmühle: Freizeitvergnügen um 1937

lung sehr schlecht mit der Stadt verbunden: Die Endhaltestelle der Straßenbahnlinie 6 lag 1,3 km entfernt an der Ungererstraße. In der Nähe dagegen waren Schule, Kirche, die Isarauen und das Schwimmbad Floriansmühle. In dieser kleinen, abgeschlossenen Welt lebten 1937 962 Menschen in 193 Haushaltungen.

Freisinger Landstraße 187

❺

Das Klärwerk Großlappen (Freisinger Landstraße) ist verantwortlich für die Geruchsbelästigung in dieser Gegend. Seit 1926 laufen hier alle Abwässer Münchens zusammen. Der Standort der Anlage ist so gewählt, daß die Abwässer wegen des natürlichen Gefälles aus der ganzen Stadt von allein hierher fließen — 7 m^3 pro Sekunde. Der Klärschlamm wird als Dünger auf Felder verteilt oder verbrannt, was aber wegen seiner z.T. hohen radioaktiven Belastung seit Tschernobyl und wegen der Belastung mit Schwermetallen nicht unproblematisch ist. Die »gereinigten« Abwässer werden in die Fischteiche und den Speichersee jenseits der Isar gepumpt, um dort biologisch nachgereinigt zu werden.

Wallnerstraße 1

❻

Die Münchner Moschee steht an der Wallnerstraße. Seit 1958 hatten sich Münchner Moslems um ein eigenes Gebetshaus bemüht, waren aber am Widerstand der Stadtverwaltung gescheitert; man war der Auffassung, eine Moschee würde das Stadtbild stören. 1968 endlich bot die Stadt der islamischen Gemeinde das Grundstück an der Wallnerstraße an. 1973 wurde die Moschee eröffnet, ihr sind Koranschule, ein Kindergarten und die private, staatlich anerkannte Deutsch-Islamische Schule angegliedert, an der neben deutschen auch Lehrkräfte aus islamischen Ländern unterrichten. Hier erscheint die deutschsprachige Zeitschrift »Al-Islam«.

Der Bau wurde durch Spenden finanziert. Hauptspender war der

Staat Libyen, der 1,6 Millionen DM zuschoß. Zum Dank dafür erhielt *Oberst Kadhafi* einen Goldenen Schlüssel zugesandt und hat jederzeit Zugang zur Moschee.

Freisinger Landstraße 223

❼

Weiter nördlich ragt als Freimanner Wahrzeichen der Müllberg in die Höhe. Nach dem 2. Weltkrieg, als die Müllverwertungsanlage bei Puchheim bereits überlastet war, fiel die Wahl der Behörden auf den Ort Fröttmaning. 1956 wichen die letzten Fröttmaninger Einwohner dem ständig wachsenden Müllberg. Von dem Plan, den Ort einfach unter dem Müll verschwinden zu lassen, nahm man nach heftigen Protesten Abstand. Die ehemaligen Höfe wurden erneuert und dienen jetzt als Unterkunftsgebäude.

Goldener Schlüssel für Kadhafi: das Islamische Zentrum an der Wallnerstraße

Nachdem der Müll Münchens inzwischen fast vollständig in den Heizkraftwerken verbrannt wird, begann die Stadtverwaltung, den Müllberg zu begrünen und zu einem Erholungsgelände zu machen. Ein bis heute nicht bereinigtes Problem: der Müllberg ist noch immer aktiv; seine Giftgase werden am »Berggipfel« abgefackelt, Rauchen und offenes Feuer sind laut Hinweisschildern wegen Explosionsgefahr verboten.

Zwischen Müllberg und Autobahnkreuz München-Nord eingezwängt, duckt sich ängstlich die Kirche Hl. Kreuz. Sie stammt aus dem frühen 12. Jahrhundert und diente — wie ihr gedrungenes Äußeres zeigt — als Wehrkirche. 1974 sollte das abbruchreife Gebäude abgerissen werden. Wegen des Protestes der Öffentlichkeit entschied man sich für eine gründliche Renovierung der Kirche. Dabei legte man Fresken aus dem 12. Jahrhundert frei.

Heidemannstraße 50 Ingolstädter Straße 240 ❽

Die Bayernkaserne (Heidemannstraße 50) und Fürst-Wrede-Kaserne (Ingolstädter Straße 240) wurden in der NS-Zeit für die Luftnachrichtenabteilung der Luftwaffe gebaut. Seit den 50er Jahren ist hier die Bundeswehr einquartiert.

Heidemannstraße 39

Die Fernmeldebaufirma Mittermayer (Heidemannstraße 39) arbeitete fast ausschließlich für Bundeswehr und Polizei. Am 9. Mai 1961 wurde auf die Produktionsanlagen ein Spengstoffanschlag verübt, der die gesamte Einrichtung sowie die Produktion von vier Monaten zerstörte. Der »Münchner Merkur« rätselte: »Auftraggeber im Osten?« Die Täter konnten nicht gefaßt werden.

Ingolstädter/Neuherbergstraße

❾

Der kompromißlose politische Wille der NSDAP drückt sich in den Gebäuden der Kaserne der SS-Standarte Deutschland (Ingolstädter/Neuherbergstraße) aus. Von 1937 bis 1945 sorgte von hier aus die SS für einen reibungslosen Ablauf der Geschäfte in München; allerdings konnte im April 1945 der Befehl des Gauleiters Giesler, alle lebenswichtigen Einrichtungen der Stadt zu zerstören, bevor die US-Armee einrückte, nicht verwirklicht werden, da Arbeiter, Teile der Bevölkerung und die »Freiheitsaktion Bayern« erfolgreich Widerstand leisteten. 1945/1968 waren amerikanische Truppenteile hier stationiert. Die amerikanischen Wohnsiedlungen um die Kaserne herum (Rockefellerstraße, Mortonstraße, Morsering) stammen aus dieser Zeit. Drei Jahre lang vergammelte das Kasernengelände, bis 1971 die Akademie des Sanitäts- und Gesundheitswesens der Bundeswehr die Anlagen übernahm und renovierte.

Starenweg

⑩

Neuherberge ist eine weitere Reichskleinsiedlung (fertiggestellt 1936). Die Bauherren benannten die Straßen nach Vögeln. Angestellt waren die Siedler bei der Wehrkreisverwaltung VII, die im Münchner Norden Arbeitsplätze in Form von Kasernen schuf. An Nachschub für die Wehrmacht war in Neuherberge auch gedacht: »Gerade in bevölkerungspolitischer Hinsicht darf man auf diese Siedlung große Hoffnungen setzen«, die durchschnittliche Kinderzahl von 2,0 (1936) stieg in nur einem Jahr auf 2,5.

Wie der Kieferngarten entstand die Siedlung Neuherberg (Grusonstraße) nach 1945 illegal.

Grusonstraße/ Mettenleiterplatz

⑪

Die Kleinsiedlung Kaltherberg (Mettenleiterplatz) wurde 1936/1937 von der Stadt München gebaut. Sie entspricht in ihrer baulichen Struktur der Reichskleinsiedlung Freimann; die Nationalsozialisten wollten in diesen Siedlungen einen neuen Menschentyp hervorbringen: »Die Münchner Landschaft mit ihrem weiten, reich gestuften Hintergrund an bäuerlichem Menschentum und bodenständiger Kultur birgt noch unerschöpfliche Gesundungskräfte, die, von der nationalsozialistischen Bewegung wachgerufen, der neuen, im Siedlungswesen sich besonders deutlich widerspiegelnden sozialen Volksordnung zufließen. Bricht in den von der Verstädterung Bedrohten wieder ein starkes Naturgefühl durch, genährt und gefestigt von der noch in Landschaft und Stammestum wurzelnden Umwelt, so werden sie dann in allen Lebensverhältnissen — besonders auch in den Dingen der Gattenwahl und Fortpflanzung — leichter und sicherer zu den ursprünglichen, naturtreuen Daseinsformen finden« (so ein *Dr. Sieber* in einem Bericht des Wohnungsamtes von 1941).

Sudetendeutsche Straße

⑫

Entlang der 1906 eröffneten Ringbahn und des Frankfurter Ringes zieht sich ein Industriegebiet und der Euro-Industrie-»Park«. Seitdem die Bahnlinie in Betrieb genommen wurde, dachte man an die Ansiedlung von Industrie. Die »Bayerischen Geschützwerke« machten den Anfang, im »3. Reich« entstanden dann die verschiedenen Siedlungen für potentielle Arbeitskräfte sowie Kasernen, aber erst das »Wirtschaftswunder« der Bundesrepublik brachte die vollständige Zersiedlung dieses ehemaligen Heidegebietes.

Auch die Reichskleinsiedlung Am Hart entlang der Sudetendeutschen Straße entstand seit Ende 1933 im Rahmen der nationalsozialistischen »Siedlungs«-Politik. In den Siedlerstellen (=Häuser) lebten anfangs 338 arbeitslose Familien. Die nach den Kriterien der »politischen Zuverlässigkeit« und »erbbiologischen Unbedenklichkeit« ausgewählten Bewohner mußten 230 Tage bei den Arbeiten mithelfen; so verschwanden sie als Arbeitslose und konnten sich ein bescheidenes Eigenheim schaffen. Die Straßen dieses Siedlungsprojektes erhielten sudentendeutsche Städtenamen, die bis heute nicht verändert wurden. Nebenerwerbswirtschaft und Kleintierhaltung zur Selbstversorgung gehörten zum Programm

Der Bau der Ringbahn um 1903; 1906 wurde sie eröffnet und erschloß so einen Teil des ehemaligen Heidegebietes für Industriezwecke

dieser Siedlungen: »Am Hart« lebten 1940 61 Schweine, 5.900 Hühner, 127 Gänse, 41 Enten und 27 Bienenvölker.

Sudetendeutsche Straße 40

In der kulturellen Öde des Münchner Nordens hat sich 1980 das *»Hinterhoftheater«* im Wirtshaus am Hart (Sudetendeutsche Straße 40) etabliert. Die hier dargebotenen Kabarette verstehen sich als »Gegengift gegen einen Verblödungsstaat, der seinen Bürgern entweder mittels Fernsehen oder mit Gummiknüppeln die Birne weichklopft.« *Otfried Fischer* und *Dietrich Kittner* traten hier auf.

Knorrstraße 148

⑬

Da den NS-Machthabern die »völlige Trennung jüdischen und nichtjüdischen Wohnraums« bis Ende 1940 nicht »geglückt« war (siehe Goethestraße), entstand seit März 1941 ein Judenlager (Ghetto) an der Knorrstraße 148, ein Platz, der sowohl abgeschlossen als auch abseits vom Verkehr gelegen war.

Die Erstellung des Lagers war einer privaten Baufirma übertragen worden, die Arbeiten selber mußten von »jüdischen Hilfskräften« durchgeführt werden. Diese Juden erhielten für ihre Tätigkeit keinerlei Bezahlung, da die Gauleitung die Ansicht vertrat, daß das zu erstellende Lager im Interesse der jüdischen Gemeinschaft erbaut werden müsse, um die Juden vor dem »spontanen Volkszorn« schützen zu können. Jeder jüdische Hilfsarbeiter (Durchschnittsalter: 55 Jahre) wurde von der Baufirma gezwungen, einen Vertrag zu unterzeichnen, auf dem er/sie ausdrücklich auf jede Entlohnung verzichtete und sich auf eigene Gefahr freiwillig an den Arbeiten beteiligte. Unterschriftsverweigerungen wurden mit einem dezenten Hinweis auf das KZ Dachau beantwortet. So wurden von März bis Oktober 1941 450 Juden mit der Errichtung des eigenen Ghettos beschäftigt.

Der Arbeitseinsatz begann um 7.30 und endete um 17.00. Für die meisten der Zwangsarbeiter, die in Sendling, Nymphenburg oder gar Harlaching wohnten, war der Arbeitszwang im äußersten Norden der Stadt besonders erdrückend, da sie — infolge des Straßenbahnverbotes für Juden — erst nach mehrstündigen Fußmärschen in Milbertshofen ankamen (und wieder zurück nach Hause).

Auf 14.500 qm entstanden 18 Holzbaracken für maximal 1.100 Personen. Hierdurch konnten fast alle 300 Wohnungen, die zu diesem Termin noch von Juden bewohnt wurden, freigemacht werden. Pro »Übernachtung« mußte an die Gauleitung ein Betrag von RM 0,50 abgeführt werden!

Die »Judensiedlung Milbertshofen« war das erste Projekt seiner Art im Deutschen Reich; es wurde von allen in der »Judenfrage« »kompetenten« Persönlichkeiten des Nationalsozialismus als vorbildlich hingestellt.

Bau der Judensiedlung: Errichtung des eigenen Ghettos durch Zwangsarbeiter und Juden

Die Insassen des Lagers mußten nach Bombenangriffen Schutt wegräumen und in Fabriken schwerste Arbeit leisten; rund 60 Münchner Betriebe beschäftigten jüdische Zwangsarbeiter.

Von Milbertshofen gingen dann auch die Deportationen nach Osten, meist nach Theresienstadt, ab. Den Opfern wurden sämtliche Wertsachen und persönlichen Dokumente geraubt; anschließend wurden sie nachts in geschlossenen Möbelwagen zum Hauptbahnhof geschafft. Der erste Transport am 15. November 1941 umfaßte 1.000 Personen, ein zweiter, Ende November 1941, 780 Personen. Die Zahl der in München lebenden Juden war im Mai 1942 bereits auf 477 gesunken. Am 24. August 1942 wurde das Lager Milbertshofen aufgelöst, die noch übriggebliebenen 16 Insassen in die sogenannte Heimanlage Berg-am-Laim (siehe dort) gebracht. Heute erinnert ein Denkmal (gestützter Lebensbaum?) an das Lager.

Schleißheimer Straße 418
⓮

Einige Reste des ehemaligen US-Militärdepots beherbergen seit 1980 die Alabama-Halle, ein Zentrum für avantgardistisches Theater, Kleinkunst und Musik:

»Aus dem Wunsch, ein Rockhaus für München zu schaffen, hat sich ein unkonventioneller Spielort entwickelt, an dem vor allem außergewöhnliche Theater- und Tanzgastspiele stattfinden sowie internationale Jazz- und Popmusikveranstaltungen. Die Stadt München und BMW schlossen sich zum Verein Spielmotor e. V. zusammen, um außergewöhnliche kulturelle Veranstaltungen im Münchner Norden zu fördern. Es werden bis zu 320 Veranstaltungen im Jahr bestritten, die inzwischen nicht mehr nur ein junges Publikum ansprechen. Rund 50% der Veranstaltungen entfallen auf Musik, vom klassischen Konzert über Jazz und Rock bis hin zur Minimalmusik. 30% sind Tanz- und Theaterproduktionen aus aller Welt. Dazwischen gibt es immer wieder Lesungen, Filme und spezielle Projekte (Videofestival, Tanzfestival, Jazzsommer, Filmstadt für Kinder etc.).

Seit Herbst 1986 gibt es neben der großen Halle mit einem Fassungsvermögen von bis zu 1.000 Zuschauern (unbestuhlt bei Popkonzerten) und 800 Zuschauern (bestuhlt bei Tanz- und Theatergastspielen) auch ein Café, das

Musik, Musik!

»Musik wird störend oft empfunden, weil sie mit Geräusch verbunden.« Viele MusikstudentInnen, Laienmusizierer und erst recht Münchens diverse Rockbands können ein Lied auf diesen Text singen. München macht sich feiner und feiner — erschwingliche, zentral gelegene Übungsräume sind schwer zu finden und die lieben Nachbarn wollen ihre Ruhe ...

Trotzdem ist und bleibt München Musikstadt. Ob in den zahllosen privaten Musikschulen, in der »Neuen Jazzschule München«, im »Freien Musikzentrum« oder in den Profi-Ausbildungsinstituten (städtisches Konservatorium bzw. staatliche Musikhochschule): jung und alt kann hier wohl jedes nur denkbare Instrument erlernen und sich in Theorie und Praxis mit allen Bereichen der Musik und jedem Genre beschäftigen.

Entsprechend vielfältig ist auch das Aufführungsangebot. Ein Blick in das gelbe »Offizielle Monatsprogramm« des Fremdenverkehrsamts oder in eines der vielen Szene-Blätter genügt, um festzustellen, daß für die abendliche Musikunterhaltung hierorts bestens gesorgt ist. Die großen Rock-Events finden in der Olympiahalle, im Circus-Krone-Bau statt; die örtliche Szene trifft sich im »Feierwerk« an der Hansastraße. Jazz ist in den ›klassischen‹ Konzertsälen ebenso zu Hause wie in den Clubs. Hochburgen sind hier die »Unterfahrt«, das »Allotria«, »Domicile«, »Blue Note« und der atmosphärische Winzling »Jenny's Place«. Viele Musikkneipen machen ein täglich wechselndes, höchst unterschiedliches Live-Musik-Programm — so z.B. der »Schlachthof« (jetzt auch Schauplatz der montäglichen Jugend-TV-Sendung des Dritten Programms, nachdem der Drehort »Alabamahalle«, Münchens bisher spannendste Adresse für musikalische Akutalitäten, abgerissen und noch keine Nachfolgehalle gefunden ist), so z.B. Konstantin Weckers »Kaffe Giesing«, die »Theaterfabrik Unterföhring« und einige mehr.

Sogar eine ›Klassische Musikwirtschaft‹, das »Mariandl« gibt es, in der man gemütlich bei Speis' und Trank den Tafelmusik-Konzerten junger Musiker und Ensembles lauschen kann. Überhaupt! Stolze Jazz-Scene und Rock Action hin oder her: München ist in erster Linie eine Metropole der E-Musik. Kein internationaler Star-Interpret, kein hochrenommiertes Orchester, kein illustres Kammermusik-Ensemble, der bzw. das hier noch nicht gastiert hätte — dafür sorgen große, leistungsfähige Konzertdirektionen am Ort. Aber auch die örtliche Künstlerschaft zeigt überdurchschnittliches Niveau.

Schon in der Residenzstadt München waren Adel, Klerus und Bürgertum gleichermaßen am blühenden Musikleben interessiert und beteiligt. 1556 tritt Orlando di Lasso, der erste kosmopolitische Geist der abendländischen Musikgeschichte, in die Dienste des bayerischen Herzogs Albrecht V. und übernimmt dessen Hofkapelle: Begründung der glanzvollen Tradition des heutigen Staatsorchesters und der Bayerischen Staatsoper. Mozart erlebte hier die Uraufführungen von »Gärtnerin aus Liebe« und »Idomeneo«; er wäre — wie nach ihm auch Weber, Meyerbeer oder Mendelssohn-Bartholdy — gerne unter den musikbegeisterten, aufgeschlossenen Münchnern seßhaft geworden. Die Freundschaft zwischen König Ludwig II. und Richard Wagner macht München zur Wagner-Stadt. Berühmte Dirigenten wie Bruno Walter, Knappertsbusch oder Clemens Krauß widmen sich der aktuellen Musikpflege. Die vielgeschmähte »Liberalitas bavariae« läßt 1906 die Münchner Erstaufführung von Richard Strauss' »Salome« unbeanstandet und erfolgreich über die Bühne gehen, während sich Berlin und Wien noch hartnäckig g'schamig zeigen. Von München aus trägt Carl Orff, der geniale Erneuerer des Musiktheaters, das von ihm begründete Schulwerk in alle Welt.

Und auch heute leben und wirken in dieser Stadt namhafte Vertreter der neueren Komponistengeneration (u.a. Bialas, Killmayer, Hiller, Hamel, Bose). Das Sinfonieorchester des Bayerischen Rundfunks widmet sich in seiner Konzertreihe »Musica viva«, deren Gründung das Verdienst des Münchner Komponisten Karl Amadeus Hartmann war, ebenso dem zeitgenössischen Musikschaffen wie zahlreiche Institutionen und Initiativen, unter ihnen das »Studio für Neue Musik« des traditionsreichen Tonkünstlerverbandes und der »Verein für experimentelle Musik«. Auch das Münchner Kulturreferat setzt sich in jährlich fortgeführten

Konzertreihen für die Neue Musik ein. Seit 1988 stellt eine unter der künstlerischen Gesamtleitung von Hans Werner Henze stattfindende »Münchner Biennale« eine Auswahl von Musiktheater-Arbeiten der in- und ausländischen jüngeren Komponistengeneration vor und vergibt regelmäßig Werkaufträge. Das Budget der »Biennale« wird in erster Linie aus städtischen Geldern gespeist, zu deren kulturellen Institutionen auch die hervorragenden »Münchner Philharmoniker« zählen. Enthusiasmus und sich auch finanziell verausgabender Bürgersinn (schon bei der Gründung des »Theaters am Gärtnerplatz« in Form eines Aktienvolkstheaters, das 1872 dann zum königlichen Operettentheater wurde, demonstriert) begründeten 1893 deren Existenz und weltstädtisches Niveau. Schon vor der Übernahme durch die Stadt im Jahre 1928 hatten ruhmreiche Auslandsreisen, spektakuläre Uraufführungen (Mahler!) und großartige Bruckner-Interpretationen Tradition; sie finden heute unter der exemplarischen Stabführung von Sergiu Celibidache ihre Weiterführung. Die Münchner Philharmoniker haben nun, nach langen Jahren der kriegsbedingten Unbehaustheit im neuerbauten Gasteig Kulturzentrum ihr festes Domizil erhalten — und Münchens Musikliebhaber endlich wieder einen angemessenen Konzertsaal. Den Münchner Opernfestspielen geht seither der »Münchner Musiksommer«, und in ihm integriert der »Münchner Klaviersommer«, als musikalische Festattraktion voraus.

In diesem kleinen Abriß kann ungerechterweise auch nicht annähernd ausreichend die Vielfalt des Münchner Musiklebens beschrieben werden. Es gäbe noch vieles zur Pflege der Kirchenmusik und der Münchner Chortradition zu sagen. Lassen wir's bei einem Ausruf Luise Rinsers bewenden: »München, das ist für mich: Musik.«

Brigitte Kohl

Ein Zentrum für avantgardistisches Theater, Kleinkunst und Rockmusik verschwindet: die Alabama-Halle

als Treffpunkt und Kommunikationszentrum für Künstler und Publikum gedacht ist. Dieses Café ist täglich ab 17.00 Uhr geöffnet und bietet neben Getränken und Sandwiches auch Ausstellungen, Lesungen und Soloprogramme. In der Alabama-Halle sind ebenfalls zwei Privattheater untergebracht: das Prozessionstheater von Alexej Sagerer und das Studiotheater von Gunnar Holm-Petersen, zwei Theater, die schon lange zur Münchner Theaterszene gehören.

Das ehemalige Rockhaus von 1981 ist inzwischen zum Kulturhaus geworden, in dem sich Künstler wie Tina Turner, Bruno Ganz und Nina Hagen oder Meredith Monk die Klinke in die Hand geben. Gruppen traten hier auf wie die Royal Shakespeare Company, das Macunaima Theater aus Brasilien und die Bill T. Jones Dance Company.« (Stadtkultur in München)

Dülferstraße

15

Unsere Tour durch den Münchner Norden endet am Hasenbergl, einer zwischen 1960 und 1965 entstandenen Großsiedlung, die aufgrund eines Stadtratsbeschlusses vom Jahr 1960 »über die Durchführung eines Gesamtplanes zur Behebung der Wohnungsnot in München« errichtet wurde. In 8.100 Wohnungen leben rund 25.000 Menschen: Da die Wohnungsnot hauptsächlich einkommensschwache Familien betraf, verteilte das Wohnungsamt 7.900 Sozialwohnungen. Damit hatte das neue Viertel seinen schlechten Ruf weg: einerseits mitleidig belächelt, andererseits wegen der dort angeblich herrschenden rohen Umgangsformen gefürchtet. Nach dem Zusammenbruch der gewerkschaftseigenen Neuen Heimat Bayern 1986, die im Hasenbergl als Bauträgerin fungierte, kaufte die Stadt München die Wohnungen, deren Mieten kurz darauf um 30% gesteigert wurden.

Über die Bebauung kann man verschiedener Meinung sein, eine Wohltat für ihre Bewohner ist sie sicher nicht. Selbst die offizielle Meinung kann trotz aller Bemühungen nichts Positives herausstreichen: »Wohnhochhäuser als städtebaulich bewußt gesetzte Blickpunkte wechseln sich mit vier- bis achtgeschossigen in Zeilen angeordneten Wohnblöcken ab«. Für ihre Entstehungszeit typische Baudenkmäler sind die Kirche St. Nikolaus (Stanigplatz 12) mit ihrem raketengleichen Turm, auf dem ein Wetterhahn thront, und die Evangeliumskirche (Stanigplatz 11), in der man eine Fabrik für Beton-Fertigteile vermuten kann. Auch ihre Innenräume sind einen Besuch wert.

St. Nikolaus um 1970

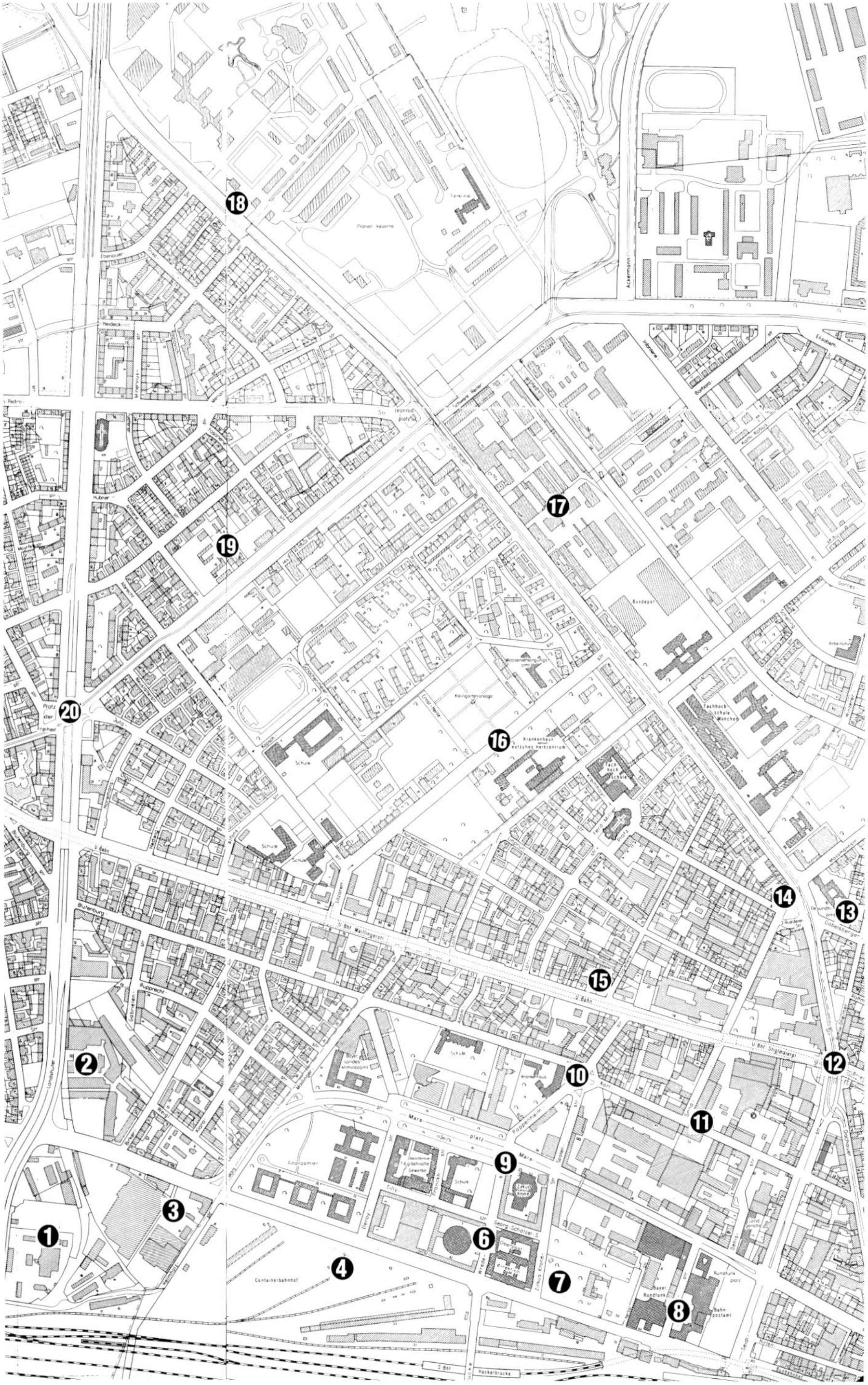
1
2
3
4
6
7
8
9
10
11
12
13
14
15
16
17
18
19
20
Containerbahnhof
Busdepot
Kleingartenanlage
Schule
Fachhochschule München
Circus Krone
Bahnpostamt
U-Bahn
Hackerbrücke

Bierbrauer - Bavariabauer - Bretterzaun für Beatles

Marsfeld

Ausgangspunkt: *Donnersbergerbrücke, S1-7*
Endpunkt: *Rotkreuzplatz, U1*
Dauer: *3 Stunden*

»Ein Maß Bier und zwei Maß Bier
Und hundert Maß Bier und tausend Maß Bier,
So leben wir, so leben wir
An der Isar.
Und Kalbshaxn und Kalbshaxn.
Wir sind keine Preußen, Wir sind keine Sachsen.
Wir sind keine Spießer,
Wir sind Genießer.«

Bierstadt München: im Marsfeld gut vertreten

Was Ringelnatz für München insgesamt dichtete, das trifft auch und gerade für das Marsfeld zu: Brauereien prägen das Bild dieses Quartiers mit. Seit etwa 1850 wurde das Gelände zwischen München und Neuhausen erschlossen, neben Brauereien kamen das ständig wachsende Militär, Industriebetriebe und Wohnsiedlungen, später dann die zentralen Postdienststellen hierher.

Helmholtzstraße ❶

Das bahneigene Elektrizitäts- und Heizkraftwerk des Hauptbahnhofes entstand 1907/1910. Es versorgte den Hauptbahnhof, den Rangierbahnhof Laim und die ehemalige Hauptwerkstätte mit Strom sowie das ehemalige Verkehrsministerium, den Hauptbahnhof, das Hauptzollamt und die ehemalige Zugvorheizanlage mit Heizdampf. Damit waren diese Verkehrseinrichtungen vom städtischen Netz unabhängig. Hier wurde mit Kohleverbrennung gearbeitet und es gab keine Abgasfilter; wegen des häufigen Westwindes gehörte das E-Werk zu den Einrichtungen, die man in der Innenstadt am unangenehmsten wahrnahm.

Landshuter Allee 20 ❷

Die Franz Xaver Meiller Fahrzeug- und Maschinenfabrik (siehe S. 159) bezog das Gelände im Jahr 1918. 1922 wurde hier — wo vorher hauptsächlich Rüstungsgüter produziert wurden — der hydraulische Motorkipper erfunden, eine wesentliche Arbeitserleichterung gegenüber der Kurbelei per Hand. Der Siegeszug dieser Erfindung machte Meiller zu einer der größten Firmen in München. Zum 100. Geburtstag der Firma 1950 überstieg das Produktionsvolumen das des Jahres 1939 bereits um 40%. Im Augustinerkeller feierten »Betriebsleitung und Gefolgschaft« (wie der »Münchner Merkur« vom 4. Dezember 1950 berichtete) auf Firmenkosten diesen Erfolg. 1955 kaufte Meiller die Aktienmehrheit der Waggonfabrik Rathgeber in Moosach und wurde damit zum größten Kipper-Hersteller der Welt.

Heute mit hydraulischen Kippern der größte Kipper-Hersteller der Welt: Meiller; die Anfänge: ein Kippanhänger, der noch mit einer Handwinde betätigt wurde

Arnulfstraße 61

❸

Auf dem Gelände, wo heute die Niederlassung der Daimler-Benz AG residiert, befand sich einst die Lokomotivfabrik Krauss & Comp.. Von den zahlreichen Gebäuden der Firma steht nur noch das 1922/1923 errichtete Verwaltungsgebäude. 1866 gegründet, hatte Krauss & Co. binnen kürzester Zeit einen derartigen internationalen Erfolg, daß bereits 1872 ein zweites Werk an der Lindwurmstraße in Sendling (siehe S. 104) eröffnet werden konnte. Ein Teil des Erfolges entsprang dem frühzeitigen Engagement im Export (parallel zu den Interessen des deutschen Kaiserreichs): 1880 ließ Krauss in Linz/Österreich ein eigenes Werk für den österreichisch-ungarischen Markt und für den Export nach Südosteuropa und in den Nahen Osten bauen. 1905 wurde die 5000. Lokomotive ausgeliefert; die Produktpalette war inzwischen auch auf Lastkraftwagen und Werkzeugmaschinen ausgeweitet.

In den Januarstreiks 1918 gehörten die Arbeiter dieses inzwischen reinen Rüstungsbetriebes zu den politisch aktivsten, während und nach der Revolution im November 1918 und auch in der Weimarer Republik war die Firma eines der Zentren der politischen Linken. Hans Beimler (KPD) (siehe S.276) gehörte 1923-1928 dem Betriebsrat an.

Während der Weltwirtschaftskrise kaufte Krauss 1931 die marode Lokomotiven- und Maschinenfabrik Maffei (siehe S. 261) auf und verlegte die gesamten Produktionsanlagen nach München-Allach.

❹

Arnulf-/Helmholtzstraße/Hackerbrücke

Östlich schließt sich der Containerbahnhof an, der leider nur einen geringen Teil der transportierten Güter von der Straße auf die Schiene verlagert. Eine äußerst negative Begleiterscheinung dieser Einrichtung ist, daß der LKW-Verkehr durch die gesamte Stadt bis ins Zentrum gezogen wird.

❺

Marsplatz

Das Gelände um den Marsplatz war zusammen mit dem Oberwiesenfeld das Münchner Militärzentrum. In den Jahren vor dem I.

Weltkrieg wurde München zu einer der größten Garnisionsstädte des Deutschen Reiches ausgebaut. Auf dem Marsfeld zwischen Blutenburg- und Arnulfstraße befanden sich die große Infanterie-

Blutenburg-/ Arnulfstraße

Produktion bei Krauss: Lokomotiven, Lastkraftwagen, Werkzeugmaschinen

kaserne, die Pionier- und die Offiziersschule sowie die Kriegsakademie. Nach der großen Kundgebung auf der Theresienwiese im November 1918 ging der Demonstrationszug Kurt Eisners und der revolutionären Arbeiter auch zu diesen Kasernen. Hier fand die Verbrüderung zwischen Arbeitern und Soldaten statt.

Heute stehen auf dem Gelände der im Krieg zerbombten Militäreinrichtungen Finanzämter und Postgebäude.

Maillingerstraße 15

Rund 1.000 Menschen kümmern sich im bayerischen Landeskriminalamt (LKA) an der Maillingerstraße um die Einhaltung der geltenden Gesetze. Am 12. Mai 1972 explodierten auf dem Parkplatz des LKA zwei Bomben gleichzeitig. Da der Anschlag kurz zuvor telephonisch angekündigt worden war, wurden zwar 30 Autos zerstört, aber keine Menschen in Mitleidenschaft gezogen. Die Täter wurden bisher nicht gefaßt. Am 20. September 1985 erschütterte eine gewaltige Explosion das Gebäude selber. Diesmal handelte es sich allerdings um eine Art Eigentor, denn der hauseigene Sprengstoffbunker war in die Luft gegangen.

Carl Orff, Schöpfer der »Carmina Burana« und des »Orff-Schulwerk, Musik für Kinder«

Carl Orff, Komponist und »Musikpädagoge«, Schöpfer der »Carmina Burana« und (zusammen mit Gunild Keetman) des »Orff'schen Schulwerk — Musik für Kinder«, wurde 1895 in der Maillingerstraße 16 geboren (das Haus steht nicht mehr). Orff, dessen Vater Berufsoffizier war und in seiner Wohnung die Regimentsmusik aus dem gegenüberliegenden Probelokal »Gasthaus zum Wild« (Maillingerstraße 17) hören konnte, schuf auch Chorsätze nach Brecht und Werfel, obwohl er nach eigenem Bekunden ein unpolitischer Mensch war. Die Nazis gestanden ihm 1937 zwar zu, daß er »mit seiner ›Musik aus der Bewegung‹ die tänzerische Erziehung revolutioniert hat ... seine Methode aber aufgebaut mit Bausteinen, die er aus artfremden außereuropäischen primitiven Kulturschichten zusammengetragen hat.« Carl Orff starb 1982 in München.

Arnulf-/Wredestraße

❻

Das Paketzustellamt entstand 1924/1930 nach Plänen von *Robert Vorhoelzer, Franz Holzhammer* und *Walther Schmidt.* In seinem Innenhof steht ein Rundbau mit 53 m Durchmesser zur Paketverteilung, sein Mittelpunkt war eine neu entwickelte, mechanische Verteilungsanlage für Pakete, die weltweit erste ihrer Art. »Das Bauwerk ist rein das Gehäuse der Betriebsvorgänge und der dort erstmalig entwickelten maschinellen Anlage: Betrieb, Maschine und Haus sind zur Einheit verschmolzen.« (Walter Schmidt)

An der Haupteinfahrt von der Arnulfstraße sind Plastiken von *Josef Weckerle* aufgestellt, die die vier Weltteile darstellen. Seit 1969 werden die Pakete im neuen Paketpostamt an der Arnulfstraße 195 (siehe dort) sortiert. Der Rundbau dient jetzt als Kantine für die Angestellten der Oberpostdirektion München.

Arnulfstraße 60

Letztere entstand 1922/1924 ebenfalls nach Plänen von *Robert Vorhoelzer.* Die fünfgeschossige Randbebauung erhielt zur Gliederung der Baumassen an den vier Ecken siebengeschossige eingerückte Turmbauten. Mehrere Querbauten teilen die Innenfläche in fünf Höfe, die so dunkel sind, daß die hier Arbeitenden während der meisten Zeit des Jahres elektrisches Licht anschalten müssen. Trotz des inflationsbedingten, weitgehenden Verzichts auf Schmuckformen erhielt der Bau eine Monumentalität, »die für ein amtliches Bürogebäude angebracht ist.« Mit seinen 520 Räumen und 155.000 m^3 umbautem Raum war das Gebäude damals das größte Münchens in Bezug auf Nutzfläche und Raumzahl.

Architektur und Einrichtung durch die Funktion bestimmt: das Innere des Paketzustellamtes

Arnulfstraße 52

❼

Der Augustinerkeller (und -biergarten) ist unter den Münchner Bierkellern insofern eine Ausnahme,als keine Musik gespielt wird. Das soll daran liegen, daß sich hier von 1778-1861 eine Hinrichtungsstätte befand, und zwar die Köpfstätte. Gehängt wurde auf der anderen Seite der Hackerbrücke, dem Galgenberg.

Seidl-/Arnulf-/Hopfenstraße

❽

Nördlich des Hauptbahnhofes befand sich das Königlich-Bayerische Verkehrsministerium zwischen Seidl- und Hopfenstraße. Von außen war der Bau typisch für seine Zeit: Der riesige Komplex sah aus wie ein barockes Schloß. Es sollte damit die Eigenständigkeit des Königreiches Bayern innerhalb des Kaiserreiches demonstriert werden, noch dazu in einem Bereich, in dem Bayern wirklich vom Reich unabhängig war: im Eisenbahnwesen, das bei der Reichsgründung 1871 Bayern als Reservatrecht von Bismarck zugestanden wurde. Da die bayerischen Eisenbahnen doch nicht so groß waren, wie das Gebäude vorgaukelte, zogen einige Dienststellen der königlichen Post mit ein. Aus dieser Zeit stammt das Zentralbriefpostamt, für das das Postamt an der Bayerstraße bereits zu klein geworden war, und das heute noch in Betrieb ist. Die alte »Hopfenpost«, bis 1984 offiziell »Bahnpostamt München« und heute »Postamt München 4« genannt, ist mit einem werktäglichen Sendungsaufkommen von durchschnittlich 2,7 Millionen Briefen das größte Briefabgangspostamt der BRD. 2.000 der hier beschäftigten 2.500 Menschen sind im Schichtdienst eingesetzt. Niedrige Bezahlung und schlechte Arbeitsbedingungen sowie zunehmende Automatisierung führen zu einer hohen Personalfluktuation (jährlich ca. 1.800). Im 2. Weltkrieg wurde das Gebäude zerstört; den Rest besorgten die Nachkriegsplaner: die im Großen und Ganzen erhaltengebliebenen Fassaden und der Kuppelbau, eines der Wahrzeichen der Stadt und Pendant zum Gebäude des Hauptzollamtes an der Donnersberger Brücke, wurden 1968 abgerissen.

Der Kuppelbau des Verkehrsministeriums nach der Zerstörung 1945, inzwischen längst abgerissen

Hopfenstraße 10

Hopfenstraße/Rundfunkplatz

Der Bau des Münchner Rundfunks (Heute Bayerischer Rundfunk) entstand im Jahr 1929 an der Hopfenstraße. Bereits im Mai 1922 war »Die Deutsche Stunde in Bayern, Gesellschaft für drahtlose Belehrung und Unterhaltung mbH« in München gegründet worden. Der Name allein sagte einiges über den konservativ heimattümelnden Inhalt der Sendungen aus. 1934 erfolgte dann die Umbenennung in »Reichssender München«; nach Kriegsende informierte bereits seit dem 12. Mai 1945 »Radio München — ein Sender der Militärregierung« die Bevölkerung über die Vorzüge des American Way Of Life.

Marsstraße 43

❾

Das Zirkusunternehmen Krone wurde 1919 durch den Bau eines winterfesten Zirkusgebäudes zu einer festen Münchner Institution. In der kalten Jahreszeit zeigt der Zirkus hier sein Winterprogramm. Es beginnt jährlich am 1. Weihnachtsfeiertag und dauert 3 Monate, den restlichen Teil des Jahres ist der Zirkus auf Tournee. »Meinen Bretterzaun baute ich aus zum festen Zirkusgebäude, das einen Fassungsraum von 4.000 Menschen bekam.« (Zirkusdirektor Carl Krone).

Plakat für Krone

Der Krone-Bau war damit zugleich Münchens größter profaner Versammlungsraum und wurde deshalb zum Schauplatz vieler politischer Ereignisse, z.B. am 3. Februar 1921. Anläßlich der Pariser Konferenz, auf der die deutschen Kriegsentschädigungen auf 226 Milliarden Goldmark festgelegt worden waren, wurde auf roten Plakaten eine »Riesenprotestkundgebung« angekündigt: »42 Jahre sollen wir frohnen« [fronen fälschlich mit »h« geschrieben!]... Und jetzt soll wieder unterschrieben werden? Nein und nochmals nein! Der Schwindel hat ein Ende! Wenn eine Reichsregierung heute wieder bereit sein sollte, leichten Herzens unser Volk zu verschachern, nein zu sagen, um später mit ja zu unterschreiben, dann ist nicht bereit dazu das deutsche Volk.« Adolf Hitler erzeugte mit seiner schon damals ausgeprägten Demagogie bei den mehr als 4.000 Besuchern im Zirkus Beifallsausbrüche. Zu den Begeisterten zählte jener »legendäre« Zirkusdirektor Carl Krone, trug er doch bereits damals das Parteiabzeichen der NSDAP.

Nach dem Krieg fanden dann im Krone-Bau (bis zur Eröffnung der Olympiahalle 1972) die großen Rockkonzerte statt: Die Beatles, Rolling Stones, Steppenwolf etc. waren hier zu sehen.

Am 22. und 24. Juni 1964 standen die »vier Sängerknaben mit der Mädchenfrisur« (SZ) auf der Bühne des Krone-Bau: Stakkato-Schreie im siebten Beat-Himmel. Kurz zuvor hatte die Stadt für die beiden Beatles-Veranstaltungen Vergnügungssteuer erhoben, denn »durch die elektrische Tonverstärkung erschiene das Dargebotene nur als Lärm, nicht als musikalische Veranstaltung«

Marsplatz 1

»Der Vater eines Mörders«: Oberstudiendirektor Gebhard Himmler, Leiter des Wittelsbachergymnasium bis 1930

10

Das Wittelsbachergymnasium wurde bis 1930 von einem *Oberstudiendirektor Gebhard Himmler* geleitet, Vater des SS-Führers *Heinrich Himmler.* Gebhard Himmler, Lehrer und Erzieher des bayerischen Kronprinzen Rupprecht, war nach außen hin streng deutschnational, nach innen glühender Monarchist. An seiner Schule verbot er das Tragen politischer Abzeichen, insbesondere des Hakenkreuzes. Und das hatte auch einen persönlichen Grund: Sohn Heinrich war das schwarze Schaf der Familie. Er taugte in der Schule nichts — das Schlimmste, was dem gestrengen Herrn Vater widerfahren konnte —, studierte dann in Weihenstephan Landwirtschaft und schloß sich bereits 1923 der NSDAP an. Alfred Andersch hat in seiner Novelle »Der Vater eines Mörders« den Vater Heinrich Himmlers und das politisch-soziale Umfeld jener Zeit charakterisiert.

In der ehemaligen Kriegsakademie Pappenheimstraße 14/Blutenburgstraße 3 fand vom 24. Februar bis zum 1. April 1924 der sogenannte »Hitlerprozeß« statt. Die Bayerische Regierung hatte sich erfolgreich dagegen gewehrt, den Prozeß vor dem Reichsgericht in

Leipzig stattfinden zu lassen. Sie fürchtete, daß ihre Rolle beim Hitlerputsch im Bürgerbräukeller am 8. November 1923 (siehe S. 152) vor einem neutralen Gericht offen zutage kommen würde.

Vor der Kriegsakademie während des Prozesses, von links: Frick, Kriebel, Ludendorff, Hitler

Der Gerichtsvorsitzende Georg Neidthardt *ließ Hitler die Gelegenheit zu vielstündigen Propagandareden, die wenig zur Prozeßmaterie selber (vollendeter Hochverrat) aussagten, ihm aber Beifallstürme aus dem Zuschauerraum eintrugen. Nur mit Mühe gelang es ihm, die drei Laienrichter zu einem Schuldspruch zu veranlassen. Er erhielt ihre Zustimmung erst aufgrund der Versicherung, daß eine vorzeitige Begnadigung Hitlers mit Gewißheit zu erwarten sei. Am 1.April 1924 wurde das Urteil verkündet. Hitler bekam fünf Jahre Freiheitsentzug, und zwar in Form der ehrenvollen Festungshaft. Bewährungsfrist für die Reststrafe wurde schon nach sechs Monaten Haft in Aussicht gestellt. Die Entscheidung des Gerichts, von der zwingenden Gesetzesvorschrift der Ausweisung von kriminellen Ausländern (Hitler war Österreicher; erst 1932 wurde er in Braunschweig zum Regierungsrat und damit zum deutschen Staatsbürger gemacht), im Falle eines Mannes, der so »deutsch denkt und fühlt wie Hitler«, keinen Gebrauch zu machen, wurde im Zuschauerraum mit stürmischen Bravorufen aufgenommen. Nach dem Urteilsspruch zeigte sich Hitler an einem Fenster des Gerichtsgebäudes der jubelnden Menge.*

Marsstraße 46-48

⓫

Entlang der Marsstraße stehen die Anlagen der Spatenbrauerei. Sie wurde 1397 zum ersten Mal urkundlich erwähnt und zog 1851 aus der Altstadt (Neuhauser Straße) an ihren jetzigen Standort. 1894 braute man hier als erste Münchner Brauerei helles Bier. Bis dahin gab es nur Dunkles und Weißbier. Nördlich der Karlstraße, am Stiglmaierplatz, liegt die Löwenbrauerei. Gegründet 1383 an der heutigen Löwengrube, ist sie heute die größte Brauerei Bayerns. Im Jahre 1880 begann der Export, und zwar ins klassische Bierland Belgien, bald darauf bis nach Übersee. 1907 »schluckte« Löwenbräu die Aktienbrauerei Zum Bayerischen Löwen, 1921 die Unionsbrauerei sowie das Bürgerliche Brauhaus.

Nymphenburger Straße 4

Die Brauerei stellt heute jährlich 1,3 Millionen Hektoliter her, weltweit werden unter Lizenz 4 Millionen Hektoliter jährlich ausgestoßen. Die Fabrikationsanlagen sollen wegen Platzmangels an den südlichen Stadtrand bei der Autobahn Salzburg verlegt werden. Das freiwerdende Brauereigelände dürfte dann wohl zum Objekt wilder Immobilienspekulationen werden.

Nymphenburger Straße 2

⓬

Am Verkehrsknotenpunkt Stiglmaierplatz liegt der *Löwenbräukeller*, erbaut 1883 und 1906/7. Er war damals eine Sensation, weil die Zecher ihre Bierkrüge nicht mehr selber ausspülen mußten, und Tischdecken und Servietten offensichtlich den Trinkgenuß erhöhten. Auch der Löwenbräukeller war Ort politischer Veranstaltungen:

Am 2.November 1918 fand hier eine Versammlung der liberalen Partei statt. Einer ihrer Vertreter, Ernst Müller-Meiningen, *berichtet über den Verlauf der Veranstaltung. »›Es kommt nicht zur Reichstagswahl; vor dem 17.November kommt die Revolution‹, so schrie der Reichstagskandidat der USPD* Kurt Eisner *in der vom Liberalen Verein ›Frei-München‹ veranstalteten großen Volksversammlung. Die Tausenden johlten und verlachten den sonderbaren Propheten in seinem struppigen Aufzug. Jene Versammlung war gewissermaßen der Auftakt zur Revolution in München. Bereits nach-*

Die Bierstadt

»München ist das, was Schwechat zu sein vorgibt: eine Bierstadt. Wo in anderen Städten Restaurants sind, befinden sich in München »Bräus«. Bier gibt es hier in allen Graden, Schattierungen und Abarten. ›Heller Bock‹, ›Salvator‹, ›Kulminator‹. Thomas-, Spaten-, Löwen-, Pschorr, Paulaner-, Franziskaner-, Augustinerbräu, in Tulpen, Zinnkrügen, Deckelgläsern, Stutzen und Maßkrügen aus Steingut, welche seit 800 Jahren von den Eingeborenen mit Vorliebe auch als Waffe verwendet werden. Maß für Maß, Zahn um Zahn. Es ist daher nicht ratsam, die Volksseele zu reizen. Wer trotzdem entschlossen ist, es zu tun, braucht nichts weiter als ein Glas Pilsner oder Dortmunder zu bestellen. Sonst kann er bestellen, was er will. Das Essen in diesen Restaurants spielt eine untergeordnete Rolle. Es ist eine Art Bierbeilage.« (Helmut Qualtinger)

München und Bier: zwei Begriffe, die zusammengehören wie der Henkel zum Maßkrug. In München werden jährlich 4,55 Millionen Hektoliter Bier gebraut. Die Brauereiindustrie steht auf dem achten Platz der wirtschaftlichen Rangliste der Stadt. Die Brauereien auf dem Stadtgebiet haben sich im Laufe der Industrialisierung von über 100 auf 7 reduziert: Löwenbräu, Staatliches Hofbräuhaus, Spaten, Paulaner, Hacker-Pschorr, Augustiner, Forschungsbrauerei Perlach. Für die Brauereien ist es wichtig, ihre Produktionsstätten im Stadtgebiet zu haben, weil sie nur dann auf dem Oktoberfest ein Bierzelt errichten dürfen, und das ist umsatzträchtig und insbesondere werbungsmäßig lukrativ.

Das Bier kommt in 82 Sorten auf den Markt, die sich in folgende Kategorien zusammenfassen lassen: Hell, Dunkel, Starkbier (Fastenbock im März: »Märzen«, Maibock) sowie das erfrischend-prickelnde Weißbier (eigentlich: Weizenbier). Weißbier gibt es wiederum als Starkbier, als helles und neuerdings dunkles Getränk (Löwenbräu hat sich dafür die geniale Bezeichnung »Schwarze Weiße« einfallen lassen.). Und natürlich das alkoholfreie Helle und Weizen.

Die Geschichte des Bieres ist die Geschichte Münchens. Seit der Stadtgründung 1158 lassen sich Bürger benennen, die vom Herzog gegen eine bestimmte Abgabe mit dem Braulehen ausgestattet wurden. Und immer wieder spielte das Bier eine ihm an sich fremde Rolle, so z.B. am 15. Januar 1823, als die Residenz brannte und das Löschwasser ausging. Die Brauereien stellten ihr am Sieden befindliches Bier zur Verfügung und verhinderten damit eine Katatrophe für die ganze Stadt.

Bier gilt weniger als alkoholhaltiges Genußmittel, sondern eher als Hauptnahrungsmittel. Deshalb erließ der Magistrat bereits 1447 für die Stadt ein Reinheitsgebot, daß Bier nur aus Wasser, Gerste, Hopfen und Malz bestehen durfte. Herzog Wilhelm IV. kopierte 1516 diesen Erlaß in seinem von nun an in ganz Deutschland geltenden Reinheitsgebot. Ausgerechnet im Zeitalter des Umweltbewußtseins erklärt der EG-Gerichtshof das Reinheitsgebot für nicht mehr zwingend. Ob dies indes in München (und Bayern) zu einem Bierkrawall oder gar einem Bierstreik führt, wie wir sie zahlreich aus der Vergangenheit kennen, darf bezweifelt werden.

Früher ließ eine geringe Bierpreiserhöhung zusammen mit sozialen Problemen allgemeiner Art dem durchschnittlichen Bierverbraucher die Hutschnur platzen: 1848, 1866, 1888 und zuletzt 1910 (2 Pfennig Erhöhung pro Maß) entlud sich der Zorn der Bevölkerung in Ausschreitungen gegen Brauhäuser, Wirte, Polizei und oft genug auch gegeneinander. Eine andere Kampfform gegen Preiserhöhungen war der Bierstreik. »An die Arbeiter Münchens! Der am Morgen des 20. Juni (1874) von wenigstens 20-25.000 Männern begonnene Bierstreik hat bis heute bereits namhafte Erfolge zuwege gebracht. ... Kein Arbeiter darf auch fernerhin irgendwo ein Glas Bier trinken, wo der Liter mehr als acht Kreuzer kostet!« (»Zeitgeist«, 24. Juni 1874). Diese Tradition hat bis in die 50er Jahre unseres Jahrhunderts gehalten: Als 1952 der Bierpreis erhöht worden war, rief der DGB zum Verbraucherstreik auf — ohne Erfolg.

Eine Methode der indirekten Bierpreiserhöhung — gang und gäbe, seit es Bier gibt — ist das gezielt schlechte Einschenken, in der Regel dreiviertel statt einen Liter. Damit konnten

Der Eingang des Löwenbräukellers

sich Wirte und Schankkellner einen guten Nebenverdienst sichern, und entsprechend rabiat gebärdeten sie sich auch bei Beschwerden. Um diesen Betrug abzuschaffen, entstand 1891 im Hofbräuhaus der »Verband gegen verbrecherisches Einschenken«. Nach seinen Berechnugen wurden in München Anfang des Jahrhunderts jährlich rund 1,6 Millionen Hektoliter (!) zwar bezahlt, aber nicht eingeschenkt. Aber erst 1984 hatte der nunmehrige »Verein gegen betrügerisches Einschenken« Erfolg: Mitten während des Oktoberfestes ließ der Kreisverwaltungsreferent Gauweiler seinem Spezi Richard Süßmeier dessen Wies'nzelt schließen, u.a. wegen betrügerischen Einschenkens. Seit jenem denkwürdigen 1. Oktober 1984 wird in München (zum ersten Mal seit 1158) reell eingeschenkt.

mittags 6 Uhr hatten Eisner und seine Genossen Massen jugendlicher Krupp-Arbeiter im Saale postiert. Der Verlauf wurde immer stürmischer. Es war charakteristisch, daß der Hinweis auf die Polizeistunde seitens des Vorsitzenden wahre Orgien von Wut entfesselte. Hunderte schrien: ›Was geht uns die Polizei an?‹ ›Uns hat kein Mensch mehr etwas zu sagen, das Volk regiert‹. Tatsächlich rührte sich auch die Polizei nicht. Tosenden Beifall fand der von einem Redner geforderte Rücktritt des Kaisers. Dies fand die stürmische Zustimmung der über alle Maßen erregten Versammlung.«

1986 brannte der Festsaal nach Brandstiftung bis auf die Grundmauern aus. Er ist inzwischen originalgetreu wiedererstanden und steht damit den »Gauklern« und »Damischen Rittern« als Faschingshochburg wieder zur Verfügung. Im Garten liegt ein 508 Pfund schwerer Stein, den der *Steyrer Hans* (s. S. 306) seinerzeit mit einem Finger heben konnte. Versuchen Sie das mal!

Schleißheimer Straße 34 ⑬

In der Nähe steht das Mietshaus Schleißheimer Straße 34. Im 3. Stock lebte von 1913 bis 1920 der Kunstmaler Adolf Hitler zur Untermiete bei einem Schneidermeister Popp.

Sandstraße 45 ⑭

Autorin der »Rumplhanni«: Lena Christ

In der Gaststätte »Deutsche Eiche« verbrachte die Schriftstellerin *Lena Christ* einen Teil ihrer trostlosen Kindheit. Christ wurde 1881 in Glonn bei Rosenheim geboren. Ihre ledige Mutter zog 1889 nach München, wo sie den Metzger und Gastwirt *Zirngibl* heiratete. In deren Gaststätte mußte Lena hart arbeiten und wurde von ihrer Mutter und ihrem Stiefvater schwer mißhandelt.

Nach dem Scheitern ihrer ersten Ehe, aus der sie sechs Kinder hatte, heiratete sie den Schriftsteller Peter Benedix, *der ihre erzählerische Begabung entdeckte und sie mit dem Verleger* Albert Langen *(»Simplizissimus«) bekannt machte. Berühmt wurde Christ durch ihr Werk »Erinnerungen einer Überflüssigen« (1912). In das Milieu der Münchner Vorstadt Au siedelte sie den Roman »Rumplhanni«, der den Weg einer auf dem Lande gescheiterten Frau in die Großstadt schildert.*

1920 (ihre zweite Ehe war gescheitert, sie war unheilbar an Schwindsucht erkrankt und in einer Bilderfälschungsaffäre als schuldig erkannt) nahm sie sich auf dem Waldfriedhof das Leben; sie liegt dort begraben (Gräberfeld 44-3-14).

Erzgießereistraße ⑮

Im Jahre 1825 gründeten *Ferdinand Miller* und sein Onkel *Johann Baptist Stiglmaier* die Königliche Erzgießerei an der danach benannten Erzgießereistraße.

1850 wurde hier die Bavaria in etlichen Einzelteilen gegossen. Wegen ihres Gesamtgewichts von 1560 Zentnern und ihrer Ausmaße dauerte der Transport zur Theresienhöhe geschlagene 3 Wochen. Die Statue übertraf alles bisher Dagewesene, und König Ludwig I. lobte: »Das größte Werk, was seit tausend Jahren nicht mehr gemacht wurde!«

3 Wochen bis zur Theresienwiese: die Bavaria

Die ebenfalls von der Erzgießerei hergestellten Löwen von der Siegestor-Quadriga in Schwabing wurden 1851 auf der Londoner Weltausstellung mit einer Goldmedaille ausgezeichnet. Miller eroberte sich damit den Weltmarkt.

Bronzemonumente der Königlichen Erzgießerei München stehen noch heute in ganz Europa und in Süd- und Nordamerika, allein in mehr als dreißig Städten der USA (z.B. die Bronzetüren des Kapitols in Washington sowie das Washington—Monument). 1856 hatte man Miller in die Gemeindevertretung berufen, 1869 wählte man ihn als Abgeordneten in den Landtag und 1874 und erneut 1878 in den Reichstag. Ferdinand von Miller (1875 von König Ludwig II. in den erblichen Adel erhoben) starb 1887. Sein Sohn Oskar von Miller gilt als Initiator des Deutschen Museums.

Nymphenburger Straße 64

Eine bekannte Adresse ist die Nymphenburger Straße 64: hier hat die Christlich Soziale Union (CSU) ihre Zentrale, von deren Politik hier aber nicht die Rede sein soll, auch nicht von ihrem Führer *Dr.h.c. Franz-Josef Strauß*, Inhaber von 4 Ehrendoktorwürden, 2 Kriegsauszeichnungen, 10 Orden und weiteren Ehrenzeichen (Stand von 1966). Wir wollen nur kurz dem »Volke auf's Maul« schauen: Zur Politik gehört — wie sollte es in München anders sein — eine Gaststätte. Das Lokal »Löwe und Raute« heißt im Volksmund auch »Löwe und Ratte«. Der Löwe ist Herr Strauß, der das »bayerische Haus« vor der Verseuchungsgefahr durch die von ihm als Ratten und Schmeißfliegen bezeichneten Schriftsteller wie Engelmann, Böll, Grass etc. bewahrt. In der Nymphenburger Straße hat auch der Bayernkurier, das wöchentliche Parteiblatt der CSU, seine Redaktion.

CSU

Die Lazarettstraße bezieht ihren Namen von zwei Militärlazaretten, die an der östlichen Straßenseite (zwischen Thorwaldsen- und Dachauerstraße) lagen: Eins für Chirugie und eines für Geisteskrankheiten. Heute befindet sich das Deutsche Herzzentrum auf dem Gelände.

Die Königlich-Bayerischen Artilleriewerkstätten in der Dachauer Straße

Dachauer/Schwere-Reiter-/Heßstraße

⑰

Zwischen der Dachauer, Schwere-Reiter-, Heß- und Lothstraße entstanden 1800 die Königlich-Bayerischen Artilleriewerkstätten. Zu tun hatte man auch hier reichlich: Die Kriege von 1866 und 1870/1871 erhöhten die Produktion, aber erst seit 1887 — mitten im »Frieden« — bewirkten die rasanten Kriegsvorbereitungen, daß die Produktionsanlagen bald das gesamte Straßengeviert ausfüllten.

Die Negerhalle 1987; auch sie soll demnächst verschwinden: immer weniger Platz für modernen Tanz und avantgardistisches Theater in München?

Nachdem die Fabrik bis 1918 zur vollsten Zufriedenheit, aber am Ende erfolglos produziert hatte, hieß sie seit 1919 »Deutsche Werke«, eine Maschinenfabrik. Im Jahr 1925 kaufte die Stadt das Gebäude und die Anlagen der inzwischen pleitegegangenen Firma und richtete hier den Straßenbahn-Betriebshof 5 ein, der 1928 eröffnet wurde.

Dachauer Straße 128

⑱

Das nächste Militärgelände folgte an der Dachauer Straße: Die 1910 erbaute Pionierkaserne, die bis 1983 als solche diente. Die meisten Gebäude werden der Spitzhake zum Opfer fallen, nachdem klar ist, daß das Areal für den Wohnungsbau benutzt werden soll. Wo dann die Unternehmungen der freien Theater- und Tanzszene einen Platz finden werden, ist einstweilen unklar. In der Zwischenzeit hatten sich der große Flohmarkt und die »ETA«- und »Neger«-Hallen, Schauplatz avangardistischer Theater- und Tanzaufführungen, etabliert.

Heideckstraße

Der »Verein zur Verbesserung der Wohnungsverhältnisse in München« ließ 1909/1911 an der Dachauer Straße zwischen Erhard-Auer- und Heideckstraße einen »Kleinwohnungsblock« errichten, der zwar einen großzügigen Innenhof enthält, dessen Wohnungen — immerhin mit jeweils eigenem Wasserklosett — aber nur ca. 40m² umfaßten. Folglich zogen nur arme Familien ein.

Als nach der »Schlacht vor Dachau« die konterrevolutionären Truppen im April 1919 auf der Dachauer Straße nach München zogen, fühlten sie sich von den Bewohnern dieses Mietblocks provoziert. Sie durchsuchten die Wohnungen, verhafteten sämtliche erwachsenen Männer und erschossen Dutzende an der nächsten Hauswand — Auftakt für einen Blutrausch, bei dem in ganz München im Mai 1919 über eintausend vermeintliche und echte »Rote« ermordet wurden.

Dachauer Straße 128

Es schließen sich Militärgebäude neuerer Zeit an: Das Bundeswehrverwaltungszentrum (Dachauerstraße 128) entstand 1978/1983 nach Plänen der Architekten Fritz Novotny und Arthur Mähner. Die weiträumigen Grünanlagen sind öffentlich zugänglich, und der Münchner Merkur jubelte 1979: »Das wird einer der schönsten Neubauten der Nachkriegszeit.« Apropos Nach-Krieg: in den Gebäuden befinden sich u.a. die Wehrbereichsverwaltung, Kreiswehrersatzamt, Rechenzentrum, Wehrbereichsgebürnisamt, Standortverwaltung.

Und wo Lazarette, Artilleriefabriken, Kasernen und Wehrverwaltungszentren verschiedener Kriege und Nach-Kriege Platz gefunden haben, da durfte auch die Militärgerichtsbarkeit nicht fehlen: An der Artillerie-/Ecke Leonrodstraße stand bis 1944 das Militärgerichtsgebäude, von dem aus die zahlreichen verurteilten Delinquenten in die benachbarte Militärarrestanstalt überstellt wurden.

⑲

Ernst Toller, Kommandant der Roten Armee der Räterepublik; er wollte »keine russische Revolution mit Blutvergießen, sondern eine bayerische Revolution der Liebe«

1918 wurde auch Ernst Toller *in die Arrestanstalt überführt, aber nach einigen Wochen wegen Haftunfähigkeit, die ihm ein gutmeinender Militärarzt bescheinigte, zum Dienst nach Neu-Ulm entlassen. Am 7.November 1918 wurde die überfüllte Arrestanstalt von Revolutionären gestürmt. Mit Gewehrkolben schlug man die Zellentüren ein; die Schlüssel waren nicht zu finden, die Bewacher spurlos verschwunden. Sie hatten sich aus Angst einzeln in die Zellen einschließen lassen und wurden ebenfalls »befreit«. Ein Teil der Anlage dient heute als Schubgefängnis, ein Teil dem Bayerischen Hauptstaatsarchiv.*

Olgastraße 5
⑳

In der Olgastraße, unter der Nummer 5 , wurde am 4. Februar 1914 der Schriftsteller *Alfred Andersch* geboren. Andersch besucht von 1920 bis 1928 Schulen in München (u.a. das Wittelsbachergymnasium (siehe dort), lernt Verlagsbuchhändler und ist zu Beginn der 30er Jahre im Kommunistischen Jugendverband Bayerns aktiv. Über die ganz in der Nähe gelegene Gaststätte »Volksartshof« (Volkartstraße 24/Ecke Frundsbergstraße), deren Wirt KPD-Mitglied war, berichtet er in seiner Erzählung »Die Kirschen der Freiheit«: »Etwas Bier war verschüttet worden, es bildete einen Flecken auf der dunkelbraunen Tischplatte. Ich paßte auf, daß die ›Rote Fahne‹, die ich las, nicht feucht wurde. ›Paulanerbräu‹ stand an den Wänden... Das Licht im Gasthaus ›Volkartshof‹ war trüb. Die meisten Genossen trugen schlechte Kleider, aber sie hatten gute Köpfe, und jeder von ihnen war ein Charakter für sich... Wenn die Tür aufging, kam ein Stoß kalter Luft in die Gaststätte herein. Wir waren damals, im Beginn des Winters 1932/33, schon fast illegal.« Andersch, der sich später von der Partei abwand, arbeitete nach dem Krieg noch einmal in München als Redaktionsassistent von Erich Kästner bei der »Neuen Zeitung«. Zu den bedeutensten Romanen Anderschs, der 1980 in der Schweiz stirbt, gehören »Sansibar oder der letzte Grund«, »Die Rote«, »Efraim« und »Winterspelt«. »Alfred Andersch — einer der wenigen westdeutschen Nachkriegsautoren, die der Welt etwas zu geben haben«, schrieb Jean Amery anläßlich des Erscheinens von »Efraim«.

Platz der Freiheit

Am »Platz der Freiheit« endet unser Rundgang durch einen hauptsächlich militärisch bestimmten Teil der Stadt. Auch an diesem Platz, der nach offiziellen Angaben der »Ehrung der Opfer des 3.Reichs« gewidmet ist, muß sich kein Anwohner seiner Adresse schämen: es gibt keine Hausnummern und mithin keine Anschriften. Ein würdiger Abschluß.

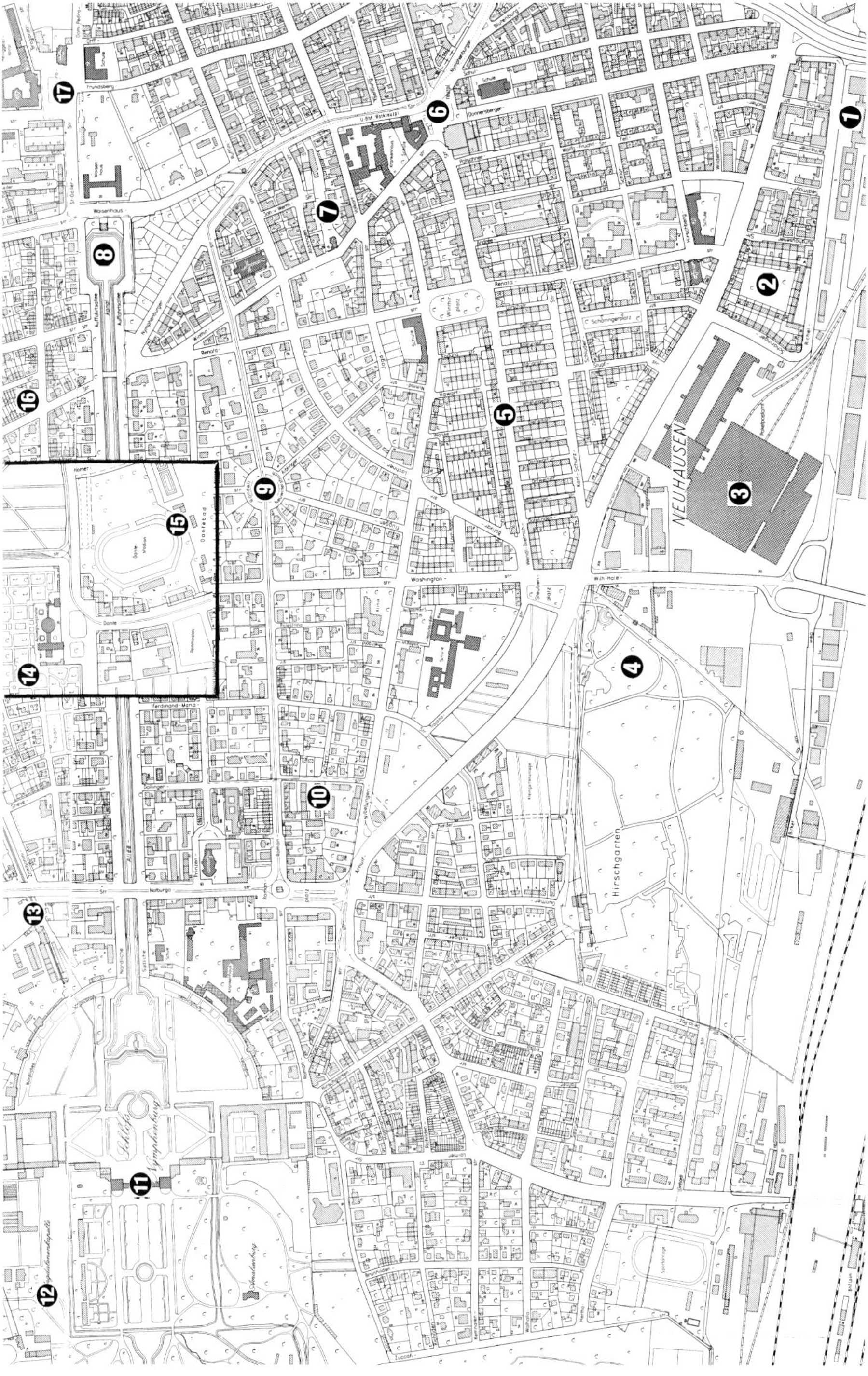
NEUHAUSEN
Hirschgarten
Schloß Nymphenburg
Amalienburg
Dantebad
Washington-
Wilh.-Hale-
Waisenhaus-
Renata
Donnersberger-
Winthirplatz
Schöningerplatz
Romanplatz
Norburga
Ferdinand-Maria-
Dante
Zuccali-
1
2
3
4
5
6
7
8
9
10
11
12
13
14
15
16
17

Schlittschuh auf dem Schloßkanal

Neuhausen/Gern/Nymphenburg

Ausgangspunkt: *Donnersbergerbrücke, S1-7*
Endpunkt: *Rotkreuzplatz, U1*
Dauer: *3 1/2 Stunden*

Diese Tour durch die Stadtteile Neuhausen, Gern und Nymphenburg lebt von Gegensätzen: Wohnblocks und -anlagen für Arbeiter und Angestellte, schon »bessere« Siedlungsformen, die für den »Mittelstand« konzipiert wurden und den Bewohnern mehr Licht, Luft und Sonne spenden sollten, stehen in Kontrast zu den gewaltigen Schloßanlagen in Nymphenburg. Aber während dort und auch im eher »bürgerlichen« Teil von Gern die alten Strukturen kaum verändert wurden, hat Neuhausen einige Veränderungen erlebt. Das Dorf Neuhausen (zum ersten Mal erwähnt 1315) wurde 1890 nach München eingemeindet, weil die expandierende Stadt Baugrund für Industrie und Wohnungen benötigte. So entwickelte sich Neuhausen auch erst seit 1890 zu dem, was es heute ist: ein Viertel, das geprägt ist durch Bahn und Post mit den dazugehörigen Mietskasernen aus allen Epochen, ein Viertel der »kleinen Leute«. Seit einiger Zeit gewinnt dieser Stadtteil an Attraktivität. Nicht nur »betuchtere« Schichten, die sich die teuren, renovierten Altbauten leisten können, sondern auch die alternative »Szene« mit ihren Läden, Werkstätten etc. hat hier Einzug gehalten.

Richelstraße 3
❶

Westlich der Donnersberger Brücke residiert die Bundesbahndirektion München in den 1968/1973 errichteten Verwaltungsblocks. Seit 1871 wird das Gelände von der Bahn genutzt: erst für die Kgl. Bayerische Staatsbahn-Centralwerkstätte München, seit 1920 als Reichsbahn-Ausbesserungswerk. Das Werkgelände erstreckte sich südlich der Arnulfstraße 530 m nach Westen und 270 m nach Süden; bis zu 2.000 Menschen arbeiteten hier. Die Ausmaße der Anlage zeigen die Bedeutung Münchens als Verkehrsknotenpunkt.

Die Zeit von 1914 bis 1920 war für die Bahn-Direktoren besonders aufregend; in einer Festschrift von 1953 (!) heißt es: »Der Weltkrieg stellte die Centralwerkstätte vor eine Reihe schwieriger und zusätzlicher Aufgaben. Die Zeit der Räteregierung im Frühjahr 1919 brachte die trübsten Wochen für das Werk. Dann lenkten aber die Verhältnisse rasch wieder in normale Bahnen ein.« Im Klartext: Die

Kriegszerstörungen brachten dem Ausbesserungswerk mehr Arbeit bei weniger Personal, die Werkstätte war eine Hochburg der Revolution, der die konterrevolutionären Truppen April/Mai 1919 ein rasches, d.h. blutiges Ende bereiteten.

Die »roten Eisenbahner« stellten in der Tat einen großen Teil der Neuhauser Bevölkerung. Im Viertel gab es Arbeitervereine, Naturfreunde, Gesangsvereine, Sozialistische Jugendgruppen etc. sowie seit 1909 die Blocks der Eisenbahner-Baugenossenschaft westlich der Donnersberger Straße.

1927/1931 wurden die Ausbesserungswerke aus Platzgründen nach Freimann verlegt, in die leeren Gebäude zogen verschiedene Firmen ein. Pläne über die Verlegung des Hauptbahnhofs nach Westen, die von 1928 bis 1945 bestanden, sahen die Beseitigung der Werksanlagen vor. Diese Arbeit erledigten die alliierten Bomber gründlich: 1945 lag kein Stein mehr auf dem anderen. An das Ausbesserungswerk erinnerte bis zum Mai 1972, als der S-Bahn-Verkehr begann, der Name des heutigen Bahnhofs Donnersberger Brücke: die Haltestelle hieß vordem Hauptwerkstätte.

Arnulfstraße/ Schäringer-/Burghauser Straße ❷

Die Versuchssiedlung des Bayerischen Post- und Telegraphenverbandes wurde in den Jahren 1928 und 1929 von der »Reichsforschungsstelle für Wirtschaftlichkeit im Bau- und Wohnungswesen« in Zusammenarbeit mit den Architekten der Oberpostdirektion München, Robert Vorhoelzer und Walther Schmidt, errichtet. Mit der Siedlung sollten verschiedene Konstruktionen für Außenwände, Decken, Innenwände, Dächer und Terrassen sowie unterschiedliche Ausbaustandards erprobt werden. Der Wohnungsgrundriß zeigt zum ersten Mal die sogenannte »Münchner Küche«, eine Wohnküche, bei der der Küchenteil durch eine Glaswand von dem Wohnteil getrennt ist. Die Häuser wurden in Massiv- und Skelettbauweise, mit Holzbalken und Massivdecken, mit verschiedenen Dächern in verschiedenen Materialien ausgeführt. Um einzelne Heizsysteme beurteilen zu können, stattete man drei völlig gleich konstruierte Häuser mit unterschiedlichen Heizsystemen aus: Etagenheizung, Kohleöfen, Zentralheizung.

Arnulfstraße 195 ❸

Das Paketpostamt München, erbaut 1965/1969, ist — wie Kenner behaupten — das größte der Welt. Ein eigener Bahnhof mit 15 Bahnsteigen dient dem An- und Abtransport der Pakete. Ein weiterer Superlativ: Die Bahnhofshalle mit ihren 148 m Spannweite ist die größte Fertigteilhalle der Welt. In der Vorweihnachtszeit sortieren hier 3.000 Menschen (meist moderne Tagelöhner mit Wochenverträgen) in drei Schichten um die Wette: 450.000 Pakete fallen dann täglich an, 110 Güterwaggons müssen be- und entladen werden.

Hirschgarten ❹

Auf Befehl des Kurfürsten Karl Theodor entstand um 1780 südlich des Schlosses Nymphenburg der Hirschgarten, benannt nach dem männlichen Teil des Hochwildes, das hier ausgesetzt wurde, um das Jagdbedürfnis des Adels zu befriedigen. Ursprünglich ging der Park von der Schloßmauer bis zur heutigen Friedenheimer Brücke. Der größte Teil dieses »Stattlichen Wildparks« fiel den Bahnanlagen und der Bebauung entlang der Wotanstraße zum Opfer.

1942/1943 rodete man 14,3 ha (von 32 ha), um Platz für den neuen Hauptbahnhof zu schaffen. Kurz darauf lichtete der Bombenkrieg den Baumbestand. Obwohl der Hirschgarten inzwischen unter Naturschutz gestellt war, konnte die Bundesbahn 1968 nochmals 35.000 m^2 Wald roden; Olympia machte es möglich: es mußte Platz her für einen Omnibusbetriebshof vom Oberwiesenfeld.

Die letzten beiden in freier Wildbahn lebenden Hirsche wurden 1941 geschossen; heute kann man wieder Hochwild, Ziegen etc. in einem Tiergehege betrachten.

Bekannter als Tiergehege und Parkanlagen ist der »Hirschgarten« jedoch als Biergarten; mit mehr als 6.500 Sitzplätzen unter schattigen alten Kastanienbäumen ist er nicht nur der größte Münchner Biergarten, in dem an sonnigen Sommer- und Spätsommertagen bis zu 17.000 Maß Bier ausgeschenkt werden, sondern gehört bei den Münchner »Normalbürgern« zu den beliebtesten. In der Nähe gelegene Spielanlagen für Kinder, ein Boden-Schach und andere Freizeitattraktionen führen dazu, daß an manchem Sonntagnachmittag trotz der riesigen Anzahl von Stühlen und Bänken kein Platz zu bekommen ist. Viele Besucher bringen nach altem Brauch die »Brot-

Der Hirschgarten: ein Biergarten mit früher eigenem Tanzplatz und zahmen Hirschen, die zwischen den Tischen herumliefen. Heute nach wie vor ein beliebter Freizeittreff, die Hirsche sind inzwischen eingezäunt

zeit« selber mit. Stilgerecht könnte das in etwa so aussehen: aus einem Korb (in keinem Fall einer Plastiktüte) holt man zunächst eine weiß-blau gerautete Tischdecke und breitet sie aus. Dann kommen Geschirr und Besteck. Es folgen weiter: Brez'n, Leberkäs, Obatzter (angemachter Weichkäse), Radi (Rettich) — schraubenförmig endlos aufgeschnitten und mit Salz und Pfeffer versehen, um ihm die Schärfe zu nehmen und zu würzen —, weitere Speisen nach Wahl. Selbstverständlich kann dies alles heute auch käuflich an den Standln erworben werden, z.B. auch ein köstlicher Steckerlfisch (geräucherte Renke). Streng verboten ist es allerdings, Getränke selbst mitzubringen. Diese müssen maßweise (literweise) an der Schenke abgeholt werden — als Maß Bier oder Radlermaß (1/2 Bier, 1/2 Zitronenlimonade). Im Hirschgarten findet jedes Jahr in der zweiten Juliwoche das traditionelle, gemütliche Magdalenenfest statt mit seinen Fahrgeschäften und Verkaufsständen für Geschirr und Textilien.

Wohnungen für den »Mittelstand«: die Siedlung Neuhausen auf einem Luftfoto aus den 30er Jahren

Wendl-Dietrich-Straße
❺

Zwischen 1928 und 1930 entstand auf 19 ha unter der Leitung von *Hans Döllgast* die Siedlung Neuhausen mit der Wendl-Dietrich-Straße als Achse. Die 1.580 Wohnungen waren für den »Mittelstand« bestimmt und fielen mit durchschnittlich 72 m^2 relativ groß aus. Auch Bäder gehörten zu jeder Wohneinheit, im Gegensatz zu den meisten Arbeiterwohnblocks aus derselben Zeit. Die Straßen zwischen Lorsch- und Gotelindenstraße erinnern an die Nibelungensage, die Lieblingslektüre der in der »Ordnungszelle Bayern« und ihrer Hauptstadt München regierenden Bayerischen Volkspartei (BVP).

Drei andere Namen — Washington-, Karl-Schurz-Straße und Steubenplatz — weisen darauf hin, daß der Bau der Siedlung mit Hilfe von US-Krediten finanziert wurde, die Oberbürgermeister Karl Scharnagl (BVP) persönlich 1926 in New York einwarb. Der große Block am Steubenplatz trägt heute noch den Beinamen »Amerikanerblock«. Während der Weltwirtschaftskrise wurden die kurzfristig gewährten Kredite von den US-Banken zurückgefordert. Da sie aber in Immobilien verwandelt worden waren und noch keinen Gewinn abgeworfen hatten, mußte die Stadtverwaltung die Gelder im sozialen Bereich einsparen.

Steubenplatz

Ein Spaziergang durch die Siedlung rentiert sich wegen der vielen inzwischen ausgewachsenen Bäume, der aufwendigen künstlerischen Gestaltung und der eigenartig faszinierenden Wohnblocks. Wir begegnen darüber hinaus dem in München fast unbekannten Künstlerhof (Zum Künstlerhof), der aus einer Gruppe von Ateliers um einen lauschigen Innenhof besteht.

Zum Künstlerhof

Der Rotkreuzplatz ist das Zentrum des Stadtviertels, auch »Neuhauser Stachus« genannt. Erst vor kurzem wurde er — als Folge des U-Bahn-Baus — etwas verkehrsberuhigt und umgebaut sowie mit Sitzgelegenheiten und dem auffälligen Backsteinbrunnen versehen.

Rotkreuzplatz
❻

Im Rahmen dieser Maßnahmen verwandelte sich die Donnersberger Straße in eine Sackgasse: kaum vorstellbar, daß dies bis 1972 ein Teil des provisorischen Mittleren Ringes war, auf dem sich ein unglaubliches Verkehrschaos durch die Stadt zwängte. An die um jeden Preis fortschrittsversessenen 60er Jahre erinnern heute noch die gelichteten Baumreihen am Straßenrand; es wurden Lücken in den Alleebaumbestand geholzt, um ausreichenden Parkraum für den Autoboom zu erhalten.

Kein Fenster zum Platz: der Kaufhof

In der parallelen Schulstraße befand sich bis 1933 in der *Gastwirtschaft Volkshalle* (Schulstraße 28) ein Vereinslokal des Arbeiter-Radfahrerbundes Solidarität.

Zurück zum Rotkreuzplatz. Das Hochhaus des Krankenschwester-Wohnheims (erbaut 1964-1967) ist ebenfalls noch ein Symbol der ungeschminkt-euphorischen Wirtschaftswunderzeit; dagegen entstammt der Kaufhof (1979) einer architektonischen Modewelle, in der man sich wieder an historischen Vorbildern orientierte: Der Betonklotz ist zwar nur drei Stockwerke hoch, dafür aber drei Stockwerke tief und nimmt damit die Traufhöhe der Umgebung auf und paßt sich an. Die als Zierde angebrachte Backsteinfassade gliedert sich in verschiedene Bögen und macht damit ziemlich erfolgreich vergessen, daß das Kaufhaus kein einziges Fenster zum Rotkreuzplatz hin besitzt.

Rotkreuzplatz

In der *Winthirkirche* (Winthirstraße 15) liegt der erste Einwohner Neuhausens, der »selige« Einsiedler, Wandermönch und Iro-Schotte Winthir (ca. 780-850) begraben. Die Kirche (zum ersten Mal 1315 urkundlich erwähnt) in ihrer heutigen Form stammt aus dem Jahr 1933, nachdem 1931 ein Gewittersturm die alte zum Einstürzen gebracht hatte. 1944 zerstörten Bomben das Gebäude erneut. Prälat

Winthirstraße 15
❼

Abgerissen zu Beginn der siebziger Jahre: Häuser an der Winthierstraße in Neuhausen

Georg Niggl (begraben an der Kirche) beschleunigte den Wiederaufbau, indem er knappes Bauholz vom Obersalzberg aus Hitlers 1945 abgebrochenem Kino besorgte und hier für den Dachstuhl verwendete.

Auf dem der Kirche angegliederten Friedhof sind berühmte Tote bestattet: *Oskar von Miller* (1855-1934; bestattet direkt an der Kirche), Mitbegründer der AEG und Initiator des Deutschen Museums. *Dr. Elisabeth Bamberger* (1890-1984; Grabfeld 4-10-3), sie gilt als »Nestorin der kommunalen Jugend- und Sozialarbeit«. Seit 1923 Leiterin der Städtischen Familienfürsorge wurde sie nach 1949 nach Bonn als Vorsitzende der Arbeitsgemeinschaft für Jugendpflege und -fürsorge berufen.

Lorenz Hauser (1869-1918; Grabfeld 1-2-6/7), der Prototyp des »Millionenbauer« in der Gründerzeit nach 1871.

Obwohl zweitgeborener Bauernsohn, übernahm der »Hauser Lenz«, wie ihn um die Jahrhundertwende halb München nannte, nach dem Tod seines älteren Bruders und der Eltern den Hof. Hauser indes »dachte nicht im Traum daran, sich schwielige Hände und einen krummen Puckel zu holen bei der bäuerlichen Plackerei wie seine Voreltern; erkannte die Gunst der Stunde, parzellierte nach und nach Felder und Wiesen und handhabte die Couponschere so meisterlich wie der Vater Sense und Sichel.« Auf diese Art zu großem Reichtum gekommen, verpulverte der Hauser Lenz das Geld auf mitunter merkwürdige Art, wie Karl Spengler in seinem Buch »Es geschah in München« weiter berichtet: eines Tages ließ er ein Quartett von Schuberlmusikanten auf den Hof kommen, »sie auf die Brüstung des Taubenkoberls setzen und sie dort konzertieren, denn auch der Taubenkobel des Hauserhofs war, wie alles, was mit dem Lenz zusammenhing, von überdurchschnittlichen Maßen.

Und während die vier voller Hingabe ihre Ländler fiedelten, ließ er die Holzsäule des Taubenschlags umsägen, daß die Musikanten auf den Düngerhaufen herabpurzelten. Den Mordsspaß ließ sich der seltsame Musikfreund einen Tausender kosten«. Auf diese Weise ging denn auch sein Wunsch, das Vermögen restlos aufzubrauchen, in Erfüllung: Hauser starb 1918 völlig verarmt.

Hubertusbrunnen
8

Jenseits des Grünwaldparkes, am östlichen Ende des Schloßkanals, steht der Hubertusbrunnen. Ursprünglich befand er sich vor dem Bayerischen Nationalmuseum an der Prinzregentenstraße, wo er 1907 »zur besonderen Ehrung des Prinzregenten Luitpold von der Stadtgemeinde und dem Staat errichtet« wurde, ausgeführt von dem damals sehr bekannten Bildhauer Adolf von Hildebrand. 1937 mußte der Brunnen dort der Verkehrsplanung weichen und wurde 1954 am jetzigen Standort wieder aufgebaut.

Der Schloßkanal, 1.500 m lang und 25 m breit, führt genau auf das Mittelgebäude von Schloß Nymphenburg. Er wurde 1730 vom

Wintervergnügen auf dem Nymphenburger Kanal: Arbeitersportler beim Schlittschuhlauf 1932/33

Militär ausgehoben und 1758 mit den beiden Auffahrtsalleen versehen. Der Kessel am östlichen Ende des Kanals wies eine gefährliche Kuriosität auf. Da am westlichen Ende des Kanals ständig Wasser eingespeist wurde, mußte dieses ja irgendwo wieder abfließen. Das geschah am Kessel durch einen unterirdischen Abfluß, von wo aus das Wasser über eine Rohrleitung zum Schloß Schleißheim geleitet wurde und dort als »Quelle« wieder an die Oberfläche trat. Ermöglicht wurde dieser Spaß auf Kosten der steuerzahlenden Untertanen durch das natürliche Gefälle. Gefährlich war das Ganze, weil angeblich selbst die besten Schwimmer nicht den Kessel durchschwimmen konnten, ohne von dem unsichtbaren Wirbel am Abfluß hinabgezogen zu werden. Wenn der Kanal zugefroren ist, tummeln sich hier Schlittschuhfahrer und Eisstockschützen.

Rondell Neuwittelsbach
9

Südlich des Kanals entstand seit 1880 (zur gleichen Zeit entstand — sozusagen als Pendant — das trostlose Mietskasernenviertel am Ostbahnhof, (s. S. 149) der letzte Stadterweiterungsbereich nach geometrischem Grundrißschema in München, die Villenkolonie Neuwittelsbach um das Rondell Neuwittelsbach als Mittelpunkt. Geplant und gebaut wurde es als »gesundes Quartier für Bemittelte«, als Gartenstadt mit parkähnlichem Charakter.

Die 1899 »in die unersättliche Millionenstadt« (München hatte damals 500.000 Einwohner) »eingemeindete« Gartenstadt hat sich bis heute in ihrem Erscheinungsbild und ihrer Bevölkerungszusammensetzung kaum verändert: stadtnah und doch exklusiv. Die Villenkolonie steht seit 1979 mit ihrem Baumbestand und ihren Bauten unter Ensembleschutz.

In der Döllingerstraße 5 wohnte von 1918-1928 *Hans Beimler.* Für den 1985 geborenen Münchner und gelernten Schlosser, der schon 1913 in den Deutschen Metallarbeiterverband eingetreten war, war der Militärdienst im 1. Weltkrieg das entscheidende Erlebnis.

Schlosser, Betriebsrat,, Landtags- und Reichstagsabgeordneter der KPD, KZ Dachau, Flucht, Kommissar des Thälmann-Bataillons in Spanien: Hans Beimler

1918 nahm er an der Novemberrevolution in Cuxhaven teil, kehrte dann nach München zurück, wurde Mitglied des Spartakusbundes und sofort nach ihrer Gründung am 31.12.1918 Mitglied der KPD. An den Kämpfen der Münchner Räterepublik 1919 nahm er ebenso teil wie an den folgenden sozialen und politischen Auseinandersetzungen der Weimarer Republik. 1923 wurde er nach zwei Jahren Haft wegen »Hochverrats« Betriebsratsmitglied in der Maschinenfabrik Krauß (siehe S.276); ab 1925 war er Mitglied der Bezirksleitung Südbayern der KPD, seit 1928 setzte er den Schwerpunkt seiner Arbeit in Augsburg. 1929-1932 war er Stadtratsmitglied in Augsburg, von April bis Juli 1932 bayerischer Landtagsabgeordneter, dann Reichtagsabgeordneter.

Nach dem Regierungswechsel am 30. Januar 1933 wurde Hans Beimler nach wochenlanger illegaler Arbeit am 11. April 1933 in München verhaftet und nach schrecklichen Mißhandlungen am 25. April 1933 in das KZ Dachau überführt, wo die Folterungen fortgesetzt wurden. In der Nacht vom 8. auf den 9. Mai 1933 gelang ihm die Flucht. Nachdem er mehrere Wochen in München »untergetaucht« war, emigrierte er in die CSSR, wo er — nach einem kurzen Erholungsaufenthalt in der UdSSR — seinen Bericht über das KZ Dachau schreib: »Im Mörderlager Dachau«, das international großes

Aufsehen erregte. Nach mehrjähriger antifaschistischer Arbeit in der CSSR, der Schweiz und in Frankreich ging Beimler 1936 nach Spanien, um auf der Seite der republikanischen Volksfront zu kämpfen. Er war verantwortlich für die politische Arbeit unter allen in Spanien lebenden deutschen Emigranten und 1. Kriegskommisar des Thälmann-Bataillons. Am 1. Dezember 1936 fiel Hans Beimler vor Madrid.

Seine Frau Centa Beimler *wurde am 21. April von der Gestapo festgenommen, ins Wittelsbacher Palais gebracht, anschließend für drei Jahre in Stadelheim inhaftiert und später ins erste Frauen-KZ Moringen abgeschoben. Erst als für die Gestapo feststand, daß ihr Mann im Spanischen Bürgerkrieg gefallen war, kam Centa Beimler frei. Später mußte sie wieder untertauchen, wurde jedoch von der Gestapo aufgespürt und bis Kriegsende in Stadelheim festgehalten.*

Döllinger-/Notburgastraße ⑩

Bis 1914 konnten sich die Münchner im »Volksgarten« zwischen der Döllinger- und Notburgastraße vergnügen. 1889 als Privatunternehmen eines *Karl Hoech* entstanden, war er durch eine Dampftrambahn mit der Stadt verbunden. Der zu jener Zeit größte deutsche Volksbelustigungsgarten konnte 30.000 Menschen aufnehmen und hatte 18.000 Sitzplätze. Dauerattraktionen waren ungarische Damenkapellen, Almhütte, Hippodrom, ein 30 m hoher Aussichtsturm sowie Affenkäfige und Bärenzwinger. Mitte Juli 1914, kurz vor Kriegsbeginn, fand das letzte große Fest hier statt: das des Infanterieleibregiments. 1916 begann man damit, die Gebäude abzureißen. Nur noch die Volksgartenstraße erinnert heute an das ehemalige Etablissement.

Die Dampftrambahn im Volksgarten Nymphenburg um 1893

Schloß Nymphenburg ⑪

Die Anlage von Schloß Nymphenburg entstand 1664, als Kurfürst Ferdinand Maria mit den Plänen zur Errichtung eines feudalen Gartenhauses u.a. die Architekten *Agostino Barelli, Antonio Viscardi* und *Joseph Effner* beauftragte. Gebaut wurde die Anlage (nicht von den oben erwähnten Herrschaften, wie es fälschlicher-

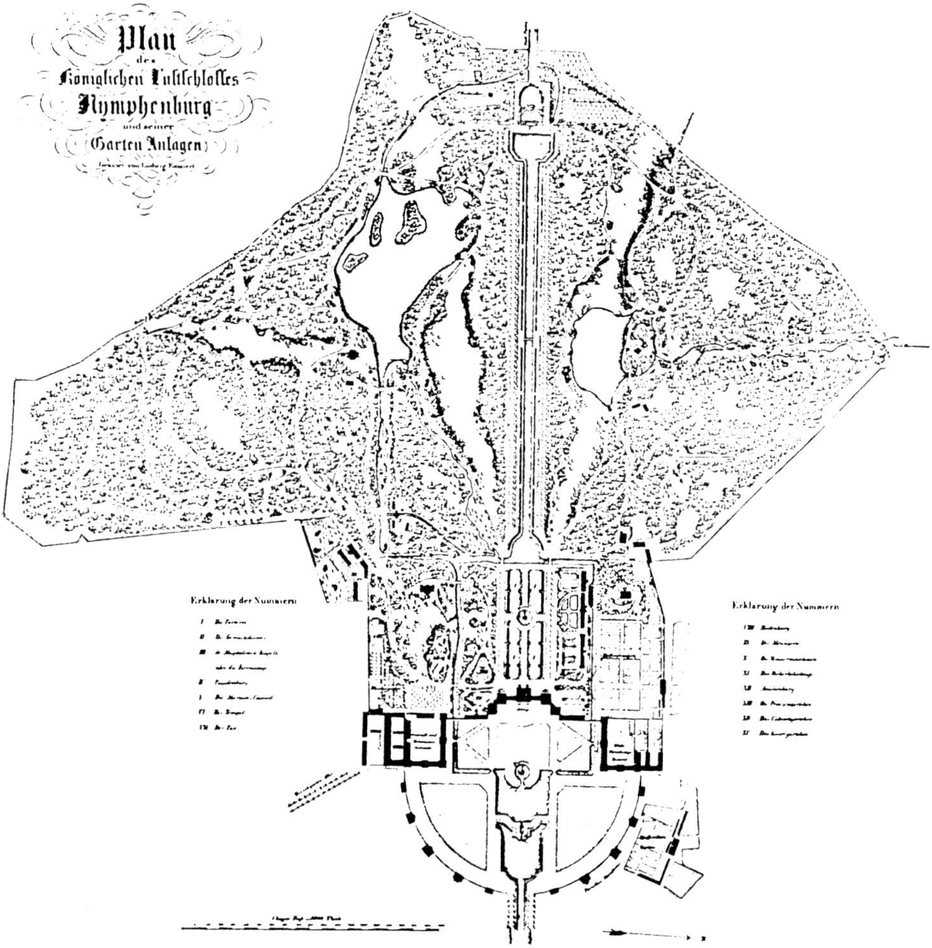

Der Plan des »Königlichen Lustschlosses Nymphenburg«

weise gern behauptet wird) von einer Unzahl namenloser Untertanen, die hier unentgeltliche Zwangsarbeit leisten und gleichzeitig durch horrende Steuerlasten die Anlagen finanzieren mußten.

Die barocke Innenausstattung mit ihren pausbäckigen Putten und ihrem überquellenden Formenreichtum steht in krassem Gegensatz zum Grundriß des Schlosses und des Rondells. Hier ist alles streng symmetrisch nach mathematisch-geometrischen Grundsätzen angelegt, das absolutistische Staatssystem sozusagen zu Stein geworden: Man wollte zeigen, daß der Fürst direkt Gott untersteht und damit der Natur übergeordnet ist.

Die Schloßanlage selber besteht aus zwei identischen Hälften, an die sich östlich das exakt halbkreisförmige Rondell mit seinen Wohngebäuden für den bayerischen Adel anschließt.

In den Galerien (nicht zu verwechseln mit der Schönheitengalerie im Südlichen Pavillon, die ausschließlich den Damen vorbehalten ist) finden wir die »hohen Herrschaften«. Beim Anblick der portraitierten, bleichgepuderten

Adeligen drängt sich der Gedanke an gelangweilte Melancholiker und Zyniker auf. Kein Wunder, war doch der liebe, lange Tag ausgefüllt mit Intrigen, Spielen und frustrierenden Kurz-Liebschaften. Dieses Lebensgefühl — eine Mischung aus Arroganz, Langeweile, Überfluß, Wissen um die eigene Vergänglichkeit und uneingestandenen Schuldgefühlen — manifestiert sich in der Magdalenenklause, einem der Schlößchen im Park. Sie wurde im Auftrag Max II. Emanuels nach Plänen von Joseph Effner 1726 errichtet. Max Emanuel ließ sich hier eine romantische Bußstätte erbauen, um sich von dem höfischen Rummel zurückziehen zu können. Der Bau wurde bewußt ruinös mit künstlichen Rissen und Sprüngen in den Wänden ausgeführt. Der Name stammt von der berufsmäßigen Büßerin des Neuen Testaments, Maria Magdalena.

Die Magdalenenklause

Schloßpark

Der Schloßpark besteht aus einem kleinen »französischen« barocken Teil gleich westlich am Schloß anschließend und dem größeren Teil, der früher ebenfalls barock war, aber ab 1804 wegen des »steifen Prunkes seiner Alleen und beschnittenen Spaliere« nach Plänen von Friedrich Ludwig von Sckell (siehe Englischer Garten) im damals aktuellen »englischen« Stil zu einem »die Schönheit der Natur aufnehmenden« Landschaftsgarten umgewandelt wurde. Trotz der künstlich angelegten Natürlichkeit wurde bewußt die axiale Bezogenheit des Parkes zum Schloß beibehalten; immer wieder kommt man an Lichtungen vorbei, durch die man »zufällig« das Schloß sehen kann. Bei Spaziergängen durch den wirklich einmaligen Schloßpark sieht man die eher unscheinbaren Arbeiter- und Gärtnerhäuser, die in der Nähe der diversen Schlößchen stehen —

Arbeiter- und Gärnterhäuser im Schloßgarten

gerade nah genug, damit sich ihre Bewohner schnell nützlich machen konnten, und doch weit genug weg, um nicht das Auge des sich verlustierenden Adels zu beleidigen. Außerhalb des Parkes, zwischen Schloßmauer und Eisenbahnanlagen, zeigt sich die Landschaft noch so, wie sie einmal überall war: Wildnis und Weiden, auf denen Schafherden grasen.

Am nördlichen Rand des Schloßparkes liegt der Botanische Garten. Im Jahr 1914 wurde er von der Elisenstraße (siehe Alter Bota-

Menzinger Straße 61-65
⓬

nischer Garten) hierher verlegt, da man glaubte, er würde hier »für ewige Zeiten« vor städtischer Bebauung gesichert sein. Auf dem Gelände und in den Gewächshäusern werden 6.000 verschiedene Pflanzenarten kultiviert, die älteste von ihnen steht seit 1951 vor dem Orchideenhaus im südlich liegenden Seitenbeet der Halle A: ein Pomeranzenbaum, den General von Steuben 1790 aus Amerika mitbrachte.

Schloßrondell 6-8
⓭

In den Gebäuden Nördliches Schloßrondell 6-8 befindet sich die Staatliche Porzellanmanufaktur Nymphenburg, gegründet 1747 von Kurfürst Max III. Joseph im Schloß Neudeck in der Au als »Churfürstliche Porcellaine Fabrique« und 1761 hierher verlegt. An der Menzinger Straße 9a und 9b stehen einige rund 200 Jahre alte Herbergen (siehe Kasten »Herberge«) für Porzellanmaler, Weißdreher, Ton- und Kapseldreher der Porzellanmanufaktur, aber auch Hofgärtner, -kutscher und Hofhandwerker — also diejenigen, die den Betrieb in Gang hielten. Sie hielten meist Kleinvieh, das sie auf dem Kanaldamm weiden ließen, wuschen ihre Wäsche im Bach, in den sie auch ihre Abwässer leiteten. Im Unterschied zu den sonstigen Anlagen in Nymphenburg will das Landesamt für Denkmalschutz keine Mittel für die Renovierung dieser Häuser zur Verfügung stellen; so steht zu befürchten, daß bald die »Realisierung des Baurechts« (d.h. Abriß und Bebauung) eintreten wird.

Herbergen in Neuhausen

Baldurstraße 28
⓮

Der Westfriedhof (Baldurstraße 28) öffnete 1898 seine Pforten; seine Errichtung zeugt von der Ausdehnung der Stadt nach Westen und Norden, ebenso wie seine zahlreichen späteren Erweiterungen. Heute befinden sich hier rund 40.000 Grabplätze, in denen u.a. »ruhen«: Der Maler *Franz von Lenbach* (Grabfeld M-li-81), *Hella von Westarp* (9-6-12), als Mitglied der rechtsradikalen »Thule-Gesellschaft« am 30. April 1919 von Rotarmisten im Luitpoldgymnasium (siehe dort) exekutiert; das *»Gesellengrab«* (51a-I mit 20) der am 6. Mai 1919 von preußischen Soldaten ermordeten angeblichen Spartakisten (siehe Karolinenplatz 5); SA Führer *Ernst Röhm* (59-3-I), auf Befehl seines Duzfreundes Hitler am 1. Juli 1934 im Gefängnis Stadelheim ermordet.

Dantestraße 6-14
⓯

1926/1928 entstanden das Familienbad und der Sportplatz an der Dantestraße 6-14. Anläßlich des »Bayerischen Festes der Arbeit« im Sommer 1932 fand hier am 23. Juli 1932 eine Partie »lebendes Schach« statt, die — organisiert vom Arbeiter-Schachclub München — unter dem Motto »Schach dem Kapital« mit kostümierten Arbeitern und vier echten Pferden aufgeführt wurde. Folgende Figuren waren im Einsatz: Weiß = Kapital. König = Kapitalist, Dame = Profitwirtschaft, Türme = Kerker und Zwingburgen, Läufer = Kapitalistische Presse und Alkohol, Springer = Truste und Konzerne, Bauern = Schutzorganisationen des Kapitals. Rot = Arbeit. König = Schmied, Dame = Freiheitsgöttin, Türme = Gewerkschaften und Konsumgenossenschaft, Läufer = Arbeiterpresse, Springer = Arbeitersport und Volksfürsorge, Bauern = arbeitendes Volk. Ein Sprechchor verkündete die Züge und erläuterte

Das Dantestadion: ein Turnfest zur Einweihung

die Partie: »e2-e4. Heil! Heil! lang lebe der Profit, der Menschenleiber preßt zu goldenen Burgen. d7-d5. Rastlos empor zur Sonne unser Streben, im harten Kampfe siegesgewiß.« Das Spiel endete mit dem »Sieg der schaffenden Arbeit über den raffenden Kapitalismus«.

Im benachbarten Dantebad kann man selbst im Winter in einem geheizten Becken schwimmen.

Die »Familienhaus-Colonie« zwischen Klug-, Gerner- und Waisenhausstraße entstand zwischen 1892 und 1895.

Klug-/Gerner/ Waisenhausstraße

⓰

Die Baufirma und Großspekulantin Heilmann & Littmann kaufte 1892 das Gelände und baute in kurzer Zeit über 100 Einfamilienhäuser, die jeweils zu Gruppen von drei bis vierzehn Bauten in einer Front zusammengefaßt und anschließend katalogartig zum Kauf angeboten wurden. Zielgruppe waren dabei »Gelehrte, Künstler, Schriftsteller, Beamte, Pensionisten und Rentner«, die durch ein Horrorszenario zum Kauf weichgeklopft werden sollten: »Heute wo die Großstadt ihre Polypenarme ausstreckt und in ihrer mörderischen Umarmung alles zu erwürgen droht, was in den Bereich ihrer tastenden Riesenfänge geräth... Und erst die Kinder, die armen Kleinen, die ihre blassen, zimmerkranken Gesichtchen an die Fensterscheiben des lichtlosen Mietblocks drücken...« Freilich konnte sich die beschriebene Bevölkerungsschicht ein solches »Vaterhaus« nicht leisten: die Preise lagen zwischen 6.000 und 21.000 Mark. 1979 stellte man die unverändert erhaltene Siedlung (viel Grün und abwechslungsreiche Fassaden im englischen und belgischen Stil) unter Ensembleschutz.

Ein Haus in belgischem Stil

Böcklinstraße 30

Nicht weit von hier finden wir das erste Nachttopfmuseum der Welt. 600 Exponate aus 2.000 Jahren stellen die Kulturgeschichte eines der wichtigsten Gegenstände der zivilisierten Menschheit dar. (Öffnungszeiten: So. 10-13 Uhr, Do. 14-18 Uhr, Tel. 1575989)

Das Neubaugebiet in diesem Teil der Stadt erhielt als eine Art Zentrum den Dom-Pedro-Platz, der umgeben war und ist von sozialen Einrichtungen. Das Waisenhaus unter Führung des Ordens der Englischen Fräulein entstand 1896/1899. Der Architekt und Stadtbaurat Hans Grässel folgte hier dem Geschmack seiner Zeit: das Gebäude ist ein moderner Bau mit neuzeitlichen Einrichtungen wie Zentralheizung etc., nach außen hin allerdings im barocken Stil

Waisenhausstraße 20
⑰

gehalten. Da das Waisenhaus den baulichen Abschluß des Nymphenburger Schloßkanals nach Osten hin bildet, wurde es besonders aufwendig gestaltet und darüber hinaus auf eine künstliche, 1,70 m hohe Terrasse gestellt. 14 Kühe, 6 Schweine und 120 Hühner dienten der Selbstversorgung und der Erbauung der »Zöglinge«, die — je nach Geschlecht — eine handwerkliche bzw. hauswirtschaftliche Ausbildung erhielten. Zur Schule gingen sie in ihren auffälligen, trostlos finsteren Anstaltsuniformen auf die Volksschule

Dom-Pedro-Platz 2, 6

am Dom-Pedro-Platz 2, die zwischen 1898 und 1900 ebenfalls nach Plänen Hans Grässels entstand. In 26 Klassen zu je 60 Sitzplätzen erhielten die Kinder das Wissen, das notwendig war, um sie zu braven und bescheidenen Untertanen zu machen.

Hans Grässel ließ 1904/1907 auch das Heiliggeistspital entstehen, ebenfalls im heimattümelnden Barockstil. 606 »Pfründner« lebten in diesem Altersheim: 50 in Einzelzimmern für monatlich 40

Der Umzug der Pfründner in das neu erbaute Hl.-Geist-Spital 1907

Mark, der Rest umsonst und zu zweit in 20 m^2 großen Räumen. Für die Wohnkosten kam die Heiliggeiststiftung auf. Auch hier sorgten 16 Kühe, 40 Schweine und 150 Hühner sowie ein großer Obst- und Gemüsegarten für Kostendämpfung.

Dom-Pedro-Straße 39

Um das anachronistische Barockensemble vollständig zu machen, entstand östlich der Landshuter Allee 1921-1924 die Pfarrkirche St. Theresia zusammen mit dem Kloster der »Unbeschuhten Karmeliter«. Der Bauauftrag stammte von Kardinal Faulhaber — als Ausdruck der reaktionären Ablehnung der Moderne, als ein Rückzug in die monarchistische bayerische Vergangenheit, als Symbol für den bayerischen Partikularismus in der ungeliebten, »marxistischen«, »jüdischen« und »preußischen« Weimarer Republik: Ordnungszelle Bayern.

Taxisstraße 12

Bevor wir uns am Ende unserer Tour durch diese von Gegensätzen bestimmten Stadtteile im Biergarten oder in der Gaststätte »Taxisgarten« (Taxisstraße 12) erholen, werfen wir einen Blick auf die Landshuter Allee, die uns auch hier in dieser so vermeintlichen Idylle die häufige Zerstörung von Stadtvierteln durch den Autoverkehr vor Augen führt. Ehemals eine vierfache Lindenallee, wurde sie zu den Olympischen Spielen 1972 radikal abgeholzt und dem Mittleren Ring einverleibt. Nach jahrelangen anschließenden Bauarbeiten entstand der Tunnel zwischen Donnersberger Brücke und Volkartstraße. Obwohl wieder Bäume gepflanzt wurden, bleibt die Gegend von Lärm- und Geruchsbelästigungen nicht verschont — von der Zerschneidung des Stadtviertels einmal ganz abgesehen.

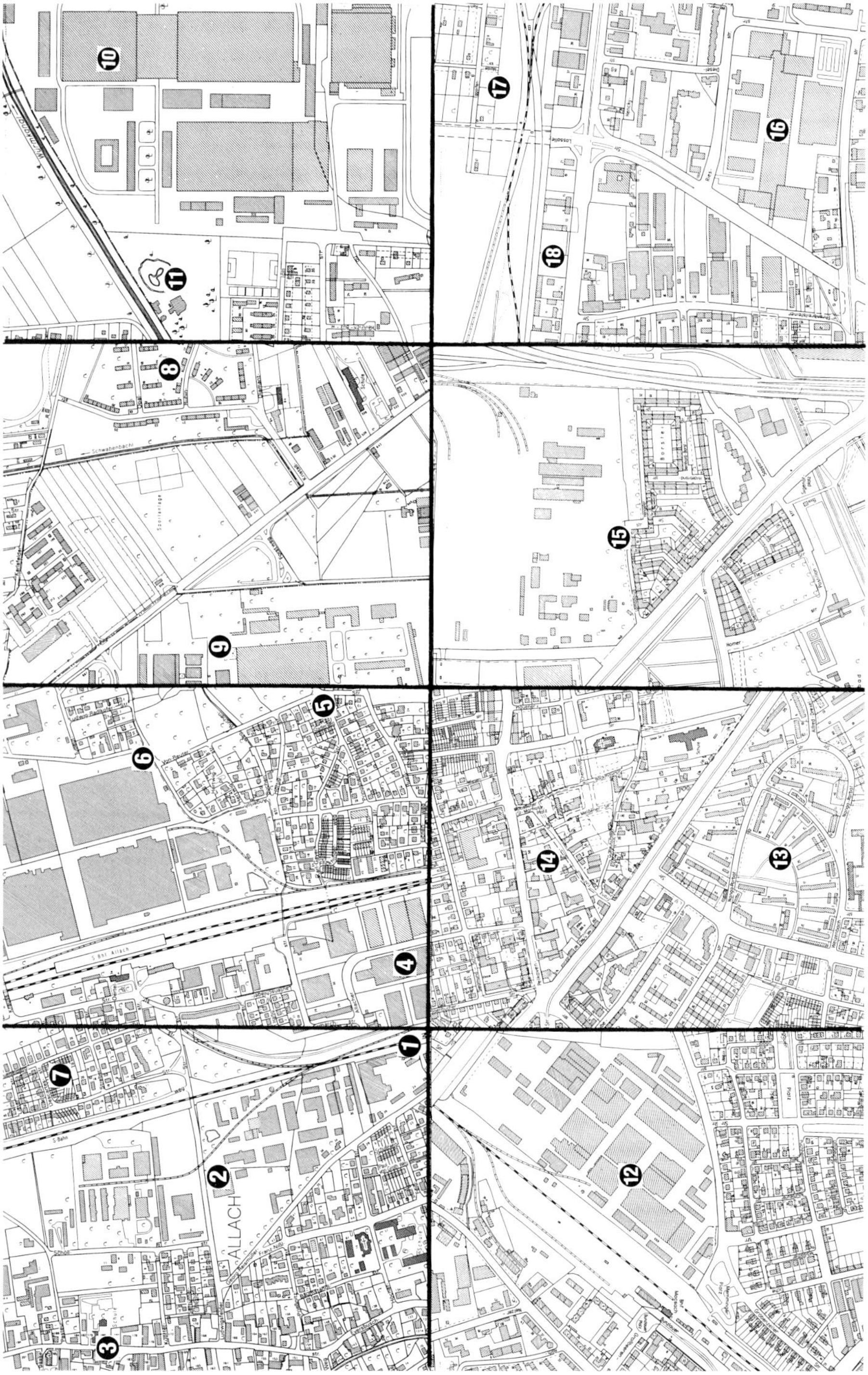

1
2
3
4
5
6
7
8
9
10
11
12
13
14
15
16
17
18
ALLACH

»Bayerischer Herkules« und ein verhinderter Maßkrug

Eine Radtour von Allach nach Moosach

Ausgangspunkt: *Bahnhof Allach, S2*
Endpunkt: *Bahnhof Moosach, S1*
Dauer: *4 Stunden*

Die letzte Tour auf unseren Streifzügen durch Münchner Geschichte und Gegenwart führt uns in den Nordwesten der Stadt. Produktionsstätten, den Kraftmenschen Steyerer Hans, eine Porzellan-Manufaktur besonderer Art, Dampflokomotiven, Proteste gegen die Vernichtung eines Teils des Allacher Forstes und ein verhindertes Maßkrug-Symbol werden wir aufspüren. Wegen der großen Abstände zwischen den einzelnen Stationen ist auch hier eine Fahrradtour zu empfehlen.

Vorsichtshalter gleich mitgebaut: der Bunker an der Lautenschlägerstraße für die Werkssiedlung von Krauss-Maffei

Bahnhof Allach
❶

Ausgangspunkt ist der Bahnhof Allach. Der Bau der Eisenbahnlinie München-Nürnberg im 19 Jahrhundert war die Voraussetzung dafür, daß sich weitab von der Stadt Industrie auf billigen Grundstücken niederlassen konnte, ohne unter Transportproblemen leiden zu müssen. Mit der Eisenbahn kamen auch die Arbeiter, sofern sie nicht in Werkssiedlungen wohnten wie den Krauss-Maffei-Siedlungen an der Lautenschlägerstraße (erbaut 1938) und an der Angerlohe (1953).

Georg-Reismüller-Straße 34
❷

Die Firma Diamalt AG (Georg-Reismüller-Straße 34) entstand als erster großer Industriebetrieb Allachs im Jahr 1902, damals umgeben von Feldern und Wiesen. Der Standort wurde auch durch die landwirtschaftliche Umgebung bestimmt, die die für die Malzherstellung notwendige Gerste lieferte; die Bauern brachten ihre Ware direkt zur Fabrik. Ein zweites Standbein der Firma ist die Herstellung von Aminosäuren aus Tier- und Menschenhaaren. Seit 1979 gehört die Firma zur Schering AG.

Schöllstraße 8

1936 begann die Produktion bei den Junkers-Flugzeug- und Motorenwerken (Schöllstraße 8). Die Mutterfirma in Dessau konnte hier im Rahmen der Kriegsvorbereitungen ein Zweigwerk errichten, in dem Komponenten für die Sturzkampfbomber (»Stuka«) Ju 87 und die als Bomben-, Jagd- und Tiefangriffsflugzeug eingesetzte Ju 88 hergestellt wurden. 1945 beschlagnahmte die US-Besatzungsmacht die Anlagen und ließ die Einrichtungen demontieren. Nach achtjähriger Beschlagnahme wurden die Fabrikationshallen 1953 wieder freigegeben und mit Maschinen bestückt, die allerdings nur noch zum Bau von Freikolbenkompressoren geeignet waren. Heute heißt die Firma »Junkers Maschinen- und Metallbau GmbH.«

Eversbuschstraße 138-201

❸

Das alte Dorf mit der Kirche Peter und Paul steht unter Ensembleschutz (Eversbuschstraße 138–201). Zum ersten Mal wurde Allach im Jahr 774 urkundlich erwähnt; damals hieß es »Ahaloh«, was »Laubwald am Fluß« bedeutet. Bis zur Jahrhundertwende blieb Allach ein reines Bauerndorf, dann erst zogen — parallel zur Ansiedlung von Industrie — allmählich Arbeiter zu. Die heutige Besiedlung entstand seit den 60er Jahren, 20 Bauernhöfe sind noch in Betrieb.

Der Steyrer Hans auf dem Oktoberfest

Der berühmteste Allacher ist der starke *Steyrer Hans*. Er wurde 1849 hier geboren und betrieb eine Gastwirtschaft mit Metzgerei. Bald erkannte er, daß sich mit seinen ungewöhnlichen Körperkräften Geld verdienen ließ. Seine Wanderjahre als Schwerathlet führten ihn nach Wien, Berlin, Hamburg, Paris und Amsterdam, wo er als Kraftmensch bewundert wurde. Der »Bayerische Herkules« konnte mit nur einem Finger einen 508 Pfund schweren Stein an einem Eisenring anheben. Einmal gelang ihm dieser Versuch sogar mit 528 Pfund. Steyrer starb 1906 und wurde auf dem Ostfriedhof begraben, weil er in Giesing eine Gastwirtschaft betrieben hatte.

Eversbuschstraße 134

Die Städtische Volksschule an der Eversbuschstraße 134 entstand 1937/1938 als Infrastrukturmaßnahme für die wachsende Bevölkerung Allachs, die hauptsächlich in den neuen Rüstungsbetrieben arbeitete. Damals hieß sie nach dem Gauleiter und bayerischen Innenminister Adolf-Wagner-Schule. Eine Gedenktafel in der Vorhalle der Schule verhieß: »Weil wir an Deutschlands Jugend, ihre Tüchtigkeit, Treue und Tapferkeit glauben, deswegen glauben wir an die Unsterblichkeit des deutschen Volkes«.

❹

Ein typisches Kind des »Wirtschaftswunders« war das Zweigwerk der Firma Braun (Kirschstraße 12–16): hier entstanden die bekannten Nizo-Schmalfilmkameras und -Blitzgeräte. Wegen des Konkurrenzdruckes aus Japan und Fehlentscheidungen des Managements kam 1982 das Aus: 400 »Mitarbeiter« wurden entlassen, davon rund 60 Prozent Frauen, davon wiederum die Hälfte Ausländerinnen. Die meisten von ihnen waren nur angelernt, aber mit dem Werk »alt geworden«.

Wiebelingstraße

❺

In der SS-Porzellan-Manufaktur München-Allach GmbH in der Lindenstraße (heute Wiebekingstraße) entstand Kitsch der übelsten Sorte und sollte die Volksgenossen in ihren trauten Wohnstuben erbauen: Führer-Büsten, röhrende Hirsche, trommelnde Hitlerjungen, fahnentragende BDM-Mädel, junge Hasen (sitzend und liegend), kleine Katzen mit Kugel, Bückeburger Bauern und Bäuerinnen, Fliegeroffiziere etc. Keines der Gebäude blieb erhalten.

Angerlohe

❻

Ein Überbleibsel der großen Wälder, die früher dies Gebiet dominierten, ist die Angerlohe. Während der Weltwirtschaftskrise fusionierten 1931 die Maschinenfabriken Krauss und Maffei und bezogen unter dem Namen Krauss-Maffei in Allach ein neues, großes

Moderne Gießerei bei Krauss-Maffei

Werksgelände. Bekannt geworden ist die Firma durch ihre Lokomotiven, doch entstanden hier auch Maschinen für die verschiedensten Zwecke. Die Übernahme der Regierung durch *Adolf Hitler* 1933 wurde von der Betriebsführung begrüßt, man versprach sich große Rüstungsaufträge. Die Festschrift zur 100-Jahr-Feier 1937 berichtet: »Als im Jahre 1933 die NSDAP die Macht und die Regierung in Deutschland übernahm, war es insbesonde der leitende Direktor *Hans Georg Krauss*, der im Vertrauen auf die nun einsetzende Führung vorschlug, mit aller Beschleunigung den Ausbau der Fabrik vorzunehmen.« 1935 wurde ein großer Teil der Produktion auf Rüstugsgüter umgestellt, ab 1939 entstanden nur noch kriegswichtige Lokomotiven und Straßenfahrzeuge.

Krauss-Maffei-Straße 2

Der Kommunist *Georg Jahres* baute während des Krieges bei Krauss-Maffei eine Widerstandsgruppe der ADV (»Antinazistische Deutsche Volksfront«) auf, die eng mit der durch sowjetische Kriegsgefangene und Zwangsarbeiter gegründete Widerstandsorganisation BSW (russische Abkürzung für »Brüderliche Zusammenarbeit«) (siehe Schwanseestraße) zusammenarbeitete. Die BSW hatte bei Krauss-Maffei eine Zelle mit circa 40 Mitgliedern. Die Organisationen der ADV und BSW wurden ab 1944 von der Gestapo teilweise zerschlagen, Georg Jahres wurde verhaftet. Er verübte in der Untersuchungshaft Selbstmord.

Kitsch für »Volksgenossen« aus der SS-Porzellan-Manufaktur München-Allach

Auch in Allach bestand ein Außenlager des KZ-Dachau und ein Kriegsgefangenenlager (nördlich der Krauss-Maffei-Straße), in dem rund 2.000 Häftlinge für die Arbeit in der Rüstungsproduktion inhaftiert waren.

Nach 1945 produzierte Krauss-Maffei Zivilprodukte: Lokomotiven, Omnibusse etc. wie ehedem. Die Arbeitsbedingungen führten zu heftigen Auseinandersetzungen: Im großen, fast vierwöchigen Bayernstreik der IG Metall im August 1954 prallten die gegensätzlichen Standpunkte von Unternehmer und Arbeitern bei Krauss-Maffei besonders hart aufeinander: Knüppel-

aktionen und Verhaftungen durch die Polizei, Schlägereien zwischen Streikposten und Streibrechern, Einsatz von Heubündeln zum Schutz vor Polizeiangriffen. Der Streik endete nach einem Schiedsspruch am 1. September 1954 mit einer Lohnerhöhung um durchschnittlich 6%.

Zur Produktpalette der Firma gehören heute der Maschinen- und Anlagebau sowie die Entwicklung der Magnet-Schnellbahn »Transrapid«, auch Transporttechnik und Kunststoffverarbeitungsmaschinen gehören zum Programm. Umsatzträger indes sind erneut Rüstungsprodukte: der Kampfpanzer »Leopard I«, dessen erstes Exemplar 1965 von Verteidigungsminister Kai Uwe von Hassel *persönlich in Empfang genommen wurde, sein Nachfolger, der »Leopard II«, wurde zum internationalen Hit und verhalf der deutschen Waffenproduktion wieder zu Weltruf. Ein weiterer Renner: Flakpanzer »Gepard«.*

Eine imposante Krauss-Maffei-Dampflokomotive aus der guten alten Zeit kann an der Krauss-Maffei-Straße bewundert werden.

Spiegelbergstraße

❼

Zwischen Ludwigsfelder Straße und Allacher Forst sollte nach dem Willen der NS-Politiker und der Wirtschaft eine Arbeitersiedlung entstehen, »wehrwirtschaftlich bedingt durch wichtige Wehrbetriebe. Wohnungszahl geheim.« Durch die Nähe der Wohnungen zur Arbeitsstelle entfielen lange Anfahrtswege, und die eingesparte Zeit sollte als Arbeitszeit verwendet werden. Die Siedlung wurde nie gebaut, die heute dort stehenden Häuser sind jüngeren Datums.

Allacher Forst

Der Allacher Forst wird nicht mehr lange das sein, was er heute noch ist: ein idyllisches Fleckchen Erde, auf dem seltene und vom Aussterben bedrohte Tier- und Pflanzenarten leben. Zwei Großprojekte sind geplant: der neue Rangierbahnhof (der größte Europas) und die Autobahnumgehung A 99. Letztere sollte ursprünglich mitten durch den Wald geführt werden; jahrelange Proteste von Anwohnern und Umweltverbänden erreichten, daß die Trasse nun am nördlichen Rand des Waldes verlaufen soll.

Bereits markiert: Bäume im Allacher Forst; sie werden dem neuen Rangierbahnhof weichen müssen

Wenn der 150 ha große Rangierbahnhof gebaut sein wird, wird sich das Klima der Umgebung verändern. Im Bereich der Gleisanlagen werden die Temperaturen tagsüber bis zu 12 Grad höher sein als vorher. Nachts bildet sich dann ein »Kaltluftsee«, dessen Folge eine verstärkte Nebelbildung sein wird.

Protest gegen die Baupläne

Pläne, einen Autobahnring und einen Rangierbahnhof hier zu bauen, bestanden bereits seit 1927. Großflächige Rodungen im südlichen Teil des Allacher Forstes und Aufschüttungen wurden ab 1933 vom Reichsarbeitsdienst durchgeführt, dann aber vom Krieg beendet; nur der kleine Verschiebebahnhof Ludwigsfeld konnte fertiggestellt werden. Die Kiesaufschüttungen sind inzwischen überwachsen, eine ökologisch wertvolle Wildnis.

Kristall-/Rubinstraße
8

Nach dem 2. Weltkrieg entstand die Siedlung Ludwigsfeld für Menschen, die aus Osteuropa vertrieben worden oder selber geflohen waren. Die russisch-orthodoxe Erzengel-Michael-Kirche (Achatstraße) erinnert daran. In krassem Gegensatz zu den billig erstellten Mietshäusern stehen die hochtrabenden Straßennamen (Diamant-, Rubinstraße etc.), als hätte sich die Stadtverwaltung einen schlechten Scherz erlaubt.

Dachauer Straße 665
9

Zwei Großbetriebe haben ihren Sitz an der nördlichen Stadtgrenze: MTU (Motoren- und Turbinenunion) und MAN (Maschinenfabrik Augsburg-Nürnberg). Die MTU (Dachauer Straße 665) ist eine Tochtergesellschaft von Daimler-Benz und MAN und wichtiger Rüstungsbetrieb. 5.800 Menschen entwickeln und erarbeiten hier Triebwerke für den Airbus, aber auch für die Militärflugzeuge Starfighter, Phantom, Transall, Tornado sowie verschiedene Hubschraubertypen und den Motor für den Leopard II. Auch die Triebwerke für die geplanten westeuropäischen Kampfflugzeuge werden hier entwickelt.

»Die Welt in Bewegung halten...«: MTU-Reklame

Der Flugmotorenbau geht auf das Jahr 1913 zurück. Damals entstanden auf dem Oberwiesenfeld die Rapp-Motorenwerke, aus denen 1916 die »Bayerischen Motorenwerke« (BMW) hervorgingen. Im Zuge der Vorbereitungen zum 2. Weltkrieg konnte 1938 das neue Flugmotorenwerk Allach seine Produktion aufnehmen. Zur Tarnung vor Luftangriffen hatte man alle Hallen in den Wald gestellt, weit auseinander und mit Tarnmustern bemalt. 1946/1947 wurden die bisher unbebauten Flächen des Allacher Forstes gerodet und asphaltiert.

Als im Oktober 1945 die Militärregierung befahl, BMW zu demontieren, gelang es der Geschäftsführung, das Allacher Werk davon teilweise zu verschonen. Man bot die Anlagen der US-Armee zur Instandsetzung ihrer Fahrzeuge an. So entstand hier unter Regie von BMW ein Reparaturbetrieb mit rund 6.500 Arbeitskräften.

1955 wurden die Industrieanlagen geteilt: Die eine Hälfte blieb bei BMW, es entstand die »BMW-Studiengesellschaft für Triebwerkbau«. Die andere Hälfte wurde an MAN verkauft, die auf der anderen Seite des Zaunes eine »MAN Triebmotoren GmbH« einrichtete.

Dachauer Straße 667
⑩

Die Maschinenfabrik Augsburg-Nürnberg (Dachauer Straße 667) (MAN) verlegte 1955 ihre Lastwagen- und Omnibusfabrikation aus Augsburg und Nürnberg hierher. 8.000 Menschen produzieren die zweitmeisten Nutzfahrzeuge in der BRD, u.a. für die Bundeswehr und andere Armeen. Inzwischen ist auch MAN im Geschäft mit Triebwerken aktiv. 1986 begann die Firma mit dem Aufbau eines Forschungszentrums für die Triebwerke der europäischen Weltraumrakete »Ariane«.

Auf dem Gelände westlich der Dachauer Straße (heute Abstellplatz für Fahrzeuge) befand sich während des 2. Weltkrieges das große BMW-Zwangsarbeitslager.

Im März 1943 wurde das Außenlager des KZ-Dachau eröffnet. Es war mit einer Holzbrücke über die Dachauer Straße mit dem Werksgelände verbunden. Alle Bewohner kannten und sahen das Lager und mußten wissen, in welchem erbärmlichen Zustand die Insassen waren. Die Häftlinge — in Zeugenaussagen ist von bis zu 22.000 die Rede, 3.434 sind nachgewiesen — gehörten den verschiedensten europäischen Nationen an, hauptsächlich kamen sie aus der Ukraine. Sie schliefen auf hölzernen Pritschen, als Matratze dienten Säcke, die mit Holzspänen bzw. mit Stroh ausgestopft waren. Jeder hatte nur eine Decke zur Verfügung. Die Verpflegung und die hygienischen Verhältnisse waren katastrophal. Das Lager war bei den KZ-Insassen in Dachau als »Läusestall Allach« verrufen.

Rund 2.500 Zwangsarbeiter stellten bei BMW Flugmotoren her oder bauten bei den Firmen Sager & Woerner, Wayss & Freytag und Dyckerhoff bombensichere Produktionsbunker für BMW. Auch hier existierte eine Widerstandsgruppe der »Antinazistischen Deutschen Volksfront« (ADV), die mit der Gruppe der »Brüderlichen Zusammenarbeit« (BSW) aus dem Zwangsarbeitslager zusammenarbeitete.

Der Journalist Ernest Landau, *der viele KZ's kennenlernen mußte, berichtete: »Bei IG-Farben in Auschwitz-Buna mußten wir auch Schwerarbeit leisten, nur der Unterschied war, die Leute, die dort arbeiteten, bekamen tatsächlich eine etwas bessere Verpflegung im Verhältnis zur normalen Lagerverpflegung und ganz besonders im Verhältnis zu BMW. BMW ließ es sich nicht angelegen sein, ob die Leute umfielen oder starben — es gab ja immer wieder Nachschub.«*

⑪

Der Bauer *Lenz Hauser*, der während der Gründerzeit nach 1871 durch Grundstücksverkäufe in Neuhausen zu Reichtum gekommen war (vgl. S. 295), war einer der ersten »Millionenbauern« (damals allerdings mit einer Null weniger). Sein Wunsch, sein Vermögen noch zu Lebzeiten restlos auszugeben, manifestierte sich im romantischen Film-Schlößchen (Am Schwabenbächl 60), das sich Hauser 1880 als Wohnsitz bauen ließ. Das Gebäude dient heute als Gästehaus von MAN.

Am Schwabenbächl 60

Nach einer längeren Fahrt entlang der Dachauer Straße kommen wir nach Moosach.

Das heutige Moosach ist ein großes Siedlungs- und Industriegebiet, durchzogen von breiten Straßen. Bis 1945 gab es nur das Bauerndorf (zum ersten Mal urkundlich erwähnt 790), von dem aus München mit Gemüse versorgt wurde, und einige Fabriken.

Luftschutzbunkerbau durch Kriegsgefangene im Außenlager des KZ Dachau 1941

Im Jahr 1892 wurden die Bahnlinie nach Freising und mit ihr der Bahnhof Moosach eröffnet.

Untermenzinger Straße 1

⓬

Die erste große und immer noch größte Fabrik in Moosach ist die Waggonfabrik Rathgeber (Untermenzinger Straße). Die Firma entstand 1835 auf dem Marsfeld und erlangte Weltruhm durch ihre Schlafwagen und den ersten richtigen Speisewagen in Europa, die einen Teil des seit 1882 verkehrenden Orientexpresses (Paris-Wien) ausmachten. Die immer zahlreicheren Aufträge machten neue Fertigungsanlagen notwendig, die 1906/1911 westlich des Moosacher Bahnhofes entstanden. Bereits 1911/1912 mußten die Anlagen erweitert werden. Im 1. Weltkrieg stellte Rathgeber Militärfahrzeuge, Pionier- und Luftschiffgeräte und sogar Flugzeuge her, in der Weimarer Zeit dann wieder »nur« Eisenbahn- und Straßenbahnwaggons und ab 1933 wieder Rüstungsgüter (Fahrzeugaufbauten aller Art). 1940/1941 mußte erneut groß erweitert werden.

Die Firma hatte ein eigenes Zwangsarbeitslager mit (1942) 1.000 ausländischen Insassen, hauptsächlich Russen, Ukrainer und Polen. Im März 1945 waren in dem Lager 1.200 Ausländer und 200 deutsche Häftlinge untergebracht.

Nach dem Krieg erwarb die Firma Meiller die Aktienmehrheit. Seitdem werden im Moosacher Werk hauptsächlich LKW-Aufbauten hergestellt.

Welzenbach-/ Nanga-Parbat-Straße

⓭

Ende der 50er/Anfang der 60er Jahre wurde eine für diese Zeit typische Wohnsiedlung (Welzenbach-/Nanga-Parbat-Straße) gebaut: aufgelockerte Blockbebauung, geschwungene Straßenführung, viel Platz für Grünflächen und Autos. Das Ganze erhielt den hochtrabenden Namen »Amphionpark«. Die Hugo-Troendle-Straße zeugt von der Zerstörungswut der Wirtschaftswunderzeit: die ehemalige Maria-Ward-Straße, die vom Nymphenburger Schloßpark bis zur Dachauer Straße führte, war einmal eine Allee.

Dachauer Straße 148
⑮

Muß ohne Henkel weiterleben: der Gasbehälter des Gaswerk

Franz-Marc-Straße

Das Gaswerk an der Dachauer Straße entstand 1906/1909 auf einer ehemaligen Schafweide. Das Gas wurde durch Verbrennung von Steinkohle erzeugt; diese umweltbelastende Methode praktizierte man bis 1967. Bereits 1961 begann die Umstellung auf ungiftiges Kohlegas, später bezog man die benötigte Energie aus dem Primärbrennstoff Erdgas (aus Oberbayern) und Raffineriegas (aus Neustadt/Donau). Seit 1975 stammen 80% des in München benötigten Erdgases aus der UdSSR. Anläßlich der Olympischen Sommerspiele 1972 entstand die Idee, den großen, 1930 gebauten und 100 m hohen Gasbehälter mit einem Henkel zu versehen — sozusagen als Maßkrug-Symbol. Die Pläne wurden im Unterschied zu anderen Olympia-Plänen nicht realisiert.

In den Jahren 1924–1929 entstand die Borstei, eine für den Mittelstand konzipierte Wohnanlage, benannt nach dem Architekten *Bernhard Borst.* Die Wohnanlage besteht aus 77 Häusern mit 773 Wohnungen und bildet wegen ihrer geschlossenen Randbebauung eine Welt für sich: 13 Geschäfte, Werkstätten, ein Postamt, ein Café, zwei Kindergärten, ein zentrales Heizwerk und eine zentrale Wäscherei. Außerdem waren ein Treppenreinigungsdienst und ein Fahrdienst in die Stadt organisiert. Die etwas finsteren Häuserzeilen wurden durch begrünte Innenhöfe, Plastiken und Brunnen aufgelockert.

Die Borstei war noch nie schön gelegen: im Westen das Gaswerk, im Osten der Flughafen Oberwiesenfeld. Heute tobt um sie herum der Verkehr auf der Dachauer Straße und der Landshuter »Allee«.

So sah die Gesamtanlage des Gaswerk im Jahr 1915 aus

Außen vom Umweltschmutz und -lärm bedroht, innen hohe Wohnqualität durch begrünte Innenhöfe, Plastiken und Brunnen: die Borstei

Hanauer Straße 68

⑯

Wo heute im Olympia-Einkaufszentrum (Riesstraße) etliche Kaufhäuser und Geschäfte auf zwei Etagen einen von der Witterung unabhängigen Einkaufsbummel ermöglichen, befand sich seit 1941 ein großes Arbeitslager für 1.200 Insassen, die in den benachbarten Industriebetrieben (z.B. BMW) arbeiten mußten. Ab Ende 1942 lebten außerdem 135 Ukrainerinnen in dem Lager.

Eggartenstraße

⑰

Ein weiteres Lager wurde von der Deutschen Reichsbahn zwischen Moosacher und Eggartenstraße unterhalten. 800-1.000 ausländische Zwangsarbeiter mußten bis 1942 Kiesaufschüttungen für den neuen Verschiebebahnhof leisten und danach Bombenschäden an Bahnanlagen beseitigen.

Triebstraße

⑱

Das letzte der großen Elendslager in München (an der Triebstraße) wurde 1960 aufgelöst. In Wohnwägen, Bretterbuden und Erdhöhlen waren Menschen untergebracht, die keine Wohnungen finden konnten. Folgen dieser Lebensbedingungen waren nicht selten Asozialität, Verwahrlosung, geistige Verwirrung und eine hohe Kindersterblichkeit. Viele der Bewohner waren Flüchtlinge aus Osteuropa. Laut Innerer Mission war »das Elend hier kaum zu überbieten in unserem Wirtschaftswunderland.«

Pelkovenstraße

⑭

Das alte Bauerndorf stand rund um die (alte) St. Martin-Kirche an der heutigen Pelkovenstraße. Die romanische Kirche stammt aus dem 12. Jahrhundert, ihr Inneres wurde im 18. Jahrhundert »barokkisiert«. Seit 1924 löste die neue St. Martins-Kirche die alte immer mehr ab. Heute dient sie der griechisch-orthodoxen Kirche (Moosach hat einen hohen ausländischen Bevölkerunganteil). Aus der alten Zeit blieben einige kleine Häuser, der Maibaum, der winzige Friedhof sowie die Dorfwirtschaft erhalten.

Praktische Tips

Wir beschränken uns hier auf wenige zentrale Angaben. Wer detailliertere Informationen benötigt, sollte zu den Stadtzeitungen »Münchner Stadtzeitung« (jeden 2. Do im Monat) oder »Szene München« (monatlich) greifen. In diesen gibt es neben weiteren Adressen aktuelle Veranstaltungshinweise. Diese finden Sie auch im offiziellen Monatsprogramm des Fremdenverkehrsamtes München mit Unterkunfts- und Gastronomiehinweisen; desweiteren Theaterspielpläne und Galerieverzeichnis im »München-Mosaik«, Hinweise auf spezielle Jugendveranstaltungen im »Münchentip aktuell«.

Auskünfte

Fremdenverkehrsamt München, Postanschrift: Postfach, 8000 München 1, Tel. 089/23911 (Auskunft, Prospekte, Zimmervermittlung).
Hauptbahnhof (Südausgang Bayerstr.), Tel. 2391256 und 257, 8–23 Uhr, keine telefonische Zimmervermittlung.
Flughafen (Ankunftshalle), Tel. 907256 und 2391266, 8.30–22 Uhr, So 13–21 Uhr, keine telefonische Zimmervermittlung, keine Flugauskünfte.
Rathaus, Turmzimmer im Prunkhof, Mo–Fr 9–17 Uhr.
Stadtinformation: Stachus-Ladengeschoß, Tel. 233/8242, Mo–Fr 8–18 Uhr.
Landesfremdenverkehrsverbund-Bayern e. V., Prinzregentenstr. 18/IV, M 22, Tel. 229491–93.
Fremdenverkehrsverband München-Oberbayern e. V., Sonnenstraße 10/III, M 2, Tel. 597347 (Informationen außerhalb der Stadt).
S-Bahn-Auskunft, Hauptbahnhof, Tel. 557575.
Flugauskunft, Tel. 92112127.
Zugauskunft, Tel. 592991 und 593321, 7–21.50 Uhr.
Telefon-Ansage *Museen, Galerien,* Tel. 2391-61, *Schlösser, Sehenswürdigkeiten,* 2391-71.
Babysitter-Service, Tel. 394507/229291.

Verkehrsmittel

Öffentliche Verkehrsmittel in München sind Schnellbahnen (S- und U-Bahnen), Trambahnen und Busse – alle zusammengefaßt im Münchner Verkehrs- und Tarifbund, MVV, Thierschstr. 2, M 22, Tel. 238030 (siehe auch den Netzplan in der hinteren Umschlagklappe dieses Buches). Einzelfahrkarten und Mehrfahrtenkarten (Große und Kleine Streifenkarte, rote Kurzstrecken-Streifenkarte) gibt es aus Automaten, die gängigsten Karten sind auch in den Straßenbahnen (Einzelfahrkarten nur beim Fahrer, Streifenkarten nur aus dem Automaten im Beiwagen) und beim Busfahrer erhältlich. Alle Fahrkarten müssen an Automaten an U-/S-Bahneingängen, Haltestellen oder in Bussen entwertet werden. Für Kinder gelten Sondertarife. Bei den MVV-Verkaufsstellen, teils aus Automaten und in vielen Hotels gibt es 24-Stunden-Tickets (Innenraum München 6,50 DM/Gesamttarifgebiet 12,-- DM), die nicht übertragbar sind, unterschrieben werden müssen und nur zusammen mit einem Ausweis gültig sind. Es wird regelmäßig kontrolliert. Außerhalb der rushhour ist die Mitnahme von Fahrrädern in S-Bahnen möglich.

Fahrradverleih

Ride & Bike, Adolf-Kolping-Straße 9, Tel. 554181/82 *U-Bahn: Universität,* April–Okt. Sa, So, Fei 10–18 Uhr, 5,-- DM/Std., 15,-- DM/Tag.
Außerdem an 17 *S-Bahn-Stationen* (5,-- DM/10,-- DM ohne S-Bahn-Ticket) und im Sommer am Englischen Garten, *Dr. Buss,* Veterinärstraße/am Milchhäusl, Tel. 3518313.

Campingplätze

Obermenzing (Nähe Autobahn Stuttgart), Lochhausener Straße 59, M 60, Tel. 8112235.
Langwieder See (an der Autobahn Stuttgart, Ausfahrt Rasthaus Langwieder See), Eschenrieder Straße 119, M 60, Tel. 8141566.
Thalkirchen (sehr schön gelegen, daher voll), Zentralländstraße 49, M 70, Tel. 7231707.
Nord-West, Dachauer Straße 571, M 50, Tel. 1506936.

Stadtrundfahrten

»Das andere München«, Stadtrundfahrt des DGB zu den Stätten des Nationalsozialismus, jeden 1. Samstag im Monat, 10 Uhr, Abfahrt Schwanthalerstraße 64. Telefonische Anmeldung ist erforderlich: Tel. 5141675. Für Gruppen ab 25 Teilnehmer können Extrafahrten organisiert werden.
»Frauen und Frauenbewegung in München«, Stadtrundfahrt des DGB, Tel. 5141675.
Große und kleine Rundfahrten (1 Std., 13,-- DM/2 1/2 Std. 23,--DM) veranstaltet täglich die Panorama-Tours, Arnulfstr. 8, M 2, Tel. 1204/248, Abfahrt Bahnhofplatz.
Bavaria-Filmtour, Bavariafilmplatz, Geiselgasteig, Tel. 6499304. Führung durch Filmkulissen von März bis Oktober, 9–16 Uhr, 10,--DM.
Turmbesteigungen sind möglich bei: *Rathaus* (Marienplatz, Mo–Fr 8.30–19 Uhr, Sa, So, Fei 10–19 Uhr, 2,--DM/ Ki 1,--DM), *Peterkirche* (Rindermarkt, Mo–Sa 8–17 Uhr, So 10–19 Uhr, Fei –18 Uhr, 2,-- DM/Ki 0,50 DM), *Olympiaturm* (Olympiapark, 8–24 Uhr, 4,--DM/unter 18 2,50 DM/unter 6 frei).
Floßfahrt auf der Isar, Mai–Sept., mit Bier und Blasmusik von Wolfratshausen zur Zentrallände, 7 Std. Auskunft: Franz Seitner, Tel. 08171/78518 und das Amtliche Bayerische Reisebüro am Hauptbahnhof. 4.000,--DM/60 Personen, keine Einzelbuchung.

Märkte/Flohmärkte

Großmarkthalle, Thalkirchnerstr. 81, 5.45–12 Uhr Mo–Fr, Sa –10 Uhr, im Winter: 6.30–13.00 Mo–Do, Fr. –14 Uhr.
Viktualienmarkt, Wiener Platz in Haidhausen, *Elisabethplatz* in Schwabing.
Ständige Flohmärkte in der *Dachauer Str. 128,* 8–17 Uhr Sa und So (Händler und Privatleute); *Truderinger Str. 265, Milbertshofener Str. 4;* der Sendlinger Flohmarkt an der U-Bahn Implerstraße.
Dreimal im Jahr findet auf dem Mariahilfplatz in der Au die *Dult* statt. Unregelmäßig stattfindende, in den Zeitungen angekündigte Flohmärkte sind: Hallenflohmarkt im *Salvatorkeller* auf dem Nockherberg; an der *Münchner Freiheit, Leopoldstraße;* im *Olympia-Einkaufszentrum* und auf der *Theresienwiese.*
Antiquitäten werden rund um den Viktualienmarkt und in der Barer-, Türken- und Kurfürstenstraße angeboten. In der Neuturmstraße 1 gibt es ein Antic-Haus mit 50 Antiquitätengeschäften.

Frauentreffpunkte

Frauenbuchladen Lillemor's, Arcisstr. 57, M 40, Tel. 2721205.
Frauenkino München e.V., Arcisstr. 6, Tel. 2711934.
Discotheque Etienne (nur für Frauen), Thalkirchner Str. 2, M. 2, Tel. 2608403.
Frauenkneipe Fling, Klenzestr. 89, M 5, Tel. 2012262, 19–1 Uhr.
*Frauenmitfahrzentrale,*Güllstr. 3, M 2, Tel. 7251700.
Frauentreffpunkt Neuperlach e.V., Oskar-Maria-Graf-Ring 20, M 83, Tel. 6706463.
Frauenzentrum, Frauenbibliothek, Güllstr. 3, M 2, Tel. 7254271.
I.M.M.A. Initiative Münchner Mädchenarbeit, Baldestr. 8, M 5, Tel. 2014770.
Intern. Mutterzentrum, Güldeinstr. 31, Tel. 5025592.
IAF e.V., Interessengemeinschaft der mit Ausländern verheirateten Frauen, Goethestr. 53, Zi 107, Tel.: 531414, Teestube Di 17.30 Zi 002.
Kofra, Kommunikationszentrum für Frauen zur Arbeitssituation, Baldestr. 8 Rgb., M 5, Tel. 2010450, Mo–Fr 16–22 Uhr.
Mädchenpower-café, Baldestr. 16, M 5, Mo–Mi 16–22 Uhr, Sa 14–22 Uhr.

Mitfahr- und Mitwohngelegenheiten

Mitfahrzentrale, Lämmerstraße 4, M 2, Tel. 594561.
Mitfahr-Reise-Center, Klenzestr. 57b, M 2, Tel. 2014690.
Mitfahrzentrale für Frauen, Güllstraße 3, M 2, Tel. 7251700.
Mitfahrvermittlung nur für Frauen, Klenzestr. 57b, M 2, Tel. 2016510.
Känguruh, Amalienstr. 87 (Passage), M 40, Tel. 280124.
*Uni-Mitfahrzentrale,*Amalienstr. 71, M 40, Tel. 286015.
+F1 Mitfahrgelegenheit ohne Gebühr, Uni-Mensa Leopoldstr. 15, M 40.
Pickup-Mitfahrzentrale, Rosenheimer Str. 108, M 80, Tel. 487647/487689.
Mitwohnzentrale, Aventinstr. 2, Tel. 2283350 (erst anrufen).

Theater

Außer den traditionellen Häusern gibt es eine ganze Reihe von engagierten Experimentier- und Avantgarde-Theatern, Boulevardtheater, Kabaretts und Kleinkunstbühnen und noch einige der bayerischen Bauern- und Volkstheater. Straßentheater können Sie beim Internationalen Theaterfest an der Isar oder rund um den Marienplatz während der Münchner Kulturwoche erleben.
Bänkel Trocken, Kurfürstenstr. 8, Tel. 336144.
Backstage – Dance Theatricals, Isabellastr. 48 (Eing. Hohenzollernstr.), Tel. 2780414.
Blutenburg-Theater, Blutenburger Str. 35, Tel. 1234300.
Comedia Theater, im Forum 2, Olympiadorf, Tel. 268451.
Cuvillies-Theater, Residenzstr. 1, Tel. 225754 und 221316.
Deutsches Theater, Schwanthalerstr. 13, Tel. 593427.
Die Westermühle, Westermühlstr. 28, Tel. 2013538.
ETA-Tanztheater, Dachauer Str. 128, Tel. 1571986.
Gasteig, Rosenheimer Str. 5, Tel. 4181-0.
Kleine Bühne Schwabing, im Bogey's, Maximilianplatz 5 (Regina-Haus), Tel. 1233262.
Kleine Freiheit, Maximilianstr. 31,Tel. 221123.
Kleine Komödie im Bayrischen Hof, Passage Promenadenplatz/Pranznerstr., Tel. 292810.
Kleine Komödie am Max-II-Denkmal, Maximilianstr. 47, Tel. 221859.
Kleines Spiel (Marionettenstudio), Neureutherstr. 12, Tel. 376182.
Marstall-Theater, Maximilianstr. 11, Tel. 225754 und 221316.
Münchener Kammerspiele/Werkraum, Maximilianstr. 26, Tel. 23721-328.
Münchner Volkstheater, Am Stiglmaierplatz (Eingang Briennerstr. 50), Tel. 5234655.
Modernes Theater, Hans-Sachs-Str. 12, Tel. 225473/266821.
Münchner Boulevardtheater, Lenbachplatz 8, Tel. 598287.
Münchner Ludwig-Thoma-Theater, Orlandohaus, Platzl 4, Tel. 292239/598036.
Münchner Marionettentheater, Blumenstr. 29, Tel. 265712.
Münchner Theater für Kinder, Dachauer Str. 46, Tel. 592411/593858.
Münchner Volkssängerbühne, Adalbertstr. 33, Tel. 396743.
MUH, Lenbachplatz 8 (Künstlerhaus), Tel. 598287.
Nationaltheater, Max-Joseph-Platz, Tel. 221316.
Negerhalle, Dachauer Str. 128, Tel. 153710
Otto Bille's Marionettenbühne, Breiteranger 15, Tel. 1502168.
OFF-OFF, Potsdamer Str. 13, Tel. 393729.
Pantomimentheater München, Guldeinstr. 47, Tel. 507970.
pathos-Transport, Dachauer Str. 112, Tel. 184243.
pro T-Prozessionstheater, Alabamagelände, Schleißheimer Str. 418, Tel. 7254281/4486693.

Rationaltheater, Hesseloherstr. 18, Tel. 335040.
Residenztheater, Max-Joseph-Platz 1, Tel. 2185-1.
Ritterwerke-Pasing, S-Bhf. Pasing Nordausgang, August-Exter-Str. 1, Tel. 836802, 8341841.
Spieldose, Lenbachplatz 8, Tel. 591337.
Studiotheater München, Ungererstr. 19 (Fuchsbau), Tel. 343827/343886.
Staatstheater am Gärtnerplatz, Tel. 23808-1.
*TamS (Theater am Sozialamt),*Haimhauserstr. 13a, Tel. 345890.
Tanzprojekt München, Pilgersheimerstr. 6, Tel. 661020.
Tape Theater, Dachauer Str. 128, Tel. 1574210.
Team Theater, Am Einlaß 4–5, Tel. 2604333.
Theater der Leopoldstraße, Leopoldstr. 17, Tel. 394081.
Theater für Kinder, Dachauer Str. 46, Tel. 595454.
TIK-Theater in der Kreide, Thomas-Dehler-Str. 12, Tel. 6706080.
Theater Winterquartier, Max-Weber-Platz 2, Rgb., Tel. 4483534.
Theaterhallen, Dachauer Str. 128, Tel. 1571986.
Theaterwerkstatt Kelle Riedl, Barerstr. 53, Tel. 2715377.
theater k, Kurfürstenstr. 8, Tel. 333933.
Theater am Karlshof, Karlshofpassage-Augustenstr. 4, Tel. 596611.
Theater der Jugend, Elisabethplatz, Tel. 23721365.
Theater rechts der Isar, Wörthstr. 9, Tel. 4483657.
Theater Scaramouche, Hesseloherstr. 3, Tel. 334555.
Theater 44, Hohenzollernstr. 20, Tel. 328748.
Theater im Westend, Guldeinstr. 47, Tel. 507970.
Theater in der Westermühle, Westermühlstr. 28, Tel. 2013538.
Theater über dem Landtag, Maria-Theresia-Str. 2a, ab 18.00, Tel. 479118.

Kabarett/Kleinkunst- und Liederbühnen

Bel Etage, Feilitzschstr. 12, Tel. 347570.
Drehleier, Balanstr. 23, Tel. 484337.
Fraunhofer, Fraunhoferstr. 9, Tel. 266460.
Heppel & Ettlich, Kaiserstr. 67, Tel. 349359.
Hinterhoftheater, Sudetendeutsche Str. 40 (Wirtshaus am Hart), Tel. 3116039.
Liederbühne Robinson, Dreimühlenstr. 33, Tel. 772268.
Mariandl, Goethestr. 51m, Tel. 534108.
Marienkäfer, Georgen-/Schraudolphstr. 8, Tel. 2721346.
Münchner Lach- und Schießgesellschaft, Ursulastr. 9, Tel. 391997.
Rationaltheater, Hessische Str. 18, Tel. 334050.
Schwabinger Brettl, Occamstr. 11, Tel. 347289.
Vielharmonie, Preysingstr. 20, Tel. 484989.
UnterHolz im Künstlerhaus, Lenbachplatz 8, Tel. 595708

Vorstadt-Brettln und Bauerntheater

Bairisches Raritätentheater, Lindwurmstr. 37 (Gaststätte Herold), Tel. 533093.
Iberl, Wilhelm-Leibl-Str. 22, Tel. 794214.
Millionendorf-Theater, Zielstattstr, 6, Tel. 7238343
Oberbayrische Heimatbühne, Bad-Kreuther-Str. 8 (Gaststätte Einkehr), Tel. 965751.
Volkssänger-Bühne, in der Max-Emanuel-Brauerei, Adalbertstr. 33, Tel. 396743.
Volkstheater in der Au, Entenbachstr. 37, Tel. 7606468.

Veranstaltungen/Musik

Circus-Krone, Marsstr. 43, Tel. 558166
Olympiahalle, Olympiapark, Tel. 30613577
Wirtshaus im Schlachthof, Zenettistr. 9, Tel. 765448
Theaterfabrik Unterföhring, Föhringer Allee 23, Tel. 9505158
Kaffee Giesing, Bergstr. 5, Tel. 6920579
Feierwerk, Hansastr. 39, Tel. 7693600
Jazz:
Allotria, Türkenstr. 33, Tel. 285858
Domicile, Leopoldstr. 19, Tel. 399451
Jenny's Place, Georgenstr. 50, Tel. 2719354
Unterfahrt, Kirchenstr. 96, Tel. 44827

Museen

Alte Pinakothek, Europäische Malerei des 14.–18. Jh., Barer Str. 27 (Nordeingang), Tel. 23805215, 9–16.30 Uhr außer Mo, Di und Do auch 19–21 Uhr. 4,-- DM, U 8 Königsplatz, Tram 18.
Neue Pinakothek, Europäische Malerei und Skulptur des 19. Jh., Barer Str. 29 (Eingang Theresienstraße), Tel. 23805/195, Eintritt, Öffnungszeiten (außer Do abends) und Anfahrt wie Alte Pinakothek.
Staatsgalerie moderner Kunst, Intern. Malerei und Skulptur des 20 Jh., Haus der Kunst, Prinzregentenstr. 1, Tel. 292710, 9–16.30 Uhr außer Mo, Do auch 10–21 Uhr, 3,50 DM, Bus 53, 55.
Schackgalerie, Malerei der Romantik, Prinzregentenstraße 9, Tel. 23805/224, 9–16.30 Uhr außer Di, 2,50 DM, Bus 53, 55.
Antikensammlungen, Königsplatz 1, Tel. 598359, 10–16.30 Uhr Di, Do und So, 12–20.30 Uhr, Mi, 5,-- DM, U 8 Königsplatz.
Glyptothek, antike Skulpturen, Königsplatz 3, Tel. 286100, 10–16.30 Uhr Di, Mi, Fr, So, 12–20.30 Uhr Do, 5,--DM, U 8 Königsplatz.
Deutsches Museum, Isarinsel/Ludwigsbrücke, Technik/Industrie/Naturwissenschaften, Tel. 21791, 9–17 Uhr, 5,--DM, Alle S Isartor, Tram 18.
Bayrisches Nationalmuseum, Plastik, Malerei, Kunsthandwerk Europas, Prinzregentenstr. 3, Tel. 2168-1, 9.30–17 Uhr außer Mo, 3,--DM, Bus 53, 55.
StaatlichedGraphische Sammlung, Handzeichnungen und Druckgraphik, Meiserstr. 10, Tel. 5591/490, S Karlsplatz, Hbf., U 8 Königsplatz, Tram 18.
Residenzmuseum, Vormittags- und Nachmittagsrundgang durch die fürstlichen Räume/Schatzkammer, Max-Joseph-Platz 3, Tel. 224641, 10–16.30 Uhr Di–Sa, 10–13 Uhr So und Fei, 2,50 DM, S Marienplatz, U 3 und U 6 Odeonsplatz, Tram 19, 27, 29, Bus 55.
Residenzmuseum, Staatliche Münzsammlung, Eingang Residenzstr. 1, Tel. 227221, 10–17 Uhr außer Mo, 2,50 DM, Anfahrt wie oben.

Residenzmuseum, Sammlung Ägyptische Kunst, Eingang Hofgartenstr. 1, Tel. 298546, 9.30–16 Uhr außer Mo, Di auch 19–21 Uhr, 3,--DM.
Kunstverein München e. V., zeitgenössische Kunst, Galeriestr. 4 (Hofgartenarkaden), Tel. 221152, 10–18 Uhr Di–So. U 3, 5 und 6 Odeonsplatz, Bus 55.
Kunstraum München e. V., zeitgenössische Kunst, Nikolaistr. 15, Tel. 348920, 15–18.30 Uhr Di–Fr, 11–13 Uhr Sa. U Giselastraße, Bus 54.
Staatliches Museum für angewandte Kunst, Gebrauchsdinge des Alltags, Prinzregentenstr. 3, Tel. 227844. Nur für Sonderausstellungen geöffnet, Tram 20, Bus 53,55.
Prähistorische Staatssammlung, Vor- und Frühgeschichte, Lerchenfeldstr. 2, Tel. 293911, 9–16 Uhr außer Mo, Do bis 20 Uhr, 5,--DM, Tram 20, Bus 53, 55. Zweigmuseum: *Burgmuseum Grünwald,* Zeillerstr. 3, 10–16.30 Uhr Mi–So. 3,50DM. Tram 25, Bus 224,271.
Staatliches Museum für Völkerkunde, Maximilianstr. 42, Tel. 2285506, 9.30–16.30 außer Mo, 3,50 DM, Tram 19, 20, 27, 29, Bus 53
Paläontologisches Museum, Richard-Wagner-Str. 10, Tel. 5203/361, 8-16 Uhr Mo–Do, 8-15 Uhr Fr, Eintritt frei, U 8 Königsplatz.
Deutsches Jagd- und Fischereimuseum, Neuhauser Str. 53, Tel. 220522, 9.30–17 Uhr, Mo auch 19–22 Uhr, 3,--DM, S und U Marienplatz, Bus 52.
Villa Stuck, Prinzregentenstr. 60, Tel. 4707086/87. Besichtigung 10–17 Uhr außer Mo, nur in Verbindung mit Sonderausstellung, Tram 18, Bus 51, 55.
Mineralogische Staatssammlung, Theresienstr. 41 (Eingang Barer Str.), Tel. 2394-1, 13–17 Uhr Di–Fr, 10–18 Uhr Sa und So. 2,--DM, Tram 18.
KZ-Gedenkstätte Dachau, Tel. 08131/1741, 9–17 Uhr außer Mo, S 2 Dachau, von dort Bus 722 bis Robert-Bosch-Straße.
Deutsches Theatermuseum, Archiv, Fotosammlung, Bibliothek, Galeriestr. 4a, Tel. 222449, 10–12 und 13.30–16 Uhr Di, Do Bibliothek; 10–12 Uhr Di, 14–16 Uhr Do Fotosammlung, nach Anmeldung: Archiv, U 3, 5 und 6 Odeonsplatz, Bus 55.
Städtische Galerie im Lenbachhaus, Münchner Malerei, Luisenstr. 33, Tel. 521041, 10–18 Uhr außer Mo, 6/7 DM, U 8 Königsplatz.
Münchner Stadtmuseum, Musikinstrumenten-, Puppentheater-, Brauerei-, Herbergen-, Foto- und Filmmuseum, abends Filmvorführungen für 5,--DM, St.-Jakobs-Platz 1, Tel. 233/2370, Programm: 233/5586, 9–16.30 Uhr außer Mo, 10–18 Uhr So und Fei, 4,--DM, S Marienplatz, U Marienplatz oder Sendlinger-Tor-Platz, Bus 52,56.
Künstlerwerkstätten, zeitgenössische Kunst mit experimentellem Charakter, Lothringer Str. 13 (Fabrik), Tel. 4486961, 14–18 Uhr, Eintritt frei, S Rosenheimer Platz, Bus 51.
Spielzeugmuseum, im Alten Rathausturm/Marienplatz, Tel. 294001, 10–17.30 Uhr Mo–Sa, 10–18 Uhr So und Fei, 3,--DM/1,--DM Ki, 5,--DM Familienkarte.
Erstes Nachttopf-Museum der Welt, Böcklingstr. 30, Tel. 1575989, 14–18 Uhr Do, 10–13 Uhr So, 2,--DM, U 1 Rotkreuzplatz, Bus 83, 177 St.-Galler-Straße.
BMW-Museum, Zeitmotor, Petuelring 130, Tel. 3895-3307, 9–17 Uhr, 4.50 DM, U 3 und 6 Olympiazentrum, Bus 36, 136, 41, 43, 81, 84, 184.
Siemens-Museum, Prannerstr. 10, Tel. 234/2660, 9–16 Uhr Mo–Fr, 10–14 Uhr Sa und So, Eintritt frei, S und U Marienplatz, Karlsplatz, U 5 Odeonsplatz, Tram 19, 27, 29, Bus 55.
Diözesanmuseum Freising, christliche Kunst und volkskundliche Sammlung, Dornberg 21, Tel. 08161/2432, 10–17 Uhr Di–So, DM 1,--, S 1.
Valentin-Musäum, **Volkssängersammlung und kurioses München um die Jahrhundertwende, Isartorturm, Tel. 223266, 11.01–17.29 Uhr Mo, Di und Sa, 10.01–17.29 Uhr So, 199 Pf., S Isartor, Tram 18, 20.**

Zum Weiterlesen

Heike Bretschneider: Der Widerstand gegen den Nationalsozialismus in München 1933 bis 1945. Stadtarchiv München. München 1968
Hans Carossa: Der Arzt Gion. Eine Legende vom ärztlichen Leben. Insel-Verlag. Wiesbaden 1956. (Der stark autobiographische Roman spielt im München der Zwanziger Jahre).
Ernst Deuerlein (Hrsg.): Der Aufstieg der NSDAP 1919–1933 in Augenzeugenberichten. dtv. München 1974
DGB-Stadtrundfahrt: Das andere München (Texte: Frieder Köllmayr), 3. Auflage München 1985
Empor zum Licht. Arbeitersänger und Arbeitersportler in München vor 1933. Beiträge zur Kulturgeschichte der Münchner Arbeiterbewegung mit einer Einführung von Karl Bosl. Haidhauser Dokumentationsverlag. München 1987
Lion Feuchtwanger: Erfolg. Drei Jahre Geschichte einer Provinz. (Spielt im München der beginnenden Zwanziger Jahre.)
R. Geipel, G. Heinritz (Hrsg.): München. Ein sozialgeographischer Exkursionsführer. Verlag M. Lassleben. Kallmünz 1987
Hanns Glöckle: München — Bier — Oktoberfest. Verlagsanstalt Bayerland. Dachau 1985
Oskar Maria Graf: Der Abgrund. (München kurz vor und während der Machtergreifung der NSDAP)
ders.: Wir sind Gefangene. (Autobiographisches aus dem München der Weimarer Republik.)
der.: Notizbuch eines Provinzschriftstellers. (Autobiographisches aus dem München der Weimarer Republik)
Peter Hanke: Zur Geschichte der Juden in München zwischen 1933 und 1945. Stadtarchiv München. München 1978
Erhard Hexelschneider, Gusti Heine, Siegfried Zei-

mer: München — Stadt im Brennpunkt. Verlag Marxistische Blätter. Frankfurt/Main 1972

Ludwig Hümmert: Bayern. Vom Königreich zur Diktatur 1900–1933. Verlag Ludwig. Pfaffenhofen 1979

ders.: Bedeutende Zugereiste. Ilmgau-Verlag. Pfaffenhofen 1972

Friedrich Köllmayr, Unser München, Antifaschistischer Stadtführer. Herausgegeben im Auftrag des Landesverbandes der VVN-Bund der Antifaschisten Bayern, Frankfurt 1983

August Kühn: August Kühns Münchner Geschichten. Fischer. Frankfurt 1977

Lesebuch zur Geschichte des Münchner Alltages. Verdunkeltes München. Geschichtswettbewerb 1985/1986. Die nationalsozialistische Gewaltherrschaft, ihr Ende und ihre Folgen. Hrsg. von der Landeshauptstadt München. Buchendorfer Verlag. Buchendorf 1987

Erich Mühsam: Von Eisner bis Leviné. MaD-Verlag L. Schulenburg. Hamburg 1976

Karl Alexander von Müller: Mars und Venus. Erinnerungen 1914–1919. Gustav Klipper Verlag. Stuttgart 1954

ders.: Im Wandel einer Zeit. Erinnerungen 1919–1932. Süddeutscher Verlag. München 1966

Rundgang durch das mittelalterliche München. Hrsg.: Museumspädagogisches Zentrum München. Nymphenburger Verlagshandlung. München 1988

Hans-Peter Rasp: Eine Stadt für tausend Jahre. München — Bauten und Projekte für die Hauptstadt der Bewegung. Süddeutscher Verlag. München 1981

Erwin Schleich: Die zweite Zerstörung Münchens. Steinkopf-Verlag. Stuttgart 1978

Gerhard Schmolze (Hrsg.): Revolution und Räterepublik in München 1918/19 in Augenzeugenberichten. dtv. München 1978

Erich Schreibmayr: Letzte Heimat. Persönlichkeiten in Münchner Friedhöfen 1784–1984. Eigenverlag. München 1984 (Bestellformulare in allen Friedhöfen erhältlich)

Siegfried Sommer: Marile Kosemund. Ein Vorstadt-Stück. Desch. München 1968

ders.: Und keiner weint mir nach. Desch. Wien, München 1953 (Leben und Sterben in einer Münchner Vorstadt)

Christopf Stölzl (Hrsg.): Die Zwanziger Jahre in München. Schriften der Münchner Stadtmuseums. München 1979

Ernst Toller: Eine Jugend in Deutschland. Rowohlt. Hamburg 1963

Hans-Jochen Vogel: Die Amtskette. Meine 12 Münchner Jahre. Süddeutscher Verlag. München 1972

Au

Lena Christ: Die Rumplhanni. 1912. (Der Roman zeigt das Leben eines Mädchens vom Lande in der Vorstadt Au.)

August Kühn: Die Vorstadt. Schneekluth. München 1981

Haidhausen

Carlamaria Heim: Josefa Halbinger. Jahrgang 1900. Obalski und Astor. München 1980

Hermann Wilhelm: Haidhausen um 1900. Haidhauser Dokumentationsverlag. München 1983

ders.: Haidhauser Geschichte. Die Herbergenviertel. Haidhauser Dokumentationsverlag. München o.J.

ders.: Haidhauser Geschichte. Gasteig und Rosenheimer Berg. Haidhauser Dokumentationsverlag. München o.J.

ders.: Nationalsozialismus im Münchner Osten 1919–1945. Haidhauser Dokumentationsverlag. München 1980

Max-Vorstadt

Rudolf Herz, Brigitte Bruns (Hrsg.): Hof-Atelier Elvira 1887–1928. Ästheten, Emanzen, Aristokraten. Münchner Stadtmuseum. München 1985

Friedrich C. Delius: Unsere Siemens-Welt. Rotbuch-Verlag. Berlin 1972

Bogenhausen

Thomas Mann: Herr und Hund. Fischer TB. 1986

Marsfeld

Alfred Andersch: Kirschen der Freiheit. Frankfurter Verlags-Anstalt. Frankfurt 1952. (Erinnerungen von der Revolution 1918/19 bis zum Ende des 2. Weltkrieges)

ders.: Der Vater eines Mörders. Diogenes. Zürich 1980

Schlachthof

Max Joseph Hufnagel: Berühmte Tote im Südlichen Friedhof zu München. Manz Verlag. München 1969

Schwabing

Franziska Gräfin zu Reventlow: Herrn Dames Aufzeichnungen oder: Begebenheiten aus einem merkwürdigen Stadtteil. dtv. München 1969.

Elfi Zuber: Der Alte Nördliche Friedhof. Ein Kapitel Münchner Kulturgeschichte. Angerer. München 1983

Westend

August Kühn: Westendgeschichte. Piper. München 1972

ders.: Zeit zum Aufstehen. Fischer. Frankfurt 1975

Dachau

Karl Adolf Gross: Zweitausend Tage Dachau. Neubau-Verlag. München 1946

Hans-Günter Richardi: Schule der Gewalt. Die Anfänge des Konzentrationslagers Dachau. C.H. Beck. München 1983

Konzentrationslager Dachau. 1933–1945 (erhältlich bei der KZ-Gedenkstätte)

Verzeichnis der Straßen und Objekte